Victor Klemperer, fils de rabbin et cousin du célèbre chef d'orchestre Otto Klemperer, est né en 1881 à Landsberg. Philologue, spécialiste de littérature française et italienne, il enseigne à l'université de Dresde. Il est destitué de son poste par les nazis en 1935. Il échappe à la déportation, mais est assigné à résidence dans une Judenhaus. Après la guerre, il redevient professeur d'université dans la nouvelle R.D.A.

Rédigé à partir de 1933, son journal – dans lequel il note jour après jour toutes les manipulations du IIIe Reich sur la langue allemande – ne sera publié en Allemagne qu'en 1995, où il aura un retentissement immédiat. Victor Klemperer est décédé en 1960.

LTI,
la langue du IIIe Reich

AGORA

Collection dirigée par Benoît Heilbrunn

VICTOR KLEMPERER

LTI,
la langue du IIIe Reich

Carnets d'un philologue

Traduit de l'allemand et annoté
par Élisabeth Guillot

Présenté par Sonia Combe
et Alain Brossat

ALBIN MICHEL

Titre original :
LTI – NOTIZBUCH EINES PHILOLOGEN

La première édition de cet ouvrage a été publiée avec le concours de la Fondation Maison des sciences de l'homme, Paris et de Inter-Nationes, Bonn.

MIXTE
Papier issu de sources responsables
FSC® C003309
FSC www.fsc.org

Pocket, une marque d'Univers Poche, est un éditeur qui s'engage pour la préservation de son environnement et qui utilise du papier fabriqué à partir de bois provenant de forêts gérées de manière responsable.

ISBN 978-2-266-13546-7

À mon épouse Eva Klemperer.

Il y a vingt ans déjà, chère Eva, je t'écrivais, peu avant de dédicacer un recueil d'études, qu'il ne pouvait être question que je te fasse une dédicace, au sens habituel d'une offrande, puisque tu étais déjà copossesseur de mes livres qui représentaient tous sans exception le résultat d'une communauté de biens spirituels. Cela n'a pas changé aujourd'hui. Mais cette fois-ci, les choses sont encore un peu différentes, cette fois-ci j'ai encore moins le droit de te dédier ce livre et j'en ai infiniment plus le devoir qu'autrefois, à l'époque, paisible, où nous faisions de la philologie. Car, sans toi, ce livre ne serait pas là aujourd'hui, et son auteur non plus, depuis longtemps. Si je voulais expliquer tout cela en détail, il me faudrait écrire de longues pages intimes. Reçois, à la place, la réflexion générale du philologue et du pédagogue au début de cette esquisse. Tu sais, et même un aveugle pourrait sentir avec sa canne, à qui je pense quand je parle d'héroïsme devant mes auditeurs.

Dresde, Noël 1946
Victor Klemperer

« La langue est plus que le sang. »

Franz Rosenzweig

NOTE AU LECTEUR

S'il semble qu'un certain déséquilibre règne entre les chapitres de ce livre, cela tient à la genèse de celui-ci : issus, pour la plupart, du journal que Victor Klemperer tenait clandestinement entre 1933 et 1945, les matériaux sont ordonnés et complétés entre 1945 et 1947. D'où l'alternance, dans des proportions variées, de récits d'expériences vécues, de dialogues et de tentatives de conceptualisation.

L'auteur observe « de l'intérieur » les effets du nazisme sur la langue allemande et sur ceux qui la parlent. En témoignent, par exemple, l'absence relativement fréquente de guillemets pour les expressions de la LTI dont il fait lui-même usage (ex. *Judenhaus*, maison de Juifs) – ou, parfois, quand il rapporte un point de vue nazi –, ou encore l'emploi ambigu d'un même terme (*Jargon*) pour désigner tantôt la LTI, tantôt le yiddish.

Bien que Victor Klemperer s'attache davantage aux mots qu'au discours, la difficulté de cette traduction ne provient pas tant de la recherche d'équivalents français que de la syntaxe même de l'auteur. Car mon but n'est pas de traduire les expressions de la LTI par des expressions françaises associées à l'époque de Vichy, mais de montrer la spécificité de cette langue en établissant une concordance entre l'économie du texte de Klemperer et ma traduction. Ainsi, dans la mesure du possible, je traduis les « mots clés » de la même façon – le terme allemand apparaissant entre crochets à la première occurrence, sauf s'il s'agit d'un mot d'origine étrangère cité comme tel par l'auteur et facilement reconnaissable (ex. *liquidieren*).

Les mots ou phrases que Victor Klemperer cite en français sont en italiques et signalés par un astérisque.

J'aimerais remercier Denise Modigliani de sa précieuse relecture ainsi que Madame Klemperer pour les précisions qu'elle a eu la gentillesse de m'apporter et monsieur le professeur Michael Nerlich qui m'a aidée à compléter les notes biographiques de ce livre. Enfin, je voudrais exprimer toute ma reconnaissance aux éditions ALBIN MICHEL qui, en acceptant ma proposition de traduire *LTI* (avant même que le *Journal* de Victor Klemperer ne soit paru en Allemagne et qu'on ait pu se douter du succès retentissant qu'il aurait) m'ont permis de réaliser un projet qui me tenait à cœur depuis des années.

E. G.

Préface

C'est un étrange destin qu'a connu cette analyse de la langue du Troisième Reich que l'on doit au philologue Victor Klemperer, cousin du chef d'orchestre du même nom, et qui fut publiée dès 1947 dans la partie de l'Allemagne occupée par les Soviétiques.

LTI – Lingua tertii imperii –, réflexion pionnière sur le langage totalitaire et ouvrage de référence pour tous les spécialistes du Troisième Reich, n'a pourtant bénéficié que d'une notoriété discrète. La RDA, qui en possédait les droits, se contentait de le rééditer régulièrement en nombre restreint. Tel était dans ce pays, et dans le meilleur des cas, le sort des *bons* livres qui, en échange d'un modeste tirage, devaient leur publication ou leur réédition à l'obstination d'éditeurs anonymes. Il en fut du livre de Klemperer comme de ceux de Kafka ou de Freud, et même de Christa Wolf ou de Christoph Hein qui disparaissaient le jour même de leur sortie en librairie. Les quelques milliers d'exemplaires imprimés à l'occasion de chacune des douze rééditions de *LTI* étaient si vite épuisés qu'il avait fini par acquérir le statut de livre rare. Qui plus est, il ne restait accessible qu'au seul public germanophone. Il est probable que les difficultés liées à la traduction d'une analyse de la langue allemande aient fait hésiter les éditeurs étrangers qui auraient eu connaissance de son existence. Il est plus vraisemblable encore que l'État communiste n'ait guère montré d'enthousiasme à la diffusion d'un livre contenant des clefs de lecture d'une langue prisonnière de l'idéologie.

Victor Klemperer (1881-1960) était spécialiste de littérature française. Il avait étudié à Genève, Paris et Berlin, puis à Munich, où il soutint sa thèse sur Montesquieu en 1914. Il n'était pas le seul fils dont le rabbin Klemperer pouvait s'enorgueillir. Son frère, Georg, professeur de médecine à Berlin, avait acquis une telle renommée qu'il avait été appelé en 1922 au chevet de Lénine. Contrairement à son frère et à son cousin Otto, Victor Klemperer n'émigra pas après le mois fatidique de janvier 1933. Destitué de sa chaire à l'université de Dresde en 1935, il sera affecté, à l'âge de cinquante-cinq ans, à un travail de manœuvre dans une usine, privé de la possibilité de s'y rendre en tramway, parqué dans une maison où ne résident que des Juifs, soumis à l'interdiction de posséder une radio, des animaux domestiques, des livres écrits par des non-Juifs, obligé d'accoler le prénom d'Israël à celui de Victor à partir de 1938, frappé de l'étoile jaune à partir de 1941, mais épargné par les déportations du fait de son union avec une « aryenne ». Jusqu'au matin du 13 février 1945 où les Juifs protégés par un mariage mixte sont à leur tour convoqués et cela, bien qu'Auschwitz soit déjà aux mains des troupes soviétiques. C'est donc au bombardement anglo-américain de Dresde intervenu le soir même que Klemperer devra la vie.

De tout temps, Klemperer a tenu un journal. À partir de 1933, cette habitude devient une stratégie de survie mentale, un « balancier » (« ce à quoi on se tient pour ne pas se laisser tomber »), un moyen de garder sa liberté intérieure et sa dignité, de ne pas céder à l'angoisse et au désespoir. C'est dans son journal qu'il décide de poursuivre l'activité scientifique qui lui est interdite. S'asseoir à sa table de travail dès 4 heures du matin avant d'affronter « le vide des dix heures d'usine » est bien davantage qu'un acte de résistance au réel, c'est tout à la fois un défi et un acte de bravoure insensé : il aurait suffi que la Gestapo tombe sur ses notes lors d'une perquisition dans « la maison de Juifs » pour que cesse l'immunité et que Klemperer prenne le chemin du camp de la mort. La Gestapo espère toujours prendre en flagrant délit de transgression d'un des multiples interdits qui les frappent ces Juifs « protégés » par un époux « aryen », et une amie du couple cache chez elle les écrits du philologue. Mais c'est la seule façon pour l'homme de science déchu de renverser son statut d'exclu en en faisant un poste d'observation. C'est sa seule façon de redevenir un homme libre. Il est à nouveau le philologue qui analyse et dissèque l'usage d'une langue et, même si le choix de cette langue lui a été imposé, il met à profit sa situation pour l'étudier *in vivo* et à chaud, sur le terrain même où elle imprègne les mentalités. Klemperer se saisit de la chance d'être encore en contact avec la société par son lieu de travail forcé pour « faire du terrain ». Il peut alors tenter de répondre à la question essentielle, non pas savoir si Hitler est un fou mais comment il exerce son influence. C'est de ce journal rédigé pendant les douze années de l'hitlérisme qu'est issu *LTI*. Klemperer en extrait ses commentaires sur la langue qu'il remanie dès la fin de la guerre pour les publier sous la forme de ce *Carnet de notes d'un philologue*. Son journal proprement dit, il n'en verra jamais la publication. La maison d'édition de Berlin(-Est), Aufbau, le publie cinquante ans plus tard, à l'automne 1995.

Si unique soit-elle, et elle l'est forcément ne serait-ce qu'en raison des conditions dans lesquelles elle fut élaborée, l'analyse linguistique n'est pas le seul intérêt de ce document. *LTI* est aussi un témoignage sur la façon dont Klemperer vit son statut d'exclu et de reclus. Ses réflexions restituent, en nous obligeant à le repenser, un univers mental sur lequel nous continuons à nous interroger et qui n'a de cesse d'être reconstruit *a posteriori*. Celui de cette catégorie de « Juifs non juifs » (*Isaac Deutscher*) allemands contraints de se re-judaïser et dont Klemperer restera jusqu'à sa mort, à Dresde en 1960, de façon exemplaire et pathétique, l'un des derniers représentants. C'est en cela qu'il se distingue de ses contemporains plus célèbres, comme Theodor W. Adorno, Walter Benjamin, Max Horkheimer ou même Ernst Bloch pourtant rentré en Allemagne. La liste serait longue de ces intellectuels de langue et de culture allemandes d'origine juive qui, jusqu'aux années trente, avaient le même rapport à l'Allemagne que Klemperer mais ne lui survécurent pas. Au sens propre, comme Walter Benjamin ou Stefan Zweig et tant d'autres, bien sûr, comme au sens figuré : après la *cassure*, ce monde spirituel n'était plus pour eux qu'une Atlantide alors que l'auteur de *LTI* crut le retrouver en RDA. La différence entre ces derniers qui choisirent l'exil et Klemperer qui le refusa ne réside pourtant pas dans un indéfectible attachement à l'Allemagne qui aurait aveuglé le philologue de Dresde. Sur cette question, Klemperer semble au contraire avoir fait preuve d'une lucidité précoce. Ce Juif si peu juif a d'emblée saisi que l'antisémitisme était au centre de l'idéologie nazie. Ce philologue apolitique, qui s'était toujours tenu à l'écart de la *res publica*, est très tôt conscient que derrière l'hystérie de la langue se profile celle des actes. Ses mots les plus durs, il les réserve à ceux qui auraient dû comme lui le comprendre, à cette bourgeoisie d'origine juive qui se voila la face aussi longtemps que faire se put, à ses collègues, intellectuels « aryens » qui démissionnèrent et s'inclinèrent devant la bêtise. Par lâcheté, par confort et conformisme. À l'inverse, et de façon surprenante, à l'encontre de ce peuple qui l'entoure, de ces « hommes qui au fond possèdent ou possédaient déjà une certaine capacité de réflexion » et qui se sont métamorphosés « en animaux grégaires ou primitifs », il manifeste peu de haine. De même qu'il ne s'étend guère sur les humiliations que lui infligent les sbires de la Gestapo. Elles ne sont relatées que dans la mesure où elles ont été à l'origine d'une association d'idées, où elles lui ont permis d'approfondir sa réflexion sur le langage mortifère. Comme si l'objectif scientifique qu'il s'est assigné le détournait de l'apitoiement sur son propre sort, comme si, dans l'action et en situation, le savant reprenait le dessus et parvenait toujours à conserver le recul et la distance nécessaires à l'étude. Ce Juif qui tremblait encore à l'idée de pouvoir être dénoncé alors qu'il fuyait Dresde en proie aux flammes, ce condamné à mort sauvé *in extremis* par l'apocalypse continue à consigner, comme il l'a toujours fait, les témoignages de sympathie de « braves gens qui tous, sans exception, sentent de loin la KPD ». Et en effet, n'était-ce pas parmi les anciens ouvriers communistes qu'un Juif pouvait encore espérer, si ce n'est de l'aide, à tout le moins des marques de compassion ? Sans doute ne furent-elles pas nombreuses mais à nous aussi, lecteurs, elles font du bien au fil de la lecture – comme elles en firent incomparablement plus à leur destinataire. L'objectivité de Klemperer est souvent proche de celle du chroniqueur. Il est probable que son évocation d'une population sorabe (auprès de laquelle il trouve quelque temps refuge) attendant les Russes en libérateurs ait été de nature à plaire aux nouvelles autorités qui le publièrent. Mais, là encore, cette petite minorité de Lusace aux origines slaves avait toutes les raisons d'être hostile au régime nazi et le témoignage de Klemperer ne peut guère être mis en doute.

À la fin de la guerre, Victor Klemperer est à double titre un survivant. Tout d'abord, bien entendu, parce qu'il a fait partie de ces quelques milliers de Juifs, restés en Allemagne, qui ont échappé à la déportation. Mais, en second lieu, parce qu'il demeure ce qu'il a toujours été, un Juif irrémédiablement allemand, un rescapé de la « symbiose judéo-allemande », de ce bref moment de l'histoire allemande qui permit la sécularisation de l'esprit juif, l'acculturation des Juifs et leur appropriation de l'univers culturel allemand. Quoi qu'il en soit de la réalité de cette symbiose, aujourd'hui le plus souvent perçue comme un mythe ou l'illusion rétrospective d'une relation d'amour entre Juifs et Allemands qui ne fut jamais réciproque [1], Klemperer est l'héritier spirituel de cette Allemagne fantasmée et désirée – au point qu'elle restera, quoi qu'il arrive et pour toujours, sa seule patrie possible.

Klemperer est né en 1881, dix ans après que le Reich bismarckien eut parachevé l'émancipation des Juifs dont le processus désormais ne concernait plus seulement une élite intellectuelle mais la communauté juive dans son ensemble. Il appartient à la *Gründerzeit-Generation* qui a pu accéder aux études et pourra bientôt envisager l'accès aux carrières universitaires. Pour la première fois, les intellectuels d'origine juive ont l'espoir de sortir de la marginalité qui les caractérise jusque-là, de cette « intelligentsia sans attaches » (*freischwebende Intelligenz*) théorisée par Karl Mannheim. C'est ainsi qu'un fils de rabbin put en une seule génération substituer radicalement à la culture talmudique la culture allemande, obtenir un poste à l'université de Munich en 1920 et sceller le caractère irrévocable de son acculturation par un mariage avec une non-Juive. Il s'est d'ailleurs auparavant formellement converti au protestantisme.

Jusque-là, le parcours de Klemperer s'inscrit dans un mouvement général. On retrouve chaque étape d'une

1. Voir à ce sujet l'ouvrage de Gershom Scholem, *Fidélité et utopie, essais sur le judaïsme contemporain*, Calmann-Lévy, 1978, et celui d'Enzo Traverso, *Les Juifs et l'Allemagne, de la symbiose judéo-allemande à la mémoire d'Auschwitz*, La Découverte, 1992.

trajectoire classique d'assimilation qui permet l'ascension sociale. Et pourtant, la figure d'intellectuel juif allemand du début du XXe siècle qui se révèle à travers *LTI* brouille quelque peu nos points de repère. La personnalité de Klemperer ne témoigne pas seulement de l'aboutissement d'un processus d'assimilation connu, elle se situe déjà au-delà de toutes les contradictions, de tous les déchirements qu'une telle évolution a légitimement engendrés. C'est ainsi que l'idée même d'une double appartenance n'est jamais évoquée par Klemperer. Elle lui est tout simplement étrangère. Il n'est plus question de maintenir, comme au temps de l'*Aufklärung* et dans sa foulée, une quelconque singularité juive mais d'adhérer pleinement et seulement aux valeurs de la société civile. En 1915, Klemperer se porte volontaire pour aller à la guerre, vraisemblablement saisi de cette frénésie à défendre la patrie, typique d'une jeunesse juive qui a connu une assimilation fulgurante. Que l'on songe, par exemple, à ce récit autobiographique d'Ernst Toller, *Une jeunesse en Allemagne* [1], où l'on voit un jeune Juif se précipiter littéralement sous les drapeaux, ou encore à l'itinéraire de l'historien Ernst Kantorowicz, issu d'une famille assimilée de Posnanie, devenu un ardent nationaliste engagé volontaire en 1914, puis dans les *Freikorps* pour réprimer la révolte spartakiste de 1919 au cours de laquelle, de l'autre côté de la barricade, combat l'autre Juif, Toller, à jamais guéri de tout patriotisme. Nationaliste, Klemperer le fut vraisemblablement sans excès, il ne semble jamais tenté par la démesure et reste un démocrate et un humaniste. De même n'eut-il jamais rien à voir avec ces intellectuels juifs attirés par le marxisme qui tentèrent de réconcilier pères biologiques et pères spirituels en mettant en relief les idées du socialisme qu'ils pensaient contenues dans le messianisme. Il n'y a en lui nulle tension entre singularité et universalité. Klemperer assume pleinement le paradoxe de l'intellectuel juif assimilé parce qu'il ne le saisit plus. Il est déjà trop allemand et n'est plus assez juif pour avoir les états d'âme de son contemporain, Jacob Wassermann, les préoccupations de Lion Feuchtwanger ou même celles d'Arnold Zweig. « S'interroger sur l'identité juive, disait Levinas, c'est déjà l'avoir perdue. Mais c'est encore s'y tenir, sans quoi on éviterait l'interrogatoire. » Or, à

1. L'Âge d'homme, 1974.

aucun moment de ses douze années de réclusion, Klemperer ne se pose une telle question. Il défend pied à pied cette identité allemande qu'on lui dénie avec une vigueur qui n'a d'égale que celle avec laquelle il rejette l'identité raciale qu'on lui impose. On veut faire de lui un Juif qu'il n'est plus et personne, *pas même les nazis*, ne parviendra à le faire revenir sur son choix. « Destructibles, certes, les Juifs l'étaient – mais on ne pouvait pas les dégermaniser. » C'est sans doute cette force de caractère qui surprend le plus chez cet homme que rien ne distingue par ailleurs du commun des mortels. En un sens, et poussé par les circonstances, cet homme ordinaire se surpasse. S'il ne connaît pas Marx, il ne connaît pas davantage Theodor Herzl. Lorsqu'il consacre un chapitre à Sion, c'est pour mettre les choses au clair, dire avec calme, et parfois même un brin d'humour, que cette histoire ne le concerne pas. Oui, bien sûr, un jour, « une relation juive convaincante avait voulu me racoler *(sic)* », mais le sionisme, il le ravale à la rubrique des « curiosités excentriques et exotiques », quelque chose comme un « club chinois » dans une grande ville européenne.

À vrai dire, Klemperer n'est pas tant antisioniste qu'asioniste. Son combat est d'un autre ordre. Il a été trahi, floué par l'histoire. Lui qui était si sûr de sa « qualité d'Allemand, d'Européen, d'homme », si sûr de son XXe siècle, on lui a dénié sa germanité et son appartenance à l'espèce humaine. Et s'il a des comptes à demander à la communauté des hommes à la fin de la guerre, c'est sur ce terrain-là qu'elle devra les lui régler et certainement pas avec l'octroi d'un bout de terre qui aurait jadis appartenu à ses ascendants. Sa germanité doit lui être rendue. Sa judéité, elle, ne regarde que lui et s'il ne demande qu'à l'oublier, ce n'est pas parce qu'elle le dérangerait (on ne le surprend à aucun moment en flagrant délit de « haine de soi ») mais parce que c'est là son propre choix. Il est, quant à lui, resté allemand. Aux Allemands de le redevenir. Il n'y a donc rien d'étonnant à ce que l'intellectuel apolitique Victor Klemperer choisisse, à la fin de la guerre et après quelques hésitations (mais le choix porte alors sur les Américains ou les Soviétiques), de rester dans la zone d'occupation soviétique.

La future RDA est le seul État à même d'exaucer ses vœux : bien sûr, elle est portée sur les fonts baptismaux par le pays vainqueur de la guerre, ces Soviétiques dont un Juif en danger de mort ne pouvait qu'espérer l'arrivée, mais surtout, elle lui redonne sa germanité, elle n'est que trop heureuse de la lui rendre. Dès novembre 1945, à peine rentré de son exil en URSS, l'écrivain Johannes R. Becher, qui sera plus tard le premier ministre de la Culture de RDA, lance son appel aux intellectuels émigrés à l'étranger. Klemperer n'est pas concerné puisque déjà sur place mais il fait partie de ces savants que le futur État allemand tente de gagner pour attirer les autres. Dans cette courte période de l'Allemagne d'après-guerre et d'avant la division, les dirigeants communistes tolèrent une réflexion à chaud sur le passé proche qui met en valeur leur engagement contre le nazisme. Des études sur l'antisémitisme, notamment celles de Siegbert Kahn, sont publiées et l'édition de *LTI* s'inscrit alors dans le dispositif d'une politique en partie menée par opposition au silence et à la gêne qui se dessinent à l'Ouest. À ce moment-là, bref mais décisif, de façon consciente ou non, la question juive joue un rôle de légitimation de la partition de l'Allemagne. Au-delà des motivations conjoncturelles, les crimes nazis confèrent à cet acte une sorte de droit moral. C'est donc dans la zone d'occupation soviétique que le réalisateur Wolfgang Staudte produira en 1946 le premier film du repentir et de la honte, *Die Mörder sind unter uns* (Les assassins sont parmi nous) et que Kurt Maetzig réalisera, en 1947, *Ehe im Schatten* (Mariage dans l'ombre) qui relate la tragédie d'un comédien « aryen » sommé de divorcer de son épouse juive. Une communauté juive se recompose lentement et trouve, à l'Est, dans le *Verband der Opfer des Faschismus* (Association des victimes du nazisme) créé dès 1946, une structure d'accueil. C'est la période de la dénazification, ici menée avec bien plus de vigueur qu'à l'Ouest. Tandis que Klemperer réintègre son poste à l'université de Dresde, à la *Freie Universität* de Berlin-Ouest, créée le 8 février 1949 pour remplacer l'université Humboldt située dans la zone d'occupation soviétique, l'un de ses anciens collègues, un romaniste médiocre, récupère tout naturellement la chaire que lui avait confiée... le régime nazi. C'est l'époque où *das geistige Deutschland*, évocatrice des traditions humanistes de la « bonne » Allemagne, se construit contre la « mauvaise » Allemagne éprise de puissance, celle de Luther, Bismarck, Frédéric II, Guillaume et Hitler. Mais c'est aussi l'époque où s'élabore le mythe fondateur de l'État est-allemand : « Avec l'antifascisme et son idée constitutive d'unité de toutes les forces sociales, culturelles et politiques, avait été créée une instance de légitimation qui n'exerçait pas seulement une puissante fascination sur les élites intellectuelles mais qui avait aussi une fonction de souvenir-écran et contribua à ce que ne se fasse pas le travail de deuil [1]. »

Communiste, Klemperer ne le devient vraisemblablement que pour autant que cette identité supplante l'origine juive décrétée contingente. Il adhère à cette culture communiste dont l'élan assimilateur refoule la différence juive. Il l'adopte au point d'être à son tour frappé de cécité lorsque la vague de procès contre les « cosmopolites » déferle au début des années cinquante dans les autres capitales est-européennes, lorsque est révélé un prétendu complot des « blouses blanches », ces médecins presque tous juifs, pour assassiner Staline à Moscou, lorsque les dirigeants d'origine juive sont écartés du pouvoir à Berlin-Est et qu'émigre la grande majorité de la communauté juive. Certes, le mot « juif » n'est alors jamais prononcé, mais cela pouvait-il berner l'auteur de *LTI* ? Dans cette partie-là de l'Allemagne, et pour longtemps, ce mot est désormais devenu tabou. Jusqu'au génocide qui est dissous dans les autres crimes nazis. En 1953, à l'occasion d'une conférence sur « l'ancien et le nouvel humanisme », le philologue Victor Klemperer cite le nom de Staline, qui vient de mourir, parmi les grands humanistes... En d'autres lieux, rappelle non sans *Schadenfreude*, le magazine (ouest-)allemand *Der Spiegel*, il aurait parlé du « génie » de Staline [2]. Cela n'a malheureusement rien de surprenant et, pour corser l'affaire, *Der Spiegel* en rajoute, attribuant à Klemperer, qui n'en eut jamais, de hautes fonctions. Tous les intel-

1. Dorothea Dornhof, in *Berlin, Hauptstadt der DDR, 1949-1989, Utopie und Realität*, Elster-Verlag, 1995.

2. Nous devons à Tadeusz Borowski, l'auteur du *Monde de pierre*, un émouvant témoignage sur Klemperer, d'une tout autre nature. L'écrivain polonais, survivant d'Auschwitz, fait la connaissance du philologue juif allemand peu de temps après la fin de la guerre. Klemperer parcourt alors la zone d'occupation soviétique pour y tenir des conférences sur la paix. Il ne parle pas de Staline mais des crimes de l'hitlérisme, résistant aux insultes antisémites et aux invectives qui l'accueillent le plus souvent (in *Pages polonaises*, Seghers, s.d. [1953], préface d'André Wormser).

lectuels sont alors mis à contribution et, à l'évidence, Klemperer en fait plutôt moins que d'autres. Tout comme Bertolt Brecht, Anna Seghers ou Arnold Zweig, il connaît le destin de l'intellectuel piégé par l'État aux côtés duquel, pour lequel, il s'est engagé. Un État qui a les moyens d'exiger l'engagement total. Un État qui le tient : il n'a plus nulle part où aller. Les faits sont là, cette force de caractère dont Klemperer avait su faire preuve dans d'autres circonstances lui fait maintenant défaut. Comme s'il n'avait plus le courage de s'avouer qu'il s'est trompé, que la RDA n'est pas cette Allemagne dont il a cru reconquérir l'amour. Bien que membre du Parti, il reste l'apolitique qu'il n'a jamais cessé d'être, un « Juif non juif » à présent anachronique, toujours suspect aux yeux des autorités qui lui préféreront à l'Académie des sciences un romaniste dogmatique, Werner Krauss, un « héros antifasciste », membre du groupe de résistance Schulze-Boysen. Dans les années cinquante, c'est à grand-peine que Klemperer parvient à éditer l'œuvre de sa vie, entamée bien avant le nazisme, *L'Histoire de la littérature française au XVIIIe siècle*, et sans doute aurait-il eu plus de mal encore à publier *LTI* s'il n'y était déjà parvenu à un moment propice.

Sa revanche posthume était pourtant déjà assurée. La chance de *LTI* fut de n'avoir jamais été une lecture obligée dans les écoles de la République démocratique et antifasciste allemande. Cette histoire n'était pas celle des pères fondateurs qui en avaient une autre, héroïque et édifiante, à proposer en exemple et à laquelle on s'identifiait d'autant plus volontiers qu'elle écartait le sentiment de la faute. L'apport de Klemperer à la formation d'une conscience historique fut souterrain et par là même plus profond, décisif. En RDA, pour échapper à l'emprise angoissante de la « présence pleine » des fantômes, on lisait *LTI*. Et l'on se surprenait, parfois, à la lecture de cette analyse d'une langue pervertie par l'idéologie, à établir d'inquiétants parallèles...

Sonia COMBE

HÉROÏSME

En guise d'introduction

De nouveaux besoins ont amené la langue du Troisième Reich à élargir l'emploi du préfixe de distanciation *ent* [1] (bien qu'à chaque fois on ne puisse établir s'il s'agit d'une création entièrement nouvelle ou de l'emprunt par la langue commune d'expressions déjà connues dans des cercles spécialisés). Face au risque de bombardement aérien, les fenêtres devaient être obscurcies [*verdunkelt*], c'est ainsi qu'apparut la tâche quotidienne du « désobscurcissement » [*Entdunkeln*]. Au cas où le toit prendrait feu, il fallait que rien d'encombrant [*Gerümpel*] ne gênât l'accès aux greniers des personnes chargées de l'extinction, ils furent donc « désencombrés » [*entrümpelt*]. De nouvelles sources d'alimentation devaient être trouvées : le marron amer [*bitter*] fut « désamérisé » [*entbittert*]...

Pour désigner globalement la tâche qui s'impose actuellement, on a introduit dans la langue courante un mot formé de manière analogue : l'Allemagne a failli mourir du nazisme ; l'effort qu'on fait pour la guérir de cette maladie mortelle se nomme aujourd'hui « dénazification » [*Entnazifizierung*]. Je ne souhaite pas, et je ne crois pas non plus, que ce mot abominable vive longtemps. Il disparaîtra pour ne plus exister que dans les livres d'histoire dès lors que sa mission présente aura été accomplie.

La Seconde Guerre mondiale nous a maintes fois montré comment une expression qui, il y a un instant à peine, vivait encore et semblait même indéracinable,

1. *Ent-* correspondrait au préfixe privatif français « dé- ».

pouvait brusquement s'évanouir : elle a disparu avec la situation qui l'avait engendrée et dont elle témoignera un jour tel un fossile. C'est ce qui est arrivé à la « guerre éclair » [*Blitzkrieg*] et à son épithète « foudroyant » [*schlagartig*], aux « batailles d'anéantissement » [*Vernichtungsschlachten*] et à leurs « encerclements » [*Einkesselungen*], et aussi à la « poche mobile » [*wandernder Kessel* [1]] – dont aujourd'hui déjà il faut expliquer qu'il s'agissait des tentatives désespérées des divisions encerclées pour battre en retraite –, à la « guerre des nerfs » [*Nervenkrieg*] et même, enfin, à la « victoire finale » [*Endsieg*]. La « tête de débarquement » [*Landekopf*] a vécu du printemps à l'été 1944. Elle vivait encore alors qu'elle avait déjà enflé jusqu'à prendre des proportions informes. Mais lorsque Paris est tombé, lorsque toute la France s'est retrouvée « tête de débarquement », alors le mot a soudain complètement disparu et ce n'est que dans les manuels d'histoire que resurgira son fossile.

Et il en ira de même pour le mot le plus grave, le plus décisif de notre époque de transition : un beau jour, le mot dénazification aura sombré dans l'oubli parce que la situation à laquelle il devait mettre un terme aura elle-même disparu.

Mais cela prendra du temps car ce n'est pas seulement les actions qui doivent disparaître, mais aussi les convictions et les habitudes de pensée nazies, de même que le terreau qui les a nourries : la langue du nazisme.

Combien de concepts et de sentiments n'a-t-elle pas souillés et empoisonnés ! Au « lycée du soir » de l'université populaire de Dresde et lors de discussions organisées par le *Kulturbund* [2] et la *Freie Deutsche Jugend* [3], j'ai très souvent été frappé par la manière dont les jeunes gens, en toute innocence et dans un effort sincère pour remédier aux lacunes et aux égarements de leur éducation laissée en friche, s'accrochent aux modes de pensée du nazisme. Ils n'en ont absolument pas conscience ; les habitudes de langage d'une époque révolue, qu'ils ont

1. Littéralement « chaudron migrateur ».

2. « Ligue culturelle pour le renouvellement démocratique de l'Allemagne » fondée en août 1945 dans la zone d'occupation soviétique et visant à « créer une culture socialiste nationale *(sic)* » ainsi qu'à entretenir les relations entre la classe ouvrière et les intellectuels.

3. « Jeunesse allemande libre » : « organisation socialiste de masse », pour les jeunes à partir de quatorze ans. Fondée dans la zone d'occupation soviétique, en 1946.

conservées, les séduisent et les induisent en erreur. Nous étions en train de discuter du sens de la culture [1], de l'humanité, de la démocratie, et j'avais l'impression que la lumière commençait à se faire et que certaines choses se clarifiaient dans les esprits de bonne volonté. Et puis, c'était inévitable, quelqu'un parla d'une conduite héroïque quelconque, d'un acte de résistance héroïque ou d'héroïsme en général. À l'instant même où ce concept entra en jeu, toute clarté disparut et nous fûmes à nouveau plongés au cœur des nuages du nazisme. Les jeunes gens à peine rentrés du champ de bataille ou de captivité, et qui se voyaient bien peu considérés et encore moins fêtés, n'étaient pas les seuls à s'être enferrés dans une conception de l'héroïsme des plus douteuses, non, il y avait aussi des jeunes filles, qui n'avaient jamais servi dans l'armée. La seule chose certaine, c'était qu'il était bien impossible d'avoir un rapport vraiment honnête à l'essence de l'humanité, de la culture et de la démocratie, lorsqu'on était capable de telles réflexions sur l'héroïsme... sans y avoir réfléchi.

Mais dans quelles circonstances cette génération, qui en 1933 savait à peine lire, avait-elle donc été confrontée à une interprétation exclusive du mot « héroïque » et de tous ceux de la même catégorie [2] ? À cela, il fallait d'abord répondre que cet héroïsme avait toujours porté l'uniforme, trois uniformes différents, mais qu'il ne connaissait pas la vie civile.

Lorsque, dans *Mein Kampf*, Hitler présente sa politique en matière d'éducation, l'éducation physique vient largement en tête. Il affectionne l'expression « endurcissement physique » [*körperliche Ertüchtigung*] qu'il emprunte au dictionnaire des conservateurs de Weimar ; il fait l'éloge de l'armée wilhelminienne comme étant la seule institution saine et vivifiante du « corps du peuple » [*Volkskörper*] par ailleurs en putréfaction ; il considère le service militaire principalement ou exclusivement comme une éducation à l'endurance. De toute évidence, la formation du caractère n'occupe pour Hitler que la seconde place ; selon lui, elle advient plus ou moins

1. *Kultur* désigne ici l' « ensemble des aspects intellectuels d'une civilisation ».

2. « *Mit seinem ganzen Sippenzubehör* » : le terme *Sippe* (étymologiquement « genre propre », « parenté ») évoque immédiatement le « clan » des peuplades germaniques et la conception nazie du collectif.

d'elle-même, lorsque, justement, le physique est le maître de l'éducation et qu'il réprime l'esprit. Mais c'est seulement au dernier rang de ce programme pédagogique qu'on trouve, admises à contrecœur, suspectées et dénigrées, la formation de l'intellect et les nourritures spirituelles. Dans des tournures toujours nouvelles s'expriment la peur de l'homme qui pense, la haine de la pensée. Quand Hitler raconte son ascension, ses premiers grands meetings à succès, il vante, tout autant que ses talents d'orateur, la valeur au combat de son service d'ordre, dont le petit groupe engendrera bientôt la SA. Les *braunen Sturmabteilungen*[1], dont la mission ne relève que de la force brutale et qui, au cours des meetings, doivent se ruer sur les adversaires politiques et les expulser de la salle, voilà ses véritables complices dans la lutte pour gagner le cœur du peuple, voilà ses premiers héros qu'il dépeint comme les vainqueurs inondés du sang d'adversaires plus nombreux, comme les héros exemplaires de combats historiques dans les lieux de réunion. Et l'on rencontre des descriptions semblables, les mêmes convictions et le même vocabulaire lorsque Goebbels raconte son combat pour Berlin. Ce n'est pas l'esprit qui est vainqueur ; il ne s'agit pas de convaincre. Ce n'est même pas la duperie rhétorique qui décide de la victoire de la nouvelle doctrine, mais l'héroïsme des premiers membres de la SA, des « vieux combattants ». C'est ici, selon moi, que les récits de Hitler et de Goebbels sont complétés par la distinction de connaisseur qu'a faite une de nos amies, alors interne à l'hôpital d'une petite ville industrielle de Saxe. « Quand le soir, après les meetings, on nous amenait les blessés, racontait-elle souvent, je savais tout de suite à quel camp chacun d'eux appartenait, même s'il était au lit et déshabillé : ceux qui avaient été blessés à la tête par une chope de bière ou un barreau de chaise étaient des nazis et ceux qui avaient reçu un coup de stylet dans les poumons étaient des communistes. » En matière de gloire, il en va pour la SA de même que pour la littérature italienne : seuls les débuts sont éblouissants.

Le second uniforme qu'emprunte l'héroïsme nazi, c'est la panoplie du pilote de course, son casque, ses lunettes de protection et ses gants épais. Le nazisme a cultivé toutes les formes de sports et, ne serait-ce que du

1. « Troupes d'assaut brunes ».

point de vue linguistique, aucun ne l'a plus influencé que la boxe ; mais l'image la plus marquante et la plus répandue de l'héroïsme du milieu des années trente est fournie par le pilote de voiture de course : après sa chute mortelle, Berndt Rosemeyer [1] occupe presque la même place que Horst Wessel [2] dans l'imagination populaire. (Une remarque à l'attention de mes collègues universitaires : on pourrait faire des études fort intéressantes sur les rapports existant entre le style de Goebbels et le recueil de souvenirs de la femme-pilote Elly Beinhorn : *Mon époux, le pilote de course.*) À une certaine époque les vainqueurs des courses automobiles internationales sont les héros éphémères les plus photographiés, au volant de leurs bolides, appuyés contre lui, ou même ensevelis dessous. Si le jeune garçon ne choisit pas pour héros les combattants tout en muscles, nus ou portant l'uniforme de la SA, qui sont représentés sur les affiches et les pièces de monnaie de l'époque, alors il s'inspire certainement des pilotes de course. Ces deux types de héros ont en commun un regard figé dans lequel s'expriment la ferme détermination à aller de l'avant et la volonté de conquête.

À partir de 1939, la voiture de course est remplacée par le tank, le pilote de course par le pilote de char. (C'est ainsi que le simple soldat nommait non seulement l'homme aux commandes mais aussi les *Panzergrenadiere.*) Depuis le premier jour de la guerre et jusqu'à la disparition du Troisième Reich, tout héroïsme sur terre, en mer et dans le ciel porte l'uniforme militaire. Pendant la Première Guerre mondiale, il y avait encore un héroïsme civil, à l'arrière. Mais à présent combien de temps y aura-t-il encore un « arrière » ? Combien de temps encore une existence civile ? La doctrine de la guerre totale se retourne de façon terrible contre ses auteurs : tout est le théâtre de la guerre, dans chaque usine, dans chaque cave, on entretient l'héroïsme militaire ; des enfants, des femmes et des vieillards meurent exactement de la même mort héroïque, à l'abattoir, et assez souvent dans le même uniforme, exactement

1. Sportif allemand (1909-1938), poulain de l'écurie allemande Auto-Union. Époux de Elly Beinhorn.

2. Chef des SA (1907-1930) de Berlin en 1929. Il composa un hymne qui allait devenir, après sa mort, le second hymne national-socialiste. Tué lors d'une échauffourée avec des communistes, il fut élevé par Goebbels au rang de premier martyr du régime nazi.

comme autrefois les jeunes soldats de l'armée en campagne.

Durant douze années, le concept et le vocabulaire de l'héroïsme ont été appliqués, dans une proportion croissante et toujours plus exclusivement, au courage guerrier, à une attitude de témérité et de mépris devant la mort dans n'importe quel combat. Ce n'est pas en vain que la langue du nazisme a répandu l'usage de « combatif », adjectif nouveau et rare, réservé jusqu'ici aux esthètes néo-romantiques, pour en faire un de ses mots favoris. « Guerrier » était trop étroit ; il n'évoquait que les choses de la guerre et c'était aussi un adjectif trop franc qui trahissait l'humeur querelleuse et la soif de conquêtes. Tandis que « combatif » ! Cet adjectif désigne d'une manière plus générale une tension de l'âme et de la volonté qui, en toutes circonstances, vise à l'affirmation de soi par l'attaque et la défense, et qui n'est encline à aucun renoncement. L'abus qu'on a fait du « combatif » correspond exactement à l'usure excessive du concept d'héroïsme quand on l'emploie à tort et à travers.

« Vous êtes bien injuste avec nous, professeur ! Quand je dis " nous ", je ne parle pas des nazis car je n'en suis pas un. À part quelques interruptions, j'étais sur le champ de bataille tout au long de ces années. N'est-il pas naturel, en temps de guerre, qu'on parle particulièrement souvent d'héroïsme ? Et pourquoi serait-ce là forcément un faux héroïsme qui se manifeste ?

– Pour être un héros, il ne suffit pas d'être courageux et de mettre sa propre vie en jeu. N'importe quel spadassin, n'importe quel criminel est capable de cela. À l'origine, le héros est un être qui accomplit des actes qui élèvent l'humanité. Une guerre de conquête, *a fortiori* si elle s'accompagne d'autant d'atrocités que celle de Hitler, n'a rien à voir avec l'héroïsme.

– Mais il y a tout de même eu beaucoup de mes camarades qui n'étaient pour rien dans ces atrocités et qui avaient la ferme conviction (d'ailleurs, on ne nous avait jamais présenté les choses autrement) que nous ne menions qu'une guerre défensive, même si parfois nous devions recourir pour cela aux agressions et aux conquêtes. Si nous remportions la victoire, ce serait pour le bien du monde entier. Le véritable état de choses, nous ne l'avons connu que beaucoup plus tard, beaucoup trop tard... Et ne croyez-vous pas que, dans le sport également, un véritable héroïsme puisse être développé et qu'une performance sportive, dans ce qu'elle a d'exemplaire, peut avoir pour effet d'élever l'humanité ?

– Bien sûr que c'est possible, et sans doute y a-t-il eu aussi parmi les sportifs et les soldats, dans l'Allemagne nazie, de véritables héros, à l'occasion. Mais, dans l'ensemble, je reste sceptique à l'égard de l'héroïsme issu de ces deux professions en particulier. C'est un héroïsme trop bruyant, trop lucratif et qui satisfait trop la vanité pour pouvoir être sincère. Bien sûr, ces pilotes de course étaient littéralement des chevaliers d'industrie ; leurs courses périlleuses devaient profiter aux entreprises allemandes et par conséquent à la patrie, et peut-être servaient-ils le bien commun en ce qu'ils permettaient à l'industrie automobile de faire des progrès. Mais il y avait tant de vanité, tant d'exploits de gladiateurs en jeu ! Et les couronnes et les prix sont aux pilotes ce que les décorations et l'avancement sont aux soldats. Non, rares sont les fois où je crois à l'héroïsme quand il est tapageur et qu'il se fait trop bien payer en cas de succès. L'héroïsme est d'autant plus pur et plus exemplaire qu'il est plus silencieux, qu'il a moins de public, qu'il est moins rentable pour le héros lui-même et qu'il est moins décoratif. Ce que je reproche au concept de héros nazi, c'est justement le fait qu'il soit constamment attaché à l'effet décoratif, c'est son côté fanfaron. Le nazisme n'a officiellement connu aucun héroïsme décent et authentique. C'est ainsi qu'il a falsifié et discrédité le concept tout entier.

– Affirmez-vous qu'il n'y ait jamais existé d'héroïsme silencieux et authentique pendant les années hitlériennes ?

– Pendant les années hitlériennes, non, au contraire, elles ont vu mûrir l'héroïsme le plus pur, mais dans le camp adverse. Je pense à tous les êtres valeureux dans les camps de concentration et à tous les êtres téméraires qui vivaient dans l'illégalité. Pour eux, le danger de mort et les souffrances étaient infiniment plus grands qu'au front, et tout éclat décoratif absent ! Ce n'était pas la glorieuse mort au " champ d'honneur " qu'on avait devant les yeux mais, dans le meilleur des cas, la guillotine. Pourtant, même sans aucun effet décoratif, et même si cet héroïsme était d'une incontestable authenticité, quelque chose soutenait et apaisait intérieurement ces héros :

eux aussi se savaient membres d'une armée, ils avaient une foi profonde et justifiée dans la victoire finale de leur cause ; ils pouvaient emporter dans leur tombe cette fière conviction qu'un jour ou l'autre leur nom renaîtrait d'autant plus auréolé de gloire qu'aujourd'hui on les assassinait de manière infâme.

« Mais je connais un héroïsme bien plus désespéré, bien plus silencieux encore, un héroïsme entièrement privé du soutien que peut apporter le fait de se savoir membre d'une armée ou d'un groupe politique, privé de tout espoir de gloire future et qui ne pouvait compter que sur soi. C'est celui des quelques épouses aryennes (il n'y en a pas eu tant que cela) qui ont résisté à toute espèce de pression tendant à les séparer de leur époux juif. À quoi ressemblait la vie quotidienne de ces femmes ! Quelles insultes, quelles menaces, quels coups, quels outrages n'ont-elles pas endurés, quelles privations lorsqu'elles partageaient leur modeste ration alimentaire avec un mari qui en était réduit à celle, misérable, des Juifs, alors que leurs collègues aryens à l'usine recevaient le supplément des travailleurs de force. De quelle volonté de vivre devaient-elles faire preuve, lorsque, à force d'infamie et de cruelle misère, elles tombaient malades, lorsqu'il était si tentant de suivre dans le suicide ceux qui, nombreux dans leur entourage, avaient ainsi trouvé le repos éternel loin de la Gestapo ! Elles savaient que leur mort entraînerait infailliblement celle de leur époux, car l'époux juif était arraché du cadavre encore tiède de son épouse aryenne pour être déporté en un exil meurtrier. Quel stoïcisme, quelle autodiscipline étaient-ils nécessaires quand, jour après jour, il fallait relever le courage d'un homme brisé, écorché vif, désespéré. Sous les tirs d'obus du champ de bataille, sous l'avalanche des décombres de l'abri anti-aérien qui commence à céder, sous les bombes et même en face de la potence, il y a encore l'instant pathétique qui vous soutient, mais dans la nausée exténuante d'un quotidien sale et qui se reproduira peut-être à l'infini, qu'est-ce qui peut vous faire garder la tête haute ? Et là, rester fort, si fort qu'on peut continuellement prêcher l'espoir à l'autre, lui faire entrer dans la tête que l'heure viendra, que c'est un devoir de l'attendre. Rester si fort, alors qu'on ne peut compter que sur soi seul, isolé de tout groupe, car la maison de Juifs [*Judenhaus*] ne constitue pas un groupe malgré l'ennemi et le destin partagés, malgré sa langue commune : voilà un héroïsme au-delà de tout héroïsme.

« Non, les années hitlériennes n'ont vraiment pas manqué d'héroïsme, mais dans l'hitlérisme proprement dit, dans la communauté des hitlériens, n'existait qu'un héroïsme corrompu, caricatural et empoisonné ; on pense aux coupes ostentatoires, au cliquetis des décorations, on pense à l'emphase des discours encenseurs, on pense aux meurtres impitoyables... »

Toute la lignée [1] des mots de l'héroïsme avait-elle sa place dans la LTI ? D'une certaine façon oui, car elle était largement diffusée et caractérisait partout la fausseté et la cruauté spécifiques du nazisme. Elle a été aussi étroitement mêlée aux panégyriques du peuple « élu » germanique : tout ce qui était héroïque appartenait en propre à la race germanique et à elle seule. Et d'une autre façon, non, car toutes les déformations et toutes les corruptions s'étaient déjà trop souvent attachées à cette phraséologie avant le Troisième Reich. C'est pourquoi elle n'est évoquée qu'en marge, dans l'introduction.

Mais il est une tournure qu'il faut inscrire spécifiquement au compte des nazis. Ne serait-ce que pour la consolation qui en émanait. Un jour de décembre 1941, Paul K. rentra du travail rayonnant. En chemin, il avait lu le communiqué de l'armée. « Ils sont dans une situation lamentable en Afrique », dit-il. Je lui demandai s'ils le reconnaissaient vraiment eux-mêmes – puisque le reste du temps ils ne parlaient que de victoires. « Ils écrivent : " Nos troupes combattent héroïquement. " " Héroïquement " fait penser à un éloge funèbre, soyez-en sûr. »

Depuis, dans les bulletins, « héroïquement » nous a encore fait penser de très nombreuses fois à un éloge funèbre et jamais il ne nous a trompés.

1. *Sippe*, voir note 2, p. 25.

1.

LTI

Il y avait le BDM [1], la HJ [2], la DAF [3] et encore d'innombrables sigles de ce genre.

D'abord un jeu parodique, puis, immédiatement après, un pis-aller éphémère du souvenir, une espèce de nœud au mouchoir et, très vite, pour toutes les années de misère, un moyen de légitime défense, un SOS envoyé à moi-même, voilà ce que représente le sigle LTI dans mon journal. Un sigle joliment savant, comme les expressions d'origine étrangère bien sonores que le Troisième Reich aimait à employer de temps en temps : *Garant* fait plus important que *Bürge* [caution] et *diffamieren* plus imposant que *schlechtmachen* [dire du mal]. (Peut-être y en a-t-il aussi qui ne les comprennent pas et, sur ceux-là, ils font d'autant plus d'effet.)

LTI : *Lingua Tertii Imperii*, langue du Troisième Reich. J'ai si souvent repensé à une anecdote du vieux Berlin – elle se trouvait probablement dans mon *Glaßbrenner* [4] richement illustré, du nom de cet humoriste de la révolution de mars [5]. Mais où est passée ma bibliothèque dans laquelle je pourrais vérifier ? Cela aurait-il un sens de demander à la Gestapo où elle est ?

Un jeune garçon qui est au cirque avec son père lui

1. *Bund Deutscher Mädel* (Ligue des filles allemandes) : division des Jeunesses hitlériennes.
2. *Hitler Jugend* (Jeunesse hitlérienne) : organisation nazie qui encadrait les enfants de l'âge de six ans à dix-huit, voire vingt et un ans.
3. *Deutsche Arbeitsfront* (Front du travail allemand) : organisation nazie qui remplaça les syndicats à partir de 1933.
4. Adolf Glaßbrenner, écrivain et journaliste allemand (1810-1876).
5. Révolution de mars 1848.

demande : « Papa, que fait le monsieur sur la corde avec le bâton ? – Gros nigaud, c'est un balancier auquel il se tient. – Oh la la ! Papa, et s'il le laissait tomber ? – Gros nigaud, puisque je te dis qu'il le tient ! »

Mon journal était dans ces années-là, à tout moment, le balancier sans lequel je serais cent fois tombé. Aux heures de dégoût et de désespoir, dans le vide infini d'un travail d'usine des plus mécaniques, au chevet de malades ou de mourants, sur des tombes, dans la gêne et dans les moments d'extrême humiliation, avec un cœur physiquement défaillant, toujours m'a aidé cette injonction que je me faisais à moi-même : observe, étudie, grave dans ta mémoire ce qui arrive – car demain déjà cela aura un autre aspect, demain déjà tu le percevras autrement –, retiens la manière dont cela se manifeste et agit. Et, très vite ensuite, cette exhortation à me placer au-dessus de la mêlée et à garder ma liberté intérieure se cristallisa en cette formule secrète toujours efficace : LTI, LTI !

Même si j'avais l'intention, ce qui n'est pas le cas [1], de publier l'intégralité de mon journal de cette époque avec tous ses événements quotidiens, je lui donnerais ce sigle pour titre. On pourrait le prendre métaphoriquement. Car tout comme il est courant de parler de la physionomie d'une époque, d'un pays, de même on désigne l'esprit d'un temps par sa langue. Le Troisième Reich parle avec une effroyable homogénéité à travers toutes ses manifestations et à travers l'héritage qu'il nous laisse, à travers l'ostentation démesurée de ses édifices pompeux, à travers ses ruines, et à travers le type de ses soldats, des SA et des SS, qu'il fixait comme des figures idéales sur des affiches toujours différentes mais toujours semblables, à travers ses autoroutes et ses fosses communes. Tout cela est la langue du Troisième Reich et c'est de tout cela, naturellement, qu'il est aussi question dans ces pages. Mais lorsqu'on a exercé une profession pendant des décennies, et qu'on l'a exercée avec plaisir, on est finalement plus imprégné par elle que par tout le reste : et c'est donc littéralement et au sens proprement philologique à la langue du Troisième Reich que je

1. Le journal de Victor Klemperer ne sera pas publié de son vivant. Il paraîtra cinquante ans plus tard chez Aufbau à Berlin en 1995. La version française des *Tagebücher* de Klemperer est annoncée aux éditions du Seuil. *(N.D.E.)*

m'accrochais le plus fermement et c'est elle qui constituait mon balancier pour surmonter le vide des dix heures d'usine, l'horreur des perquisitions, des arrestations, des mauvais traitements, etc.

On cite toujours cette phrase de Talleyrand, selon laquelle la langue serait là pour dissimuler les pensées du diplomate (ou de tout homme rusé et douteux en général). Mais c'est exactement le contraire qui est vrai. Ce que quelqu'un veut délibérément dissimuler, aux autres ou à soi-même, et aussi ce qu'il porte en lui inconsciemment, la langue le met au jour [1]. Tel est sans doute aussi le sens de la sentence : *Le style c'est l'homme* * ; les déclarations d'un homme auront beau être mensongères, le style de son langage met son être à nu.

Il m'est arrivé une chose étrange avec cette langue propre (au sens philologique) au Troisième Reich.

Tout au début, tant que je ne subissais sinon aucune, du moins que de très légères persécutions, je voulais en entendre parler le moins possible. J'en avais plus qu'assez du langage des vitrines, des affiches, des uniformes bruns, des drapeaux, des bras tendus faisant le salut hitlérien, des petites moustaches taillées à la Hitler. Je me réfugiais, je m'absorbais dans mon travail, je donnais mes cours et faisais nerveusement semblant de ne pas voir les bancs se vider de plus en plus, je travaillais avec une grande application à mon *XVIIIe siècle* [2] littéraire français. Pourquoi, en lisant des écrits nazis, me serais-je empoisonné davantage la vie qu'elle ne l'était déjà du fait de la situation générale ? Si, par hasard ou par erreur, un livre nazi me tombait entre les mains, je l'abandonnais à la fin du premier chapitre. Si, quelque part dans la rue, beuglait la voix du Führer ou de son ministre de la Propagande, je faisais un grand détour pour éviter le haut-parleur et, quand je lisais les journaux, je m'efforçais anxieusement de pêcher les faits bruts – à l'état brut, ils étaient déjà assez désolants – dans la répugnante lavasse des discours, commentaires et articles. Puis, lorsque la fonction publique fut purgée et que je perdis ma chaire, je cherchai plus que jamais à m'isoler du

1. *Die Sprache bringt es an den Tag* : il s'agit d'une allusion au poème d'Adalbert von Chamisso, *Die Sonne bringt es an den Tag* [« Le soleil le met au jour »].

2. *Histoire de la littérature française au XVIIIe siècle*, ouvrage en deux tomes publiés en 1954 et 1966.

présent. Les philosophes des Lumières, si démodés et depuis longtemps dénigrés par quiconque avait une bonne opinion *de* soi, les Voltaire, Montesquieu et Diderot, avaient toujours été mes préférés. À présent, je pouvais consacrer tout mon temps et toute ma force de travail à cette œuvre que j'avais déjà bien avancée ; en ce qui touche le XVIIIe siècle, je me trouvais, au palais japonais de Dresde, comme un coq en pâte ; aucune bibliothèque allemande ni même peut-être la Bibliothèque nationale de Paris n'auraient pu mieux m'approvisionner.

Mais, ensuite, je fus sous le coup de l'interdiction de fréquenter les bibliothèques, et ainsi me fut enlevée l'œuvre de ma vie. Et puis vint le jour où l'on me chassa de chez moi, et puis vint tout le reste, chaque jour quelque chose de nouveau. À présent, le balancier devenait mon instrument le plus nécessaire, la langue du temps mon intérêt favori.

J'observais de plus en plus minutieusement la façon de parler des ouvriers à l'usine, celle des brutes de la Gestapo et comment l'on s'exprimait chez nous, dans ce jardin zoologique des Juifs en cage. Il n'y avait pas de différences notables. Non, à vrai dire, il n'y en avait aucune. Tous, partisans et adversaires, profiteurs et victimes, étaient incontestablement guidés par les mêmes modèles.

Je tentais de me saisir de ces modèles et, dans un certain sens, c'était excessivement simple, car tout ce qu'on imprimait et disait en Allemagne était entièrement normalisé par le Parti ; ce qui, d'une manière quelconque, déviait de l'unique forme autorisée ne pouvait être rendu public ; livres, journaux, courrier administratif et formulaires d'un service – tout nageait dans la même sauce brune, et par cette homogénéité absolue de la langue écrite s'expliquait aussi l'uniformité de la parole.

Mais si se procurer ces modèles était un jeu d'enfant pour des milliers d'autres gens, c'était pour moi extrêmement difficile, toujours dangereux et parfois absolument impossible. L'achat et même toute espèce d'emprunt de livres, de revues et de journaux étaient interdits au porteur de l'étoile jaune.

Ce qu'on avait chez soi en cachette représentait un danger et on le cachait sous les armoires et les tapis, sur les poêles et dans les embrasses ou bien on le gardait pour l'allumage dans la réserve de charbon. Ce genre de choses ne marchait bien sûr que si l'on avait de la chance.

Jamais, tout au long de ma vie, aucun livre ne m'a autant « sonné » que *Le Mythe du xxᵉ siècle* de Rosenberg. Non pas que ce fût une lecture exceptionnellement profonde, difficile à comprendre ou moralement émouvante, mais parce que c'est avec ce volume que Clemens me frappa sur la tête pendant plusieurs minutes. (Clemens et Weser étaient les bourreaux spéciaux des Juifs de Dresde, on les distinguait en général l'un de l'autre comme le « cogneur » et le « cracheur ».) « Comment peux-tu, cochon de Juif, avoir l'audace de lire un tel livre ? » hurlait Clemens. Pour lui, cela semblait être une espèce de profanation de l'hostie. « Comment oses-tu avoir ici un ouvrage de la bibliothèque de prêt ? » Ce n'est que parce que ce volume avait été emprunté au nom de mon épouse aryenne, et bien sûr aussi parce que la notice qui allait avec avait été déchirée sans être décryptée, que je fus alors sauvé du camp de concentration.

Tous les matériaux devaient être rapportés par des voies détournées, et exploités clandestinement. Et combien de choses ne pouvais-je d'aucune manière me procurer ! Car là où je tentais de remonter à la source d'une question, là où, en bref, j'avais besoin d'un matériel de travail scientifique, les bibliothèques de prêt ne m'étaient d'aucun secours, quant aux bibliothèques publiques, elles m'étaient fermées.

D'aucuns pensent peut-être que des confrères ou d'anciens élèves qui, entre-temps, avaient accédé à des fonctions officielles, auraient pu me tirer d'embarras, qu'ils auraient pu, en médiateurs, intercéder en ma faveur auprès des services de prêt. Juste ciel ! Cela aurait été faire acte de courage personnel, se mettre personnellement en danger. Il existe en ancien français un joli vers que j'ai souvent cité depuis ma chaire mais dont je n'ai vraiment ressenti la signification que plus tard, à l'époque où je n'avais plus de poste. Un poète tombé en disgrâce songe mélancoliquement aux nombreux « *amis que vent emporte, et il ventait devant ma porte* *[1] ». Mais je ne veux pas être injuste : j'ai trouvé de fidèles et vaillants amis, seulement il n'y avait pas vraiment de proches confrères ni de collègues parmi eux.

1. Poème de Rutebeuf.

C'est ainsi qu'on peut lire régulièrement dans mes notes des remarques telles que : « À déterminer plus tard ! »... « À compléter plus tard ! »... « Y répondre plus tard ! »... Et puis, quand diminue l'espoir de vivre jusqu'à ce *plus tard* : « Cela devrait être effectué plus tard »...

Aujourd'hui, alors que ce plus tard n'est pas encore tout à fait un présent, mais qu'il le deviendra dès l'instant où à nouveau des livres émergeront des décombres et de la pénurie des bibliothèques (et où l'on pourra quitter, la conscience tranquille, la *Vita activa* du reconstructeur pour regagner le cabinet d'étude), aujourd'hui, je sais que je ne serai pourtant pas en mesure de mener mes observations, mes réflexions et mes questions concernant la langue du Troisième Reich de l'état d'esquisse à celui d'ouvrage scientifique concis.

Pour cela, il faudrait plus de connaissances et aussi, bien sûr, une vie plus longue que celles dont je dispose comme (pour le moment) n'importe quel individu. Car un énorme travail devra être fourni dans des domaines extrêmement variés : germanistes et romanistes, anglicistes et slavistes, historiens et économistes, juristes et théologiens, techniciens et biologistes devront consacrer des essais et des thèses à de très nombreux problèmes particuliers avant qu'un esprit ample et courageux puisse oser décrire la *Lingua Tertii Imperii* dans sa globalité la plus pauvre et la plus riche. Mais un premier tâtonnement et questionnement tourné vers les choses qui ne se laissent pas encore fixer parce qu'elles sont en cours d'évolution, le travail de la première heure, comme les Français nomment pareille chose, conservera toujours sa valeur pour les véritables chercheurs qui viendront après, et je crois qu'ils apprécieront aussi de voir leur objet en état de métamorphose incomplète, à moitié comme compte rendu concret d'événements vécus et à moitié dans la conceptualité de l'observation scientifique.

Pourtant, si c'est là le propos de l'ouvrage que je publie, pourquoi ne pas reproduire le carnet de notes du philologue tel qu'il se dégage du journal plus privé et plus général écrit en ces années difficiles ? Pourquoi certaines choses sont-elles condensées en une vue d'ensemble, pourquoi au point de vue d'hier s'est joint si fréquemment celui d'aujourd'hui, de la toute première période post-hitlérienne ?

J'y répondrai précisément. Parce qu'une thèse est en

jeu, parce qu'en même temps qu'un but scientifique je poursuis un but éducatif.

On parle tant à présent d'extirper l'état d'esprit fasciste, on s'active tant pour cela. Des criminels de guerre sont jugés, de « petits Pg [1] » (langue du Quatrième Reich !) sont écartés de leurs fonctions officielles, des livres nationalistes retirés de la circulation, des « places Hitler » et des « rues Göring » débaptisées. Des « chênes de Hitler » abattus. Mais la langue du Troisième Reich semble devoir survivre dans maintes expressions caractéristiques ; elles se sont si profondément incrustées qu'elles semblent devenir une possession permanente de la langue allemande. Combien de fois, par exemple, n'ai-je pas entendu parler depuis mai 1945, dans des discours à la radio, dans des manifestations passionnément antifascistes, des qualités « caractérielles » [*charakterlich*] ou bien de l'essence « combative » de la démocratie ! Ce sont des expressions venant du cœur – le Troisième Reich dirait : « du milieu de l'être » [*Wesensmitte*] – de la LTI. Est-ce de la pédanterie si je m'en offusque, est-ce le maître d'école censé être tapi secrètement en tout philologue qui perce en moi ?

Je réglerai cette question par une autre question.

Quel fut le moyen de propagande le plus puissant de l'hitlérisme ? Étaient-ce les discours isolés de Hitler et de Goebbels, leurs déclarations à tel ou tel sujet, leurs propos haineux sur le judaïsme, sur le bolchevisme ?

Non, incontestablement, car beaucoup de choses demeuraient incomprises par la masse ou l'ennuyaient, du fait de leur éternelle répétition. Combien de fois dans les restaurants, du temps où, sans étoile, j'avais encore le droit d'y entrer, combien de fois à l'usine, pendant l'alerte aérienne, alors que les Aryens avaient leur salle à eux et les Juifs aussi, et c'était dans la pièce aryenne que se trouvait la radio (et le chauffage et la nourriture), combien de fois n'ai-je pas entendu le bruit des cartes à jouer qui claquaient sur la table et les conversations à voix haute au sujet des rations de viande et de tabac et sur le cinéma, tandis que le Führer ou l'un de ses paladins tenaient de prolixes discours, et après on lisait dans les journaux que le peuple tout entier les avait écoutés attentivement.

1. Abréviation de *Parteigenossen* [camarade du Parti], membre de base de la NSDAP.

Non, l'effet le plus puissant ne fut pas produit par des discours isolés, ni par des articles ou des tracts, ni par des affiches ou des drapeaux, il ne fut obtenu par rien de ce qu'on était forcé d'enregistrer par la pensée ou la perception.

Le nazisme s'insinua dans la chair et le sang du grand nombre à travers des expressions isolées, des tournures, des formes syntaxiques qui s'imposaient à des millions d'exemplaires et qui furent adoptées de façon mécanique et inconsciente. On a coutume de prendre ce distique de Schiller, qui parle de la « langue cultivée qui poétise et pense à ta place », dans un sens purement esthétique et, pour ainsi dire, anodin. Un vers réussi, dans une « langue cultivée », ne prouve en rien la force poétique de celui qui l'a trouvé; il n'est pas si difficile, dans une langue éminemment cultivée, de se donner l'air d'un poète et d'un penseur.

Mais la langue ne se contente pas de poétiser et de penser à ma place, elle dirige aussi mes sentiments, elle régit tout mon être moral d'autant plus naturellement que je m'en remets inconsciemment à elle. Et qu'arrive-t-il si cette langue cultivée est constituée d'éléments toxiques ou si l'on en a fait le vecteur de substances toxiques ? Les mots peuvent être comme de minuscules doses d'arsenic : on les avale sans y prendre garde, ils semblent ne faire aucun effet, et voilà qu'après quelque temps l'effet toxique se fait sentir. Si quelqu'un, au lieu d' « héroïque et vertueux », dit pendant assez longtemps « fanatique », il finira par croire vraiment qu'un fanatique est un héros vertueux et que, sans fanatisme, on ne peut pas être un héros. Les vocables « fanatique » et « fanatisme » n'ont pas été inventés par le Troisième Reich, il n'a fait qu'en modifier la valeur et les a employés plus fréquemment en un jour que d'autres époques en des années. Le Troisième Reich n'a forgé, de son propre cru, qu'un très petit nombre des mots de sa langue, et peut-être même vraisemblablement aucun. La langue nazie renvoie pour beaucoup à des apports étrangers et, pour le reste, emprunte la plupart du temps aux Allemands d'avant Hitler. Mais elle change la valeur des mots et leur fréquence, elle transforme en bien général ce qui, jadis, appartenait à un seul individu ou à un groupuscule, elle réquisitionne pour le Parti ce qui, jadis, était le bien général et, ce faisant, elle imprègne les mots et les formes syntaxiques de son poison, elle assujettit la langue à son terrible système, elle gagne avec la langue son moyen de propagande le plus puissant, le plus public et le plus secret.

Mettre en évidence le poison de la LTI et mettre en garde contre lui, je crois que c'est plus que du simple pédantisme. Lorsque, aux yeux des Juifs orthodoxes, un ustensile de cuisine est devenu cultuellement impur, ils le nettoient en l'enfouissant dans la terre. On devrait mettre beaucoup de mots en usage chez les nazis, pour longtemps, et certains pour toujours, dans la fosse commune.

2.
PRÉLUDE

Le 8 juin 1932, nous vîmes ce film parlant « presque classique déjà » (comme je l'ai noté dans mon journal) : *L'Ange bleu*. Ce qui a été conçu et réalisé dans un style épique apparaîtra toujours, une fois porté au théâtre et à présent même au cinéma, comme grossièrement sensationnel. Le *Professeur Unrat* de Heinrich Mann [1] est certainement une œuvre littéraire supérieure à *L'Ange bleu* ; mais, du point de vue de la performance d'acteur, ce film est véritablement un chef-d'œuvre. Les rôles principaux étaient tenus par Jannings, Marlene Dietrich et Rosa Valetti, et même les rôles secondaires y étaient des plus intéressants. Malgré tout, je ne fus qu'en de rares instants captivé par ce qui se passait à l'écran ; tout le temps me revenait à l'esprit une scène des actualités qui avaient précédé le film. Le Tambour dansait – et je tiens à ce que le verbe danser soit pris au sens littéral – soit devant, soit entre les interprètes de *L'Ange bleu*.

La scène se passait après l'avènement du gouvernement Papen ; elle s'appelait : « Jour de la bataille de Skagerrak, le corps de marine du palais présidentiel franchit la porte de Brandebourg. »

Au cours de ma vie, j'ai vu beaucoup de parades, dans la réalité comme à l'écran ; je connais l'importance du pas de parade prussien – alors que nous subissions le dressage militaire sur l'Oberwiesenfeld à Munich, nous entendions : « Ici, vous devez le faire au moins aussi bien qu'à Berlin ! » Mais jamais auparavant et, ce qui en dit

1. Écrivain allemand (1871-1950), frère de Thomas. *Professor Unrat* est sorti en 1905, le film de Josef von Sternberg en 1930.

davantage, jamais après non plus, malgré toutes les exhibitions martiales devant le Führer et tous les défilés à Nuremberg, je n'ai vu chose semblable à ce que je vis ce soir-là. Les hommes lançaient leurs jambes de telle façon que la pointe de leurs bottes semblait valser plus haut que la pointe de leur nez, c'était comme une seule valse, comme une seule jambe, et il y avait dans l'attitude de tous ces corps – non, de ce corps unique – une tension si convulsive que le mouvement semblait se figer tout comme l'étaient déjà les visages, et que la troupe entière donnait autant une impression d'absence de vie que d'extrême animation. Cependant, je n'avais pas le temps, ou plus exactement, je n'avais pas de place dans mon esprit pour résoudre le mystère de cette troupe, car elle ne formait que l'arrière-plan sur lequel se détachait l'unique figure qui la dominait, qui me dominait : le Tambour[1].

Celui qui marchait en tête avait pressé sur sa hanche sa main gauche aux doigts largement écartés, ou plutôt, cherchant l'équilibre, il avait arc-bouté son corps sur sa main gauche qui servait d'appui, tandis que son bras droit, qui tenait la baguette de tambour, battait l'air bien haut et que la pointe de la botte de la jambe projetée en l'air semblait rattraper la baguette. Ainsi, l'homme était suspendu à l'oblique dans le vide, tel un monument sans socle, mystérieusement maintenu debout par une convulsion qui allait des pieds à la tête, de la pointe des doigts jusqu'aux orteils. Ce qu'il démontrait là n'était pas un simple exercice, c'était une danse archaïque autant qu'une marche militaire, l'homme était à la fois fakir et grenadier. Cette même crispation, cette même désarticulation spasmodique, on pouvait la voir, à peu de choses près, dans les sculptures expressionnistes de ces années-là, l'entendre dans la poésie expressionniste de l'époque, mais dans la vie même, dans la vie prosaïque de la ville la plus prosaïque qui fût, elle agissait avec la violence d'une absolue nouveauté. Et une contagion émanait d'elle. Des êtres vociférants se pressaient le plus près possible de la troupe, les bras sauvagement tendus sem-

1. Au début de sa « carrière » politique, Hitler se faisait appeler « le Tambour ». À la suite du putsch de la brasserie du 9 novembre 1923, il déclara au tribunal : « Ce n'est pas par modestie que je voulais devenir tambour, car c'est ce qu'il y a de plus noble, le reste n'est que bagatelle. »

blaient vouloir s'emparer de quelque chose, les yeux écarquillés d'un jeune homme, au premier rang, avaient l'expression de l'extase religieuse.

Le Tambour fut ma première rencontre bouleversante avec le national-socialisme qui, jusqu'ici, malgré sa propagation, m'était apparu comme le fourvoiement passager et sans conséquence d'adolescents insatisfaits. Ici je vis, pour la première fois, le fanatisme sous sa forme spécifiquement nazie ; à travers cette figure muette, et pour la première fois, la langue du Troisième Reich s'imposa à moi.

3.

QUALITÉ FONCIÈRE : PAUVRETÉ

La LTI est misérable. Sa pauvreté est une pauvreté de principe ; c'est comme si elle avait fait vœu de pauvreté.

Mein Kampf, la bible du national-socialisme, parut en 1925, et ainsi sa langue fut littéralement fixée dans toutes ses composantes fondamentales. Grâce à la « prise du pouvoir » par le Parti, de langue d'un groupe social, elle devint langue d'un peuple, c'est-à-dire qu'elle s'empara de tous les domaines de la vie privée et publique : de la politique, de la jurisprudence, de l'économie, de l'art, de la science, de l'école, du sport, de la famille, des jardins d'enfants, et des chambres d'enfants. (La langue d'un groupe ne recouvrira jamais que les domaines sur lesquels s'étendent ses liens, et non la totalité de la vie.) Naturellement, la LTI se saisit également, et même avec une énergie particulière, de l'armée ; mais entre la langue militaire et la LTI existe une interaction, plus précisément : la langue militaire a d'abord influencé la LTI avant d'être corrompue par elle. C'est pourquoi je fais une mention toute particulière de cet ascendant. Jusqu'en 1945, presque jusqu'au dernier jour – le *Reich* [1] paraissait encore, alors que l'Allemagne était déjà un monceau de décombres et que Berlin était encerclé –, fut imprimé un flot de littérature en tout genre : tracts, journaux, revues, manuels scolaires, ouvrages scientifiques et littéraires.

Dans toute sa durée et son extension, la LTI demeura pauvre et monotone, et « monotone » est à prendre tout

1. *Das Reich* : hebdomadaire nazi (1940-1945) censé représenter le Troisième Reich à l'étranger.

aussi littéralement qu'auparavant « fixé ». J'ai étudié, au gré de mes possibilités de lecture – maintes fois, j'ai comparé mes lectures à un voyage dans un ballon qui doit s'en remettre à n'importe quel vent et renoncer à une véritable direction –, tantôt *Le Mythe du XXe siècle*, tantôt un *Almanach de poche pour le négociant de détail*, j'ai fouillé tantôt dans une revue juridique, tantôt dans une revue pharmaceutique, j'ai lu certains des romans et des poèmes qu'on avait le droit de publier en ces années-là, j'ai entendu, en balayant les rues et dans la salle des machines, parler les ouvriers : qu'il s'agît d'une chose imprimée ou dite, dans la bouche de personnes cultivées ou incultes, c'était toujours le même cliché et la même tonalité. Et même chez ceux qui étaient les victimes les plus persécutées et, par nécessité, les ennemis mortels du national-socialisme, même chez les Juifs, régnait partout – dans leurs conversations et leurs lettres, tout comme dans leurs livres tant qu'on leur permettait encore de publier –, toute-puissante autant que pauvre, et toute-puissante justement de par sa pauvreté, la LTI.

J'ai vécu trois époques de l'histoire allemande, la wilhelminienne, celle de la République de Weimar et l'époque hitlérienne.

La république libéra la parole et l'écrit d'une manière tout bonnement suicidaire ; les nationaux-socialistes se gaussaient, disant qu'ils ne faisaient que reprendre à leur compte les droits que leur accordait la Constitution quand, dans leurs livres et leurs journaux, ils attaquaient violemment l'État dans toutes ses institutions et ses idées directrices, au moyen de la satire et du sermon enflammé. Dans les domaines de l'art et de la science, de l'esthétique et de la philosophie, il n'y avait aucune espèce de censure. Personne n'était tenu de respecter un dogme moral ou esthétique particulier, chacun pouvait choisir librement. On célébrait volontiers cette liberté spirituelle aux riches tonalités comme un progrès immense et décisif par rapport à l'époque impériale.

Mais l'ère wilhelminienne avait-elle été vraiment moins libre ?

Au cours de mes études sur la France des Lumières, j'ai souvent été frappé par une indéniable parenté entre les dernières décennies de l'*Ancien Régime* * et l'époque de Guillaume II. Bien sûr, il y avait une censure sous Louis XV et Louis XVI, il y avait la Bastille et même le bourreau pour les ennemis du roi et les athées, et une série de jugements très durs furent rendus – mais, réparti sur la durée, cela ne fait pas tellement. Et toujours, et souvent presque sans obstacles, les philosophes des Lumières réussirent à éditer et à diffuser leurs écrits, et chaque peine infligée à l'un des leurs n'avait pour effet que de renforcer et de répandre les lettres rebelles.

De manière presque analogue régnait encore officiellement, sous Guillaume II, une rigueur absolutiste et morale ; il y avait des procès occasionnels pour crime de lèse-majesté, blasphème ou atteinte aux bonnes mœurs. Mais, le véritable maître de l'opinion publique était le *Simplizissimus* [1]. Par suite d'un veto impérial, Ludwig Fulda [2] perdit le prix Schiller qui lui avait été remis pour son *Talisman* ; mais le théâtre, la grande presse et les journaux satiriques se permettaient des critiques de l'ordre établi cent fois plus mordantes que le docile *Talisman*. Et, sous Guillaume II, on pouvait aussi, sans entraves, se vouer naïvement à tout courant spirituel venu de l'étranger, ou se livrer à des expérimentations en matière littéraire, philosophique et artistique. Les toutes dernières années uniquement, la nécessité de la guerre obligea à la censure. J'ai moi-même travaillé pendant longtemps, à ma sortie de l'hôpital militaire, comme expert auprès de l'office d'inspection des livres de l'Ober-Ost, où l'ensemble de la littérature destinée à la population civile et militaire de cette grande circonscription administrative était examiné d'après les dispositions de la censure spéciale, où, par conséquent, on était un peu plus sévère que dans les commissions intérieures de censure. Avec quelle magnanimité ne procédait-on pas ! Comme il était rare, même là, qu'on prononçât une interdiction !

Non, à ces deux époques dont j'ai, par expérience personnelle, une vue d'ensemble, il y a eu une liberté littéraire si large que les très rares atteintes à la liberté d'expression font figure d'exception.

Il en résultait non seulement que les grands secteurs

1. Revue satirique fondée en 1896 à Munich et empruntant son nom au héros d'un roman (1669) de Grimmelshausen. Après avoir été le véhicule de l'avant-garde grâce à la qualité de ses textes et de ses dessins, elle donna dans le chauvinisme en 1914 et finit par se rallier au nazisme. Sa parution fut interrompue en 1944.

2. Écrivain allemand (1862-1939 [*suicide*]). *Der Talisman* a été publié en 1892.

de la langue, écrite et orale, de forme journalistique, scientifique et littéraire s'épanouissaient librement, ainsi que les courants littéraires universels comme le naturalisme, le néoromantisme, l'impressionnisme et l'expressionnisme, mais que, dans tous les genres, pouvaient également se développer des styles vraiment individuels.

Il faut se représenter cette richesse, florissante jusqu'en 1933 puis mourant brusquement, pour appréhender tout à fait la pauvreté de cet esclavage uniformisé, qui constitue une des caractéristiques principales de la LTI.

La raison de cette pauvreté paraît évidente. On veille, avec une tyrannie organisée dans ses moindres détails, à ce que la doctrine du national-socialisme demeure en tout point, et donc aussi dans sa langue, non falsifiée. Sur le modèle de la censure ecclésiastique, on peut lire sur la page de titre de livres concernant le Parti : « Aucune réserve de la part de la NSDAP ne s'oppose à la parution de cet ouvrage. Le président de la commission d'inspection officielle du Parti pour la protection du NS. » N'a la parole que celui qui appartient à la Chambre des publications du Reich [*Reichsschrifttumskammer*], et l'ensemble de la presse n'a le droit de publier que ce qui lui a été remis par un office central ; elle peut à la rigueur modifier légèrement le texte imposé – mais ces modifications se limitent à l'habillage de clichés définis pour tous. Pendant les dernières années une habitude s'instaura selon laquelle, le vendredi soir, à la radio de Berlin, était lu le dernier article de Goebbels à paraître dans le *Reich* du lendemain. Ce qui revenait, chaque fois, à fixer dans l'esprit jusqu'à la semaine suivante ce qu'on devrait lire dans tous les journaux de la sphère d'influence nazie. Ainsi, quelques individus livraient à la collectivité le seul modèle linguistique valable. Oui, en dernière instance, ce n'était peut-être que le seul Goebbels qui définissait la langue autorisée, car il n'avait pas seulement sur Hitler l'avantage de la clarté mais aussi celui de la régularité, d'autant que le Führer parlait de moins en moins souvent, en partie pour garder le silence telle la divinité muette, en partie parce qu'il n'avait plus rien à dire de décisif ; et les nuances propres que Göring et Rosenberg trouvaient encore de temps à autre, le ministre de la Propagande les faisait passer dans la trame de son discours.

La domination absolue qu'exerçait la norme linguistique de cette petite minorité, voire de ce seul homme, s'étendit sur l'ensemble de l'aire linguistique allemande avec une efficacité d'autant plus décisive que la LTI ne faisait aucune différence entre langue orale et écrite. Bien plus : tout en elle était discours, tout devait être harangue, sommation, galvanisation. Entre les discours et les articles du ministre de la Propagande n'existait aucune différence stylistique, et c'était d'ailleurs la raison pour laquelle ses articles se laissaient si bien déclamer. « Déclamer » [*deklamieren*] signifie littéralement « pérorer à voix haute », encore plus littéralement « brailler ». Le style obligatoire pour tout le monde était donc celui de l'agitateur charlatanesque.

Et ici, sous la raison apparente de cette pauvreté de la LTI, en surgit une autre, plus profonde. Elle n'était pas pauvre seulement parce que tout le monde était contraint de s'aligner sur le même modèle, mais surtout parce que, dans une restriction librement choisie, elle n'exprimait complètement qu'une seule face de l'être humain.

Toute langue qui peut être pratiquée librement sert à tous les besoins humains, elle sert à la raison comme au sentiment, elle est communication et conversation, monologue et prière, requête, ordre et invocation. La LTI sert uniquement à l'invocation. À quelque domaine, privé ou public, que le sujet appartienne – non, c'est faux, la LTI ne fait pas plus de différence entre le domaine privé et le domaine public qu'elle ne distingue entre langue écrite et orale –, tout est discours et tout est publicité. « Tu n'es rien, ton peuple est tout », dit un de leurs slogans. Cela signifie : « Tu n'es jamais seul avec toi-même, jamais seul avec les tiens, tu te trouves toujours face à ton peuple. »

Voilà aussi pourquoi, si je disais que, dans tous les domaines, la LTI s'adresse exclusivement à la volonté, ce serait fallacieux. Car celui qui en appelle à la volonté en appelle toujours à l'individu, même si c'est à la communauté composée d'individus qu'il s'adresse. La LTI s'efforce par tous les moyens de faire perdre à l'individu son essence individuelle, d'anesthésier sa personnalité, de le transformer en tête de bétail, sans pensée ni volonté, dans un troupeau mené dans une certaine direction et traqué, de faire de lui un atome dans un bloc de pierre qui roule. La LTI est la langue du fanatisme de masse. Quand elle s'adresse à l'individu, et pas seulement à sa volonté mais aussi à sa pensée, quand elle est doctrine, elle enseigne les moyens de fanatiser et de pratiquer la suggestion de masse.

Les Lumières du XVIIIᵉ siècle français ont deux expressions, deux thèmes et deux boucs émissaires favoris : l'imposture cléricale et le fanatisme. Elles ne croient pas à l'authenticité des convictions cléricales, elles voient en tout culte une tromperie inventée pour fanatiser une communauté et pour exploiter les fanatisés.

Jamais traité d'imposture cléricale – au lieu d'« imposture cléricale », la LTI dit « propagande » – n'aura été écrit avec une franchise plus impudente que le *Mein Kampf* de Hitler. Comment ce livre a-t-il pu être diffusé dans l'opinion publique, et comment, malgré cela, a-t-on pu en arriver au règne de Hitler, aux douze années de ce règne, alors que la bible du national-socialisme circulait déjà des années avant la prise de pouvoir : cela restera toujours pour moi le plus grand mystère du Troisième Reich. Et jamais au grand jamais, tout au long du XVIIIᵉ siècle français, le mot fanatisme (avec son adjectif) n'a été aussi central et, dans un total renversement de valeurs, aussi fréquemment employé que pendant les douze années du Troisième Reich.

4.
PARTENAU

Dans la deuxième moitié des années vingt, j'ai fait la connaissance d'un jeune homme qui venait juste de s'engager dans la Reichswehr comme élève-officier. Sa tante par alliance, veuve d'un collègue de l'université, très à gauche et admiratrice passionnée de la Russie soviétique, l'amena chez nous comme en s'excusant. C'était, disait-elle, un bon et gentil garçon qui avait choisi son métier en toute pureté de cœur, sans chauvinisme ni cruauté. Dans sa famille, les garçons étaient depuis des générations prêtres ou officiers, feu son père avait été pasteur, son frère aîné étudiait déjà la théologie. Georg, c'est ainsi qu'il s'appelait, considérait la Reichswehr comme l'endroit idéal pour lui, d'autant qu'il était excellent gymnaste et piètre latiniste ; et un jour, sans doute, ses soldats ne seraient pas à plaindre.

Nous fûmes par la suite assez souvent en compagnie de Georg M. et nous trouvions que le jugement de sa tante était tout à fait fondé.

Oui, il révéla encore une honnêteté foncière, innocente et naturelle, alors qu'autour de lui rien ne se passait déjà plus de manière aussi foncièrement honnête. De sa garnison de Stettin, où il attendait d'être promu lieutenant, il nous rendit plusieurs fois visite à Heringsdorf, et, pourtant, à cette époque-là déjà, les idées du national-socialisme se répandaient rapidement et maints universitaires et officiers prudents évitaient déjà de fréquenter des cercles de gauche, sans parler des Juifs.

Peu de temps après, pourvu du grade de lieutenant, M. fut muté dans un régiment de Königsberg, et nous n'entendîmes plus parler de lui pendant des années. Mais, une fois, sa tante raconta qu'il était en train de suivre une formation d'aviateur et qu'en tant que sportif, il se sentait heureux.

Au cours de la première année du régime hitlérien – j'étais encore en fonction et cherchais à me garder de toute lecture nazie – le premier ouvrage de Max René Hesse, *Partenau*, paru en 1929, me tomba entre les mains. Je ne sais pas si c'est dans le titre même ou seulement sur la prière d'insérer qu'il était désigné comme *Le roman de la Reichswehr* ; quoi qu'il en soit, cette désignation générique se grava dans mon esprit. D'un point de vue artistique, c'était un livre faible : une nouvelle dans un cadre romanesque mal maîtrisé, trop de figures restaient floues à côté des deux personnages principaux, trop de plans stratégiques étaient développés qui n'intéressaient que le spécialiste, le futur officier d'état-major, c'était en somme un travail déséquilibré. Mais le thème, qui était censé caractériser la Reichswehr, m'a immédiatement frappé et m'est revenu plus tard régulièrement en mémoire. Il s'agit de l'amitié du lieutenant Partenau avec le junker Kiebold. Le lieutenant est un génie militaire, patriote obstiné et homosexuel. Le junker voudrait être seulement son disciple mais pas son amant, et le lieutenant se tire une balle de revolver. Il est entièrement conçu comme un personnage tragique : l'aberration sexuelle est en quelque sorte glorifiée par l'aspect héroïque de la véritable amitié masculine ; quant au patriotisme insatisfait, il est sans doute censé évoquer Heinrich von Kleist. Le tout est écrit dans le style expressionniste, parfois précieusement mystérieux, du temps de guerre et des premières années de Weimar, un peu comme dans la langue de Fritz von Unruh [1]. Mais Unruh et les expressionnistes allemands de cette époque étaient des amis de la paix, ils avaient des convictions humanitaires et, en dépit de tout leur amour de la patrie, cosmopolites. Partenau, au contraire, est animé de pensées revanchardes et ses plans ne sont en aucune manière de pures élucubrations ; il parle de « provinces souterraines » déjà existantes, de la construction souterraine de « cellules organisées ». La seule chose qui manque, c'est un chef [*Führer*] éminent. Seul un homme qui serait plus

1. Fritz von Unruh, écrivain allemand (1885-1970), officier pendant la Première Guerre mondiale.

qu'un guerrier et qu'un simple maître d'œuvre réussirait à insuffler la vie à ces forces secrètes et endormies pour en faire un instrument puissant et flexible. « Si l'on trouve ce chef de génie, c'est lui qui fera de la place pour les Allemands. Trente-cinq millions de Tchèques et autres peuples non germaniques seront transplantés par le chef en Sibérie et leur place actuelle en Europe reviendra au peuple allemand. Lequel y a droit du fait de sa supériorité, même si, depuis deux mille ans, son sang est " infesté de chrétienté "... »

Kiebold, le junker, est enthousiasmé par les idées de son lieutenant. « Pour les rêves et les pensées de Partenau, je serais prêt à mourir dès demain », déclare-t-il ; et à Partenau lui-même, il dira plus tard : « Tu as été le premier à qui j'ai pu demander calmement ce que signifient, au fond, la conscience, le remords et la morale à côté du peuple et du pays, ce sur quoi, ensuite, nous avons hoché ensemble la tête en signe de profonde incompréhension. »

Je le répète : ce livre parut dès 1929. Quelle anticipation de la langue, des convictions propres au Troisième Reich ! En ce temps-là, quand je notais les phrases les plus marquantes dans mon journal, je ne pouvais que subodorer tout ceci. Mais que ces convictions se traduiraient un jour en actes, que « la conscience, le remords et la morale » de toute une armée, de tout un peuple, pourraient réellement être supprimés, à l'époque encore, je croyais cela impossible. Le tout me semblait relever de l'imagination débridée d'un individu déséquilibré. Et c'est probablement ainsi que cela fut perçu en général ; car, sinon, il aurait été incompréhensible que des écrits aussi incendiaires aient pu être publiés sous la République...

Je donnais ce livre à lire à notre amie des Soviets ; elle venait à peine de rentrer d'un séjour de vacances dans la maison de campagne des parents de son neveu. Quelques jours plus tard, elle nous le rapporta sans montrer le moindre étonnement : tout cela lui était familier depuis longtemps, le style comme le contenu ; l'auteur avait dû observer très minutieusement autour de lui. « Georg, ce garçon tout à fait innocent, tout à fait dépourvu de sens littéraire, écrit depuis longtemps dans la même langue et caresse depuis longtemps les mêmes idées. »

Avec quelle innocence certaines natures moyennes

s'assimilent à leur entourage ! Nous repensâmes plus tard que le gentil garçon avait déjà parlé à Heringsdorf de la « guerre fraîche et joyeuse ». À cette époque encore, nous prenions cela pour la reprise irréfléchie d'un cliché. Mais les clichés finissent par exercer une emprise sur nous. « Une langue qui poétise et pense à ta place... »

Après quoi, la tante nous donna encore plusieurs fois des nouvelles de l'évolution de son neveu. Officier d'aviation, il était devenu un grand seigneur. Dépensier et sans scrupule, pénétré de ses droits de seigneur et de héros, il dépensait sans compter pour des bottes, des vêtements et des vins. Il était chargé de passer commande pour un mess et recueillait au passage ce que, dans des régions plus profondes, on appelait des pots-de-vin. « Nous avons droit à la belle vie, écrivait-il, car nous risquons quotidiennement notre propre vie. »

Pas seulement la sienne propre : maintenant, le gentil garçon jouait aussi avec la vie de ses soldats. Il jouait avec un tel manque de conscience que, même pour ses professeurs et ses modèles, c'en était trop. Alors qu'il était chef d'escadron, il fit exécuter, dans des conditions météorologiques des plus défavorables, un exercice de vol si difficile et dangereux que trois soldats y laissèrent leur vie. Comme l'accident détruisit également deux précieux avions, l'affaire se termina par un procès contre celui qui, entre-temps, était devenu capitaine. Le tribunal prononça son renvoi de l'armée. La guerre éclata peu après ; je ne sais ce qu'il advint de M., on l'aura sans doute réintégré dans la troupe.

Partenau ne sera guère cité dans les prochains recueils d'histoire de la littérature ; un rôle d'autant plus grand devrait lui revenir dans l'histoire des idées. Car la rancœur et l'ambition de lansquenets déçus, qu'une génération plus jeune vénérait comme des héros, constituent les pivots les plus profonds de la LTI.

Et il est vrai que ce sont des mercenaires spécifiquement allemands. Avant la Première Guerre mondiale circulait un bon mot sur la psychologie des peuples : on propose à des ressortissants de différentes nations de traiter librement le thème de l'éléphant. L'Américain rédige une dissertation intitulée : « Comment j'ai abattu mon millième éléphant », l'Allemand fait le récit de « l'utilisation des éléphants lors de la seconde guerre punique ». Dans la LTI, il y a beaucoup d'américanismes et autres composantes exotiques, il y en a tant que, parfois, on pourrait presque omettre le noyau allemand. Mais il est présent, présent de manière terriblement décisive – personne ne peut prétendre qu'il ne s'est agi que d'une infection venue de l'extérieur. Le lansquenet Partenau, non pas une créature imaginaire mais le portrait classique, typique, de nombre de ses collègues et compatriotes, est un homme instruit, qui ne se sent pas seulement chez lui dans les œuvres de l'état-major allemand : il a aussi lu son Chamberlain [1], son Nietzsche et la *Renaissance* de Burckhardt [2], etc.

1. Houston Stewart Chamberlain, écrivain et philosophe anglais (1855-1927), naturalisé allemand en 1916, gendre de Wagner. En 1899, il publia *Les Fondements du XIXe siècle*, une des œuvres fondatrices de l'idéologie mystico-raciste sur laquelle allait se baser le Troisième Reich.

2. Jacob Burckhardt, historien suisse d'expression allemande (1818-1897).

5.

EXTRAITS DU JOURNAL DE LA PREMIÈRE ANNÉE

Quelques pages sur ce qui, petit à petit mais sans répit, me taraude. Jusqu'ici la politique, la *vita publica*, est le plus souvent restée en dehors de mon journal. Depuis que j'occupe cette chaire de professeur à Dresde, je me suis parfois mis en garde : tu as désormais trouvé ta voie, tu appartiens désormais à la science – ne te laisse pas distraire, concentre-toi ! Et maintenant :

21 mars 1933. Aujourd'hui a lieu la « cérémonie officielle » [*Staatsakt*[1]] à Potsdam. Comment pourrais-je travailler comme si de rien n'était ? Je me trouve dans la même situation que le Franz de *Götz*[2] lorsqu'il déclare : « Le monde entier, je ne sais comment, me renvoie toujours à elle. » Mais moi, je sais bien comment. À Leipzig, ils ont nommé une commission pour la nationalisation de l'université. – Le tableau d'affichage de notre université se couvre d'un grand placard (il doit y avoir le même dans toutes les autres universités allemandes) sur lequel on peut lire : « Quand le Juif écrit en allemand, il ment » ; il devrait être forcé à l'avenir de désigner les livres qu'il édite en langue allemande comme des « traductions de l'hébreu ». – Pour le mois d'avril, on avait annoncé, ici à Dresde, la tenue du congrès de psychologie. Le *Freiheitskampf* publia un article incendiaire : « Qu'est-il arrivé à la science de

1. Littéralement « acte d'État ». Cérémonie d'ouverture du premier Reichstag du Troisième Reich.

2. *Götz von Berlichingen*, drame en cinq actes (1771-1773) de J. W. Goethe.

Wilhelm Wundt[1]?... Quel enjuivement... Qu'on en finisse ! » Là-dessus, le congrès a été annulé... « pour éviter des désagréments à certains participants ».

27 mars. Des mots nouveaux font leur apparition, ou des mots anciens acquièrent un nouveau sens particulier, ou de nouvelles combinaisons se créent, qui se figent rapidement en stéréotypes. La SA s'appelle à présent, en langue soutenue – et la langue soutenue est constamment *de rigueur* *, car il est de bon ton d'être enthousiaste –, l'« armée brune ». Les Juifs de l'étranger, en particulier les Juifs français, anglais et américains, sont appelés aujourd'hui à tout bout de champ les « Juifs mondiaux » [*Weltjuden*]. Tout aussi fréquemment est utilisée l'expression « judaïsme international » [*internationales Judentum*] dont « Juifs mondiaux » et « judaïsme mondial » [*Weltjudentum*] doivent être la germanisation. Mais c'est une germanisation suspecte : dans et de par le monde, les Juifs ne se trouvent donc plus qu'à l'extérieur de l'Allemagne ? Et où se trouvent-ils à l'intérieur de l'Allemagne ? – Les « Juifs mondiaux » font de la « propagande en diffusant des atrocités » [*Greuelpropaganda*] et répandent des « atrocités inventées » [*Greuelmärchen*], et quand nous, ici, nous racontons le moins du monde ce qui se passe quotidiennement, c'est nous qui faisons de la « *Greuelpropaganda* » et sommes punis pour cela. Pendant ce temps se prépare le boycott des commerces et des médecins juifs. La distinction entre « aryen » et « non aryen » règne sur toutes choses. On pourrait faire un lexique de cette nouvelle langue.

Dans un magasin de jouets, j'ai vu un ballon pour enfants sur lequel on avait imprimé une croix gammée. Un tel ballon aurait-il sa place dans ce lexique ?

(Peu après parut une loi sur la « protection des symboles nationaux », laquelle interdisait de tels décors de jouets et pareilles sottises, mais la question de la délimitation de la LTI m'a constamment préoccupé.)

10 avril. Avec vingt-cinq pour cent de sang non aryen, on est « étranger à l'espèce » [*artfremd*]. « En cas de doute c'est l'expert en science raciale qui tranche. » C'est la *limpieza de la sangre*[2] comme dans l'Espagne

1. Wilhelm Wundt, philosophe et psychologue allemand (1832-1910).

2. « Pureté du sang ».

du XVIe siècle. Mais, à l'époque, il s'agissait de croyance tandis qu'aujourd'hui, c'est de la zoologie plus du commerce. D'ailleurs, à propos d'Espagne : que le « Juif Einstein » soit ostensiblement nommé dans une université espagnole et qu'il accepte cette nomination, pour moi, cela ressemble à une boutade de l'histoire universelle.

20 avril. Encore une nouvelle occasion de fête, une nouvelle fête du peuple : l'anniversaire de Hitler. Le mot « peuple » [*Volk*] est employé dans les discours et les écrits aussi souvent que le sel à table, on saupoudre tout d'une pincée de peuple : « fête du peuple » [*Volksfest*], « camarade du peuple » [*Volksgenosse* [1]], « communauté du peuple » [*Volksgemeinschaft*], « proche du peuple » [*volksnah*], « étranger au peuple » [*volksfremd*], « issu du peuple » [*volksentstammt*]...

Le congrès de médecine de Wiesbaden était lamentable ! Ils rendent grâce à Hitler, solennellement et à plusieurs reprises, comme au « Sauveur de l'Allemagne » – bien que la question raciale ne soit pas tout à fait élucidée, bien que les « étrangers » Wassermann [2], Ehrlich [3] et Neisser aient accompli de grandes choses. Parmi mes « camarades de race » [*Rassegenossen*] et dans mon entourage le plus proche, il se trouve des gens pour dire que ce double « bien que » est déjà un acte de bravoure et c'est ce qu'il y a de plus lamentable dans tout cela. Non, la chose la plus lamentable entre toutes, c'est que je sois obligé de m'occuper constamment de cette folie qu'est la différence de race entre Aryens et Sémites, que je sois toujours obligé de considérer tout cet épouvantable obscurcissement et asservissement de l'Allemagne du seul point de vue de ce qui est juif. Cela m'apparaît comme une victoire que l'hitlérisme aurait remportée sur moi personnellement. Je ne veux pas la lui concéder.

17 juin. De quelle nationalité Jan Kiepura [4] est-il en réalité ? On lui a interdit récemment de donner un concert à Berlin. Là, c'était Kiepura le Juif. Puis il a fait une apparition dans un film du consortium Hugen-

1. Traduit aussi par « compatriote ».
2. August von Wassermann, médecin allemand (1866-1925).
3. Paul Ehrlich, médecin allemand (1854-1915). Prix Nobel de médecine 1908.
4. Jan Kiepura, ténor polonais (1902-1966).

berg[1]. Là, c'était « le célèbre ténor de la Scala de Milan ». Puis, à Prague, on a sifflé le lied qu'il chantait en allemand : « Cette nuit ou jamais ! ». Là, c'était Kiepura le chanteur allemand.

(Ce n'est que beaucoup plus tard que j'ai appris qu'il était polonais.)

9 juillet. II y a quelques semaines, Hugenberg a démissionné, et son parti national-allemand s'est « dissous de lui-même ». Depuis, j'ai observé que la « Révolution national-socialiste » a pris la place du « soulèvement national » [*nationale Erhebung*], qu'on appelle Hitler le « chancelier du peuple » [*Volkskanzler*] plus souvent qu'auparavant, et qu'on parle d'« État total ».

28 juillet. Une cérémonie a eu lieu sur la tombe de l'« éliminateur de Rathenau[2] ». Que de mépris, que d'amoralisme ou de morale ostensiblement aristocratique, dans cette substantivation, dans cette élévation du crime au rang de profession. Et comme on doit se sentir sûr de soi quand on s'exprime de la sorte !

Mais se sent-on sûr de soi ? Car il y a tout de même aussi beaucoup d'hystérie dans les paroles et les actes du gouvernement. Il faudrait qu'un jour on étudie l'hystérie de la langue en particulier. Cette sempiternelle menace de la peine de mort ! Et, récemment, l'interruption totale de la circulation entre midi et midi quarante pour la « recherche dans toute l'Allemagne des agents de liaison et des imprimés antinationaux ». Il s'agit bien d'une peur mi-directe et mi-indirecte. Je veux dire par là que ce truquage générateur de tension, imité du film et du roman à sensation à l'américaine, est naturellement un moyen de propagande bien calculé tout autant qu'un produit de la peur, mais que, d'autre part, seul celui qui en a besoin, c'est-à-dire celui qui justement a peur, a recours à une telle propagande.

Et à quoi riment ces articles constamment répétés – la répétition constante semble être un effet de style capital

1. Paul Hugenberg (1865-1951), leader du parti populiste national-allemand (DNVP) de 1928 à 1933, et, depuis le début des années vingt, magnat de la presse et du cinéma. Il contribua grandement, par son empire, à l'arrivée de Hitler au pouvoir et fut nommé, en 1933, ministre de l'Économie et du « Ravitaillement » du Reich. Le 27 juin 1933, il fut contraint de démissionner et son parti fut dissous le lendemain.

2. Walther Rathenau, industriel, homme politique et écrivain allemand (1867-1922). Il fut assassiné par deux anciens officiers antisémites appartenant à l'organisation d'extrême droite *Consul.*

dans leur langue – sur la victorieuse bataille du travail en Prusse-Orientale ? Que ce soit une réplique de la *battaglia del grano* des fascistes, il n'est pas besoin que beaucoup de gens le sachent ; mais que, dans les régions agricoles à l'époque des moissons, il y ait peu de chômeurs et que, par conséquent, de ce recul momentané du chômage en Prusse-Orientale on ne peut pas conclure à la diminution générale et constante du nombre des chômeurs, après tout, même le plus idiot doit se le dire.

Mais c'est dans l'attitude de Hitler en personne que je vois le symptôme le plus aigu de leur insécurité intérieure. Par exemple cet enregistrement sonore, hier, aux actualités hebdomadaires : le Führer prononce quelques phrases devant une grande assemblée. Il serre le poing, il crispe le visage, c'est moins un discours qu'un hurlement sauvage, une explosion de rage : « Le 30 janvier ils [il veut naturellement dire « les Juifs »] se sont moqués de moi – il faut que leur passe l'envie de rire... ! » À présent, il semble tout-puissant, et peut-être qu'il l'est ; mais dans cet enregistrement, c'est vraiment une rage impuissante qui s'exprime dans le ton et les gestes. Et parle-t-on continuellement, comme il le fait, d'un règne millénaire et d'ennemis anéantis, lorsqu'on est sûr de ce règne et de cet anéantissement ? – C'est presque avec une lueur d'espoir que je suis sorti du cinéma.

22 août. Dans les couches sociales les plus diverses on perçoit des signes de lassitude vis-à-vis de Hitler. Le stagiaire Fl., qui n'est pas une lumière mais un brave garçon, m'aborde en civil dans la rue : « Ne vous étonnez pas si un jour vous me rencontrez en uniforme de Stahlhelm [1] portant le brassard à croix gammée. J'y suis obligé – mais la contrainte ne change rien en nous. Les Stahlhelm restent les Stahlhelm et valent mieux que les SA. Et c'est de nous, des nationaux-allemands, que viendra le salut ! » Mme Kappmann, la femme de ménage remplaçante, mariée à un guichetier des Postes, me dit un jour : « Monsieur le professeur, le 1er octobre l'amicale " Bonne compagnie " des fonctionnaires des Postes du secteur A 19 sera mise au pas. Mais les nazis ne doivent rien toucher de ses fonds ; un buffet campagnard est organisé pour les messieurs, suivi d'un goûter pour les dames. » – Annemarie, avec son langage médical et sans

1. « Casque d'acier » : groupes paramilitaires des anciens combattants de droite.

ambages, comme toujours, rapporte ces paroles d'un collègue portant le brassard à croix gammée : « Que faire ? C'est comme la serviette hygiénique des dames [1]. » – Et Kuske, l'épicier, répète la dernière prière du soir : « Mon Dieu, rends-moi muet pour que je n'aille pas à Hohnstein [2]... » Est-ce que je me fais des illusions quand je reprends espoir en entendant tout cela ? Le délire absolu ne peut tout de même pas persister une fois que l'état d'ivresse du peuple aura cessé et que commencera le temps de la gueule de bois.

25 août. À quoi servent les symptômes de lassitude ? Tout le monde a peur. Il avait été convenu avec Quelle & Meyer que mon essai « La France vue par les Allemands » paraîtrait tout d'abord dans la *Revue mensuelle de philologie moderne*, dirigée par le recteur ou professeur Hübner [3], pédagogue fort brave et modéré. Il y a quelques semaines, il m'a écrit une lettre dans laquelle il me demandait d'un ton affligé si je ne voulais pas renoncer, au moins jusqu'à nouvel ordre, à la publication de mon étude ; il y aurait des « cellules d'entreprise » [*Betriebszellen*] (terme étonnant, qui couple le mécanique et l'organique – ah, cette nouvelle langue !) dans la maison d'édition, et l'on voudrait bien quand même conserver cette bonne revue spécialisée, et les dirigeants politiques seraient fort éloignés du véritable intérêt de la profession... Là-dessus je me tournai vers les éditions Diestersweg pour lesquelles mon travail, très rigoureux et solidement documenté, aurait dû représenter une véritable aubaine. Refus immédiat ; on me servit comme motif que mon étude était « purement rétrograde » et qu'elle souffrait de l'« absence de points de vue racistes [*völkisch* [4]] ». Les possibilités de publication sont bloquées – quand va-t-on me bâillonner ? Pendant le semestre d'été, c'est ma qualification de « soldat du

1. En allemand, le brassard se dit *Armbinde* et la serviette hygiénique *Damenbinde*.
2. Les ruines du château fort de Hohnstein (région d'Erfurt) furent transformées en camp de concentration.
3. Walter Hübner, angliciste allemand (1884- ?).
4. Le concept proprement nazi de *völkisch* est fondé sur l'opposition entre « Aryens » et « Sémites ». Le sens est proche de celui de « raciste », mais cet adjectif occulte la présence du radical *Volk*, le peuple. Jean-Pierre Faye a étudié les divers enjeux qu'il implique dans *Langages totalitaires*, Hermann, 1972, p. 531-541, et dans *Le Langage meurtrier*, Paris, Hermann, 1996.

front » qui m'a protégé – combien de temps encore cette protection sera-t-elle efficace ?

28 août. Je ne dois surtout pas perdre courage, le peuple ne sera pas longtemps de leur côté. On dit que Hitler s'est appuyé en particulier sur la petite bourgeoisie, et c'était manifestement le cas, en effet.

Nous avons participé à un « voyage surprise ». Deux autocars remplis, environ quatre-vingts personnes, le public le plus petit-bourgeois qu'on puisse imaginer, bien entre soi, bien homogène, pas le moindre ouvrier, pas la moindre bourgeoisie plus élevée, à la pensée plus libre. Halte à Lübau pour prendre un café et assister à un numéro de cabaret donné par le personnel d'accompagnement, ou service d'ordre, des véhicules ; car telle est la coutume dans ces excursions. Le présentateur commence par un poème pathétique à la gloire du Führer et Sauveur de l'Allemagne, à la gloire de la nouvelle communauté du peuple, etc., égrenant jusqu'au bout le rosaire nazi. Les gens sont calmes et apathiques ; à la fin, c'est aux applaudissements d'un individu, à ces applaudissements tout à fait isolés qu'on remarque l'absence d'acclamation. Ensuite, l'homme raconte une histoire qu'il aurait entendue chez son coiffeur. Une femme juive veut se faire friser les cheveux. « Je suis absolument désolé, chère madame, mais je n'ai pas le droit de faire cela. – Vous n'avez pas le droit ? – Impossible, le Führer a affirmé solennellement, lors du boycott des Juifs, et c'est encore valable aujourd'hui, en dépit de toutes les atrocités qu'on raconte, qu'on ne devait pas toucher à un seul cheveu des Juifs en Allemagne. » Rires et applaudissements pendant plusieurs minutes. – Ne puis-je me permettre d'en tirer une conclusion ? Le bon mot et l'accueil qui lui est fait ne sont-ils pas importants pour toute analyse sociologique et politique ?

19 septembre. Au cinéma, scènes du congrès du Parti à Nuremberg. Hitler consacre de nouveaux drapeaux de SA en les effleurant avec l'étendard de sang de 1923. À chaque contact des drapeaux entre eux, retentit un coup de canon. Si ce n'est pas un mélange de mise en scène théâtrale et religieuse ! Et même en laissant de côté cette exhibition dramatique – le nom « étendard de sang » à lui seul est déjà tout un programme. « Frères vénérables, regardez ici : c'est nous qui souffrons le martyre sanglant ! » Toute cette affaire national-socialiste est élevée, par ce seul mot, de la sphère politique à la sphère religieuse. Et la scène et le mot agissent incontestablement, les gens sont assis, en plein recueillement – personne n'éternue ni ne tousse, nulle part on n'entend le froissement d'un papier d'emballage, nulle part le claquement de langue d'un suceur de bonbons. Le congrès du Parti est une pratique culturelle, le national-socialisme une religion – et je voudrais me persuader qu'il jette des racines peu profondes et clairsemées ?

10 octobre. Mon collègue Robert Wilbrandt [1] est venu chez nous. Il nous a demandé si nous voulions accueillir un hôte dangereux pour l'État. Il a été licencié brusquement. La formule exterminatrice est : « politiquement non fiable ». On a exhumé l'affaire du pacifiste Gumbel [2], qu'il a soutenu à Marburg. Et puis : il a écrit un petit livre sur Marx. Il veut aller dans le sud de l'Allemagne, il veut s'absorber dans son travail, dans un patelin isolé... Si je pouvais en faire autant ! La tyrannie et l'insécurité croissent de jour en jour. On licencie dans le cercle enjuivé de mes collègues scientifiques. Olschki [3] à Heidelberg, Friedmann [4] à Leipzig, Spitzer [5] à Marburg, Lerch [6], l'Aryen à cent pour cent, à Münster, parce qu'il vivrait « en concubinage avec une Juive ». Hatzfeld [7], le blond aux yeux bleus, le fervent catholique, m'a demandé anxieusement si j'étais encore à mon poste. Dans ma réponse, je voulus savoir à mon tour pourquoi il craignait pour sa personne, puisque il était complète-

1. Robert Wilbrandt, politologue allemand, fils du dramaturge Adolf Wilbrandt.

2. Emil Julius Gumbel, professeur de statistique allemand (1891-1966), très critiqué pour avoir publié plusieurs ouvrages traitant des assassinats politiques [*Fememorde*] tramés et perpétrés par la droite radicale sous la République de Weimar.

3. Leonardo Olschki, philologue allemand.

4. Friedmann, Wilhelm, romaniste né à Vienne (1884-suicide en exil, 1942). Chassé de son poste en 1933, il s'exila à Paris. Son *Die französische Literatur im XX. Jahrhundert. Eine Skizze* (1914) a été « utilisé » par E.R. Curtius pour son célèbre *Die literarischen Wegbereiter des neuen Frankreich* (1919).

5. Leo Spitzer, romaniste allemand (1867-1960) émigré dès 1933.

6. Eugen Lerch, romaniste allemand (1888-1952). Il publia dans les années vingt, en collaboration avec Victor Klemperer, *Les Annales de philologie idéaliste*.

7. Helmut Hatzfeld, romaniste allemand qui publia en 1925, en collaboration avec Victor Klemperer, *Die romanischen Literaturen von der Renaissance bis zur Gegenwart* [Les littératures romanes, de la Renaissance à nos jours].

ment « a-sémite ». Il m'envoya le tiré à part d'une étude ; sous son nom était écrit à l'encre : « Sincères salutations – 25 %. »

Les revues philologiques spécialisées ainsi que le bulletin du syndicat de l'enseignement supérieur évoluent avec une telle aisance dans le jargon du Troisième Reich que chaque page donne littéralement envie de vomir. « Le coup de balai de fer de Hitler » – « la science sur des bases national-socialistes » – « l'esprit juif » « les novembristes » (ce sont les révolutionnaires de 1918).

23 octobre. On a prélevé sur mon traitement une contribution « volontaire » au « Secours d'hiver » [*Freiwillige Winterhilfe*] ; personne ne m'a demandé mon avis avant de le faire. Il paraît qu'il s'agit d'un nouvel impôt auquel on ne peut pas plus se soustraire qu'à n'importe quel autre ; il n'est « volontaire » que parce qu'on a le droit de payer davantage que le montant fixé, et derrière ce « droit » se cache aussi, pour beaucoup de gens, une obligation à peine voilée. Mais, abstraction faite de cet adjectif mensonger, le substantif n'est-il pas déjà à lui seul un camouflage de la contrainte, une sollicitation, un appel au sentiment ? Un secours à la place d'un impôt : cela fait partie de la communauté du peuple. Le jargon du Troisième Reich sentimentalise ; c'est toujours suspect.

29 octobre. Brusque oukase, qui tranche dans le vif du programme de l'université : le mardi après-midi doit être laissé libre, car pendant ces quelques heures, l'ensemble des étudiants sera appelé à faire des exercices de sport militaire [*Wehrsport*]. Je retrouvai ce mot, presque à la même époque, sur un paquet de cigarettes dont la marque était *Wehrsport*. Moitié masque, moitié démasquement. Le service militaire obligatoire est interdit par le traité de Versailles ; le sport est permis – officiellement, nous ne faisons rien d'illicite, juste un petit peu tout de même, et nous en faisons une petite menace, nous montrons tout de même le poing, que – provisoirement encore – nous serrons dans la poche. Quand découvrirai-je, dans la langue de ce régime, un mot réellement sincère ?

Hier soir, Gusti W. était chez nous, de retour, après quatre mois d'absence, de Türo où elle et sa sœur, Maria

Strindberg [1], ont vécu chez Karin Michaelis [2]. Un petit groupe d'émigrants communistes s'est manifestement retrouvé là-bas. Gusti nous a raconté des détails horribles. Naturellement des « atrocités inventées » qu'on ne peut que se chuchoter secrètement à l'oreille. En particulier sur la misère qu'à plus de soixante ans déjà Erich Mühsam [3] endure dans un camp de concentration particulièrement dur. On pourrait varier le proverbe et dire : le pire est l'ami du mauvais ; ma foi, je commence à considérer le gouvernement Mussolini comme un gouvernement presque humain et européen.

Je me demande si l'on devrait admettre les mots « émigré » et « camp de concentration » dans un lexique de la langue hitlérienne. « Émigré » : c'est une désignation internationale employée pour ceux qui ont fui la grande Révolution française. Brandes [4] a intitulé un volume de son *Histoire de la littérature européenne* : « Littérature de l'émigration ». Puis on a parlé des émigrants de la Révolution russe. Et, à présent justement, il existe un groupe d'émigrants allemands – dans leur camp se trouve l'Allemagne ! –, et « mentalité d'émigrant » est un *mot savant** en faveur. Donc, à l'avenir, ce mot ne dégagera pas forcément l'odeur de charogne du Troisième Reich. Il en va tout autrement de « camp de concentration ». J'ai entendu ce mot quand je n'étais encore qu'un jeune garçon et, à l'époque, il avait pour moi une résonance tout à fait exotique et coloniale, pas du tout allemande : pendant la guerre des Boers, il était souvent question des *Compounds* ou camps de concentration, dans lesquels les Boers prisonniers étaient surveillés par les Anglais. Ensuite ce mot est complètement sorti de l'usage allemand. À présent, soudain resurgi, il désigne une institution allemande, un dispositif de paix qui se dresse sur le sol européen contre des Allemands, un dispositif durable et non une mesure provisoire prise en temps de guerre contre l'ennemi. Je crois qu'à l'avenir, où que l'on prononce le mot « camp de concentration », on pensera à

1. Maria Lazar-Strindberg, romancière autrichienne.
2. Karin Michaelis, romancière danoise (1872-1950). Elle accueillit chez elle plusieurs émigrés allemands (dont Bertolt Brecht) qui fuyaient le régime hitlérien.
3. Erich Mühsam, écrivain allemand (1878-1934), mort au camp d'Oranienburg.
4. Georg Brandes (Morris Cohen, dit), historien de la littérature danois (1842-1927).

l'Allemagne hitlérienne et seulement à l'Allemagne hitlérienne... Est-ce de l'insensibilité de ma part et de l'étroite pédanterie si je m'en tiens toujours et de plus en plus à la philologie de cette misère ? Je sonde vraiment ma conscience. Non, c'est de l'auto-préservation.

9 novembre. Aujourd'hui, j'ai eu, en tout et pour tout, deux participants à mon séminaire sur Corneille : Lore Isakowitz, qui a la carte jaune des Juifs ; l'étudiant Hirschowicz, non aryen, de père turc, qui a la carte bleue des apatrides – les authentiques étudiants allemands, eux, ont des cartes brunes. (À nouveau cette question de la délimitation : cela relève-t-il de la langue du Troisième Reich ?) Pourquoi ai-je si peu d'auditeurs que c'en est effrayant ? Le français n'est plus une option en faveur auprès des futurs enseignants ; il passe pour antipatriotique, et que dire alors d'une littérature française présentée par un Juif ! Il faut presque un peu de courage pour assister à mes cours. Mais à cela s'ajoute qu'à présent tous les cours sont faiblement fréquentés : les étudiants sont trop pris par le « sport militaire » et une douzaine d'autres manifestations analogues. Et enfin : ces jours-ci, justement, ils doivent tous sans exception, et presque sans relâche, contribuer à la propagande électorale, participer à des défilés, à des meetings, etc.

Voilà le plus grand *barnum* que j'aie vu jusqu'ici, venant de Goebbels, et j'ai de la peine à imaginer qu'on puisse encore renchérir là-dessus. Je veux parler du plébiscite pour la politique du Führer et de la « liste unique » [*Einheitsliste*] pour le Reichstag : pour ma part, je trouve toute cette affaire aussi grossière et maladroite que possible. Plébiscite – ceux qui connaissent ce mot (et ceux qui ne le connaissent pas se le feront expliquer) savent que le plébiscite est tout de même inéluctablement associé à Napoléon III, et Hitler ferait mieux de ne pas s'associer à lui. Et la « liste unique » montre par trop clairement que le Reichstag, en tant que parlement, est fini. Quant à l'ensemble de la propagande, c'est vraiment un *barnum* si parfait – on porte au revers de son manteau un écusson sur lequel figure un « oui », on ne peut dire non aux vendeurs de ces plaquettes sans se rendre suspect –, un tel viol du public, qu'elle devrait en réalité produire le contraire de l'effet escompté...

En réalité – mais jusqu'ici je me suis toujours trompé. Je juge en intellectuel alors que M. Goebbels table sur une masse ivre. Et, par surcroît, sur la peur des hommes cultivés. D'autant que personne ne croit à la préservation du secret électoral.

À présent, il a déjà remporté une énorme victoire sur les Juifs. Il s'est passé dimanche une scène horrible avec les K., que nous avions dû inviter à prendre un café chez nous. « Dû », car le snobisme de Mme K. qui, dénuée de tout sens critique, se fait l'écho de toute opinion émise ou entendue en dernier, nous porte sur les nerfs depuis longtemps déjà ; mais M. K., bien qu'il aime jouer le rôle du sage Nathan [1], m'a toujours paru passablement raisonnable. Donc, dimanche dernier, il déclara qu'il s'était décidé, « le cœur gros », exactement comme l'Association centrale des citoyens juifs, à voter oui au plébiscite, et sa femme ajouta que le système de Weimar s'était révélé impossible et qu'il fallait se placer « au niveau des réalités ». Je perdis contrôle, frappai du poing sur la table, de sorte que les tasses s'entrechoquèrent, et, en criant, demandai à cet homme plusieurs fois de suite si, oui ou non, il tenait la politique de ce gouvernement pour criminelle. Très digne, il répondit que je n'étais pas habilité à poser cette question et me demanda à son tour, plein de mépris, pourquoi donc je restais en fonction. Je lui dis que je n'avais pas été engagé par le gouvernement de Hitler, que ce n'était pas lui que je servais et que j'espérais bien lui survivre. Mme K. insista encore, qu'on devait quand même reconnaître que le Führer – elle disait vraiment « le Führer » – était une personnalité géniale dont on ne pouvait contester la prodigieuse efficacité, et à laquelle on ne pouvait se soustraire... Aujourd'hui, j'aimerais presque m'excuser auprès des K. pour l'excès de mon emportement. Entre-temps, j'ai entendu toutes sortes de personnes juives de notre cercle proférer des opinions tout à fait semblables. Des gens qui, incontestablement, doivent être rangés dans la catégorie des intellectuels et qui, incontestablement, comptent parmi les hommes qui pensent calmement et par eux-mêmes... Il règne en ce moment quelque obscurcissement qui influe vraiment sur tout le monde.

10 novembre, le soir. Le summum de la propagande, je l'ai entendu aujourd'hui à midi au poste de radio de Dember [2] (notre physicien juif, mis à pied, qui est en

1. *Nathan le sage*, poème dramatique (1779) de Gotthold Ephraim Lessing.
2. Harry Dember, physicien allemand.

train de négocier pour une chaire de professeur en Turquie). Cette fois-ci, l'ordonnancement de la cérémonie par Goebbels, qui se fit ensuite présentateur de sa propre mise en scène, était un véritable chef-d'œuvre. Tout reposait sur le travail et sur la paix pour un travail paisible. D'abord le retentissement général des sirènes dans toute l'Allemagne, puis la minute de silence dans toute l'Allemagne – ils ont naturellement appris cela de l'Amérique et des célébrations de paix à la fin de la Grande Guerre. Et ensuite venait, sans être beaucoup plus original (cf. l'Italie) mais réalisé à la perfection, tout ce qui servait de cadre au discours de Hitler. Une salle des machines à Siemensstadt. Pendant de longues minutes : le vacarme assourdissant de l'usine, les martèlements, cliquetis, ronflements, sifflements, grincements. Puis la sirène et le chant et, finalement, le bruit des rouages se taisent peu à peu. Puis, surgi du silence, avec la voix profonde de Goebbels, le récit du messager. Et, à ce moment-là seulement : Hitler, LUI, pendant trois quarts d'heure. C'était la première fois que j'entendais un discours de lui en entier et mon impression était, pour l'essentiel, la même qu'auparavant. La plupart du temps, une voix surexcitée, forcée et souvent éraillée. Mais, cette fois-ci, de nombreux passages étaient dits sur le ton larmoyant d'un prédicateur sectaire. LUI prêche pour la paix, LUI fait l'éloge de la paix, LUI veut le oui de l'Allemagne, non par ambition personnelle mais uniquement pour pouvoir protéger la paix des attaques d'une internationale d'affairistes, des gens sans racines qui, au nom de leur profit, jettent sans scrupule des peuples comptant des millions d'hommes les uns contre les autres...

Tout cela, et les apostrophes bien étudiées (« Les Juifs ! »), m'était naturellement connu depuis longtemps. Mais, en dépit de son caractère rebattu et de sa révoltante et criante fausseté, le rituel prenait une efficacité nouvelle et toute particulière grâce à un trait original que, parmi les détails les plus réussis, je tiens pour le plus remarquable et pour le seul décisif. On disait dans le communiqué : « Cérémonie de 13 à 14 heures. À la treizième heure, Hitler viendra à la rencontre des ouvriers. » C'est, à l'évidence, la langue de l'Évangile. Le Seigneur, le Rédempteur, vient à la rencontre des pauvres et des égarés. Raffiné jusque dans l'indication de l'heure.

Treize heures – non, « treizième heure » – c'est comme s'il était trop tard, mais LUI accomplira un miracle, car, pour lui, il n'est jamais trop tard. L'étendard de sang au congrès du Parti, c'était déjà de la même farine. Mais, cette fois-ci, l'étroitesse de la cérémonie religieuse est dépassée, le costume intemporel retiré, la légende du Christ transposée dans un présent immédiat : Adolf Hitler, le Sauveur, vient à la rencontre des ouvriers à Siemensstadt.

14 novembre. Pourquoi faire des reproches à K. et aux autres ? Hier, lorsqu'on a annoncé le triomphe du gouvernement : 93 % de voix pour Hitler, 40 millions de oui, 2 millions de non, 39 millions pour le Reichstag (la fameuse liste unique) et 3 millions de « nuls », j'ai été tout aussi bouleversé que les autres. Je pouvais toujours me dire, premièrement, que ce résultat avait été obtenu par contrainte et, deuxièmement, qu'en l'absence de tout contrôle, il avait sans doute aussi été truqué, tout comme doit se cacher un mélange de falsification et de chantage derrière la nouvelle en provenance de Londres, selon laquelle, là-bas, on admirerait particulièrement le fait que, même dans les camps de concentration, on ait voté oui en majorité –, et, cependant, je demeurais et demeure encore sous le choc de ce triomphe de Hitler.

Je ne peux m'empêcher de repenser à la traversée que nous fîmes, il y a de cela vingt-cinq ans, de Bornholm jusqu'à Copenhague. Pendant la nuit, la tempête et le mal de mer avaient fait rage ; à présent, on était assis sur le pont, par une mer calme, dans le beau soleil matinal et l'on se réjouissait à l'idée de prendre un petit déjeuner. Alors, une petite fille se leva à l'autre extrémité du long banc, courut jusqu'au bastingage et vomit. Une seconde plus tard, sa mère qui était assise à côté d'elle se leva et fit de même. Immédiatement après ce fut le tour du monsieur à côté de la dame. Puis un jeune garçon, puis... le mouvement se propagea de manière uniforme et rapide le long du banc. Personne n'y échappa. À l'extrémité où nous étions, on était encore hors d'atteinte : on regardait, l'air intéressé, on riait, on prenait un air narquois. Et puis les vomissements se rapprochèrent, les rires se turent et, de notre côté aussi, on courut au bastingage. J'observais attentivement autour et à l'intérieur de moi. Je me disais qu'il existait bien quelque chose comme une observation objective et que j'y avais été formé, qu'il existait une volonté ferme, et je me réjouissais à la perspective du petit déjeuner – cependant, mon tour arriva et je fus contraint de me précipiter au bastingage exactement comme tous les autres.

J'ai réuni ici, concernant les premiers mois du nazisme, ce qui, dans mon journal, a trait à la nouvelle situation et à la nouvelle langue. À l'époque, j'allais infiniment mieux que par la suite ; j'étais en fonction et dans ma propre maison, j'étais encore l'observateur presque pas inquiété. D'un autre côté, ma sensibilité n'était que peu émoussée, j'étais tellement habitué à vivre dans un État de droit que je considérais à l'époque comme l'enfer le plus profond ce qui, plus tard, m'apparaîtrait tout au plus comme son vestibule, comme les limbes de Dante. Toutefois : si grave que dût devenir la situation, tout ce qui vint renforcer les convictions, les actes et la langue du nazisme, tout se profilait déjà au cours de ces premiers mois.

6.

LES TROIS PREMIERS MOTS NAZIS

Le tout premier mot qui s'est imposé à moi comme spécifiquement nazi, non d'après sa formation mais d'après son nouvel emploi, est associé à l'amertume que j'éprouvai lorsque, pour la première fois, je perdis un ami à cause du Troisième Reich. Treize ans auparavant, nous étions arrivés à Dresde et à l'université technique en même temps que T., mais moi comme professeur et lui comme étudiant débutant. Il était presque ce qu'on appelle un enfant prodige. Les enfants prodiges déçoivent fréquemment, mais lui semblait avoir passé sans dommages cet âge dangereux. Issu de la très petite bourgeoisie et extrêmement pauvre, il avait été découvert de manière romanesque pendant la guerre. Un célèbre professeur invité à Leipzig voulait qu'on lui fît la démonstration d'une nouvelle machine sur les bancs d'essai d'une usine ; il régnait, en raison de la conscription militaire, une pénurie d'ingénieurs, et le monteur, seul présent à ce moment-là, ne savait pas comment s'y prendre, le professeur s'énerva – c'est alors que sortit de dessous la machine, en rampant, un apprenti barbouillé de cambouis qui fournit les informations nécessaires. Il avait acquis ces connaissances grâce à l'attention qu'il portait à toutes choses – même celles qui ne le concernaient pas – et à ses études personnelles nocturnes. Ce fut au tour du professeur d'offrir son assistance, et l'énergie prodigieuse du garçon s'accrut encore avec le succès, tant et si bien que, peu de temps après, le jeune élève réussissait presque le même jour son examen de serrurier et son baccalauréat. Puis il eut la possibilité de gagner sa vie dans un emploi de technicien et d'étudier en même temps. Ses dons pour les mathématiques et la technique ne firent que se confirmer : il obtint un poste élevé alors qu'il était très jeune encore et n'avait pas passé le traditionnel examen de fin d'études d'ingénieur.

Mais ce qui le rapprocha de moi, dont la pensée se situe à des années-lumière de tout ce qui est mathématique ou technique, ce fut l'ampleur de son appétit de savoir et de sa réflexion. Il vint s'installer chez nous ; le pensionnaire devint un peu notre fils adoptif, il nous appelait père et mère, à moitié pour plaisanter, à moitié en étant très sérieux ; il est vrai que nous prenions une certaine part à son éducation. Il se maria précocement mais l'étroite relation de cœur qui existait entre nous demeura inchangée. Jamais la pensée que cette relation pourrait être troublée par des divergences d'opinions politiques n'effleura aucun d'entre nous quatre.

Puis le national-socialisme s'infiltra en Saxe. Je remarquai les premiers signes de changement dans l'état d'esprit de T. Je lui demandai comment il pouvait sympathiser avec ces gens-là.

« Mais ils veulent la même chose que les socialistes, dit-il, ils sont eux aussi un parti ouvrier.

– Mais tu ne vois donc pas qu'ils veulent la guerre ?

– Une guerre de libération, tout au plus, qui profitera forcément à l'ensemble de la communauté du peuple et donc aussi aux ouvriers et aux petites gens... »

Je commençai à douter de l'acuité et de la force de son intelligence. Je tentai de le désarçonner en abordant le sujet d'un autre point de vue :

« Tu as vécu des années dans ma maison et tu connais parfaitement ma manière de penser. Souvent, tu disais même que tu avais appris certaines choses de nous et que, dans tes appréciations morales, tu étais en accord avec nous. Comment, après tout cela, peux-tu rallier un pati qui, en raison de mon ascendance, me dénie ma germanité et mon humanité ?

– Tu prends cela trop au sérieux, *Babba*. (Le dialecte saxon était censé mettre une note légère dans la phrase et même dans toute la discussion.) Ce raffut autour des Juifs n'est là qu'à des fins de propagande. Tu verras, dès que Hitler sera aux commandes, il aura autre chose à faire que d'invectiver les Juifs... »

Pourtant, le raffut fit son effet, et même sur notre fils

adoptif. Après quelque temps, je lui demandai des nouvelles d'un jeune homme de sa connaissance. Il haussa les épaules : « Tu sais bien ce que cela signifie chez AEG ?... non ?... [*Alles echte Germanen*] " rien que d'authentiques Germains " ? » Il rit et s'étonna de ne pas me voir rire avec lui.

Puis, au bout d'un certain temps au cours duquel nous ne nous étions pas vus, il nous téléphona pour nous inviter à dîner – c'était peu après l'arrivée de Hitler au gouvernement.

« Comment ça va à l'usine ? lui demandai-je.

– Très bien ! répondit-il. Hier, c'était un très grand jour pour nous. Quelques communistes culottés s'étaient incrustés à Okrilla, alors nous avons organisé une expédition punitive [*Strafexpedition*].

– Vous avez fait quoi ?

– Eh bien, on les a fait passer par les verges, c'est-à-dire par nos matraques en caoutchouc, avec un peu de ricin, rien de sanglant, mais très efficace tout de même, une expédition punitive quoi. »

« Expédition punitive » est le premier mot que j'ai ressenti comme spécifiquement nazi, c'est le tout premier de ma LTI et le tout dernier que j'ai entendu de la bouche de T. ; je raccrochai sans même prendre la peine de refuser son invitation.

Tout ce que je pouvais imaginer d'arrogance brutale et de mépris envers ce qui est étranger à soi se trouvait condensé dans ce mot « expédition punitive » ; il avait une résonance si coloniale qu'on imaginait un village nègre cerné de toutes parts et qu'on entendait le claquement du fouet en cuir d'hippopotame. Plus tard, mais hélas cela ne durera pas, ce souvenir eut aussi, en dépit de son amertume, quelque chose de réconfortant pour moi. « Un peu de ricin » : il était tellement clair que cette opération imitait les pratiques fascistes des Italiens ; il me semblait que tout le nazisme n'était rien d'autre qu'une infection italienne. Mais cette consolation disparut devant la vérité qui se dévoilait, comme s'estompe une brume matinale ; le péché nazi, capital et mortel, était allemand et non italien.

Même le souvenir de ce mot nazi (ou fasciste) qu'était « expédition punitive » se serait certainement envolé, pour moi comme pour des millions d'autres gens, s'il n'avait été associé à un événement personnel. Car cette expression n'appartient qu'aux débuts du Troisième Reich, elle a été rendue caduque et inutile par la simple institution de ce régime, comme la flèche est rendue caduque par la bombe. Les expéditions punitives, semi-privées et exécutées en amateur, furent immédiatement remplacées par l'action policière, régulière et officielle, et le ricin par les camps de concentration. Et, six ans après le commencement du Troisième Reich, le tumulte des expéditions punitives à l'intérieur de l'Allemagne, devenues actions policières, fut couvert par le vacarme de la guerre mondiale que ses instigateurs avaient également conçue comme un genre d'expédition punitive contre tous les peuples méprisés. C'est ainsi que les mots disparaissent. – En revanche, les deux autres, qui désignaient le pôle opposé – « Tu n'es rien et je suis tout ! » –, n'ont pas besoin d'un souvenir personnel pour rester gravés en mémoire, ils sont demeurés jusqu'au bout et ne seront omis dans aucune histoire de la LTI. La note linguistique suivante dans mon journal s'intitule : « cérémonie officielle » [*Saatsakt*]. Elle fut mise en scène par Goebbels – et ce sera la première d'une série pratiquement incalculable – le 21 mars 1933 à l'église de la garnison de Postdam [1]. (Étonnante absence de sensibilité, chez les nazis, pour le comique satirique auquel ils s'exposent eux-mêmes ; on aimerait parfois croire réellement à leur innocence subjective ! Ils ont fait du carillon de l'église de la garnison : « Sois toujours fidèle et loyal » [2] leur indicatif radiophonique à Berlin, et ils ont situé cette farce que sont leurs séances fictives du Reichstag dans une salle de théâtre, à la Krolloper.)

S'il existe une façon d'employer à bon escient ce verbe de la LTI qu'est *aufziehen* [monter], c'est certainement celle-ci : la trame des cérémonies officielles était toujours « montée » [*aufgezogen*] sur le même modèle, mais en deux versions, j'en conviens : avec ou sans cercueil au milieu. Le faste des étendards, des déploiements d'appareil militaire, des guirlandes, des fanfares et des chœurs, de tout ce qui donnait un « corps » au discours, demeurait entièrement identique et s'inspirait entièrement de

1. Cérémonie d'ouverture du premier Reichstag du Troisième Reich. Le 21 mars était aussi la date d'anniversaire du jour où Bismarck avait ouvert le premier Reichstag du Deuxième Reich, en 1871.

2. « ... jusque dans la tombe, et ne t'éloigne pas d'un pouce du chemin de Dieu. »

l'exemple mussolinien. Pedant la guerre, le cercueil apparut toujours plus souvent au centre, mais la force d'attraction, déjà quelque peu ramollie, de ce moyen de propagande fut régénérée quand cela se mit à sentir le roussi. Chaque fois qu'un général mort à la guerre ou dans un accident avait droit à des obsèques nationales, le bruit courait qu'il s'était attiré la disgrâce du Führer et avait été éliminé sur ses ordres. Le fait que de telles rumeurs aient pu naître – vraies ou non, peu importe – apporte un témoignage valable sur la part de vérités qu'on prêtait à la LTI et sur celle de mensonges dont on la croyait capable. Mais le plus gros mensonge jamais illustré par une cérémonie officielle, et qui a été établi comme tel depuis, fut celui des obsèques de la sixième armée et de son maréchal [1]. Ici, il s'agissait de tirer profit de la défaite, pour l'héroïsme à venir, en disant de ceux qui s'étaient constitués prisonniers pour ne pas se faire trucider au nom d'une chose absurde et criminelle, comme des milliers de leurs camarades, qu'ils avaient fidèlement résisté jusqu'à la mort. Dans son livre sur Stalingrad, Plievier [2] a parlé de l'effet satirique touchant de cette cérémonie officielle.

D'un point de vue strictement linguistique, ce mot [*Staatsakt*] est doublement enflé. D'une part, il exprime, confirmant ainsi une donnée réelle, que les honneurs décernés par le national-socialisme sont des témoignages de la reconnaissance de l'État. Par conséquent, il implique *L'État c'est moi* * de l'absolutisme. Puis il joint les exigences aux déclarations. Une cérémonie officielle est une chose qui appartient à l'histoire nationale, une chose qui doit donc être gardée constamment dans la mémoire d'un peuple. Une cérémonie officielle a une signification « historique » particulièrement solennelle.

Et voilà le mot avec lequel, du début jusqu'à la fin, le national-socialisme a fait preuve d'une prodigalité démesurée. Il se prend tellement au sérieux, il est tellement convaincu de la pérennité de ses institutions, ou veut tellement en convaincre les autres, que chaque vétille qui le concerne, tout ce à quoi il touche, acquiert une significa-

1. Il s'agit du maréchal Friedrich Paulus, commandant la 6e armée qui se retrouva encerclée à Stalingrad et du capituler en 43. Il fut interné en URSS jusqu'en 1953.

2. Theodor Plievier, romancier allemand (1897-1955). *Stalingrad* fut publié en 1945.

tion « historique ». Il prend pour « historique » chaque discours du Führer, et peu importe s'il répète cent fois la même chose, il prend pour « historique » chaque rencontre du Führer avec le Duce, même si elle ne change rien à la situation du moment ; la victoire d'une voiture de course allemande est « historique », l'inauguration d'une autoroute est « historique » et chaque route, chaque portion de route est inaugurée ; chaque jour d'action de grâce après la récolte est « historique », chaque congrès du Parti est « historique », chaque jour férié, de quelque nature qu'il soit, est « historique » ; et comme le Troisième Reich ne connaît que des jours fériés – on pourrait presque dire qu'il a souffert du manque de jours ordinaires, mortellement souffert, tout comme le corps peut être mortellement atteint par le manque de sel –, il considère donc chacun des jours de son existence comme « historique ».

Dans combien de manchettes de journaux, dans combien d'éditoriaux et de discours n'a-t-on pas employé ce mot, le dépouillant ainsi de son aura respectable ! On ne saurait trop le ménager si l'on veut qu'il se rétablisse.

Mais il est superflu de mettre également en garde contre l'emploi fréquent de « cérémonie officielle » [*Staatsakt*], puisque nous n'avons plus d'État [*Staat*].

7.

AUFZIEHEN [1] [MONTER]

Je « [re]monte » une montre, je « monte » un métier à tisser, je « [re]monte » un jouet mécanique : dans chacun de ces emplois du verbe *aufziehen*, il s'agit d'une activité mécanique exercée sur une chose inanimée et non réfractaire.

Du jouet mécanique, toupie ronflante ou animal qui marche en hochant la tête, on passe ensuite à l'emploi métaphorique de cette expression : je « monte [un bateau à] quelqu'un. Cela signifie : je le berne, j'en fais un personnage comique, une marionnette [2] ; l'explication du comique selon Bergson, comme étant l'automatisation du vivant, se trouve ici confirmée par l'usage linguistique.

Dans ce sens-là, *aufziehen* est assurément un péjoratif, certes inoffensif mais un péjoratif tout de même. (C'est ainsi que le philologue nomme toute signification « dégradée » ou dépréciée d'un mot : le nom de l'empereur Auguste, le sublime, aura pour péjoratif Auguste, le naïf, le clown.)

À l'époque moderne, *aufziehen* a pris un sens spécial, à la fois laudatif et résolument péjoratif. On a dit d'une

1. L'auteur illustre ici, dans de multiples exemples, les avatars du sens de ce verbe avant et pendant le Troisième Reich. Pour ne pas nuire à la lisibilité du chapitre, j'ai traduit *aufziehen* par « monter » ou par une expression comportant ce verbe. Pour les sens figurés et péjoratifs principalement, j'ai fait apparaître l'expression allemande entre crochets.

2. Notons au passage qu'autrefois, pour dire « tourmenter quelqu'un, le taquiner », on employait familièrement en français le verbe « mécaniser ».

réclame qu'elle était bien ou grandement « montée ». Cela signifiait qu'on reconnaissait l'habileté commerciale et publicitaire dont elle témoignait, mais c'était en même temps une allusion au caractère exagéré, charlatanesque et surfait de l'offre. Tandis que le verbe apparut tout à fait clairement comme péjoratif lorsqu'un critique de théâtre jugea que tel auteur avait « monté de toutes pièces » [*groß aufgezogen*] telle ou telle scène. Cela voulait dire que cet homme était davantage un technicien sans scrupule (et un séducteur du public) qu'un poète sincère.

Tout au début du Troisième Reich, on aurait pu croire un instant que la LTI avait repris ce sens métaphorique réprobateur. Les journaux nazis célébraient comme un acte patriotique le fait que de braves étudiants aient « détruit ce coup monté pseudo-scientifique [*wissenschaftlich aufgezogen*] qu'était l'Institut de sexologie du professeur Magnus Hirschfeld [1] ». Hirschfeld étant juif, son institut était « un coup monté pseudo-scientifique » et non pas vraiment scientifique.

Mais, quelques jours plus tard, il s'avéra que ce verbe n'avait plus rien de péjoratif en soi. Le 30 juin 1933, Goebbels déclarait à l'École supérieure de politique que la NSDAP avait « monté une gigantesque organisation, de plusieurs millions, qui regroupait tout, le théâtre et les jeux du peuple, le tourisme sportif, les randonnées et le chant, et que l'État soutenait par tous les moyens ». À présent, *aufziehen* exprimait un acte parfaitement sincère, et lorsque le gouvernement triomphant rendit compte de la propagande qui avait précédé le référendum sur la Sarre, il parla d'une « action grandement montée ». Il ne serait plus venu à l'esprit de personne d'associer ce mot à une réclame. En 1935 paraissait chez Holle & Co. la traduction allemande du texte anglais : *Seiji Noma, autobiographie du magnat de la presse japonaise*. Il y est écrit, en toute bonne foi : « Dès lors, je me résolus [...] à monter une organisation exemplaire pour l'éducation des futurs orateurs. » L'insensibilité absolue au sens mécanique de ce verbe vient de ce qu'il est employé plusieurs fois à propos d'une organisation. On voit ici clairement une des contradictions les plus fortes de la LTI : alors que partout elle met l'accent sur l'orga-

1. Magnus Hirschfeld, directeur de l'Institut de sexologie de Berlin (1868-1935).

nique, sur ce qui pousse naturellement, elle est envahie d'expressions mécaniques et ne sent pas la rupture de style et l'indignité de combinaisons telles qu'une « organisation montée ».

« Reste à savoir si l'on peut rendre les nazis responsables de *aufziehen* », m'objecta F. Pendant l'été 1943, nous faisions partie de la même équipe de nuit affectée au tambour mélangeur qui fabriquait les tisanes allemandes. C'était un travail très pénible, surtout avec la chaleur, parce que nous devions garder la tête et le visage couverts, comme des chirurgiens, à cause de la terrible poussière. Pendant les pauses, nous ôtions lunettes, bavette et calotte – F. portait une toque de magistrat, il avait été conseiller au tribunal de grande instance –, puis nous nous asseyions sur une caisse et nous nous entretenions de psychologie des peuples, quand nous ne discutions pas de la guerre. Il a péri dans la nuit du 13 au 14 février 1945 [1], comme tous ceux qui habitaient la maison de Juifs dans l'étroite Sporergasse.

Il prétendait avoir déjà lu et entendu le verbe *aufziehen* dans un sens tout à fait neutre aux alentours de 1920. « À la même époque et de la même manière que " placarder " [*plakatieren*], disait-il. Je lui rétorquai que je n'avais pas souvenir d'un *aufziehen* ayant un sens neutre en ce temps-là et que l'association de ce verbe, dans sa mémoire, avec « placarder » m'incitait plutôt à déceler une connotation péjorative. Mais surtout, et il s'agit là d'une position que j'observe par principe dans toute réflexion de ce type, surtout, je ne me soucie jamais d'établir la première apparition d'une expression ou d'une valeur linguistique donnée car, dans la plupart des cas, cela se révèle impossible, et quand on croit avoir trouvé la première personne qui a employé ce mot, on finit toujours par lui trouver un prédécesseur. Que F. regarde dans le *Büchmann* [2] à l'article « surhomme » : le mot serait attesté dès l'Antiquité.

Et moi-même j'ai découvert récemment un « soushomme » dans ce vieux Fontane, dans le *Stechlin*, alors que les nazis sont si fiers de leurs « sous-hommes » juifs et communistes et de la « sous-humanité » correspondante.

Eh bien, qu'ils en soient fiers, tout comme Nietzsche,

1. Jour du bombardement de Dresde par les Alliés.
2. Recueil de citations du nom de son auteur.

malgré d'illustres prédécesseurs, peut être fier de son surhomme. Car un mot, une connotation ou une valeur linguistique donnés ne commencent à prendre vie dans une langue, à exister vraiment que lorsqu'ils entrent dans l'usage d'un groupe ou d'une collectivité et y affirment son identité. En ce sens, le « surhomme » est incontestablement une création de Nietzsche, quant au « sous-homme » et au verbe *aufziehen* (dans son acception neutre et exempte d'ironie), ils sont certainement à mettre sur le compte du Troisième Reich.

Leur heure sera-t-elle passée avec celle du nazisme ? Je fais tout mon possible pour qu'il en soit ainsi, mais je reste sceptique.

J'ai rédigé cette note en janvier 1946. Le jour suivant, le *Kulturbund*[1] de Dresde tenait séance. Y assistaient une douzaine de personnes choisies pour leur esprit et qui, par conséquent, devaient servir d'exemples. Il était question de l'organisation d'une de ces semaines culturelles, alors monnaie courante, et en particulier d'une exposition d'arts plastiques. Un de ces messieurs affirma que certains des tableaux gracieusement offerts au nom de la « solidarité du peuple » et qui devaient être intégrés à l'exposition étaient des croûtes. Il lui fut aussitôt répliqué : « Impossible ! si nous organisons une exposition d'arts plastiques ici, à Dresde, il faut qu'elle soit grandement montée et intouchable. »

1. Voir note 2, p. 22.

8.

DIX ANS DE FASCISME

Invitation du consulat italien à Dresde pour assister, samedi matin 23 octobre 1932, à la projection du film – *film sonoro*, comme il est dit expressément, car le muet existe encore – *Dix ans de fascisme.*

(À ce sujet, il faut noter entre parenthèses qu'en allemand on écrit déjà *Faschismus* avec *sch* au lieu de *sc*, que ce mot est donc déjà naturalisé. Mais, quatorze ans plus tard, lorsque, au titre d'examinateur, je demande à un candidat au bac dans un lycée classique ce que signifie ce mot, il me répond sans hésitation : « Cela vient du latin *fax* [1], le flambeau. » Il n'est pas inintelligent, il a dû être *Pimpf* et *Hitlerjunge* [2] et doit collectionner les timbres et connaître les faisceaux des licteurs qui figurent sur les timbres-poste italiens de l'ère mussolinienne ; en outre, il a certainement déjà rencontré ce mot au cours de ses nombreuses années de latin et, malgré tout, il ne sait pas ce qu'il signifie. Des camarades le corrigent : « De *fascis.* » Mais combien de gens doivent ignorer le sens premier du mot et du concept, si même un lycéen ayant reçu

1. Le jeune élève confond le latin *fax/facis* (le flambeau, en allemand *die Fackel*) avec *fascis* (le faisceau) et spécialement avec *fasces* (les faisceaux de verges d'où émergeait le fer d'une hache que les licteurs portaient devant les premiers magistrats de Rome), terme qui s'est introduit en allemand (*die Faszes*). Les *fasci* (faisceaux de combat) furent créés par Mussolini en 1919.

2. Dans l'organisation de la Jeunesse hitlérienne (*Hitlerjugend*), les garçons étaient enrôlés dès l'âge de six ans, en tant que *Pimpf* (gosse) jusqu'à dix ans, avant d'entrer dans le *Jungvolk* (Jeune peuple) jusqu'à quatorze ans, puis dans la *Hitlerjugend* proprement dite jusqu'à dix-huit ans.

une éducation nazie ne le connaît pas ?... Toujours, et de toutes parts, le même doute me taraude : Que peut-on affirmer avec certitude sur le savoir et la pensée, sur l'état d'esprit et d'âme d'un peuple ?)

J'entends et je vois parler le Duce pour la première fois. Le film est d'une grande qualité artistique. Mussolini parle à la foule depuis le balcon du château de Naples ; les plans de la masse alternent avec les gros plans de l'orateur, les paroles de Mussolini avec les acclamations de ceux à qui il s'adresse. On voit le Duce se gonfler littéralement à chaque phrase, afficher régulièrement sur son visage et son corps l'expression d'une énergie et d'une contention extrêmes, et s'affaisser à chaque intervalle, on entend le ton de sa voix, religieux, rituel et pontifiant avec passion, dans lequel il ne fait que projeter de courtes phrases, tels les fragments d'une liturgie à laquelle chacun réagit sans le moindre effort de pensée, de manière affective, même si ou justement s'il n'en comprend pas le sens. On voit sa bouche gigantesque. De temps en temps, les gestes typiquement italiens de ses mains. Et les hurlements de la masse : exclamations d'enthousiasme ou, à la mention d'un ennemi, sifflets stridents. Et toujours, pour couronner le tout, l'attitude du salut fasciste, le bras tendu en avant.

Tout cela, nous l'avons vu et entendu, depuis, des milliers et des milliers de fois, avec seulement d'infimes variations, inlassablement répété : dans les scènes du congrès du Parti à Nuremberg, dans le Lustgarten à Berlin ou encore devant la Feldherrnhalle à Munich, etc., à tel point que le film sur Mussolini nous semble être une performance somme toute bien quotidienne et nullement extraordinaire. Mais, de même que le titre de Führer n'est qu'une germanisation de Duce, la chemise brune une variation de la chemise noire italienne, et le salut allemand une imitation du salut fasciste, de même l'intégralité de ces scènes enregistrées comme moyen de propagande et la scène même du discours du Führer devant le peuple rassemblé ont été, en Allemagne, copiées sur le modèle italien. Dans les deux cas, il s'agit de mettre le dirigeant en contact immédiat avec le peuple lui-même, avec tout le peuple et non pas uniquement avec ses représentants.

Si l'on remonte jusqu'à l'origine de cette pensée, on tombe inéluctablement sur Rousseau, en particulier sur son *Contrat social.* Rousseau étant citoyen de Genève, c'est-à-dire ayant sous les yeux, lorsqu'il écrit, l'exemple d'une ville libre, c'est une chose presque forcément naturelle pour son imagination que de donner à la politique une forme antique et de la cantonner entre les murs d'une cité – la politique, n'est-ce pas l'art de diriger une *polis*, une ville ? Pour Rousseau, l'homme d'État c'est l'orateur qui s'adresse au peuple, à celui qui est rassemblé sur la place du marché ; pour lui, les manifestations sportives et artistiques auxquelles participe la communauté du peuple sont des institutions politiques et des moyens de propagande. Ce fut la grande idée de la Russie soviétique – grâce à l'emploi des nouvelles inventions techniques, grâce au film et à la radio – que d'étendre à un espace illimité la méthode des Anciens et de Rousseau, qui était limitée dans l'espace, et de permettre à l'homme d'État dirigeant de s'adresser réellement et personnellement « à tous », quand bien même il s'agirait de millions, quand bien même des milliers de kilomètres sépareraient les groupes humains entre eux. Ainsi fut restituée au discours, parmi l'ensemble des moyens et des devoirs de l'homme d'État, l'importance qu'il avait eue à Athènes, voire une importance accrue, car désormais se trouvait à la place d'Athènes tout un pays, et même davantage qu'un seul pays.

Mais, à présent, le discours n'était pas seulement devenu plus important qu'avant, il s'était aussi, par nécessité, radicalement transformé. En s'adressant à tous et non plus à des représentants élus du peuple, il devait aussi être compris de tous et, par conséquent, devenir plus populaire. Ce qui est populaire, c'est le concret ; plus un discours s'adresse aux sens, moins il s'adresse à l'intellect, plus il est populaire. Il franchit la frontière qui sépare la popularité de la démagogie ou de la séduction d'un peuple dès lors qu'il passe délibérément du soulagement de l'intellect à sa mise hors circuit et à son engourdissement.

En un certain sens, on peut considérer la place du marché solennellement décorée, la grande salle ou l'arène ornée de bannières et de banderoles, dans lesquelles on parle à la foule comme une partie constitutive du discours lui-même, comme son corps. Le discours est incrusté et mis en scène dans un tel cadre, il est une œuvre d'art totale qui s'adresse simultanément à l'oreille et à l'œil, et à l'oreille doublement, car le grondement de la foule, ses applaudissements, ses protestations agissent sur l'auditeur aussi fortement, si ce n'est plus, que le discours en soi. D'autre part, le ton même du discours subit incontestablement une influence, prend incontestablement une plus forte couleur sensitive grâce à une telle mise en scène. Le film parlant retransmet cette œuvre d'art totale dans son intégralité ; la radio remplace le spectacle par une présentation qui correspond au récit du messager de l'Antiquité, mais elle rend fidèlement le double effet auditif galvanisant, le répons spontané de la masse. (« Spontané » est un des mots préférés de la LTI, d'ailleurs il y aura encore beaucoup à dire à ce sujet.)

La langue allemande ne dérive des vocables *Rede* [discours] et *reden* [discourir] que le seul adjectif *rednerisch* [déclamatoire], et la consonance de cet adjectif n'est pas très belle : une performance « déclamatoire » est toujours suspecte de n'être que de l'esbroufe. On pourrait presque parler d'une méfiance envers l'orateur [*Redner*] inhérente au caractère allemand.

En revanche, les langues romanes, qui sont bien loin d'une telle méfiance et apprécient l'orateur, font une distinction très nette entre les genres oratoire et rhétorique. À leurs yeux, l'orateur [*Orator*] est un homme honnête qui cherche à convaincre par sa parole, un homme qui, dans un authentique souci de clarté, s'adresse à la fois au cœur et à la raison de ses auditeurs. Le qualificatif « oratoire » exprime un éloge dont les Français honorent les grands classiques de la chaire et du théâtre, un Bossuet ou un Corneille par exemple. Mais la langue allemande a eu, elle aussi, ses grands orateurs comme Luther ou Schiller. Pour le genre « déclamatoire » et douteux, on a, en Occident, un adjectif spécial : « rhétorique » ; le rhéteur – ce mot remonte à la sophistique des Grecs et à l'époque de leur décadence – est le faiseur de phrases, celui qui obscurcit l'intelligence. Mussolini fait-il partie des orateurs [*Oratoren*] ou des rhéteurs [*Rhetoren*] de son peuple ? Sans doute a-t-il été plus proche du rhéteur que de l'orateur et il a fini, au cours de sa funeste évolution, par sacrifier entièrement au genre rhétorique. Mais maintes choses chez lui, que l'oreille allemande tient pour « déclamatoires » [*rednerisch*], ne le sont pas vraiment car elles dépassent à peine cette teinte d'éloquence qui est absolument naturelle dans la langue italienne.

Popolo di Napoli! Peuple de Naples! telle était la formule d'adresse de ce discours d'anniversaire. Cela paraîtra un peu emphatique et archaïsant à un auditeur allemand. Mais je me suis souvenu du papier que, peu de temps avant la Première Guerre mondiale, un distributeur de prospectus m'avait glissé dans la main à Scanno. Scanno est une petite ville des Abruzzes, et les habitants de cette région sont fiers de leur force physique et de leur témérité. Un magasin nouvellement ouvert y faisait sa publicité de lancement, et la formule d'adresse était la suivante : *Forte e gentile Popolazione di Scanno!* » Forte et noble population de Scanno! » Comme la formule de Mussolini « Peuple de Naples! » avait l'air simple à côté.

Quatre mois après avoir entendu Mussolini, j'entendis la voix de Hitler pour la première fois. (Je ne l'ai jamais vu, jamais entendu directement, puisque c'était interdit aux Juifs; au début, je l'aperçus parfois dans un film parlant, plus tard, lorsque le cinéma me fut interdit de même que la possession d'un poste de radio, j'entendis ses discours ou des fragments diffusés par les haut-parleurs de rue et à l'usine.) Le 30 janvier 1933, il était devenu chancelier et le 5 mars devaient se tenir les élections qui affermiraient son autorité et lui assureraient la docilité du Reichstag. Les préparatifs des élections, dont l'incendie du Reichstag faisait partie – encore un élément de la LTI! –, étaient réalisés sur une très grande échelle, il était impossible que cet homme eût des doutes quant à son succès; il parla en direct de Königsberg, sentant son triomphe assuré. La comparaison d'ensemble avec le discours de Mussolini à Naples me semblait juste malgré l'invisibilité et la distance du Führer. Car, devant la façade illuminée de l'hôtel de la gare principale à Dresde, depuis laquelle un haut-parleur retransmettait le discours, se pressait une foule passionnée, sur les balcons se tenaient des SA avec de grands drapeaux à croix gammées et, venant de la Bismarckplatz, une retraite aux flambeaux se rapprochait. Du discours lui-même je ne percevais que des bribes, en fait des éclats de voix plus que des phrases. Et, cependant, j'avais alors déjà exactement la même impression que celle que je devais avoir jusqu'au bout. Quelle différence avec le modèle mussolinien!

Le Duce, bien qu'on perçût la tension physique avec laquelle il imprimait de l'énergie à ses phrases et visait à la domination de la foule à ses pieds, le Duce était toujours porté par le courant sonore de sa langue maternelle, il s'abandonnait à elle, nonobstant sa prétention à la domination, il était, même lorsqu'il glissait de l'oratoire au rhétorique, un orateur sans contorsions, sans convulsions. Hitler, au contraire, qu'il se montrât onctueux ou méprisant – les deux tons qu'il aimait employer en alternance –, Hitler parlait ou plutôt criait toujours convulsivement. On peut, fût-ce dans la plus grande excitation, conserver une certaine dignité et un calme intérieur, une assurance, un sentiment d'unité avec soi-même et sa communauté. Cela a manqué dès le début à Hitler, ce rhéteur conscient et exclusif, ce rhéteur par principe. Même au cœur du triomphe, il n'était pas sûr de lui et fulminait contre adversaires et idées adverses. Il n'y avait jamais de sang-froid, jamais de musicalité dans sa voix, dans le rythme de ses phrases, mais toujours et seulement une galvanisation sauvage des autres et de soi-même. L'évolution qui fut la sienne, en particulier pendant les années de guerre, ne le fit passer que du stade d'agent provocateur à celui de victime de provocations, de la ferveur convulsive au désespoir en passant par la rage impuissante. Quant à moi, je n'ai jamais compris comment il avait pu, avec sa voix enrouée et si peu mélodieuse, avec ses phrases grossières, à la syntaxe souvent indigne d'un Allemand, avec la rhétorique criante de ses discours, entièrement contraire au caractère de la langue allemande, gagner la masse, la captiver ou la maintenir dans l'asservissement pendant une durée aussi effroyablement longue. Car on peut bien imputer ce qu'on veut à l'action prolongée d'une suggestion passée et à celle d'une tyrannie sans scrupule et d'une peur tremblante – (« Plutôt que d' me faire pendre, j' préfère croire à la victoire », était une blague répandue à Berlin vers la fin du Troisième Reich) –, le fait est là, effroyable, que cette suggestion a pu se former et persister, grâce à la terreur, chez des millions de gens jusqu'au dernier instant.

Au Noël de l'année 1944, alors que la dernière offensive allemande sur le front ouest avait déjà échoué, alors qu'il ne pouvait plus y avoir le moindre doute quand à l'issue de la guerre, alors que, régulièrement, des ouvriers que je croisais sur le chemin de l'usine ou de la maison me chuchotaient, et quelquefois pas si bas : « Tête haute, camarade ! Ça ne durera plus très longtemps... », je discutai avec un compagnon d'infortune de l'atmosphère présumée dans le pays. C'était un commerçant munichois, par essence bien plus munichois que juif, un être réfléchi, sceptique, absolument pas romantique. Je parlai des fréquentes paroles de réconfort que j'entendais. Il me dit qu'il en était de même pour lui mais qu'il n'y attachait aucun prix. Selon lui, la foule, comme auparavant, ne jurait que par le Führer. « Et même si, chez nous, quelques-uns sont contre lui : qu'il fasse un seul discours ici et tous lui appartiendront de nouveau, tous ! Je l'ai entendu parler plusieurs fois au début, à Munich, alors que, dans le nord de l'Allemagne, personne ne le connaissait encore. Aucun ne lui a résisté. Et moi non plus. On ne peut pas lui résister. » Je demandai à Stühler quelles étaient donc les racines de cette irrésistibilité. « Je n'en sais rien, mais on ne peut pas lui résister », fut sa réponse immédiate et entêtée.

Et en avril 1945, alors que même les plus aveugles savaient que tout était fini, alors que, dans le village bavarois où nous nous étions réfugiés, tout le monde maudissait le Führer, alors que la chaîne des soldats en déroute n'avait plus de fin, il se trouvait pourtant toujours, parmi ces hommes las de la guerre, déçus et aigris, l'un ou l'autre pour affirmer, le regard fixe et les lèvres ferventes, que le 20 avril, le jour de l'anniversaire du Führer ce serait « le tournant », que viendrait l'offensive allemande couronnée de victoire : c'est le Führer qui l'avait dit et le Führer ne mentait jamais, il fallait le croire lui plus que tous les propos raisonnables.

Où se trouve l'explication de ce miracle qu'on ne peut contester d'aucune manière ? Il existe une justification d'ordre psychiatrique assez répandue avec laquelle je suis entièrement d'accord et que je voudrais simplement compléter par une explication d'ordre philologique.

Le soir du discours du Führer à Königsberg, un de mes collègues qui avait vu et entendu Hitler à plusieurs occasions me dit qu'il était convaincu que cet homme finirait dans la folie religieuse. Pour ma part, je crois aussi qu'il aurait voulu se prendre pour un nouveau Sauveur allemand, que l'exaltation de la mégalomanie césarienne en lui était en conflit permanent avec le délire de la persécution, ces deux états pathologiques se renforçant mutuellement, et je crois que c'est justement à partir d'une telle maladie que l'infection a gagné le corps du peuple allemand affaibli et psychiquement détraqué par la Première Guerre mondiale.

Mais, de mon point de vue de philologue, je continue de croire que si l'impudente rhétorique de Hitler a produit un effet aussi monstrueux, c'est justement parce qu'elle a pénétré avec la virulence d'une épidémie nouvelle dans une langue qui, jusqu'ici, avait été épargnée par elle, c'est parce qu'elle était au fond si peu allemande, tout comme le salut et l'uniforme imités des fascistes – remplacer la chemise noire par une chemise brune n'est pas une invention très originale –, tout comme l'ensemble ornemental des manifestations de masse.

Quoi que le national-socialisme ait pu apprendre des dix années de fascisme qui l'ont précédé, même s'il a pu être infecté par une bactérie étrangère, finalement, il est, ou est devenu, une maladie spécifiquement allemande, une dégénérescence proliférative de la chair allemande ; et, par le biais d'un empoisonnement venu, en retour, d'Allemagne, le fascisme, certainement cruel en soi mais pas aussi bestial que le nazisme, a sombré en même temps que lui.

9.
FANATIQUE

Quand j'étais étudiant, je me suis une fois emporté contre un angliciste qui comptait combien de fois, chez Shakespeare, on battait du tambour, combien de fois on sifflait et combien de fois on faisait d'autres musiques guerrières de ce genre. Dans mon incompréhension, j'appelai cela de la sèche pédanterie... Et dans mon journal de l'époque hitlérienne, j'écrivais déjà en 1940 : « Thème de séminaire : faire établir la fréquence de “ fanatique ” et de “ fanatisme ” dans les discours officiels, ainsi que dans les publications qui n'ont rien à voir directement avec la politique, dans les nouveaux romans allemands par exemple ou dans les traductions. » Trois ans plus tard, je reviens sur ce passage et je note : « Impossible ! Les emplois sont légion, il y a autant de “ fanatique ” que de tons sur une harpe, que de grains de sable sur la plage. Mais plus important que la fréquence est le changement de valeur du mot. J'en ai déjà parlé dans mon XVIIIe, j'y citai un passage si étrange chez Rousseau et que probablement seule une minorité de lecteurs aura relevé. Si seulement ce manuscrit pouvait survivre... »

Il a survécu.

Fanatique * et *fanatisme* * sont des mots qui sont toujours employés dans un sens extrêmement réprobateur par les philosophes des Lumières, et ce, pour une double raison. À l'origine – la racine est dans *fanum*, le sanctuaire, le temple –, un fanatique est un homme qui se trouve dans le ravissement religieux, dans des états convulsifs et extatiques. Or, les philosophes des

Lumières luttent contre tout ce qui conduit au trouble ou à l'élimination de la pensée. Ennemis de l'Église, ils combattent le délire religieux avec un acharnement particulier, le fanatique signifie pour leur rationalisme l'adversaire par excellence. Le type du *fanatique* * à leurs yeux, c'est Ravaillac qui, par fanatisme religieux, assassine le bon roi Henri IV. Si les adversaires des Lumières retournent l'accusation de fanatisme contre les philosophes, ceux-ci s'en défendent au nom du zèle de la raison menant avec ses armes propres le combat contre les ennemis de la raison. Où que pénètrent les idées des Lumières, un sentiment d'aversion est attaché au concept de fanatique.

Comme tous les autres penseurs des Lumières qui, en tant que philosophes et encyclopédistes, étaient ses « camarades de parti » avant qu'il fît cavalier seul et commençât à les haïr, Rousseau emploie lui aussi « fanatique » dans un sens péjoratif. Dans *La Profession de foi du vicaire savoyard*, il est dit de l'apparition de Jésus parmi les zélateurs juifs : « Du sein du plus furieux fanatisme la plus haute sagesse se fit entendre [1]. » Mais peu après, quand le vicaire, en porte-parole de Jean-Jacques, s'en prend presque plus violemment à l'intolérance des encyclopédistes qu'à celle de l'Église, on peut lire dans une longue note : « Bayle a très bien prouvé que le fanatisme est plus pernicieux que l'athéisme, et cela est incontestable ; mais ce qu'il n'a eu garde de dire, et qui n'est pas moins vrai, c'est que le fanatisme, quoique sanguinaire et cruel, est pourtant une passion grande et forte, qui élève le cœur de l'homme, qui lui fait mépriser la mort, qui lui donne un ressort prodigieux, et qu'il ne faut que mieux diriger pour en tirer les plus sublimes vertus : au lieu que l'irréligion, et en général l'esprit raisonneur et philosophique, attache à la vie, efféminé, avilit les âmes, concentre toutes les passions dans la bassesse de l'intérêt particulier, dans l'abjection du *moi* humain, et sape ainsi à petit bruit les vrais fondements de toute société [2]. »

Ici, le renversement de valeur qui fait du fanatisme une vertu est déjà un fait acquis. Mais, en dépit de la renommée universelle de Rousseau, il est resté sans effet, isolé dans cette note. Dans le romantisme, la glori-

1. *Émile ou de l'Éducation*, Garnier-Flammarion, 1966, p. 402-403.
2. *Ibid.*, p. 408-409.

fication non pas du fanatisme mais de la passion sous toutes ses formes et pour toutes les causes relevait de Rousseau. À Paris, près du Louvre, se trouve un ravissant petit monument qui représente un tout jeune tambour qui s'élance. Il bat la générale, il réveille la ferveur avec les roulements de son tambour, il est représentatif de l'enthousiasme de la Révolution française et du siècle qui l'a suivie. Ce n'est qu'en 1932 que la figure caricaturale de son frère, le fanatisme, passa la porte de Brandebourg pour la première fois. Jusque-là, le fanatisme était demeuré, malgré cet éloge discret, une qualité réprouvée, quelque chose qui tenait le milieu entre la maladie et le crime.

En allemand, il n'existe pas de substitut pleinement valable pour ce mot, même quand on le dégage de son emploi culturel originel. « Faire preuve de zèle » [*Eifern*] est une expression plus anodine, on se représente un zélateur plutôt comme un prédicateur passionné que comme quelqu'un sur le point de commettre un acte de violence. La « possession » [*Besessenheit*] désigne davantage un état morbide, et par là excusable ou digne de pitié, qu'une action mettant la collectivité en danger. « Exalté » [*Schwärmer*] est d'un ton infiniment plus clair. Bien sûr, aux yeux de Lessing qui se bat pour la clarté, l'exaltation est déjà suspecte. « Ne le livre pas en proie, écrit-il dans *Nathan*, aux exaltés de ta populace. » Mais qu'on se pose une fois la question de savoir si, dans les combinaisons éculées telles que « obscur fanatique » et « doux exalté », les épithètes sont permutables, si on peut vraiment parler d'un « obscur » exalté et d'un « doux » fanatique. Le sentiment linguistique s'y refuse. Un exalté ne s'entête pas, au contraire, il se détache de la terre ferme, n'en voit pas les conditions réelles et son imagination s'exalte jusqu'à quelque hauteur céleste. Pour le roi Philippe qui est ému, Posa [1] est un « étrange exalté ».

Voilà donc le mot « fanatique » en allemand : intraduisible et irremplaçable, et il est toujours, en tant qu'expression d'une valeur, pourvu d'une forte charge négative, il désigne un attribut menaçant et répulsif ;

1. Le marquis Rodrigue de Posa, personnage du drame de Schiller *Don Carlos* (1787) incarnant les valeurs de désintéressement et d'humanité, et dont le roi Philippe II d'Espagne cherche en vain à gagner la confiance.

même quand, occasionnellement, il nous arrive de lire dans la nécrologie d'un chercheur ou d'un artiste cette formule toute faite selon laquelle il s'agissait d'un fanatique de la science ou de l'art, dans cet éloge cependant résonne toujours l'idée d'un quant-à-soi hérissé de piquants, d'une inaccessibilité fâcheuse. Jamais, avant le Troisième Reich, il ne serait venu à l'esprit de personne d'employer « fanatique » avec une valeur positive. Et le sens négatif est si indissolublement attaché à ce mot que la LTI elle-même l'emploie parfois négativement. Hitler parle avec dédain, dans *Mein Kampf*, des « fanatiques de l'objectivité ». Dans un ouvrage qui est paru à l'époque de gloire du Troisième Reich et dont le style n'est qu'une suite ininterrompue de clichés linguistiques nazis, je veux parler de la monographie hymnique de Erich Gritzbach [1] : *Hermann Göring, l'Œuvre et l'Homme*, il est dit, au sujet du communisme haï, qu'il s'est avéré que cette hérésie pouvait, grâce à l'éducation, changer les hommes en fanatiques. Mais voilà déjà un écart de langage presque comique, une rechute tout à fait impossible dans l'usage d'une époque révolue, comme, il est vrai, cela arrive, dans des cas isolés, même au maître de la LTI ; car c'est bien chez Goebbels qu'il est encore question en décembre 1944 (sans doute sur le modèle du passage de Hitler cité plus haut) du « fanatisme échevelé de quelques Allemands incorrigibles ».

J'appelle cela une rechute comique ; car, le national-socialisme étant fondé sur le fanatisme et pratiquant par tous les moyens l'éducation au fanatisme, « fanatique » a été durant toute l'ère du Troisième Reich un adjectif marquant, au superlatif, une reconnaissance officielle. Il signifie une surenchère par rapport aux concepts de témérité, de dévouement et d'opiniâtreté, ou, plus exactement, une énonciation globale qui amalgame glorieusement toutes ces vertus. Toute connotation péjorative, même la plus discrète a disparu dans l'usage courant que la LTI fait de ce mot. Les jours de cérémonie, lors de l'anniversaire de Hitler par exemple ou le jour anniversaire de la prise du pouvoir, il n'y avait pas un article de journal, pas un message de félicitations, pas un appel à quelque partie de la troupe ou quelque organisation, qui ne comprît un « éloge fanatique » ou une « profession de foi fanatique » et qui ne témoignât d'une

1. Erich Gritzbach, conseiller de Göring.

« foi fanatique » en la pérennité [*ewige Dauer*] du Reich hitlérien. Et pendant la guerre plus que jamais, voire quand les défaites furent impossibles à maquiller ! Plus la situation s'assombrissait, plus la « foi fanatique dans la victoire finale », dans le Führer, ou la confiance dans le fanatisme du peuple comme dans une vertu fondamentale des Allemands étaient exprimées souvent. Dans la presse quotidienne, le mot fut employé sans plus de limites à la suite de l'attentat du 20 juillet 1944 contre Hitler : on rencontre ce mot dans pratiquement chacun des innombrables serments de fidélité envers le Führer.

Cette fréquence du mot dans le champ politique allait de pair avec son emploi dans d'autres domaines, chez des nouvellistes et dans la conversation quotidienne. Là où, autrefois, on aurait dit ou écrit par exemple « passionnément », on trouvait à présent « fanatiquement ». Ainsi apparut nécessairement un certain relâchement, une espèce d'avilissement du concept. Dans ladite monographie consacrée à Göring, le maréchal du Reich est célébré, entre autres, comme un « ami fanatique des animaux ». (La connotation critique que comportait l'expression « artiste fanatique » est ici totalement annulée, puisque Göring est toujours dépeint comme l'homme le plus avenant et le plus sociable qui soit.)

Reste à savoir si, en perdant de sa vigueur, le mot a aussi perdu de son poison. On pourrait répondre affirmativement en alléguant que « fanatique » s'est désormais chargé sans qu'on n'y prenne garde, d'un sens nouveau, qu'il est mis à désigner un heureux mélange de bravoure et de dévouement passionné. Mais il n'en est rien. « Langue qui poétise et pense à ta place... » Poison que tu bois sans le savoir et qui fait son effet – on ne le signalera jamais assez.

Mais pour celui qui était, en matière de langue, à la tête du Troisième Reich, et dont le premier souci était l'effet optimal du poison galvanisant, l'usure de ce mot dut apparaître comme un affaiblissement interne. Et, ainsi, Goebbels fut poussé à cette absurdité qui consistait à tenter de renchérir sur ce qui ne pouvait plus faire l'objet d'aucune surenchère. Dans le *Reich* du 13 novembre 1944, il écrivit que la situation ne pouvait être sauvée que « par un fanatisme sauvage ». Comme si la sauvagerie n'était pas l'état nécessaire du fanatique, comme s'il pouvait y avoir un fanatisme apprivoisé.

Ce passage marque le déclin du mot.

Quatre mois auparavant, il avait fêté son suprême triomphe, d'une certaine façon il avait eu sa part du suprême honneur que le Troisième Reich pouvait accorder, à savoir l'honneur militaire. C'est une tâche très particulière que de suivre comment la traditionnelle objectivité et presque coquette sobriété de la langue militaire officielle, surtout des bulletins de guerre quotidiens, fut progressivement balayée par l'emphase du style de la propagande goebbelsienne. Le 26 juillet 1944, et pour la première fois dans un communiqué de l'armée, l'adjectif « fanatique » fut employé dans un sens laudatif à propos de régiments allemands : nos « troupes qui combattent fanatiquement » en Normandie. Nulle part la distance infinie qui sépare le point de vue militaire de la Première Guerre mondiale de celui de la Seconde n'est aussi terriblement évidente qu'ici.

Un an après l'effondrement du Troisième Reich, déjà, on peut apporter une preuve particulièrement solide de ce que l'emploi excessif de « fanatique », ce mot clé du nazisme, ne lui a jamais réellement fait perdre de sa nocivité. Car, tandis que des bribes de LTI prennent partout leurs aises dans la langue actuelle, « fanatique » a disparu. De cela on peut conclure avec certitude que, dans la conscience ou dans le subconscient populaire, la vérité – à savoir qu'on a fait passer un état mental trouble, aussi proche de la maladie que du crime, pour une vérité suprême –, est restée bel et bien vivante pendant ces douze années.

10.

CONTES AUTOCHTONES

Si peu que je me sois soucié de mon domaine d'études pendant les années terribles, il m'est tout de même arrivé quelquefois de revoir devant moi le visage narquois et spirituel de Joseph Bédier [1]. Cela fait partie du métier d'historien de la littérature que de rechercher les sources d'un thème, d'une fable, d'une légende, mais parfois cette spécialité devient une maladie, une manie : tout doit venir de loin, que ce soit dans l'espace ou dans le temps – plus cela vient de loin, plus le chercheur qui constate cette origine lointaine est savant –, rien ne doit avoir ses racines précisément là où on l'a découvert. J'entends encore l'ironie dans la voix de Bédier lorsque, du haut de sa chaire au Collège de France, il parlait de la prétendue origine orientale ou « druidique » de tel conte moral ou humoristique, ou même de n'importe quel thème littéraire. Bédier faisait toujours observer que certaines situations et certaines impressions, à des époques et dans des régions extrêmement éloignées les unes des autres, pouvaient entraîner les mêmes manifestations, parce que l'identité de la nature humaine se révélait par-delà le temps et l'espace.

La première fois que je repensai à lui, encore que par une voie assez détournée, ce fut en décembre 1936. C'était pendant le procès du meurtrier de Gustloff [2],

1. Joseph Bédier, critique français (1864-1938). Il fut professeur au Collège de France et soutint l'origine purement française de certains contes du Moyen Âge (*Les Fabliaux*, 1893).

2. Wilhelm Gustloff, chef régional de la NSDAP, fut tué le 4 février 1936 lors d'un attentat commis par un étudiant (David Frankfurter) qui voulait venger ainsi ses compagnons d'infortune juifs.

l'agent nazi en poste à l'étranger. Une certaine tragédie française, écrite il y a près d'un siècle – qui eut longtemps une renommée mondiale et dont on se servit souvent, en Allemagne, comme de lecture scolaire, mais qui tomba ensuite (très injustement) dans le mépris et l'oubli, je veux parler de *Charlotte Corday* de Ponsard [1] –, a pour thème le meurtre de Marat. L'auteur de l'attentat sonne à sa porte, elle est fermement décidée à tuer l'homme qu'elle tient pour un chien sanguinaire sans conscience et qu'elle s'est imaginé comme un monstre sans aucune attache humaine. Une femme lui ouvre et elle recule d'effroi : *Grand Dieu, sa femme, on l'aime *!* Mais ensuite elle entend Marat prononcer le nom d'un être cher et le condamner « à la guillotine », et c'est alors qu'elle le poignarde. On aurait dit que, dans ses déclarations au tribunal de Coire, Frankfurter, l'accusé juif, avait transposé cette scène à l'époque moderne, en conservant minutieusement tous les éléments essentiels et décisifs. Il était décidé, racontait-il, à tuer cet homme sanguinaire, mais quand Mme Gustloff lui avait ouvert la porte, il avait hésité – un homme marié, *grand Dieu, on l'aime* *. Alors il avait entendu Gustloff dire au téléphone : « Ces cochons de Juifs ! » et c'est à ce moment-là que le coup était parti... Dois-je supposer que Frankfurter avait lu *Charlotte Corday* ? Je préfère citer, dans mon prochain cours sur Ponsard, la scène du procès de Coire comme preuve supplémentaire de l'authenticité humaine de ce drame français.

Les considérations de Bédier concernent moins la pure littérature que la sphère plus populaire du folklore, et c'est justement à ce domaine que ressortissent les autres faits qui m'ont renvoyé à lui.

À l'automne 1941, alors qu'il ne pouvait plus être question d'une fin rapide de la guerre, j'ai beaucoup entendu parler des accès de fureur de Hitler. Accès de fureur d'abord, et peu après accès de rage, le Führer avait soi-disant mordu son mouchoir, ou un coussin, puis il s'était jeté par terre en mordant le tapis. Et alors – les récits venaient toujours de petites gens, d'ouvriers, de colporteurs, de facteurs trop confiants –, il avait « mangé les franges du tapis », il avait coutume de les manger et

1. François Ponsard, poète français (1814-1867). Sa pièce *Charlotte Corday* fut représentée pour la première fois en 1850 à la Comédie-Française.

portait le nom de « mangeur de tapis ». Est-il besoin d'évoquer ici les sources bibliques, le Nabuchodonosor [1] mangeur d'herbe ?

On pourrait qualifier l'épithète « mangeur de tapis » d'embryon de légende. Mais le Troisième Reich a également produit des légendes authentiques et parfaitement développées. L'une d'entre elles nous fut rapportée peu de temps avant le début de la guerre, alors que Hitler était au sommet de sa puissance, par une personne qui ne manquait pas de sang-froid.

Nous possédions encore la petite maison au-dessus de la ville, mais nous étions déjà très isolés et très surveillés, à tel point qu'il fallait faire preuve d'un certain courage pour se montrer chez nous. Un commerçant d'en bas, qui en des temps meilleurs nous livrait à domicile, nous était resté fidèle ; chaque semaine, il nous montait les marchandises dont nous avions besoin et nous racontait à chaque fois tout ce qu'il savait de réconfortant et qu'il jugeait susceptible de nous remonter le moral. Il ne faisait pas de politique mais ce qui, dans le national-socialisme, l'exaspérait, c'était la gabegie flagrante, l'injustice et la tyrannie. Pourtant, il voyait tout du point de vue du quotidien et de l'intelligence pratique ; il n'était pas très instruit, il n'avait aucun centre d'intérêt de grande envergure, la philosophie n'était pas son affaire, la religion ne semblait pas l'être non plus. Ni avant ni après l'affaire que je vais relater ici, je ne l'ai entendu aborder des sujets touchant à l'Église ou à l'au-delà. C'était en somme un épicier petit-bourgeois qui ne se distinguait des dizaines de milliers de ses pairs que parce qu'il ne se laissait pas griser par les phrases mensongères du gouvernement. D'ordinaire, il nous divertissait en nous contant quelque scandale éclaboussant le Parti, découvert puis à nouveau enseveli : une faillite frauduleuse, un poste obtenu par corruption, ou une affaire de chantage. Après le suicide de notre maire, irrémédiablement compromis – l'homme avait tout d'abord été contraint au suicide puis il avait été enterré respectablement, presque avec une cérémonie officielle *en miniature* * –, nous entendions V. nous dire régulièrement : « Un peu de patience, vous avez survécu à Kalix [2].

1. La légende voulait que Nabuchodonosor II (qui ordonna la destruction du royaume de Juda) fût atteint de lycanthropie.
2. Maire de Dölzschen, localité voisine de Dresde.

Vous survivrez aussi à Mutschmann [1] et à Adolf ! » Ainsi, cet homme de sang-froid, un protestant au demeurant, qui n'avait donc pas été abreuvé dans son enfance d'histoires de saints et de martyrs, nous raconta la chose suivante avec exactement la même bonne foi évidente avec laquelle il nous parlait d'habitude des petites turpitudes de Kalix et des grandes de Mutschmann.

À Halle ou à Iéna, un SS *Obersturmführer* – il donnait des détails précis sur le lieu et les personnes, tout cela lui avait été communiqué « de source sûre » par une « personne absolument digne de confiance » –, un officier supérieur SS avait emmené sa femme accoucher dans une clinique privée. Il jeta un coup d'œil dans sa chambre ; au-dessus du lit se trouvait une image du Christ. « Ôtez cette image de là, demanda-t-il à la religieuse, je ne veux pas que la première chose que mon fils voie soit un fils de Juif. » La nonne apeurée répondit évasivement qu'elle en référerait à la mère supérieure, et le SS s'en alla après avoir réitéré son ordre. Dès le lendemain matin, la supérieure lui téléphona : « Vous avez un fils, monsieur l'*Obersturmführer*, votre épouse se porte bien et l'enfant lui aussi est vigoureux. Seulement voilà, votre souhait a été exaucé : l'enfant est né aveugle... »

On a souvent, au temps du Troisième Reich, vitupéré l'intelligence sceptique et incrédule du Juif ! Pourtant, le Juif lui aussi a produit sa légende et cru en elle. À la fin de l'année 1943, après la première attaque aérienne importante sur Leipzig, j'entendis maintes fois raconter ceci dans la maison de Juifs : en 1938, les Juifs avaient été tirés du lit à 4 heures 15 de la nuit pour être déportés dans les camps de concentration. Et lors de l'attaque aérienne récente, toutes les horloges de la ville s'étaient arrêtées à 4 heures 15 précises.

Sept mois plus tôt, Aryens et non-Aryens s'étaient trouvés réunis dans leur croyance aux légendes. Le peuplier de Babisnau se dresse, étrangement isolé, surplombant et remarquable, curieusement visible depuis de nombreux endroits, sur la chaîne de collines au sud-est de la ville. Au début du mois de mai, ma femme me raconta que, dans le tramway, elle avait souvent entendu le nom du peuplier de Babisnau ; elle ne savait pas ce qu'il avait de particulier. Quelques jours plus tard, dans

1. Martin Mutschmann, industriel allemand, mort en 1945. *Gauleiter* de la Saxe de 1925 à 1945.

mon usine aussi, on disait : le peuplier de Babisnau ! Je demandai pour quelle raison on parlait de cet arbre. On me répondit : « Parce qu'il fleurit. Cela se produit rarement ; ce fut le cas en 1918, et cette année-là, la paix a été conclue. » Une ouvrière rectifia immédiatement que cela n'avait pas seulement eu lieu en 1918, mais en 1871 également. « Et dans les autres guerres de ce siècle aussi », ajouta une femme contremaître, et le garçon de service s'empressa de généraliser : « Chaque fois qu'il a fleuri, la paix a été conclue. »

Le lundi suivant, Feder, celui à l'étoile jaune [1] et au bonnet de protection contre la poussière, qu'il s'était fait avec son ancienne toque de magistrat, nous dit : « Hier, il y a eu une véritable migration de populations jusqu'au peuplier de Babisnau. Il fleurit vraiment d'une manière magnifique. Peut-être qu'il y aura tout de même la paix – on ne peut jamais faire tout à fait abstraction de la croyance populaire. »

1. Car il y avait un autre Feder, Gottfried, idéologue de la NSDAP.

11.

EFFACEMENT DES FRONTIÈRES

Il n'y a pas de frontières stables entre les règnes de la nature : les enfants apprennent cela depuis longtemps dès l'école primaire. Mais il est moins largement répandu et reconnu que, dans le domaine esthétique, les frontières sûres manquent également.

On utilise, pour une classification de l'art et de la littérature moderne – dans cet ordre, car tout a commencé par la peinture, la poésie n'est venue qu'après –, le couple de concepts impressionnisme-expressionnisme ; ici, les ciseaux conceptuels doivent pouvoir couper et séparer, car il s'agit de deux contraires absolus. L'impressionniste est livré à l'impression des choses, il rend ce qu'il a enregistré : il est passif, il se laisse influencer à chaque instant par ce qu'il vit, à chaque instant il est un autre, son âme n'a pas de centre stable, homogène, permanent, son moi n'est jamais identique. L'expressionniste, quant à lui, part de lui-même, il ne reconnaît pas le pouvoir des choses, au contraire, c'est lui qui leur imprime son sceau, sa volonté, qui s'exprime par elles, en elles, qui les modèle selon son caractère : il est actif, et ses actions sont conduites par la conscience, sûre de soi, du moi permanent.

Tout cela est très bien. Cependant, l'artiste impressionniste fait exprès de ne pas rendre l'image objective du réel mais seulement ce qui a été vu par lui et comment cela a été vu ; non pas l'arbre avec toutes ses feuilles, non pas une feuille isolée dans sa forme particulière, non pas la nuance verte ou jaune, en soi, ni la lumière en soi d'une heure de la journée, d'une époque de l'année ou d'un état de l'atmosphère, mais la masse des feuilles qui se confondent, et que perçoit son œil, la couleur, la lumière qui correspondent à son état d'âme du moment, c'est-à-dire à son humeur, qu'il impose de lui-même à la réalité des choses. Où est ici la passivité de son attitude ? Il est, dans le domaine esthétique, tout aussi actif, tout aussi artiste expressionniste que son adversaire. L'antagonisme n'existe plus que sur le plan éthique. L'expressionnisme sûr de lui s'impose et impose au monde qui l'entoure des lois établies, il connaît le sens des responsabilités. Hésitant et changeant d'heure en heure, l'impressionniste revendique une conduite amorale pour sa propre irresponsabilité et celle des autres.

Pourtant, ici aussi, l'effacement des frontières est inévitable. Partant du sentiment de détresse de l'individu, l'impressionniste aboutit à la pitié sociale et à l'engagement actif en faveur des créatures opprimées et égarées. Là, il n'y a aucune différence entre un Zola et des frères Goncourt du côté impressionniste, et un Toller, un Unruh ou un Becher [1] du côté expressionniste.

Non, je n'ai aucune confiance dans les considérations d'ordre purement esthétique en ce qui concerne l'histoire des idées, la littérature, l'art ou les langues. Il faut partir d'une attitude fondamentalement humaine ; les moyens d'expression peuvent parfois être les mêmes malgré des objectifs tout à fait opposés.

Cela est particulièrement vrai de l'expressionnisme : Toller, que le national-socialisme a tué, et Johst [2], qui est devenu président d'académie sous le Troisième Reich, appartiennent tous deux à l'expressionnisme.

Certaines formes d'affirmation de la volonté et de l'impétueux élan vital [3], la LTI les a héritées des expres-

1. Ernst Toller, dramaturge allemand (1893-1939). Il fut l'un des dirigeants de la république des Conseils de Munich en 1919. Il s'est suicidé en exil à New York, laissant une autobiographie : *Une jeunesse en Allemagne*; Fritz von Unruh, poète allemand (1885-1970), pacifiste; Johannes Robert Becher, écrivain allemand (1891-1958), fut d'abord expressionniste avant d'adopter le réalisme socialiste.

2. Hanns Johst, écrivain allemand (1890-1978), président de la *NS-Reichsschrifttumskammer* (« Chambre des publications du Reich NS ») de 1935 à 1945.

3. « *Des stürmischen Vorwärtsdrängen* » : il s'agit d'une allusion au *Sturm und Drang* (du nom d'une pièce de Max Klinger), ce mouvement littéraire allemand (1770-1775) né en réaction contre le rationalisme et le classicisme de l'*Aufklärung*. *Sturm* a pour équivalents français « assaut » et « tempête », *Drang* correspond à « élan » ou « poussée » et évoque le *Drang nach Osten* [la poussée vers l'Est] des nazis.

sionnistes, ou elle les partage avec eux. *Die Aktion* et *Der Sturm*, tels étaient les noms des revues des jeunes expressionnistes qui, au début, ne se battaient que pour être reconnus. À Berlin, ils se retrouvaient, extrême gauche et bohème la plus affamée du milieu artiste, au café Austria, près de la Potsdamer Brücke (au plus connu et plus élégant café des Westens également, mais, là, on était déjà plus arrivé, là, il y avait aussi plus de « tendances » représentées), et à Munich, au café Stéphanie. C'était pendant les années qui ont précédé la Première Guerre mondiale. À l'Austria, nous avons attendu, dans la nuit des élections de 1912, que tombent les premiers télégrammes de presse et nous avons poussé des cris de joie en apprenant la centième victoire social-démocrate ; nous croyions alors que les portes de la liberté et de la paix venaient de s'ouvrir en grand et pour toujours...

Autour de 1920, les mots *Aktion* et *Sturm* quittèrent le café efféminé pour rejoindre la brasserie virile. Du début jusqu'à la fin, *Aktion* fut l'un des mots d'origine étrangère indispensables à la LTI et non germanisés par elle ; *Aktion* était associé aux souvenirs des premiers temps héroïques et à l'image du combattant armé d'un barreau de chaise ; *Sturm* se mit à désigner un groupe de combat dans la hiérarchie militaire : on parlait du centième *Sturm*, du *Reitersturm* [1] de la SS, mais la tendance à la germanisation et le rattachement à la tradition jouaient aussi un rôle.

L'usage le plus répandu du mot *Sturm* est aussi le plus occulte, car, qui a encore conscience aujourd'hui, ou avait conscience au temps de la toute-puissance nazie, que SA signifie *Sturmabteilung* (section d'assaut] ?

SA et SS, la *Schutzstaffel* [échelon de protection], c'est-à-dire la garde prétorienne, sont des abréviations ayant acquis tellement d'autonomie qu'elles ne sont plus seulement des sigles mais sont devenues des mots possédant leur propre signification et ayant complètement supplanté ce qu'ils étaient censés représenter.

Je me vois ici contraint d'écrire *SS* avec les lignes sinueuses des caractères normaux d'imprimerie. À l'époque hitlérienne, il y avait, dans les casses de lettres d'imprimerie et sur les claviers des machines à écrire officielles, un caractère spécial à angles aigus pour écrire *SS*.

1. Après 1933, Himmler avait intégré à la SS plusieurs associations entières, dont celle des cavaliers de régions traditionnellement consacrées à l'élevage de chevaux.

Il correspondait à la rune germanique de la victoire [*Siegrune*] et avait été créé en sa mémoire. Il n'était pas sans relation avec l'expressionnisme.

L'adjectif *zackig* [1] faisait partie des expressions utilisées par les soldats lors de la Première Guerre mondiale. Un salut militaire strict ou éventuellement un ordre, une allocution et tout ce qui exprime une dépense concentrée et disciplinée d'énergie sont qualifiés de *zackig*. L'adjectif désigne une forme qui est essentielle à la peinture et à la langue poétique de l'expressionnisme. Sans doute l'idée qu'il suggère était-elle la première chose qui surgissait dans un esprit non encombré de philologie à la vue du *SS* nazi. Et à cela s'ajoutait encore autre chose.

Longtemps avant que n'existe le *SS* nazi, on voyait son signe en peinture rouge sur les boîtes des transformateurs, avec, au-dessus, cet avertissement : « Attention, haute tension ! » Ici, le *S* « anguleux » était de toute évidence l'image stylisée de l'éclair. L'éclair qui, dans son accumulation d'énergie et sa rapidité, est un symbole si cher au nazisme ! Ainsi, on peut supposer que le caractère *SS* était également une incarnation directe, une expression picturale de l'éclair. Le redoublement de la ligne pouvant indiquer une vigueur renforcée car, sur les fanions noirs des formations d'enfants, il n'y avait qu'un seul éclair « anguleux », un demi-*SS* en quelque sorte.

Souvent, plusieurs facteurs concourent à la formation d'une chose, sans que celui qui croit la former en ait conscience, et il me semble qu'il en est ici de même : *SS* est tout à la fois image et caractère abstrait, franchissement de la frontière qui sépare du pictural, écriture pictographique, retour à l'aspect sensible des hiéroglyphes.

Mais ceux qui, les premiers à l'époque moderne, ont recouru à ce moyen d'expression effaçant les frontières sont les antipodes les plus résolus des expressionnistes et nationaux-socialistes sûrs d'eux-mêmes. Ce sont eux qui doutent, ceux qui désagrègent le moi et la morale, les décadents. Guillaume Apollinaire, Polonais né à Rome et ardent Français de cœur, poète et expérimentateur littéraire, peint en agençant les lettres : les mots de la phrase

1. Cet adjectif qui vient de *Zacke* [dent, pointe, branche], signifie au sens propre « dentelé », « garni de pointes », et au sens figuré « d'allure militaire », « rigide », « énergique », « qui réagit avec vivacité, allant »... Quand il n'est pas purement autonyme, je le traduis par « mordant » s'il s'agit d'une chose abstraite et par « anguleux » s'il s'agit d'une forme concrète.

un cigare allumé qui fume * sont imprimés de telle manière que la spirale de fumée, composée avec les lettres correspondantes, prend naissance à l'extrémité de la ligne droite du mot cigare.

Dans la LTI, la forme spéciale du *SS* « anguleux » représente, selon moi, le lien entre la langue iconique de l'affiche et la langue au sens strict. Il existe encore un autre lien de ce genre : il s'agit du flambeau vertical, à la forme également « anguleuse », tourné vers le sol, il s'agit de la rune de la floraison et de la fanaison. En tant que symbole du trépas, elle était utilisée à la place de la croix chrétienne sur les faire-part de décès, alors que, dressée vers le ciel, elle remplaçait non seulement l'étoile des faire-part de naissance mais trouvait aussi un emploi dans les emblèmes des pharmaciens et des boulangers. On pourrait supposer que ces deux runes se sont imposées tout autant que le signe *SS*, puisqu'elles ont été également favorisées par la double tendance à la sensibilité et au teutonisme. Pourtant ce n'est absolument pas le cas.

J'ai pris quelquefois des notes, à chaque fois pendant quelques semaines, pour savoir dans quelles proportions les runes étaient employées par rapport aux étoiles et aux croix. Je feuilletais régulièrement un des journaux neutres de Dresde (quand même nous n'avions pas le droit d'y être abonnés ni de l'avoir dans notre chambre, mais il pénétrait toujours par un biais quelconque dans la maison de Juifs) – neutre, autant qu'un organe de presse pût l'être, donc neutre seulement en comparaison d'un journal du Parti déclaré – et je feuilletais assez souvent le *Freiheitskampf* [*Le Combat pour la liberté*], l'organe du Parti à Dresde, ainsi que la *DAZ*, qui était tenue de se maintenir à un niveau un peu plus élevé, puisqu'elle se devait de représenter le pays devant le reste du monde, surtout après l'interdiction de la *Frankfurter Zeitung* [1]. On pouvait remarquer que les runes apparaissaient plus fréquemment dans la presse appartenant ouvertement au Parti que dans les autres journaux, on pouvait aussi remarquer que les cercles spécifiquement chrétiens se servaient souvent de la *DAZ* pour passer leurs petites annonces. Toutefois, le nombre de runes supplémentaires que je trouvais dans le *Freiheitskampf*, par rapport aux autres journaux, n'était pas tellement important. La fré-

1. Quotidien allemand de renommée internationale en tant qu'organe du parti libéral-démocrate ; il fut interdit en 1943.

quence maximale de runes fut atteinte après les premières défaites sévères, en particulier après Stalingrad, car le Parti exerçait alors une pression accrue sur l'opinion publique. Mais, même à ce moment-là, alors qu'on comptait chaque jour environ deux douzaines de nécrologies de soldats tombés au front, le nombre des annonces portant la rune en représentait à peine la moitié, et très souvent à peine le tiers. Mais j'avais toujours été frappé de constater que, souvent, les annonces qui se voulaient les plus nazies étaient justement celles qui restaient attachées au symbole de l'étoile et de la croix. Du côté des faire-part de naissance, c'était à peu près pareil : à peine la moitié, souvent beaucoup moins, portait la rune, et les plus nazis justement – car il y avait, pour les annonces du carnet, toute une stylistique propre à la LTI – omettaient fréquemment les runes. La raison de cette difficile percée et de ce quasi-rejet social des deux runes de vie, positive et négative, là où l'emblème *SS* s'était parfaitement imposé, est extrêmement simple. *SS* était une désignation entièrement nouvelle pour une institution entièrement nouvelle, *SS* n'avait rien à supplanter. En revanche, l'étoile et la croix étaient depuis bientôt deux millénaires les symboles de la naissance et de la mort, ces institutions les plus anciennes et les plus immuables de l'humanité. Elles étaient donc trop profondément ancrées dans l'imaginaire du peuple pour pouvoir être entièrement déracinées.

Mais si ces runes de vie étaient bel et bien entrées dans l'usage au point de dominer seules, pendant l'époque hitlérienne, aurais-je été à court d'arguments pour expliquer ce fait ? Pas le moins du monde ! Au contraire, dans cette éventualité, j'aurais écrit, avec la même désinvolture et la même bonne conscience, qu'il était extrêmement facile de comprendre qu'il ne pouvait en être autrement. Car la LTI tendait généralement à rendre les choses sensibles et si ce résultat pouvait être obtenu en s'appuyant sur la tradition germanique, grâce à un signe runique, il n'en serait que mieux accueilli. En tant que signe typographique « anguleux », la rune de vie appartenait à l'emblème *SS* et, en tant que symbole d'une *Weltanschauung* [1], elle était un des rayons de la roue solaire, une des branches de la croix gammée. Et j'aurais encore écrit

1. Mot composé de *Welt*, « monde », et de *Anschauung*, « vision » ou « intuition » (ainsi traduit chez Kant).

que le concours de tous ces facteurs faisait de la supplantation de la croix et de l'étoile par les runes de vie la chose la plus évidente qui fût.

Mais si je peux, avec d'aussi bonnes raisons, affirmer d'une chose qui ne s'est pas produite qu'elle aurait dû se produire, tout comme je peux le dire de celle qui s'est effectivement produite, finalement, qu'ai-je vraiment démontré, ai-je éclairé l'énigme ? Effacement des frontières, incertitude, hésitation et doute, ici aussi. Position de Montaigne : *Que sais-je * ?* Position de Renan : le point d'interrogation, le plus important de tous les signes de ponctuation. Position aux antipodes de l'entêtement et de l'assurance des nazis.

Le pendule de l'humanité oscille entre ces deux extrêmes, cherchant la position médiane. On a prétendu à satiété, avant Hitler puis pendant l'époque hitlérienne, que tout progrès était dû aux entêtés, et tous les blocages uniquement aux partisans du point d'interrogation. Ce n'est pas tout à fait sûr, mais il est une chose qui est tout à fait sûre : le sang est toujours sur les mains des obstinés.

12.
PONCTUATION

On observe parfois, chez certains individus et dans certains groupes, une prédilection caractéristique pour tel ou tel signe de ponctuation. Les érudits affectionnent le point-virgule ; leur besoin de logique veut un signe de séparation plus ferme que la virgule sans être aussi absolu que le point. Renan, le sceptique, déclare qu'on n'emploie jamais trop le point d'interrogation. Le *Sturm und Drang* [1] fait une consommation extraordinaire de points d'exclamation. À ses débuts, en Allemagne, le naturalisme se sert volontiers du tiret : les phrases, les idées ne sont pas alignées avec une logique abstraite et rigoureuse, elles s'interrompent, procèdent par allusions, restent incomplètes, sont de nature fugitive, discontinue, associative, conformément aux circonstances de leur apparition, conformément à un monologue intérieur et même à un dialogue animé, surtout entre personnes ayant peu l'habitude de penser.

On pourrait supposer que la LTI – puisqu'elle est fondamentalement rhétorique et s'adresse au sentiment – est attachée, comme le *Sturm und Drang*, au point d'exclamation. Cela ne saute pas aux yeux ; au contraire, il me semble qu'elle est assez économe de ce signe-là. C'est comme si tout en elle tendait à la sommation et à l'exclamation de manière si évidente qu'un signe de ponctuation particulier pour cela devient inutile. Car où sont, dans la LTI, les déclarations pures et simples d'où l'exclamation devrait se détacher ?

1. *Cf.* note 1, p. 100.

En revanche, la LTI utilise à satiété ce que j'appellerai les guillemets ironiques.

Les guillemets simples et primaires ne signifient rien d'autre que la restitution littérale de ce qu'un autre a dit ou écrit. Mais les guillemets ironiques ne se bornent pas à citer d'une manière aussi neutre, ils mettent en doute la vérité de ce qui est cité et, par eux-mêmes, qualifient de mensonge les paroles rapportées. Comme, dans le discours, cela s'exprime par un surcroît de mépris dans la voix de l'orateur, on peut dire que les guillemets ironiques sont très étroitement liés au caractère rhétorique de la LTI.

Évidemment, ce n'est pas elle qui les a inventés. Lorsque, pendant la Première Guerre mondiale, les Allemands se vantaient de leur culture supérieure et qu'ils regardaient de haut la civilisation occidentale comme s'il se fût agi d'une conquête bien superficielle et de moindre valeur, de leur côté, les Français n'omettaient jamais les guillemets ironiques lorsqu'ils évoquaient la « *culture allemande* * », et il est probable qu'il a existé un emploi ironique des guillemets, à côté de leur usage normal, dès l'introduction de ce signe.

Mais, dans la LTI, l'emploi ironique prédomine largement sur le neutre. Parce que la neutralité, justement, lui répugne, parce qu'il lui faut toujours un ennemi à déchirer. Si les révolutionnaires espagnols ont remporté une victoire, s'ils ont des officiers, un état-major, alors ce sont forcément des « " victoires " rouges », des « " officiers " rouges », un « " état-major " rouge ». Plus tard, il en ira de même de la « stratégie » russe ou du « " maréchal " Tito » de Yougoslavie. Chamberlain, Churchill et Roosevelt ne sont jamais que des « « hommes d'État », entre guillemets ironiques, Einstein est un « chercheur », Rathenau un « Allemand » et Heine un « poète " allemand " ». Pas un seul article de journal, pas une seule reproduction de discours qui ne grouille de ces guillemets ironiques, et même dans les analyses détaillées, rédigées plus tranquillement, ils ne manquent pas. Ils appartiennent à la LTI imprimée comme à l'intonation de Hitler et de Goebbels, ils lui sont inhérents.

Quand j'étais au collège, j'ai eu à rédiger, c'était en 1900, un devoir sur les monuments. Dans une phrase, je disais ceci : « Après la guerre de 1870, il y avait sur presque toutes les places des villes allemandes une *Ger-*

mania[1] tenant un drapeau et une épée ; je pourrais citer une centaine d'exemples. » Sceptique, mon professeur porta dans la marge, à l'encre rouge : « Apporter pour la prochaine fois une douzaine d'exemples ! » Je n'en trouvai que neuf et fus guéri, une fois pour toutes, de la manie d'avancer des chiffres à la légère. Néanmoins, et bien que dans mes observations sur la LTI j'aie justement quantité de choses à dire sur l'abus de chiffres, je pourrais, avec la conscience tranquille, écrire à propos des guillements ironiques : « On pourrait en citer mille exemples. » Voici un de ces mille exemples qui, par ailleurs, sont tous bien monotones : « On distingue les chats allemands et les chats " de luxe "[2]. »

1. Figure de femme symbolisant l'ancien empire allemand. Représentée sous la forme d'une Walkyrie après 1850.
2. Exemple probablement tiré du bulletin de l'Association protectrice des animaux auquel Victor Klemperer était abonné.

13.

NOMS

Il y avait autrefois une vieille devinette de lycéens qui se transmettait de génération en génération ; à présent que le grec n'est plus enseigné que dans de rares collèges, elle a dû disparaître. La voici : comment le mot allemand *Fuchs* [renard] est-il dérivé du grec *alopex* [ἀλώπηξ] qui a le même sens ? Selon l'évolution suivante : *alopex, lopex, pex, pix, pax, pucks, Fuchs*. Je n'y avais plus repensé depuis mon baccalauréat, depuis environ trente ans. Mais, le 13 janvier 1934, elle a surgi de l'oubli comme si je l'avais racontée la veille pour la dernière fois. Cela s'est produit alors que j'étais en train de lire la circulaire semestrielle nº 72. Le recteur y faisait savoir que notre collègue Israel, le régent et conseiller municipal nazi, avait repris, « avec l'autorisation du ministère », l'ancien nom de sa famille. « Elle portait, au XVIe siècle, le nom d'*Oesterhelt*, qui a évolué, en Lusace [1], de *Uesterhelt, Isterhal* (et aussi *Isterheil* et *Osterheil*), en passant par *Istrael, Isserel*, entre autres, jusqu'à *Israel*, par des déformations successives. » Mon attention venait ainsi d'être attirée pour la première fois sur ce qui allait devenir le chapitre onomastique de la LTI. Plus tard, chaque fois que je passais devant la plaque flambant neuve portant le nom d'*Oesterhelt* – elle était apposée sur un des portails de jardin du quartier suisse –, je me reprochais de considérer ce chapitre spécial avant tout *sub specie Judaeorum*. Car les choses juives ne suffisaient nullement à

1. En allemand : *Lausitz*, région située sur la bordure nord du massif de Bohême, à l'est de la Saxe.

l'épuiser, et ce n'est pas non plus un chapitre qui ressortit uniquement à la LTI.

Dans toute révolution, qu'elle touche le domaine politique et social, l'art ou la littérature, deux tendances sont toujours à l'œuvre : d'abord la volonté d'aller vers quelque chose de complètement nouveau – le contraste avec ce qui avait cours jusqu'ici étant violemment accentué –, puis le besoin de rattachement, le besoin d'une tradition qui légitime. On n'est pas absolument nouveau, on revient à ce contre quoi l'époque qu'on voulait remplacer a péché, on revient à l'humanité, à la nation, à la moralité ou à l'essence véritable de l'art, etc. Ces deux tendances sont nettement apparentes dans la manière dont on prénomme ou débaptise.

Donner pour prénom, à un nouveau-né ou à une personne qu'on veut rebaptiser, à la fois le prénom et le nom de famille d'un champion du nouvel état de choses est une pratique sans doute essentiellement limitée à l'Amérique, et même à l'Amérique noire. La première révolution d'Angleterre fait profession de puritanisme et se grise de noms tirés de l'Ancien Testament qu'elle renforce volontiers par une citation de la Bible (Josué – « loue le Seigneur, mon âme »). La Révolution française cherche ses idéaux dans l'Antiquité classique, et romaine en particulier, et chaque tribun prend pour soi et ses enfants des noms dignes de Tacite ou de Cicéron. Et de la même façon, un bon national-socialiste fait sonner bien haut sa parenté de sang et d'âme avec les Germains, avec les hommes et les divinités du Nord. La mode wagnérienne et un nationalisme de longue date ont préparé le terrain, les *Horst, Sieglinde*, etc., sont des prénoms déjà courants avant l'apparition de Hitler ; à côté du culte de Wagner et après lui – peut-être même plus fortement que lui –, la *Jugendbewegung* [1] et les chants des *Wandervögel* [2] y ont contribué aussi.

Mais là où, jusqu'ici, il n'y avait qu'une mode et une coutume parmi d'autres, le Troisième Reich impose

1. « Mouvement de jeunesse » né en Allemagne au tournant du XXe siècle et apparenté au scoutisme. Les membres se retrouvaient pour faire des excursions au cours desquelles on cultivait le folklore allemand (chants, danses, théâtre).

2. « Oiseaux migrateurs » : association « pour excursions d'étudiants », qui existait depuis 1895 mais fut officialisée en 1901. Point de départ du « Mouvement de jeunesse ». Consulter à ce sujet Jean-Pierre Faye, *Langages totalitaires, op. cit.*, p. 201, *sqq*.

presque un devoir et un uniforme. Comment être en reste quand le chef de la jeunesse nazie lui-même se nomme *Baldur* ? Et en 1944 encore, sur neuf faire-part de naissances parus dans un journal de Dresde, j'en trouve six faisant état de prénoms pompeusement germaniques : *Dieter, Detlev, Uwe, Margit, Ingrid, Uta*. Les prénoms doubles, liés par un trait d'union, sont extrêmement appréciés pour leur sonorité, leur double profession de foi, donc pour leur essence rhétorique (et par là, pour leur appartenance à la LTI) : *Bernd-Dietmar, Bernd-Walter, Dietmar-Gerhard*... Ce qui est également caractéristique de la LTI, c'est la formule fréquente dans ces faire-part : *Klein Karin, Klein Harald* ; on mêle au caractère héroïque du nom emprunté aux ballades allemandes un peu de douceur sentimentale, cela constitue un excellent appât.

Est-ce exagérer beaucoup que de parler d'uniformisation ? Peut-être que non, dans la mesure où toute une série de prénoms passés dans l'usage ont en partie acquis une réputation douteuse, en partie été purement et simplement interdits. Les prénoms chrétiens sont très mal vus ; ils font soupçonner leur porteur d'appartenir à l'opposition. Peu de temps avant la catastrophe de Dresde, un numéro du *Illustrierter Beobachter*, daté du 5 février 1945 je crois, me tomba entre les mains comme papier d'emballage. Il contenait un article étonnant intitulé « *Heidrun* ». Étonnant dans ce journal on ne peut plus officiellement nazi (c'est le supplément du *Völkischer Beobachter*).

Une ou deux fois, au cours de ces années, je me suis rappelé une scène étrange tirée de Grillparzer[1], *Le rêve est une vie*, dernier acte. Le jeune héros est impliqué dans un crime sanglant, l'expiation est inévitable. C'est alors qu'on entend une horloge, et il murmure : « Écoute, l'heure sonne ! Trois heures avant le jour/ Dans peu de temps ce sera fini. » Pendant un instant, il est à demi éveillé, il sent que seul un rêve, un rêve pédagogique, seule une potentialité non réalisée de son moi l'a tourmenté. « Fantômes, apparitions nocturne ; /Frénésie

1. Franz Grillparzer, écrivain autrichien (1791-1872), nommé « poète dramatique » du Burgtheater de Vienne à 27 ans. Les sources de son œuvre vont de l'Antiquité aux mythologies de la monarchie austro-hongroise en passant par Goethe et Calderón dont il s'est inspiré pour écrire *Le rêve est une vie* (1831).

morbide, si tu préfères, /Et nous voyons cela à cause de la fièvre. » Une ou deux fois, mais jamais plus clairement que dans cet article tardif, on perçoit dans certaines publications des adeptes de Hitler le « Trois heures avant le jour », la semi-conscience de leur culpabilité ; mais lorsque, bien trop tard, ils se sont réveillés, leur frénésie morbide ne s'était pas évanouie comme un spectre ; ils avaient réellement assassiné... Dans l'article consacré au prénom *Heidrun*, l'auteur se moque doublement de ses Pg [*Parteigenossen*]. Si des parents, écrit-il, avant de quitter l'Église (comme il était indispensable de le faire pour les SS et les nazis très orthodoxes), si donc, dans une phase moins allemande de leur vie, ils avaient commis l'erreur de baptiser leur première fille *Christa*, ils tentaient par la suite de disculper un peu la pauvre créature, au moins à l'aide de l'orthographe, en exhortant l'enfant à écrire son nom semi-oriental avec une initiale allemande : *Krista*. Et pour expier tout à fait, ils appelaient ensuite leur deuxième fille *Heidrun*, un prénom bien germanique et bien païen, dans lequel tout Allemand moyen croyait voir une germanisation de *Erika* [1]. Mais, en vérité, *Heidrun* était la « chèvre du ciel » de l'*Edda* [2], celle qui avait de l'hydromel dans les pis et courait avec concupiscence derrière le bouc. Un prénom nordique bien inconvenant pour une jeune fille... L'avertissement donné dans cet article aura-t-il pu préserver encore quelque enfant ? Il a paru tardivement, à peine trois mois avant l'effondrement. Or, grâce au service de recherche de la radio, je suis tombé, il y a juste quelques jours, sur une *Heidrun* silésienne...

Si les *Christa* et leurs semblables sont parvenues, en dépit de leur mauvaise réputation, à entrer dans l'état civil, les noms tirés de l'Ancien Testament, eux, ont été interdits : aucun enfant allemand n'a le droit de s'appeler *Lea* ou *Sara* ; si jamais un pasteur naïf a l'idée saugrenue de déclarer un enfant sous un prénom pareil, l'officier d'état civil refuse l'enregistrement et la plainte du pasteur sera rejetée en haut lieu avec indignation.

On cherchait à protéger radicalement le « camarade

1. Le nom latin *Erika*, qui veut dire bruyère, se traduit en allemand par *Heide*, qui signifie également « païen ».

2. Probablement « Art poétique » : titre d'un recueil de poèmes anonymes (VIIe-XIIIe siècles) découvert en Islande au début du XVIIe siècle et contenant de grands poèmes mythologiques, gnomiques, éthiques, satiriques, magiques et épiques.

du peuple[1] » allemand contre de tels noms. En septembre 1940, je vis sur les colonnes Morris cette annonce affichée par une église : « *Héros d'un peuple* ; oratorio de Haendel. » Au-dessous, craintivement imprimé en petits caractères et entre guillemets : « *Judas Makkabaeus* ; impression remaniée. » Je lisais, à peu près à la même époque, un roman historique traduit de l'anglais : *The Chronicle of Aaron Kane.* L'éditeur en était Rütten & Loening, celui-là même chez qui était paru la grande biographie de Beaumarchais écrite par le Juif viennois Anton Bettelheim ! L'éditeur s'excusait sur la première page en précisant que les noms bibliques des personnages correspondaient à leur puritanisme ainsi qu'aux mœurs de l'époque et du pays, raison pour laquelle ils ne pouvaient être changés. Un autre roman anglais, dont j'ai oublié l'auteur, avait pour titre en allemand *Geliebte Söhne [Fils aimés].* Le titre original, cité à l'intérieur, était : *Ô Absalom !* En cours de physique, on devait taire le nom d'Einstein, et même l'unité de fréquence, le hertz, ne devait pas être désignée par ce nom juif.

Cependant, comme on ne doit pas seulement protéger le « camarade du peuple » allemand des noms juifs mais bien plus encore de tout contact avec les Juifs eux-mêmes, ceux-ci sont soigneusement mis à l'écart. Et l'un des moyens essentiels d'une telle mise à l'écart consiste à rendre ces Juifs reconnaissables par leurs noms. Celui qui ne porte pas un nom clairement hébraïque et n'étant pas du tout passé dans l'usage en allemand, tel que *Baruch* ou *Recha*, doit adjoindre *Israel* ou *Sara* à son prénom. Il doit le signaler au bureau d'état civil et à sa banque, ne l'oublier dans aucune signature, prier toutes ses relations d'affaires de ne pas l'oublier elles non plus dans leur courrier. S'il n'est pas marié à une femme aryenne dont il a des enfants – la femme aryenne toute seule ne lui sert pas à grand-chose, il doit porter l'étoile jaune. Là, le mot « Juif », dont les lettres sont imitées de l'alphabet hébraïque, joue le rôle d'un prénom qu'on porterait sur la poitrine. Dans le couloir, sur notre porte, notre nom était inscrit deux fois avec, au-dessus du mien, l'étoile juive et, sous celui de ma femme, le mot « aryenne ». Sur ma carte d'alimentation, au début, il y avait un *J* isolé, puis plus tard le mot « Juif » fut imprimé

1. *Volksgenosse*. Consulter à ce sujet Jean-Pierre Faye, *Langages totalitaires, op. cit.*, p. 230.

en travers de la carte, et finalement il figura en entier sur chacun des minuscules carrés, répété une soixantaine de fois sur une seule et même carte. Quand on parle de moi officiellement, on dit toujours « le Juif Klemperer »; quand je dois me présenter à la Gestapo, les coups pleuvent si je n'annonce pas avec assez de « mordant » : « Le Juif Klemperer est là ». On peut encore aggraver l'offense en remplaçant à l'aide de l'apostrophe la forme déclarative par celle de la sommation autoritaire : ainsi, je lus un jour dans le journal au sujet de mon cousin musicien qui avait émigré assez tôt à Los Angeles : « Juif [*Jud'* au lieu de *Jude*] Klemperer évadé de l'asile et repris. » Lorsqu'il est question de ces « Juifs du Kremlin » haïs que sont Trotski et Litvinov, on dit toujours Trotski-Bronstein et Litvinov-Finkelstein. Lorsqu'il est question de La Guardia, le maire haï de New York, on dit toujours : « le Juif La Guardia », ou au moins : « le demi-Juif La Guardia ».

Et si un couple de Juifs devait avoir l'idée saugrenue, en dépit de la situation très pénible, de mettre au monde un enfant, alors les parents ne doivent pas donner à leur « portée » – j'entends encore le « cracheur » hurler à une vieille dame délicate : « Ta portée nous a échappé, espèce de truie de juive, par contre on va te faire ton affaire ! », et ils lui firent son affaire, en effet, le lendemain elle ne s'est pas réveillée de son sommeil au véronal –, alors les parents ne doivent pas donner à leur progéniture un prénom allemand qui pourrait induire en erreur; le gouvernement national-socialiste leur propose tout un choix de prénoms juifs. Ils sont bizarres, et seulement une minorité d'entre eux ont la dignité des noms de l'Ancien Testament.

Dans son livre, *Depuis la péninsule asiatique*, Karl Emil Franzos [1] raconte comment, au XVIIIe siècle, les Juifs de Galicie se sont vu attribuer des noms si particuliers. C'était une mesure prise par Joseph II qui devait aller dans le sens des Lumières et de l'humanité; mais beaucoup de Juifs, par répugnance orthodoxe, refusèrent de s'y soumettre, et, par dérision, des fonctionnaires subalternes imposèrent alors aux Juifs récalcitrants des noms de famille ridicules et embarrassants. La dérision, qui, en

1. Karl Emil Franzos, écrivain autrichien (1848-1904). Son livre *Aus Halb-Asien* [*Depuis la péninsule asiatique*] auquel Victor Klemperer fait ici allusion est paru en 1876. Il y dépeint la vie des Juifs de Galicie.

ce temps-là, était à l'œuvre contre la volonté du législateur, a été délibérément employée par le gouvernement nazi ; il ne voulait pas seulement mettre les Juifs à l'écart, il voulait aussi les « diffamer ».

Pour ce faire, il avait à sa disposition un jargon [1] spécial qui, de par ses formes lexicales, apparaît aux Allemands comme une distorsion de la langue allemande et leur semble laid et grossier. Que, dans ce jargon justement, ce soit l'attachement plusieurs fois séculaire des juifs à l'Allemagne qui s'exprime, et que leur prononciation corresponde en grande partie à celle d'un Walter von der Vogelweide [2] et d'un Wolfram von Eschenbach [3], cela, naturellement, seul le germaniste de métier le sait, et je serais curieux de connaître le professeur de littérature allemande qui, à l'époque hitlérienne, aurait attiré l'attention de ses étudiants sur ce fait ! Ainsi, sur la liste des prénoms laissés aux Juifs, se trouvaient les diminutifs yiddish, les *Vögele, Mendele*, etc., qui étaient, pour une oreille allemande, à la fois gênants et ridicules.

Dans la dernière maison de Juifs où nous avons habité, je pouvais lire chaque jour, sur une porte, une plaque caractéristique où figuraient côte à côte le nom du père et celui du fils : *Baruch Levin* et *Horst Levin*. Le père n'avait pas besoin d'adjoindre *Israel* à son nom – *Baruch* était déjà bien assez juif, ce nom étant originaire d'une région juive polonaise et orthodoxe. Le fils, lui aussi, pouvait se passer du prénom *Israel* parce qu'il était « métis » [*Mischling*], parce que son père avait tellement aspiré à la germanité qu'il avait conclu un mariage mixte. Il y a eu toute une génération de *Horst* juifs dont les parents ne laissaient pas d'insister sur ce qui était presque déjà leur teutonisme [*Teutschtum*]. Cette génération de *Horst* a moins souffert des nazis que leurs parents – je veux dire naturellement spirituellement, car devant le camp de concentration et les chambres à gaz il

1. C'est ainsi qu'on appelait le yiddish encore au XIXe siècle, sans connotation péjorative. Voir à ce sujet, Claude Klein, « Essai sur le sionisme », dans Theodor Herzl, *L'État des Juifs*, trad. Claude Klein, La Découverte, 1990, p. 102.

2. Walter von der Vogelweide, poète autrichien (1170-v. 1230) avec lequel le lyrisme médiéval allemand (poésie gnomique) atteint sa perfection.

3. Wolfram von Eschenbach, poète allemand (1170-1220), auteur de *Minnelieder* (poésie lyrique courtoise) et surtout d'épopées (son *Parzival* fut l'une des œuvres les plus lues au Moyen Âge).

n'y avait aucune distinction de génération, un Juif était un Juif. Mais les *Baruch* se sont sentis chassés de leur pays de cœur. Alors que les *Horst* – de nombreux *Horst* et de nombreux *Siegfried*, en tant que « Juifs complets » [*Volljuden*], devaient ajouter *Israel* à leur prénom – se montraient indifférents envers la germanité, voire, dans une large mesure, carrément hostiles. Ils avaient grandi dans la même atmosphère de romantisme perverti que les nazis, ils étaient sionistes...

Me voici revenu malgré moi à des considérations sur les choses juives. Est-ce ma faute ou celle de l'objet de ce livre ? Il doit pourtant bien avoir aussi des aspects non juifs. Et il en a, bien sûr.

La volonté de se référer à la tradition, dans l'attribution des noms, s'étendait même à des contemporains qui, par ailleurs, maintenaient les distances entre eux et le nazisme. Un proviseur, qui préféra prendre sa retraite plutôt que de rejoindre le parti, me racontait volontiers les prouesses de son jeune petit-fils *Isbrand Wilderich*. Je lui demandai d'où venait le prénom du garçon. Sa réponse fut, mot pour mot : « C'est ainsi qu'au XVIIe siècle s'appelait un homme de notre clan [1] [*Sippe*] qui vient de Hollande. » Par le seul fait d'employer le mot « clan », ce directeur, qu'un pieux catholicisme protégeait contre la séduction hitlérienne, laissait voir en lui l'infection nazie. « Clan », un mot neutre de la langue ancienne qui signifiait alors parenté, famille au sens large, puis avait été rabaissé au rang de péjoratif, comme « August [2] », s'élève sous le Troisième Reich à une dignité solennelle ; les recherches généalogiques [*Sippenforschung* : « recherches sur le clan »] deviennent une obligation morale pour chaque « camarade du peuple ».

Au contraire, la tradition est repoussée sans ménagement lorsqu'elle est hostile au principe national. Ici entre en jeu une caractéristique typiquement allemande et dont on a souvent dit, pour s'en moquer, que c'était de la pédanterie, je veux parler de la manie de faire les choses à fond [*Gründlichkeit*]. Une grande partie de l'Allemagne a été colonisée par les Slaves, et les noms de lieux rappellent cette donnée de l'histoire. Mais tolérer d'autres noms de lieux que des noms germaniques va à l'encontre du principe national du Troisième Reich et de

1. *Cf.* note 2, p. 25.
2. *Cf.* p. 77.

sa « fierté raciale ». Ainsi, la carte géographique est-elle épurée jusque dans les moindres détails. En lisant un article de la *Dresdener Zeitung* du 15 novembre 1942 : « Noms de lieux allemands à l'Est », j'ai noté ceci : Dans le Mecklembourg, on a supprimé l'annexe « Wendisch [1] » [Sorabe] du nom de nombreux villages, en Poméranie, on a germanisé 120 noms de lieux slaves, environ 175 dans le Brandebourg, et les patelins de la vallée de la Spree ont été germanisés tout spécialement. En Silésie, on est parvenu à 2 700 germanisations, et dans la circonscription de Gumbinnen [2] – où c'étaient surtout les terminaisons lituaniennes « racialement inférieures » [*niederrassig*] qui choquaient, et où, par exemple, on a rendu « Berninglauken » plus nordique [*aufnorden*] en le changeant en « Berningen » –, dans la circonscription de Gumbinnen, donc, sur 1 851 communes, pas moins de 1 146 ont été débaptisées.

En revanche, la volonté de se référer à la tradition réapparaît dès qu'elle peut participer, à grand renfort de teutonismes [*deutschtümelnd*], à l'appellation des rues. Les maires et conseillers municipaux les plus anciens et les plus inconnus sont déterrés, et leurs noms scrupuleusement inscrits sur les plaques des rues. Sur la hauteur qui domine Dresde, au sud, il y a une nouvelle rue qui s'appelle Tirmannstrasse et au-dessous du nom est écrit : « Maître Nikolaus Tirmann, maire, décédé en 1437 »; pareillement, on peut lire sur d'autres plaques de rue de la banlieue : « Conseiller municipal au XIVe siècle » ou « Écrivain d'une chronique municipale au XVe siècle »...

Joseph était-il un nom trop catholique ou voulait-on faire de la place pour un peintre romantique, donc expressément allemand ? En tout cas, la Josephstrasse à Dresde se transforma en Caspar-David-Friedrich-Strasse, bien que cela donnât du fil à retordre au service postal ; du temps où nous habitions une maison de Juifs dans cette rue, nous avons reçu plusieurs lettres ayant pour adresse : « Friedrich-Strasse, chez Monsieur Caspar David ».

1. Les Wendes, appelés aussi Sorabes, ou Serbes de Lusace, sont une population d'origine slave d'une centaine de milliers de personnes établies sur le cours supérieur de la Spree. Ils avaient pu résister à la germanisation grâce aux conditions d'habitat (pays marécageux), à la protection que leur avait longtemps accordée la Bohême et à leur ardent patriotisme.

2. En français : Goussev, ville de Prusse-Orientale.

Un mélange d'amour pour les corporations du Moyen Âge et pour la publicité moderne s'exprime dans les flammes postales sur lesquelles les noms de ville sont accompagnés d'un complément leur attribuant une spécialité. « Leipzig, ville de foire » est ancien et ce n'est pas une invention nazie, mais ce qui est nouveau et nazi, c'est la flamme : « Clèves, l'atelier des bonnes chaussures d'enfants ». J'ai noté dans mon journal : « Fallersleben, ville de l'usine *Volkswagen* [voiture du peuple] », où la flamme cache, derrière son corporatisme et sa publicité industrielle, un sens nettement politique : elle met en relief un site industriel particulier, une des entreprises préférées du Führer fondée par lui-même sur une imposture ; car la prometteuse « voiture du peuple », qui attirait l'argent des petites gens, était en vérité conçue dès le départ comme un véhicule de guerre [1]. Quant aux flammes qui proclamaient : « Munich, la ville du Mouvement » et « Nuremberg, la ville des congrès du Parti », elles étaient ostensiblement politiques, de purs slogans de propagande.

Nuremberg était située dans le *Traditionsgau*, mot par lequel on voulait exprimer que c'était précisément dans cette circonscription qu'il fallait chercher les débuts glorieux du national-socialisme. Le mot *Gau* pour dire « province » est encore une référence au teutonisme, et le fait d'annexer au *Wartbegau* [2] des territoires exclusivement polonais, revenait à légaliser, par l'attribution d'un nom allemand, le vol de terres étrangères. Il en allait de même pour le mot « Marche » [*Mark*] qui désignait une province frontière. « Marche de l'Est » [*Ostmark*] : cela

1. Hitler promettait aux Allemands que chacun aurait sa voiture, comme aux États-Unis. Il décréta que l'État construirait une voiture vendue à 990 marks seulement. Le projet fut confié au Front du Travail, qui élabora un plan selon lequel les capitaux devaient être fournis par un système de crédit intitulé « payer avant d'avoir ». Les salariés allemands qui avaient versé des dizaines de millions ne virent jamais la couleur de leur voiture et, au moment de la guerre, l'usine Volkswagen fut reconvertie dans la production d'articles pour l'armée.

2. Le « *Gau* de la Warta », créé le 26 octobre 1939, s'étendait sur une partie de la Pologne occidentale comprise entre Lodz (Litzmannstadt), Poznan (Posen) et Inowroclaw (Hohensalza). Le *Gauleiter* Arthur Greiser s'y rendit responsable de déportations massives et de l'extermination de Juifs et de Polonais en vue d'une « dépolonisation » [*Entpolonisierung*] et d'une « germanisation » [*Eindeutschung*] de la région (population allemande de 325 000 personnes en 1939 et de 950 000 fin 1943).

annexait l'Autriche à la Grande-Allemagne. « Marche de l'Ouest » [*Westmark*] : cela y rattachait la Hollande. La volonté du conquérant s'afficha de manière plus impudente encore quand Lodz perdit son nom et fut transformée en Litzmannstadt, du nom de son vainqueur durant la Première Guerre mondiale.

Mais en écrivant ce nom, je revois une flamme postale très particulière : « Le ghetto de Litzmannstadt ». Et voici qu'affluent les noms qui sont entrés dans la géographie de l'enfer de l'histoire universelle : Theresienstadt, Buchenwald, Auschwitz, etc. Et à côté de ceux-là surgit un nom que peu de gens doivent connaître – il nous concernait nous, les habitants de Dresde, et ceux qu'il concernait le plus ont tous disparu. Camp de Juifs Hellerberg : c'est ici qu'on parqua, au cours de l'automne 1942, dans des baraques misérables, plus misérables encore que celles réservées aux prisonniers russes, le reste de la population décimée des Juifs de Dresde et, de là, il fut expédié quelques semaines plus tard dans les chambres à gaz d'Auschwitz ; nous seuls – peu nombreux – qui vivions en couple mixte sommes restés.

Et me voici revenu, une fois de plus, au thème juif. Est-ce ma faute ? Non, c'est la faute du nazisme, et seulement la sienne.

Mais puisque j'en suis déjà à des considérations relevant (pour ainsi dire) du patriotisme de clocher, après avoir dû me contenter de simples notes prises au hasard et de vagues allusions – peut-être un service des postes pourrait-il compléter ce matériel – à l'intérieur d'un thème assez vaste et vraiment assez riche pour faire l'objet d'une thèse de doctorat, alors je peux bien parler aussi d'une petite falsification de documents qui me concerne personnellement et a contribué à me sauver la vie. Car je suis bien sûr que mon cas ne fut pas isolé. La LTI était une langue carcérale (celle des surveillants et celle des détenus) et une telle langue comporte inéluctablement (en manière de légitime défense) des mots secrets, des ambiguïtés fallacieuses, des falsifications, etc.

Waldmann était mieux loti que nous, maintenant qu'on nous avait sauvés de la destruction de Dresde puis emmenés à la base aérienne de Klotzsche. Nous avions arraché l'étoile jaune, nous avions quitté le périmètre urbain de Dresde, nous nous étions retrouvés assis dans un wagon avec des Aryens, en un mot : nous avions commis une série de péchés mortels dont chacun devait nous valoir la mort sur la potence, si nous tombions aux mains de la Gestapo. « Dans le bottin de Dresde, dit Waldmann, il y a huit *Waldmann* et je suis le seul Juif – qui remarquera mon nom ? » Mais avec le mien, c'était une autre histoire. De l'autre côté de la frontière de Bohême, c'est un nom juif répandu – *Klemperer* n'a rien à voir avec le métier de plombier [*Klempner* et anciennement « *klemperer* »], il signifie le « frappeur » [*Klopfer*], le serviteur d'une communauté qui, de bonne heure, réveille les dévots en frappant à leur porte ou à leur fenêtre pour qu'ils se rendent à la prière du matin – même s'il n'était porté à Dresde que par de rares personnes bien connues dont j'étais la seule à être restée ici après tant d'années de terreur. Prétendre que j'avais perdu tous mes papiers aurait pu me rendre suspect et il n'était pas possible, à long terme, de passer au travers des formalités administratives : nous avions besoin de cartes d'alimentation, de cartes de transport – nous étions encore très raffinés et croyions encore à la nécessité de telles cartes... Presque au même moment, nous nous sommes souvenus d'une petite fiole qui contenait un remède. Sur l'ordonnance griffonnée par un médecin, mon nom avait été complètement modifié en deux endroits faciles à changer. Il suffisait d'un point pour faire du *m* un *in* et un trait d'un millimètre transformait le premier *r* en *t*. C'est ainsi que *Klemperer* devint : *Kleinpeter* [« Petit-Pierre »]. Il y avait peu de risques qu'un bureau de poste ait fait le compte des Kleinpeter existant dans le Troisième Reich.

14.

CHIP'CHARBON [*KOHLENKLAU*]

Au début de l'année 1943, l'office du travail m'envoya comme manœuvre à l'usine de thés et de plantes médicinales Willy Schlüter, qui, grâce aux commandes de l'armée, avait pris une certaine envergure. Je fus d'abord employé comme ouvrier paqueteur, c'est-à-dire que je devais mettre le thé dans des cartons – travail extrêmement monotone mais physiquement très facile ; d'ailleurs il fut bientôt réservé aux femmes, et je me retrouvai dans les salles de fabrication proprement dites, où étaient les tambours mélangeurs et les coupeuses ; lorsqu'une grande quantité de matières premières fraîches venait d'arriver, le groupe des Juifs devait aider à son déchargement et à son entreposage. Il en allait du thé Schlüter – et de tous les thés de substitution de cette époque-là – comme de n'importe quel régiment : seul le nom restait toujours le même alors que le contenu changeait constamment ; on y mettait ce qu'on avait sous la main.

Un après-midi de mai, je me trouvai dans la cave, bien aérée et haute de plafond, qui formait une unique salle s'étirant au-dessous de toute une aile du bâtiment. Hormis quelques rares alvéoles et quelques passages étroits, cet entrepôt de taille considérable était déjà rempli jusqu'en haut, et il ne restait qu'un peu de place juste au-dessous du plafond. De grands sacs bourrés à craquer d'aubépine, de tilleul, de bruyère, de menthe et de sarriette étaient empilés les uns sur les autres, et de nouveaux sacs, jetés sur la rampe par la fenêtre de la cour, glissaient en bas et s'entassaient plus vite qu'on ne pouvait les traîner à leur place. J'aidais à séparer et à trier les sacs qui avaient roulé les uns sur les autres et j'admirais les porteurs qui s'attaquaient, leur charge pesante et informe sur le dos, à la difficile grimpée menant aux places encore vacantes. À côté de moi, une employée de bureau, qui venait de descendre avec une commande, riait : « Chip'charbon est vraiment sensationnel, il pourrait se produire dans n'importe quel cirque. » Je demandai à un camarade de qui elle voulait parler et l'on me répondit avec un brin de condescendance apitoyée que tout le monde savait ça à moins d'être sourd et aveugle : « D'Otto bien sûr, le garçon de service, tout le monde l'appelle comme ça. » J'examinai celui qu'on m'avait désigné d'un geste du menton, j'observai comment, voûté et pourtant presque en train de courir, il progressait sur l'arête gibbeuse d'une montagne de sacs, comment, avec des contorsions de chenille du dos, des épaules et de la tête, il faisait passer le sac par-dessus lui pour l'amener dans un renfoncement de la pile voisine échafaudée contre le mur et l'y pousser ensuite complètement de ses deux bras tendus. Il avait, dans cette attitude, quelque chose de simiesque, quelque chose d'à moitié féerique : ses bras étaient des bras de singe, son torse large trônait sur de grosses cuisses trop courtes, ses jambes dessinaient un « O », dans leurs chaussures sans talon, ses pieds épousaient largement et comme avec une adhérence visqueuse la paroi incertaine. Lorsqu'il se retourna, je vis qu'il avait un visage de grenouille et que des cheveux sombres tombaient sur son front bas et sur ses petits yeux. J'avais effectivement déjà vu plusieurs fois, sur les colonnes Morris et sur les murs, une silhouette, une attitude, un visage qui lui ressemblaient d'une manière ou d'une autre mais, jusqu'ici, je n'y avais jamais sérieusement prêté attention.

Car, d'ordinaire, les affiches des nazis se ressemblaient toutes. On y montrait toujours le même type du combattant raidi, brutal et acharné, avec un drapeau, un fusil ou une épée, en uniforme de SA, de SS ou de combat, ou même nu ; c'était toujours l'expression de la force physique et de la volonté fanatisée, c'était toujours les muscles, la dureté et sans doute l'absence de toute pensée qui étaient les caractéristiques de ces publicités qui vantaient le sport, la guerre et la soumission à la volonté du Führer. « Nous sommes les serfs du Führer ! », s'était pathétiquement exclamé un professeur devant des philologues, immédiatement après l'accession de Hitler au pouvoir ; depuis, les nombreuses affiches et vignettes spéciales du Troisième Reich faisaient retentir ces paroles à mes oreilles ; et, si des femmes étaient représentées, c'était bien sûr les épouses héroïques et nordiques. J'étais vraiment excusable de ne plus accorder qu'une faible attention aux affiches, d'autant plus que, depuis que je portais l'étoile, je tâchais toujours de quitter le plus vite possible la rue où je n'étais jamais à l'abri des invectives, ni des manifestations de sympathie encore plus embarrassantes. Toutes ces pauvres affiches héroïques ne faisaient que transposer sur le plan graphique les éléments les plus monotones de la LTI, déjà bien monotone en soi, sans lui apporter quelque enrichissement en retour. Et il n'y avait nulle part de jonction étroite, de stimulation réciproque, entre la représentation graphique et la légende de ces dessins qu'on rencontrait par douzaines. « Führer, ordonne, nous suivons ! » ou : « Notre drapeau sera victorieux ! » s'imprimaient dans les esprits comme de simples slogans, des phrases en soi, et je ne connaissais pas un seul cas où une sentence ou même seulement un mot fussent si bien assortis à une gravure que l'un évoquât l'autre et réciproquement. Et je n'avais encore jamais remarqué non plus qu'un personnage d'affiche du Troisième Reich pût empiéter à ce point sur la vie, comme ici le Chip'charbon qui, image et mot tout à la fois, s'emparait de la vie quotidienne de tout le personnel d'une usine.

Là-dessus, je regardai attentivement l'affiche en question : elle proposait effectivement quelque chose de nouveau, elle était un pur morceau de conte de fées, un pur morceau de ballade fantastique, elle s'adressait à l'imagination. À Versailles se trouve un bassin s'inspirant des *Métamorphoses* d'Ovide : les personnages qui s'enroulent autour de la margelle sont à moitié sous l'empire de la magie, leur forme humaine commence à se fondre dans une forme animale. C'est tout à fait ainsi que Chip'charbon est fait ; ses pieds sont déjà presque amphibies, le pan de son habit ressemble à un moignon de queue et son attitude voûtée de voleur qui s'esquive est déjà proche de celle d'un quadrupède. L'impression de conte de fées qui se dégageait de cette image était encore renforcée par le choix heureux du nom : populaire de manière désinvolte, il appartient au langage de tous les jours grâce au « chip' » à la place de « vole », et inversement, grâce à la substantivation audacieuse [1] et à l'allitération, il est délivré du quotidien et poétisé. L'image et le nom se gravaient dans la mémoire en une symbiose aussi forte que le nom et le caractère d'imprimerie spécial de la SS.

Par la suite, on a encore tenté quelquefois de recréer un effet semblable, sans jamais y parvenir. Pour un gaspillage quelconque – il est d'ailleurs symptomatique que j'aie déjà oublié de quelle sorte de gaspillage il s'agissait –, on parlait d'un « cercueil à sous » [*Groschengrab*] ; l'allitération est bonne mais le mot moins savoureux que « Chip'charbon » et l'illustration moins captivante. Puis il y eut un fantôme de givre tout ruisselant qui grimpait funestement à une fenêtre, mais, ici, c'était le mot inoubliable qui manquait. Celui qui se rapprochait le plus de Chip'charbon, c'était encore l'espion fantomatique qui se glissait furtivement dans les rues et dont la silhouette inquiétante aux coins des journaux, sur les vitrines et sur les boîtes d'allumettes, exhorta pendant des mois à se méfier des espions. Mais la devise qui allait avec, « Ennemi aux écoutes » [*Feind hört mit*], déconcertante pour une oreille allemande du fait de l'américanisme qui omettait l'article, était éculée quand apparut l'homme fantomatique ; on avait déjà croisé ces expressions à maintes reprises sous des images en tout genre, narratives pour ainsi dire, sur lesquelles le méchant ennemi qui était dans un café, par exemple, tendait l'oreille, à demi caché derrière son journal, pour épier une conversation imprudente à la table voisine.

L'efficacité immédiate de Chip'charbon est illustrée par quelques copies et variantes : il y eut peu après un « Chip'heures » [*Stundenklau*], il y eut un dragueur de mines qui se nomma « Chip'mines » [*Minenklau*], il y eut dans le *Reich* une image dirigée contre la politique russo-soviétique dont la légende était : « Chip'Pologne » [*Polenklau*]... On revoyait Chip'charbon, égal à lui-même, dans le cadre d'un miroir au-dessous duquel était

1. Victor Klemperer compare la formation du surnom *Kohlenklau* formé de *Kohle* [charbon] et de *klau* (de *klauen* [chiper]) à celle du mot composé *Fürsprech* [intercesseur] formé de *für* [pour] et de *sprech* (de *sprechen* [parler]). Car, de même que *-klau, -sprech* n'est pas un substantif existant seul, or, en allemand, l'élément déterminé d'un mot composé est forcément un substantif (*Sprecher* par exemple, et *Fürsprecher* est d'ailleurs une forme plus récente de *Fürsprech*).

écrit : « Tiens le miroir devant ton visage : est-ce toi ou n'est-ce pas toi ? » Et souvent, quand une personne laissait ouverte la porte d'une pièce chauffée, quelqu'un s'écriait : « Chip'charbon arrive ! »

Mais ce qui, bien mieux que tout cela – y compris le surnom d'Otto, le garçon de service –, illustre l'efficacité remarquable de cette affiche-là au milieu de la foule des autres, c'est une petite scène que j'ai observée dans la rue en 1944, c'est-à-dire à une époque où le personnage de Chip'charbon ne faisait plus partie des images récentes et des plus actuelles. Une jeune femme luttait en vain avec son petit garçon têtu. Le gamin finissait toujours par se dégager de la main de sa mère et restait là à pleurer, refusant d'avancer. C'est alors qu'un monsieur d'un certain âge, qui avait été, comme moi, témoin de la scène, se dirigea droit vers le petit, lui mit la main sur l'épaule et dit d'un ton calme et sérieux : « Veux-tu rester sagement auprès de ta maman et la suivre jusqu'à la maison, oui ou non ? Si c'est non, alors je t'emmènerai chez Chip'charbon ! » Le garçon regarda un instant le monsieur, l'air épouvanté. Puis, il éclata en sanglots angoissés, courut vers sa mère, s'agrippa à sa robe et cria : « Maman, à la maison ! Maman, à la maison ! » Il y a une histoire très spirituelle écrite par Anatole France, je crois qu'elle s'appelle « Putois, le jardinier [1] ». Putois est présenté aux enfants d'une famille comme un personnage menaçant, un père Fouettard, et c'est à ce titre qu'il se grave dans leur imagination ; puis il est intégré à l'éducation de la génération suivante et prend peu à peu les dimensions d'une divinité familiale, voire d'une divinité pure et simple.

Né d'une image et d'un mot, Chip'charbon aurait eu toutes les chances, si le Troisième Reich avait duré plus longtemps, de devenir, comme Putois, un personnage mythique.

1. *Crainquebille, Putois, Riquet et plusieurs autres récits profitables*, contes d'Anatole France réunis en volume en 1903.

15.

KNIF

Deux ans avant la guerre déjà, j'ai entendu « *Knif* » pour la première fois. Berthold M., qui était venu ici régler ses dernières affaires avant de partir pour l'Amérique (Pourquoi me laisserais-je lentement étrangler ici ? disait-il. Nous nous reverrons dans quelques années ! »), comme je lui demandais s'il croyait à la pérennité du régime, me répondit : « *Knif* ! » Et alors que son impassibilité narquoise un peu feinte finissait tout de même par se changer en irritation, qui à son tour devait être dissimulée, comme l'exige le *bushido* [1] berlinois, il ajouta sur un ton plus énergique : « *Kakfif* ! » Comme je l'interrogeais du regard, il déclara d'un air condescendant que j'étais devenu un provincial et que je ne savais plus rien du tout de Berlin : « Tout le monde dit ça dix fois par jour chez nous. *Knif* veut dire “ *Kommt Nicht In Frage* ” [pas question] et *Kakfif* : “ *Kommt Auf Keinen Fall In Frage* ” [absolument pas question] ! »

Le sens de ce qui est douteux dans une affaire et l'humour critique ont toujours été des qualités foncièrement berlinoises (raison pour laquelle je n'ai jamais réussi, jusqu'à aujourd'hui, à comprendre comment le nazisme avait pu prendre à Berlin) ; et donc, dès le milieu des années trente, les Berlinois avaient déjà saisi le cocasse de cette manie des abréviations. Quand on peut présenter le comique de manière un tout petit peu inconvenante, il n'en est, ainsi relevé, que doublement efficace ; c'est ainsi qu'apparut, comme antidote aux

1. Morale du guerrier japonais de l'époque féodale (*bushi*).

nuits de bombardements passées dans les caves, cette formule pour se souhaiter bonne nuit : *Popo*, c'est-à-dire « *Penne ohne Pause oben* ! » [Roupille sans interruption là-haut].

Plus tard, en mars 1944, on eut droit à une mise en garde sérieuse, publique et officielle contre l'excès abusif des « mots tronqués » comme on appelait ici les abréviations. Représentative du reste de la presse, la *DAZ* consacrait parfois sa rubrique régulière « Notre opinion » à des questions linguistiques. Cette fois, le journal faisait état d'un décret administratif voulant s'opposer à l'extension des abréviations qui défiguraient la langue. Comme si l'on pouvait, au moyen d'un décret isolé, rabattre ce qu'on a soi-même cultivé sans relâche et qu'on cultive encore, et qui ne cesse de croître tout seul à partir du mouvement imprimé par celui qui voudrait maintenant stopper cette croissance. On y soulevait la question de savoir si un groupe de phonèmes du genre de « *Hersta der Wigru* » était encore allemand ; il se trouvait dans un lexique d'économie et signifiait : « *Herstellungsanweisung der Wirtschaftsgruppe* » [ordre de fabrication du groupement économique].

Chronologiquement situé entre l'humour populaire berlinois et la première remarque de la *DAZ,* se glisse quelque chose qui ressemble à une mauvaise conscience qu'on étouffe et à une faute qu'on rejette sur quelqu'un d'autre. Un article du *Reich* (en date du 8 août 1943), au titre poétique de « Goût et joug de la brièveté », rend le bolchevisme responsable des « monstruosités verbales » abréviatives ; l'esprit allemand s'insurgerait contre de telles monstruosités ; il y aurait bien aussi des abréviations réussies, mais celles-ci seraient (naturellement !) la création du peuple allemand, comme, par exemple, *Ari* pour artillerie, déjà répandu pendant la Première Guerre mondiale.

Dans ce texte, tout est bancal : les abréviations sont des créations entièrement artificielles et n'émanent pas plus du peuple que l'esperanto ; dans la plupart des cas, l'apport du peuple se limite à des imitations dérisoires, les formes comme *Ari* étant des exceptions. Et l'argument de la paternité russe pour ce qui est des « monstruosités verbales » ne tient raisonnablement pas debout. En outre, il s'appuie manifestement sur un article qui avait paru trois mois plus tôt (le 7 mai) dans le *Reich*. On y disait, à propos des cours de langue russe dans le sud de l'Italie épuré de ses éléments fascistes : « Les bolcheviks ont enterré la langue russe sous une marée de mots abrégés et artificiels dissonants..., les élèves du sud de l'Italie apprennent un argot. »

Quoi que le nazisme, lors de son flirt avec le fascisme italien, ait pu copier du bolchevisme (pour, tel un Midas du mensonge, changer ce qu'il avait imité, comme tout ce qu'il touchait, en arguments mensongers), il n'a pas eu besoin de lui voler les abréviations car, depuis le début du XXe siècle et surtout depuis la Première Guerre mondiale, elles étaient déjà partout en vogue, en Allemagne, dans tous les pays européens, dans le monde entier.

Depuis longtemps existait à Berlin le KDW, le Kaufhaus des Westens [Grand magasin de l'Ouest] et, depuis plus longtemps encore, la HAPAG [1]. Il y avait un joli roman français qui s'appelait *Mitsou* [2]; *Mitsou* est l'abréviation d'une entreprise industrielle en même temps que le nom d'une amante dévouée, et cette érotisation offre un indice sûr de ce que la forme abréviative était, en France, passée dans l'usage.

L'Italie possédait quelques abréviations particulièrement ingénieuses. On peut en effet distinguer trois niveaux en ce domaine : le plus primitif se contente d'aligner quelques lettres, comme BDM par exemple; le deuxième constitue un groupe de phonèmes prononcé comme un mot; mais le troisième joue sur un mot préexistant dans la langue, et ce mot a un rapport quelconque avec ce qu'il exprime en tant qu'abriévation. Le mot de la Création *Fiat* (« que soit ! ») désigne une automobile fameuse des « *Fabbriche Italiane Automobili Torino* »; quant aux actualités cinématographiques, dans l'Italie fasciste, elles se nomment *Luce* (lumière), acronyme de la Ligue universelle des films éducatifs [*Lega universale di cinematografia educativa*]. Lorsque, pour l'opération « *Hinein in die Betriebe* ! » [Tous à l'usine], Goebbels trouva l'abréviation « *Hib-Aktion* », c'était une forme d'expression qui ne portait

1. Compagnie maritime allemande (Hamburg-Amerikanische-Packetfahrt-Actien-Gesellschaft) fondée en 1847.

2. *Mitsou ou Comment l'esprit vient aux filles* (1919), roman de Colette.

que dans son emploi oral ; pour être graphiquement parfaite, il lui manquait l'exactitude orthographique [1].

On apprit qu'au Japon un jeune homme et une jeune fille s'habillant et se comportant à la manière américano-européenne étaient appelés *Mobo* et *Mogo, modern boy* et *modern girl*.

Et, finalement, il en va de l'expansion temporelle des abréviations comme de leur expansion spatiale. Car « Ichthys », le poisson, cryptogramme et symbole des premières communautés chrétiennes, n'est-il pas aussi une de ces abréviations, puisqu'il se compose des premières lettres des mots grecs signifiant « Jésus-Christ, Fils de Dieu, Sauveur » ?

Mais si l'abréviation se répand ainsi dans le temps et l'espace, en quoi est-ce un signe particulier et un mal particulier de la LTI ?

Pour répondre à cette question, je me rappelle les fonctions qu'on attribuait, avant le nazisme, aux abréviations.

« Ichthys » est le signe d'une ligue secrète religieuse et, à ce titre, il est empreint du double romantisme de l'entente secrète et de l'élan mystique. « HAPAG » a la brièveté indispensable aux affaires, celle de l'adresse télégraphique. Je ne sais pas si l'on peut, à partir de l'époque ô combien plus respectable où l'on employait une formule dans un sens transcendé par l'idéal romantique, se permettre de conclure que le besoin d'expression religieux a trouvé sa forme bien avant le besoin d'expression pratique – et je suis d'emblée sceptique à l'égard de telles conclusions en matière de langue et de poésie. Peut-être l'expression du solennel a-t-elle simplement obtenu plus tôt que l'expression du quotidien l'honneur d'être préservée dans une forme figée.

D'ailleurs, quand on y regarde de plus près, la frontière entre romantique et réel devient très incertaine. Celui qui utilise la désignation technique abrégée d'un article industriel, celui qui utilise une adresse télégraphique aura toujours, plus ou moins vivement, plus ou moins consciemment, le sentiment réconfortant de se démarquer, par un savoir spécial, par un lien spécial, de la masse générale, le sentiment d'appartenir, en tant

1. L'abréviation *Hib* ne constitue pas un mot mais elle rappelle *Hieb* qui signifie « coup » ; l'opération devient ainsi une sorte d' « opération coup de poing ».

qu'initié, à une communauté particulière ; et les spécialistes qui ont élaboré l'abréviation correspondante ont une conscience très aiguë de cet effet et y attachent une grande importance. Pour autant, il n'en reste pas moins vrai qu'à l'époque moderne le besoin général d'abréviations est né d'un besoin réel lié aux affaires, d'un besoin commercial et industriel. Et où se situe la frontière entre les abréviations industrielles et les abréviations scientifiques, cela non plus on ne peut l'affirmer avec certitude.

À l'origine de cette vague moderne d'abréviations se trouvent sans doute les pays champions du commerce et de l'industrie, l'Angleterre et l'Amérique, et sans doute – ceci expliquerait l'attaque contre les « monstruosités verbales » russes – la Russie soviétique a-t-elle montré une inclination particulière pour cet afflux d'abréviations, puisque Lénine avait érigé la technicisation du pays en postulat principal et qu'en cela il prenait modèle sur les États-Unis... Carnet de notes du philologue ! Que de sujets de mémoires et de thèses de doctorat sont contenus dans ces quelques lignes, que d'aperçus nouveaux dans l'histoire de la langue et de la culture pourrait-on encore y gagner... Mais l'abréviation moderne s'est développée non seulement dans le domaine technico-économique mais aussi dans le champ politico-économique et même dans le champ politique, dans le sens plus restreint du mot. Dès qu'il est question d'un syndicat, d'une organisation, d'un parti, l'abréviation est au rendez-vous et, là, cette valeur initiatique de la désignation spéciale devient nettement perceptible. Mais vouloir faire remonter aussi cette catégorie d'abréviations à une origine américaine me semble hors de propos ; je ne sais s'il a fallu s'inspirer d'un modèle linguistique étranger pour créer la désignation SPD [1]. Il est néanmoins possible que ce soit l'imitation de l'étranger qui soit responsable de l'extraordinaire propagation de telles formes abrégées en Allemagne.

Mais aussitôt entre de nouveau en jeu quelque chose d'autochtone allemand. L'organisation la plus puissante de l'Allemagne impériale était l'armée. Et dans la langue militaire étaient réunis, depuis la Première Guerre mon-

1. *Sozialdemokratische Partei Deutschlands* : il s'agit du parti politique le plus ancien – il remonte à 1848 – en Allemagne. L'abréviation SPD est apparue en 1890 après que le parti social-démocrate se fut appelé ADAV, SDAP, SAP...

diale, toutes les sortes et tous les thèmes d'abréviations, la désignation concise de l'appareil technique et du groupe, le mot secret pour se protéger de l'extérieur et assurer la cohésion à l'intérieur.

Si maintenant je me demande pour quelle raison l'abréviation doit être comptée parmi les caractéristiques dominantes de la LTI, la réponse est claire. Aucun style de langage d'une époque antérieure ne fait un usage aussi exorbitant de ce procédé que l'allemand hitlérien. L'abréviation moderne s'instaure partout où l'on technicise et où l'on organise. Or, conformément à son exigence de totalité, le nazisme technicise et organise justement tout. D'où la masse immense de ses abréviations. Mais parce qu'il tente aussi, au nom de cette même exigence de totalité, de s'emparer de toute la vie intérieure, parce qu'il veut être religion et que, partout, il plante la croix gammée, chacune de ses abréviations est apparentée au « poisson » des premiers chrétiens : agent de transmission à moto, ou soldat derrière son *MG*, membre de la *HJ* ou de la *DAF* – on est toujours membre d'une « conjuration [1] ».

1. *Verschworene Gemeinschaft* : littéralement « communauté conjurée ».

16.

EN UNE SEULE JOURNÉE DE TRAVAIL

Le poison est partout. Il traîne dans cette eau qu'est la LTI, personne n'est épargné.

À l'usine d'enveloppes et de pochettes en papier Thiemig & Möbius, l'ambiance n'était pas particulièrement nazie. Le chef appartenait à la SS mais il faisait tout son possible pour ses Juifs, il leur parlait poliment, parfois il leur faisait passer quelque chose de la cantine. Je ne sais vraiment pas ce qui me réconfortait le plus ou le plus longtemps : était-ce quand il y avait un petit bout de saucisson de cheval ou quand on me donnait du « monsieur Klemperer », voire du « monsieur le professeur » ? Les ouvriers aryens parmi lesquels nous, porteurs d'étoile, étions dispersés – la mise à l'écart n'était effective qu'au moment des repas et de la garde ; pendant le travail, l'interdiction de parler avec nous devait se substituer à l'isolement, mais personne ne s'y tenait – étaient encore moins nazis ; du moins ne l'étaient-ils plus pendant l'hiver 1943-1944. On craignait le délégué du personnel ainsi que deux ou trois femmes qu'on croyait capables de délation, on se donnait des coups de coude ou l'on s'avertissait par des regards quand paraissait une de ces personnes suspectes ; mais à peine étaient-elles hors de vue que régnait à nouveau une franche camaraderie.

La plus sympathique de tous, c'était Frieda la bossue qui m'avait formé et continuait de me venir en aide lorsque j'étais en difficulté avec ma machine à enveloppes. Cela faisait plus de trente ans qu'elle était au service de l'entreprise et personne, pas même le délégué du personnel, ne pouvait l'empêcher de me crier un mot gentil dans le vacarme de la salle des machines : « Ne faites pas l'important ! Je n'ai pas parlé avec lui, je lui ai donné une consigne pour la gommeuse ! » Frieda savait que ma femme était malade et alitée. Un matin, je trouvai une grosse pomme au beau milieu de ma machine. Je levai les yeux vers le poste de Frieda et elle me fit un signe de tête. Un instant plus tard, elle se tenait à côté de moi : « Pour la petite mère, avec toutes mes amitiés. » Puis, d'un air curieux et étonné, elle ajouta : « Albert dit que votre femme est allemande. Est-elle vraiment allemande ? »

La joie que m'avait causée la pomme s'envola aussitôt. Dans cette âme candide qui ressentait les choses de manière absolument pas nazie mais, au contraire, très humaine, s'était insinué l'élément fondamental du poison nazi ; elle identifiait « Allemand » avec le concept magique d'« Aryen » ; il lui semblait à peine croyable qu'une Allemande fût mariée avec moi, l'étranger, la créature appartenant à une autre branche du règne animal ; elle avait trop souvent entendu et répété des expressions comme « étranger à l'espèce », « de sang allemand » « racialement inférieur », « nordique » et « souillure raciale » : sans doute n'associait-elle à tout cela aucun concept précis – mais son sentiment ne pouvait appréhender que ma femme pût être allemande.

Le dénommé Albert, dont elle tenait l'information, lui était intellectuellement supérieur. Il avait ses propres idées politiques et elles n'étaient pas du tout favorables au gouvernement et n'étaient pas militaristes non plus. Il avait perdu un frère à la guerre et lui-même avait été réformé, jusqu'à présent, à chaque conseil de révision. Ce « jusqu'à présent », on le lui entendait dire tous les jours : « Jusqu'à présent, je suis encore libre – si seulement cette sale guerre pouvait être finie avant qu'ils vienent me chercher moi aussi ! » En ce jour de la pomme, qui avait apporté la nouvelle voilée d'un succès des Alliés quelque part en Italie, il resta un peu plus longtemps que d'habitude à discuter avec un camarade de son thème habituel. J'étais en train de charger sur un chariot des piles de papiers pour ma machine, juste à côté du poste d'Albert. « Pourvu qu'ils ne viennent pas me chercher, disait-il, avant que cette sale guerre soit finie ! – Mais, mon vieux, comment pourrait-elle finir ?

Personne ne veut céder. – Eh bien c'est clair, pourtant : il faut qu'ils finissent par comprendre que nous sommes invincibles ; ils ne pourront jamais nous faire plier, nous sommes si supérieurement organisés ! » « Supérieurement organisés » – on retrouvait une fois de plus cette drogue qu'on absorbait et qui troublait les esprits.

Une heure plus tard, le contremaître m'appela pour que je l'aide à étiqueter les cartons qui étaient prêts. Lui remplissait les étiquettes d'après la facture d'expédition tandis que je les collais sur la haute pile de cartons entassés, derrière laquelle nous étions isolés du reste du personnel présent dans la salle. À l'écart du groupe, le vieil homme se fit bavard. Il approchait des soixante-dix ans et était encore au travail ; ce n'était pas ainsi qu'il s'était imaginé sa vieillesse, soupira-t-il. Mais à présent on devait travailler comme un esclave, jusqu'à ce qu'on crève ! « Et que vont devenir mes petits-enfants si les garçons ne reviennent pas ? Erhard, à Mourmansk, n'a pas donné de nouvelles depuis des mois, et le petit est dans un hôpital en Italie. Si seulement la paix pouvait enfin arriver... Ce sont les Américains qui n'en veulent pas, ils n'ont pourtant rien à faire chez nous... Mais cette poignée de cochons de Juifs, ils s'enrichissent grâce à la guerre. C'est vraiment la “ guerre juive ” !... Encore eux ! »

Il avait été interrompu par le hurlement de la sirène ; nous avions souvent droit à l'alerte maximale signalant un danger imminent. À cette époque-là on ne faisait parfois même plus attention à l'alerte préparatoire car elle était devenue trop fréquente et n'entraînait plus d'interruption de travail.

En bas, dans la grande cave, le groupe des Juifs était assis autour d'un pilier, serrés les uns contre les autres et nettement à l'écart du personnel aryen. Mais la distance qui nous séparait des bancs aryens était réduite et les discussions des premiers rangs parvenaient jusqu'à nous. Toutes les deux ou trois minutes on entendait le rapport sur la situation par le haut-parleur. « La formation aérienne a infléchi sa route vers le sud-ouest... Une nouvelle escadre s'approche par le nord. Risque d'attaque sur Dresde. »

Les conversations se figèrent. Puis une grosse femme assise sur le premier banc – une ouvrière très habile et très appliquée qui s'occupait de la grosse machine compliquée des « enveloppes à fenêtre » –, déclara en souriant et avec une sereine assurance :

« Ils ne viendront pas, Dresde sera épargnée.

– Pourquoi ? lui demanda sa voisine. Est-ce que tu crois, toi aussi, à cette absurdité comme quoi ils voudraient faire de Dresde la capitale de la Tchécoslovaquie ?

– Oh ! non ! J'ai une bien meilleure certitude.

– Laquelle donc ? »

Elle répondit avec un sourire exalté qui était fort étrange sur ce visage rude et obtus :

« Nous sommes trois à l'avoir vu très distinctement. Dimanche dernier, près de l'église Sainte-Anne. Le ciel était dégagé, hormis quelques nuages. Tout à coup, un de ces petits nuages s'est étiré en dessinant un visage, un profil parfaitement net, parfaitement unique (elle dit vraiment " unique "). Nous l'avons tout de suite reconnu tous les trois. Mon mari s'est écrié le premier : Mais c'est le Vieux Fritz [1], exactement comme on le voit sur les illustrations !

– Et alors ?

– Qu'est-ce que tu veux de plus ?

– Quel rapport avec notre sécurité ici à Dresde ?

– Comment peut-on poser une question aussi bête ? Est-ce que l'image que nous avons vue tous les trois, mon mari, mon beau-frère et moi, est-ce que ce n'est pas un signe sûr que le Vieux Fritz veille sur Dresde ? Et qu'est-ce qui peut arriver à une ville qu'il protège ?... Tu entends ? C'est déjà la fin de l'alerte, on peut remonter. »

Naturellement, il était exceptionnel qu'il y ait eu quatre manifestations d'une même disposition d'esprit en un seul jour. Cependant, elle n'était pas l'apanage de cette journée, ni de ces quatre personnes.

Aucun des quatre n'était véritablement nazi.

Le soir, j'étais de garde ; pour se rendre au poste de garde aryen, il fallait passer à quelques mètres de la place où j'étais assis. J'étais en train de lire un livre quand l'exaltée de « Fridericus », en passant, me salua

1. Frédéric II le Grand (1712-1786), roi de Prusse, modèle du despote éclairé et du chef de guerre génial, était surnommé « Alter Fritz » ou « Fridericus Rex ». Son personnage a fortement marqué la littérature de la première moitié du XXe siècle et les nazis ont mis à profit sa popularité dans des films à visées politiques.

d'un « Heil Hitler ! » sonore. Le lendemain matin, elle vint me voir et me dit d'un ton cordial : « Veuillez excuser mon “ Heil Hitler ! ” d'hier soir ; j'étais pressée et je vous ai pris pour quelqu'un que je dois saluer ainsi. »

Aucun d'entre eux n'était nazi, mais ils étaient tous intoxiqués.

17.

SYSTÈME ET ORGANISATION

Il y a le système copernicien, il y a divers systèmes philosophiques et divers systèmes politiques. Mais lorsque le national-socialiste parle du « système », alors il veut dire exclusivement le système de la Constitution de Weimar. Le mot, dans cette application spéciale de la LTI – non, en réalité elle s'est étendue jusqu'à désigner toute la période qui va de 1918 à 1933 –, ce mot est très vite devenu populaire, infiniment plus populaire que la désignation d'une époque comme la Renaissance. Dans l'été 1935, déjà, un charpentier qui réparait le portail du jardin m'a dit ceci : « Je transpire ! Au temps du système, il y avait ces beaux cols Schiller qui laissaient le cou libre. Ce genre de choses, ça n'existe plus aujourd'hui, on ne trouve plus que des affaires serrées et raides en plus. » Cet homme ne se doutait naturellement pas que, dans la même phrase et de manière imagée, il regrettait la liberté perdue de l'époque de Weimar en même temps qu'il infligeait à celle-ci son mépris. Il n'est pas nécessaire d'expliquer pourquoi le col Schiller est un symbole de liberté, en revanche, on ne peut comprendre sans explications pourquoi le mot « système » est censé receler un blâme métaphorique.

Pour les nazis, le système gouvernemental de la République de Weimar représentait le système par excellence, parce qu'ils s'étaient retrouvés en combat direct avec lui, qu'ils y voyaient la pire forme de gouvernement et qu'ils se sentaient plus vivement en opposition avec lui qu'avec la monarchie, par exemple. C'était l'émiettement paralysant en de trop nombreux partis qu'ils lui reprochaient.

Après la première farce que fut une session du Reichstag sous la férule de Hitler – rien n'y était discuté et chacune des exigences du gouvernement était acceptée à l'unanimité par un groupe de figurants bien dressés –, on put lire dans les journaux du Parti, qui triomphaient, que le nouveau Reichstag avait fait plus en une demi-heure que le parlementarisme du « système » en six mois.

Derrière le rejet du « système » se cache pourtant, du point de vue de la pensée linguistique – je veux dire : d'après le sens de cette désignation, bien qu'ici elle ne signifie que « parlementarisme de Weimar » –, beaucoup plus que cela. Un système est quelque chose de « composé », une construction, une structure, que des mains et des outils exécutent selon l'ordonnance de la raison. C'est aussi dans ce sens concret et « constructif » que nous parlons aujourd'hui d'un « système ferroviaire » ou d'un « système de canaux ». Mais, plus fréquemment (car dans un autre cas nous disons volontiers « réseau ferroviaire »), et même presque exclusivement, ce mot s'applique à des abstractions. Le « système kantien » est un réseau de pensées logiquement entrelacées pour capturer la totalité du monde ; pour Kant, pour le philosophe professionnel, le philosophe qualifié pourrait-on dire, philosopher veut dire : penser systématiquement. Mais c'est précisément cela que le national-socialiste, du plus profond de son être, doit rejeter, c'est cela que, par instinct de conservation, il doit abhorrer.

Celui qui pense ne veut pas être persuadé, mais être convaincu ; celui qui pense de manière systématique est deux fois plus difficile à convaincre. C'est pourquoi la LTI aime le mot « philosophie » presque encore moins que le mot « système ». Elle montre, pour le « système », un penchant négatif, elle le nomme toujours avec mépris mais elle le nomme souvent. La philosophie, au contraire, est passée sous silence, elle est partout remplacée par *Weltanschauung*.

Anschauen [« voir » par intuition] ne relève jamais de la pensée car le penseur fait une chose exactement inverse, il détache ses sens de l'objet, il abstrait ; *anschauen* ne relève jamais non plus uniquement de l'œil comme organe de perception. L'œil ne fait que voir. Le mot allemand *anschauen* est réservé à, je ne sais si je dois dire une « action » ou un « état », plus rare, plus solennel, accompagné d'un vague pressentiment : il désigne une vue à laquelle participe l'essence de l'observateur, son sentiment, et il désigne une vue qui voit au-delà de l'aspect extérieur de l'objet observé, qui saisit en même temps, d'une manière mystérieuse, son noyau, son âme. Déjà courant avant le nazisme, *Weltanschauung* a perdu dans la LTI, à titre de substitut de « philosophie », son caractère endimanché et il a pris une couleur quotidienne, professionnelle. *Schau* [vision], mot sacro-saint du cercle de Stefan George [1], est aussi dans la LTI un mot culte – si j'écrivais ce carnet comme un véritable lexique et dans le style de ma chère Encyclopédie, je renverrais sans doute ici à l'article *Barnum* –, tandis que « système » est sur la liste des horreurs, à côté d' « intelligence » et d' « objectivité ».

Mais si le mot « système » est réprouvé, comment s'appelle donc le système gouvernemental des nazis ? Car ils ont bien un système, eux aussi, et ils sont même fiers que ce réseau embrasse absolument chaque manifestation et chaque situation de la vie ; raison pour laquelle « totalité » est une des poutres maîtresses de la LTI.

Ils n'ont pas de « système », ils ont une « organisation », ils ne systématisent pas avec l'entendement, ils cherchent à entrer dans le secret de l'organique.

Je dois commencer par l'adjectif qui, seul dans cette famille de mots, contrairement aux substantifs « organe » et « organisation » et au verbe « organiser », a conservé la splendeur et la gloire du premier jour. (Ce premier jour, quand était-ce ? Incontestablement à l'aurore du romantisme. Mais on dit toujours « incontestablement » lorsque quelque chose fait question, réservons donc cela pour une réflexion à part.)

Lorsque, au cours de la perquisition, dans la Caspar-David-Friedrich-Strasse, Clemens [2] me frappa sur la tête avec *Le Mythe du XXe siècle* et qu'il déchira les notes qui s'y rapportaient (heureusement sans les déchiffrer), j'avais déjà médité dans mon journal sur le noyau doctrinal delphique de Rosenberg, à savoir la « vérité organique ». Et à cette époque-là déjà, c'était encore avant

1. Stefan George, poète lyrique allemand (1868-1933). On rencontre aussi le mot *völkisch* dans sa poésie (*Das neue Reich*, 1928). (Cité par Jean-Pierre Faye, *Langages totalitaires*, *op. cit.*, p. 224.)
2. Cf. p. 37.

l'offensive en Russie, j'écrivais : « Comme il serait ridicule avec son galimatias, s'il n'avait pas des conséquences aussi terriblement meurtrières ! »

Les professionnels de la philosophie, enseigne Rosenberg, commettent tous une double erreur. Premièrement, ils sont à la « chasse de la prétendue vérité unique et éternelle ». Et, deuxièmement, leur recherche se fait « par une voie purement logique, en ce qu'ils ne cessent d'inférer à partir d'axiomes posés par l'entendement ». En revanche, si l'on se range à ses jugements (à ceux d'Alfred Rosenberg), non philosophiques mais amplement évidents (au sens profond et étymologique de la vision mystique), on est alors débarrassé d'un seul coup « de l'amas de décombres anémié et intellectualiste des systèmes purement schématiques ». Ces citations contiennent la cause majeure de l'aversion de la LTI pour le mot et le concept de « système ».

Tout cela est immédiatement suivi, dans les dernières pages récapitulatives du *Mythe*, de l'intronisation définitive de l'organique ; en grec, *orgao* [ὀργάω] veut dire enfler, germer, se former inconsciemment, comme un végétal, *organisch* est même une fois germanisé en *wuchshaft*[1]. À la place de la vérité une et universelle, censée exister pour une humanité universelle imaginaire, apparaît la « vérité organique » qui naît du sang d'une race et ne vaut que pour cette race. Cette vérité organique n'est pas pensée et développée par l'intellect, elle ne consiste pas dans un savoir rationnel, elle se trouve au « centre mystérieux de l'âme du peuple et de la race », elle est, pour le Germain, donnée dès l'origine dans le sang nordique : « L'ultime " savoir " d'une race est déjà contenu dans son premier mythe religieux. » Si j'accumulais les citations, la chose ne deviendrait pas plus claire ; car il n'est pas dans l'intention de Rosenberg de la rendre plus claire. C'est la pensée qui recherche la clarté, la magie, elle, se pratique dans la pénombre.

La gloire magique qui, dans ces discours pythiques, entoure l'organique, et l'odeur entêtante de sang qui flotte tout autour sont quelque peu perdues, du point de vue linguistique, quand de l'adjectif on passe au substantif et au verbe. Car, pendant trop longtemps avant l'émergence de la NSDAP, il y a eu dans le domaine poli-

1. Adjectif absent du dictionnaire, formé sur le substantif *Wuchs* [croissance] et le suffixe *-haft*.

tique des « organes du parti » et des « organisations », et du temps où j'entendais parler pour la première fois de choses politiques, c'est-à-dire dans les années quatre-vingt-dix, à Berlin, on disait généralement d'un ouvrier que c'était « un organisé » ou qu'il était « organisé » pour exprimer qu'il appartenait au parti social-démocrate. Mais un organe de parti n'est pas créé par les forces mystiques du sang, il est rédigé avec beaucoup de réflexion, et une organisation ne se forme pas comme un fruit, elle est soigneusement échafaudée, les nazis disaient « montée » [*aufgezogen*]. J'ai même dû lire des auteurs, et sans doute dès avant la Première Guerre mondiale – dans mon journal, je notai entre parenthèses : « Vérifier où et quand ! », mais vérifier présente certaines difficultés, aujourd'hui encore, plus d'un an après la délivrance –, qui voyaient dans l'organisation le moyen justement de supprimer ce qui était organique, de « déspiritualiser » [*entseelen*] et de mécaniser. J'ai trouvé, parmi les nationaux-socialistes eux-mêmes, dans *À mi-chemin* (1939), le roman de Dwinger [1] sur le putsch de Kapp, la cohésion « lamentable » de l'organisation, méprisée dans son artificialité, par opposition à la cohésion « authentique » qui se développe dans la nature. Mais Dwinger n'a glissé que progressivement vers le national-socialisme.

Toujours est-il que, dans la LTI, « organisation » est resté un mot respectable et respecté, et qu'il a même connu une promotion à laquelle, en dehors de quelques emplois spécialisés, sporadiques et isolés, il n'avait pas eu accès avant 1933.

La volonté de totalité entraînait une prolifération d'organisations juqu'en bas de l'échelle, au niveau des *Pimpf*, non, jusqu'au niveau des chats : je n'avais plus le droit de verser à la société protectrice des animaux une cotisation pour les chats parce que, à l' « institution allemande des chats » – vraiment, c'est ainsi que se nommait désormais le bulletin de la société, devenu organe du Parti –, il n'y avait plus de place pour les créatures « perdues pour l'espèce » [*artvergessen* [2]], qui vivaient chez des Juifs. Plus tard, on nous a d'ailleurs enlevé puis tué

1. Edwin Erich Dwinger, écrivain allemand (1898-1981) dont les œuvres glorifiaient la guerre et l'anticommunisme. Le roman cité ici fait allusion à la première tentative de l'extrême droite allemande, en 1920, de renverser la jeune République de Weimar. La seconde sera celle de Hitler, en 1923.

2. Littéralement « ayant oublié son espèce ».

nos animaux domestiques : chats, chiens et même les canaris ; loin d'être des cas isolés, des turpitudes sporadiques, il s'agissait d'une intervention officielle et systématique, et c'est une des cruautés dont aucun procès de Nuremberg ne rend compte, et pour laquelle, s'il ne tenait qu'à moi, je dresserais une très haute potence, dût-il m'en coûter le repos éternel.

Avec cette histoire, je ne me suis pas éloigné autant du thème de la LTI qu'il n'y paraît car cette « institution allemande des chats », justement, fut l'occasion de populariser et de ridiculiser cette nouvelle création linguistique. En effet, dans leur manie de tout organiser et de tout centraliser le plus rigoureusement possible, les nazis créèrent au-dessus des organisations particulières des « organisations » chapeautantes[1] centralisatrices ; et comme, pour le premier carnaval du Troisième Reich, les *Dernières nouvelles de Munich* croyaient encore pouvoir se permettre quelque audace dans leur édition spéciale – plus tard, ce journal se fit docile, puis il se tut complètement au bout de deux ou trois ans –, elles publièrent une note sur l'« organisation chapeautant l'institution allemande des chats ».

Si cette raillerie resta un cas isolé et ne connut pas une diffusion notable, en revanche, une critique nullement ironique et tout à fait involontaire de la manie nazie de tout organiser se développa de façon véritablement organique à partir de l'âme même du peuple ; pour le dire moins romantiquement : elle surgit en de très nombreux endroits en même temps et avec le même naturel. La raison en est encore ce qui est dit au début de mon carnet de notes : que la langue pense et poétise à notre place. J'ai observé cette critique inconsciente dans deux phases de sa croissance.

En 1936 déjà, un jeune mécanicien qui, à lui seul, était venu à bout d'une réparation délicate et urgente sur mon carburateur me dit ceci : « N'ai-je pas bien organisé ça ? » Il avait tellement dans l'oreille les mots « organisation » et « organiser », il avait été tellement gavé de l'idée que tout travail devait d'abord être « organisé », c'est-à-dire réparti par un coordonnateur entre les membres d'un groupe discipliné, que pour la tâche qui lui était propre et qu'il avait achevée tout seul, aucun des mots simples et

1. *Dachorganisationen*, « organisations unifiées » mais littéralement : « organisations de toit »...

pertinents, comme « travailler » ou « accomplir » ou « exécuter » ou tout simplement « faire », ne lui étaient venus à l'esprit.

La seconde phase, décisive, du développement de cette critique, je l'ai observée pour la première fois à l'époque de Stalingrad et régulièrement depuis. Je demandai si l'on pouvait encore acheter du savon de qualité. La réponse fut : « L'acheter, ce n'est pas possible, il faut l'organiser. » Ce mot était devenu louche, il sentait l'intrigue, le trafic sordide, il exhalait exactement la même odeur que celle que répandaient les organisations nazies officielles. Pourtant, ces gens qui parlaient de ce qu'ils « organisaient » en privé n'avaient pas du tout l'intention, en faisant cela, d'avouer une action douteuse. Non, « organiser » était un mot bon enfant, partout en vogue, c'était la désignation naturelle d'une façon d'agir devenue naturelle...

Cela fait déjà un bon moment que j'écris : c'était... c'était. Mais qui a dit hier encore : « Il faut que je " m'organise " un peu de tabac ? » Je crains que ce ne soit moi-même.

18.

« JE CROIS EN LUI »

Quand je pense à ceux qui professent leur foi en Adolf Hitler, je revois toujours en premier Paula Von B. devant moi, des yeux gris grands ouverts dans un visage d'une jeunesse plus très fraîche, mais fin, à l'air aussi bon que parfaitement intelligent. Elle assistait Walzel [1], dans son séminaire d'allemand, et quantité de futurs enseignants de collèges et de lycées ont été, pendant de nombreuses années, très gentiment conseillés par elle lorsqu'ils recherchaient un livre, devaient rédiger une dissertation, etc.

Oskar Walzel, cela a sa place ici, a peut-être quelquefois dévié d'un pouce de la voie de l'Esthétique vers celle de l'esthète, il s'est peut-être exposé une fois ou deux, en raison de sa prédilection pour l'état dernier du progrès, aux dangers du snobisme, peut-être a-t-il montré dans ses grandes conférences publiques un tout petit peu trop d'égards pour le nombreux public féminin et celui du « thé de cinq heures », comme l'on disait. Mais, malgré tout cela, il a toujours été dans ses livres un savant de qualité et un homme riche de pensées, auquel les sciences de la littérature doivent beaucoup. Étant donné que, d'après ses convictions et son comportement social, il appartenait entièrement à l'aile gauche de la bourgeoisie, ses adversaires lui ont volontiers reproché de faire de la « chronique littéraire juive », et sans doute leur a-t-il réservé la plus grande surprise lorsque – à l'époque, c'était déjà à Bonn et au terme de sa carrière –,

1. Historien allemand (1864-1944) de la littérature, parmi les plus influents au début du XXe siècle.

il a réussi à fournir le certificat d'Aryen exigé par Hitler. Pour sa femme assurément et, à plus forte raison, pour son cercle d'amis, cette indulgence de Nuremberg était inaccessible.

C'est donc affectée à un tel patron que Fräulein von B., ravie, exerçait ses fonctions, et les amis de son patron étaient aussi les siens. Quant à moi, je devais apparemment sa sympathie au fait que je n'avais jamais méconnu les qualités intérieures de Walzel malgré ses petites faiblesses extérieures. Lorsque, par la suite, le successeur de Walzel, originaire de Dresde, a substitué au ton mondain une certaine rétivité philosophique – chez les titulaires de chaires d'histoire de la littérature, rien ne va jamais sans un tout petit peu de coquetterie, il semble que cela aille inévitablement de pair avec le métier –, Paula von B. s'est retrouvée avec presque le même ravissement dans les manières de son nouveau patron. Son érudition et son intelligence suffisaient en tout cas pour qu'elle pût nager aussi dans ce courant-là.

Elle venait d'une famille d'officiers de vieille noblesse, son père était mort général en retraite, et son frère était revenu commandant de la Première Guerre mondiale, à la suite de quoi il avait trouvé un poste de confiance et de représentation dans une grande entreprise juive. Si, avant 1933, on m'avait interrogé sur la position politique de Paula von B., j'aurais probablement répondu : allemande de toute évidence, européenne et libérale avec la même évidence, malgré quelques réminiscences nostalgiques de la glorieuse époque impériale. Mais, avec une probabilité plus grande encore, j'aurais répondu que la politique n'existait absolument pas pour elle, qu'elle était entièrement pour elle, qu'elle était entièrement absorbée par les choses de l'esprit et que les exigences réelles de son poste à l'université la préservaient du danger de se perdre dans le pur bel esprit ou peut-être dans de pures chimères.

Puis vint 1933. Paula von B. devait venir chercher un livre dans mon séminaire. Elle qui avait toujours l'air sérieux s'approcha de moi la mine réjouie et la démarche pleine d'entrain, comme une adolescente.

« Mais vous rayonnez ! Est-ce qu'un bonheur particulier vous est arrivé ?

– Particulier ! En ai-je encore besoin ?... J'ai rajeuni de dix ans, non, de dix-neuf : je ne me suis plus sentie ainsi depuis 1914 !

– Et c'est à moi que vous dites cela ? Et vous pouvez dire cela, alors que vous devez pourtant voir, lire et entendre comment des gens sont déshonorés, qui jusqu'ici étaient proches de vous, comment l'on juge des œuvres que jusqu'ici vous appréciiez, comment l'on répudie toutes les choses de l'esprit que jusqu'ici vous... »

Elle m'interrompit, un peu troublée et très aimable : « Cher professeur, je ne m'attendais pas à cette irritabilité excessive de vos nerfs. Vous devriez prendre quelques semaines de congé et ne pas lire de journaux. En ce moment, vous vous laissez offenser et votre regard est détourné de l'essentiel par de petites incommodités et de petites imperfections qui cependant sont inévitables dans de si grands bouleversements. Dans peu de temps, vous porterez un tout autre jugement. Vous me permettez de vous rendre visite bientôt à tous les deux, n'est-ce-pas ? »

Et avec un « mes sincères salutations chez vous ! », elle franchit le seuil de la porte en gambadant comme une jouvencelle, avant même que j'aie pu répondre.

Le « peu de temps » se mua en plusieurs mois au cours desquels la perfidie généralisée du nouveau régime et sa brutalité particulière envers l' « intelligence juive » se firent jour de plus en plus ouvertement. L'ingénuité de Paula von B. devait tout de même être ébranlée. À l'université, nous ne nous voyions pas – je ne sais si elle faisait exprès de m'éviter.

Jusqu'au jour où, tout de même, elle vint chez nous. Elle sentait qu'il était de son devoir d'Allemande de ne pas désavouer ses amis et elle espérait pouvoir encore se considérer comme la nôtre.

« " Devoir d'Allemande ", vous n'auriez pas dit cela avant, lui dis-je. Quel rapport entre le fait d'être allemand ou pas, et des choses très privées et universellement humaines ? Ou bien voulez-vous discuter politique avec nous ?

– Le fait d'être allemand ou pas, cela a un rapport avec tout, cela seul est l'essentiel, et voyez-vous, c'est ce que j'ai appris, c'est ce que nous avons tous appris ou réappris du Führer après que nous l'avions oublié. Il nous a ramenés chez nous !

– Et pourquoi nous racontez-vous cela ?

– Vous devez le reconnaître vous aussi, vous devez comprendre que j'appartiens tout entière au Führer, mais vous ne devez pas croire que je renonce pour autant à mes sentiments d'amitié envers vous...

– Et comment ces deux sentiments doivent-ils se concilier ? Et que dit votre Führer de votre professeur tant admiré, de Walzel, votre ancien patron ? Et comment concilier cela avec ce que vous trouvez d'humanité chez Lessing et chez tous les autres, au sujet desquels vous demandiez aux étudiants de rédiger des dissertations ? Et comment... mais à quoi bon poser encore des questions. »

En effet, elle ne faisait que secouer la tête à chacune de mes phrases et avait les larmes aux yeux. « Non, cela semble vraiment inutile, car tout ce que vous me demandez émane de la raison, et les sentiments qui se cachent derrière ne sont qu'une aigreur pour des choses qui ne sont pas essentielles.

– Et d'où mes questions devraient-elles venir sinon de la raison ? Et qu'est-ce que l'essentiel ?

– Mais je vous l'ai déjà dit : c'est que nous soyons arrivés chez nous, chez nous ! Et cela, vous devez le sentir, et vous devez vous abandonner à ce sentiment, et vous devez toujours avoir à l'esprit la grandeur du Führer et non les inconvénients que vous-même subissez en ce moment... Et nos classiques ? Je ne crois pas du tout qu'ils le contredisent, il faut simplement les lire correctement, Herder par exemple – et quand bien même –, ils se seraient certainement laissé convaincre !

– Et d'où tenez-vous cette certitude ?

– D'où vient toute certitude : de la foi. Et si cela ne vous dit rien, alors, oui, alors notre Führer a raison de s'en prendre aux... (elle réussit à ravaler « Juifs » et poursuivit)... à l'intelligence stérile. Car je crois en lui, et je devais vous dire que je crois en lui.

– Dans ce cas, Fräulein von B., la seule chose à faire, c'est de remettre notre conversation sur la foi et notre amitié à une date indéterminée... »

Elle s'en alla, et pendant le peu de temps où je continuai de travailler à l'université, nous nous évitâmes désormais avec soin. Par la suite, je ne l'ai revue qu'une fois et j'ai entendu parler d'elle dans une conversation.

C'était à un des moments historiques du Troisième Reich. J'ouvrais, le 13 mars 1938, la porte d'accès aux guichets de la banque d'État, sans me douter de rien, et fis marche arrière, du moins suffisamment pour que la porte entrouverte me cachât un petit peu. En effet, là, à l'intérieur, toutes les personnes présentes, celles qui étaient devant comme celles qui étaient derrière les guichets, se tenaient debout dans une attitude rigide, le bras tendu loin devant elles, et écoutaient une voix au ton déclamatoire à la radio. La voix était en train de proclamer la loi sur l'annexion de l'Autriche à l'Allemagne de Hitler. Je demeurai dans ma position de semi-couverture, pour ne pas être tenu, moi aussi, de faire l'exercice du salut. Tout à fait devant avec les autres, j'aperçus Fräulein von B. Tout en elle était extase, ses yeux brillaient, la raideur de son attitude et de son salut ne ressemblait pas au « garde-à-vous » des autres, non, c'était un spasme, un ravissement.

Et, quelques années plus tard encore, une nouvelle concernant certains membres du personnel de l'université parvint, par quelque voie détournée, jusqu'à la maison de Juifs. De Fräulein von B., on racontait en riant qu'elle était l'adepte du Führer la plus inébranlable, mais, au demeurant, plus inoffensive que certains autres membres du Parti, car la dénonciation et autres turpitudes n'étaient pas son affaire. Son affaire à elle ce n'était que l'enthousiasme. On disait encore qu'actuellement elle montrait à tous une photo qu'elle avait réussie. Lors d'un voyage de vacances, il lui avait été donné d'admirer de loin l'Obersalzberg. Le Führer en personne, elle ne l'avais pas vu – mais elle avait tout de même vu son chien, et du chien, elle avait réussi à faire une photo magnifique.

Lorsque ma femme entendit cela, elle dit : « Je te l'ai déjà dit autrefois en 1933, la B. est une vieille fille hystérique, et elle a trouvé son Sauveur dans la personne du Führer. C'est sur de telles vieilles filles que s'appuie Hitler ou qu'il s'est appuyé avant de détenir le pouvoir.

– Et je te réponds ce que je t'ai déjà répondu autrefois : ce que tu dis à propos des vieilles filles hystériques est sûrement juste, mais cela seul n'a pas pu suffire, et aujourd'hui non plus cela ne suffirait pas, ou probablement pas (c'était après Stalingrad), en dépit de tous les moyens dont dispose le pouvoir et de la tyrannie la plus impitoyable. Il faut qu'un genre de foi procède de lui et se répande sur d'autres personnes, plus nombreuses que les seules vieilles filles. En outre, cette Fräulein von B. n'est pas la première vieille fille venue. Nous l'avons connue pendant des années (et pourtant ces années-là aussi étaient dangereuses pour elle) comme une femme tout à fait raisonnable, elle a une bonne formation, une profession qu'elle exerce honnêtement, elle a grandi dans un milieu sobre et honnête et, pendant longtemps, elle s'est sentie à l'aise parmi des personnes aux horizons vastes – tout ceci aurait dû la rendre capable de résister, dans une certaine mesure, à une telle psychose religieuse... J'accorde à son “ Je crois en lui ” une très grande importance... »

Et tout à la fin de la guerre, alors que la défaite complète et irrémédiable était claire pour tout le monde, alors que le dénouement était imminent, deux fois de suite et à peu d'intervalle, je me trouvai confronté à ce credo et, dans les deux cas, sans l'ombre de la moindre vieille fille.

La première fois, c'était dans une forêt près de Pfaffenhofen, au début du mois d'avril 1945. Nous avions réussi à fuir jusqu'en Bavière, nous étions en possession de papiers qui devaient nous procurer un refuge quelque part mais, en attendant, chaque commune nous renvoyait à la commune voisine. Nous étions à pied, chargés de bagages et fatigués. Un soldat nous rejoignit, s'empara, sans dire un mot, de notre valise la plus lourde et nous suivit. Il pouvait avoir une vingtaine d'années, son visage était franc et amical, il paraissait fort et en bonne santé, si ce n'est que la manche gauche de sa veste d'uniforme pendait, vide. Il voyait bien, commença-t-il, que nous avions du mal à porter nos bagages – qu'est-ce qui aurait pu lui interdire de venir en aide à des « camarades du peuple » [*Volksgenossen*], puisque jusqu'à Pfaffenhofen son chemin était le nôtre. Puis il parla de lui, avec beaucoup d'affabilité. Il avait été blessé au mur de l'Atlantique et fait prisonnier, il avait vécu dans un camp américain puis avait été échangé parce qu'il était amputé. Il était paysan, de Poméranie, et voulait rentrer dans son pays natal dès que celui-ci serait débarrassé des ennemis.

« Débarrassé des ennemis ? Vous y comptez ? Pourtant les Russes sont aux portes de Berlin, et les Anglais et les Américains...

– Je sais, je sais, et il y a aussi toutes sortes de gens qui croient que la guerre est perdue.

– Vous-même, vous n'y croyez pas ? Pourtant vous

avez vu beaucoup de choses et, à l'étranger, vous avez dû aussi entendre beaucoup de choses...

– Bah, ce qu'on dit à l'étranger, ce ne sont que des mensonges.

– Mais les ennemis ont déjà pénétré si profondément en Allemagne, et nos ressources sont épuisées.

– Vous n'avez pas le droit de dire cela. Attendez encore quinze jours.

– Qu'est-ce que cela va changer ?

– Alors, ce sera l'anniversaire du Führer. Beaucoup disent que c'est à ce moment-là que commencera la contre-offensive et que, si nous avons laissé l'ennemi s'avancer si profondément, c'est pour pouvoir l'anéantir d'autant plus sûrement.

– Et vous y croyez ?

– Je ne suis que caporal, je ne m'y connais pas assez dans la conduite de la guerre pour pouvoir juger. Mais le Führer a déclaré récemment que nous allions certainement vaincre. Et il n'a encore jamais menti. Je crois en Hitler. Non, lui, Dieu ne le laissera pas tomber, je crois en Hitler. »

Lui qui, jusqu'ici, avait été si loquace et qui avait prononcé cette dernière phrase tout aussi simplement que les précédentes, peut-être de manière un peu plus pensive, avait à présent le regard rivé au sol et se taisait. Je ne savais que lui répondre et fus content qu'il nous quitte, quelques minutes plus tard, aux premières maisons de Pfaffenhofen.

La seconde fois, c'était peu de temps après, dans le petit village de Unterbernbach où nous avions finalement trouvé un refuge, et qui, peu après, fut occupé par les Américains. Du front, qui était tout près, refluaient des individus ou des détachements appartenant aux régiments en déroute. C'était un écoulement goutte à goutte de l'armée. Chacun savait que la fin était proche, chacun voulait échapper à la captivité. La plupart pestaient contre la guerre, ne voulaient rien tant que la paix, étaient indifférents à tout le reste. Quelques-uns maudissaient Hitler, certains maudissaient le régime et prétendaient que le Führer lui-même l'avait mieux conçu et que d'autres que lui étaient responsables de la débâcle.

Nous parlâmes avec beaucoup de gens, car notre hôte était l'âme la plus charitable qui se pût imaginer, et, pour chaque réfugié, il y avait toujours un morceau de pain ou une cuillerée de soupe. Un soir, quatre soldats de corps de troupe différents étaient assis autour de la table, qui iraient ensuite passer la nuit dans la grange. Deux d'entre eux étaient de jeunes étudiants du nord de l'Allemagne, les deux autres étaient des gens plus âgés, un menuisier de Haute-Bavière et un sellier de Storkow. Le Bavarois parlait de Hitler avec une grande amertume, les deux étudiants étaient de son avis. Alors le sellier frappa du poing sur la table.

« Vous devriez avoir un peu honte. Vous faites comme si la guerre était perdue. Rien que parce que l'Amerlo a percé jusqu'ici !

– Ah, et les Russes ?... Et les Tommies... Et les Français ? »

Ils lui tombaient dessus de tous les côtés, objectant qu'il était moins une, que même un enfant aurait compris cela.

« " Comprendre ", ça ne fait rien avancer du tout, il faut croire. Le Führer ne cède pas et le Führer ne peut pas être vaincu, il a toujours trouvé une issue là où d'autres prétendaient qu'on ne pouvait pas aller plus loin. Non, bon Dieu, non, " comprendre ", ça n'avance à rien, il faut croire. Je crois dans le Führer. »

....

J'ai donc entendu cette profession de foi en Hitler chez des personnes issues des deux couches sociales, l'intellectuelle et, au sens le plus étroit du mot, la populaire, et aux deux époques, celle du début et celle de la toute dernière fin. Et je n'ai jamais pu me permettre de douter qu'à chaque fois elle ne venait pas simplement du bout des lèvres mais d'un cœur fervent. Et ce qui était certain aussi, et qui l'est encore après vérification, c'est que ces trois fidèles disposaient à coup sûr de ce que l'on considère habituellement comme une intelligence moyenne.

....

Il va de soi qu'à son acmé, la LTI doit être une langue de croyance, puisqu'elle vise au fanatisme. Mais ce qui est curieux ici, c'est qu'elle soit, en tant que langue de croyance, étroitement proche du christianisme, ou plus exactement du catholicisme, alors que le national-socialisme a combattu le christianisme et justement l'Église catholique, tantôt ouvertement, tantôt en secret, tantôt en théorie, tantôt en pratique, mais depuis le tout début. Sur le plan théorique, le christianisme est démarqué de ses racines hébraïques et « syriennes » – terme technique de la LTI. Sur le plan pratique, on exige régulièrement l'apostasie des SS, on cherche aussi à l'imposer parmi les enseignants des écoles populaires, on grossit des procès contre des professeurs homosexuels d'écoles monastiques, on enferme des ecclésiastiques, qu'on qualifie de politiques, dans des pénitenciers, dans des camps.

Mais on rend un culte aux premières victimes du Parti, aux seize qui sont tombés devant la Feldherrnhalle [1], et on parle d'eux comme s'il s'agissait de martyrs chrétiens. Le drapeau qu'on arbore au premier rang du cortège en leur honneur s'appelle l'étendard de sang. Par son contact, on inaugure de nouveaux insignes militaires des SA et des SS. Naturellement, dans les discours et les articles rédigés à cette occasion, les « témoins du sang » ne manquent pas non plus. Celui qui n'a pas participé directement à de telles cérémonies ou qui ne les a pas vues au cinéma a déjà l'esprit embrumé rien que par les pieuses vapeurs de sang qui émanent de ces expressions.

Bien sûr, le premier Noël après l'annexion, le « Noël grand-allemand de 1938 », est complètement déchristianisé par la presse : c'est, du début à la fin, la « fête de l'âme allemande » qu'on célèbre, la « résurrection de l'empire grand-allemand » et, ainsi, la renaissance de la lumière grâce à laquelle le regard s'oriente vers la roue solaire et vers la croix gammée, tandis que le Juif Jésus reste tout à fait en dehors du jeu. Et quand, peu de temps après, à l'occasion de l'anniversaire de Himmler [2], l'ordre du sang est fondé, c'est expressément un « ordre du sang nordique ».

Pourtant, les mots qui restent gravés en souvenir de tout cela vont dans le sens de la transcendance chrétienne : mystique de Noël, martyre, résurrection, inauguration d'un ordre de chevaliers s'articulent (malgré leur paganisme) comme des représentations catholiques ou pour ainsi dire parsifaliennes, aux actes du Führer et de son parti. Et la « veille éternelle » des témoins du sang entraîne l'imagination dans le même sens.

Cependant, le mot « éternel » joue un rôle tout à fait spécial. Il fait partie de ces mots du lexique de la LTI

1. Ici prit fin, le 9 novembre 1923, le « putsch de la brasserie » tenté par Hitler à Munich.
2. Heinrich Himmler, chef de la SS (1900-1945).

dont la résonance nazie ne repose que sur la fréquence sans scrupule de leur emploi : beaucoup trop de choses dans la LTI sont « historiques », « uniques », « éternelles ». On pourrait considérer « éternel » comme l'ultime barreau sur la longue échelle des superlatifs numériques nazis, mais, sur ce dernier barreau, le ciel est atteint. « Éternel » est l'attribut du Divin uniquement ; ce que je nomme éternel, je l'élève dans la sphère du religieux. « Nous avons trouvé le chemin de l'éternité », dit Ley [1], lors de l'inauguration d'une école hitlérienne au début de l'année 1938. Lors des examens de fin d'apprentissage, il n'est pas rare de tomber sur une question piège. Il est demandé : « Qu'est-ce qui vient après le Troisième Reich ? » Si un élève naïf ou dupe répond : « Le quatrième », on le colle impitoyablement (même s'il possède de bonnes connaissances techniques), sous prétexte qu'il n'est qu'un médiocre disciple du Parti. La bonne réponse doit être : « Rien ne vient après, le Troisième Reich est le Reich éternel des Allemands. »

Que Hitler se désigne lui-même, en des termes empruntés sans ambiguïté au Nouveau Testament, comme le Sauveur allemand, je ne l'ai noté qu'une seule fois (mais je le répète : peu de chose seulement sont parvenues jusqu'à mes yeux et à mes oreilles, et aujourd'hui encore, je n'ai que très rarement la possibilité de combler ces lacunes par des lectures appropriées). Le 9 novembre 1935, j'écrivis : « Il appelait ceux qui étaient tombés à la Feldherrnhalle " mes apôtres " – ils étaient seize, il doit naturellement en avoir quatre de plus que son prédécesseur –, et lors des funérailles on dit : " Vous êtes ressuscités dans le Troisième Reich. " »

Il se peut que cette auto-adoration directe, que cette identification stylistique au Christ du Nouveau Testament soit une exception et peut-être vraiment de celles qu'on ne rencontre qu'une fois, mais il n'en reste pas moins que le Führer a toujours souligné son rapport particulièrement proche à la divinité, son « élection », le lien de filiation particulier qui le relie à Dieu, sa mission religieuse. Lors de son ascension triomphante, il dit à Würzburg (juin 1937) : « La Providence nous guide, nous agissons d'après la volonté du Tout-Puissant. Personne ne peut faire l'histoire des peuples ni celle du monde, s'il

1. Robert Ley (1890-1945) de 1933 à 1945 chef de la *Deutsche Arbeitsfront* [Front du travail allemand].

n'a pas la bénédiction de cette Providence. » Le « jour du Souvenir des Héros », en 1940, il espère « humblement la grâce de la Providence ». Pendant des années, la Providence qui l'a élu apparaît dans presque chaque discours, dans presque chaque appel. Après l'attentat du 20 juillet 1944, c'est le destin qui l'a préservé, parce que la nation a besoin de lui, lui, le porte-drapeau « de la foi et de la confiance ». Le jour de l'an 1945, quand toute perspective de victoire a disparu, il faut aller rechercher, comme aux jours de triomphe, le Dieu personnel, le « Tout-Puissant », qui ne laissera pas la cause juste sans victoire.

Mais il est une chose plus importante encore que de telles références isolées à la divinité. Dans les pages de son journal intime intitulées *De la cour impériale à la chancellerie du Reich*, au 10 février 1932, Goebbels parle d'un discours du Führer au Palais des sports : « À la fin, il entre dans un merveilleux et incroyable pathos oratoire, puis il conclut par ce mot : Amen ! L'effet est si naturel que les gens en sont profondément bouleversés et émus... Au Palais des sports, les masses sont prises d'une ivresse insensée... » Le mot « Amen » indique clairement que la tendance générale de cette performance d'orateur est religieuse et pastorale. Quant à la remarque « l'effet est si naturel », faite par l'auditeur le plus qualifié qui soit, elle permet de conclure au degré élevé de rhétorique appliquée consciemment. Lorqu'on lit les recettes de suggestion de masse que Hitler présente lui-même dans *Mein Kampf*, on doute d'autant moins de la séduction consciente qui réside dans l'emploi des registres pieux et habituels de l'Église. Néanmoins : un fanatique fervent, un fou, développe souvent la plus grande ruse au service de sa folie, et l'expérience montre que les suggestions les plus grandes et les plus durables ne procèdent que de ce type de mystificateurs qui se mystifient eux-mêmes. Mais les juges de Nuremberg ont été dispensés, par Hitler lui-même, de décider si sa place était à la potence ou à l'asile de fous, et, ici, ce n'est pas la question de sa culpabilité qui nous intéresse mais celle de savoir comment son influence s'est exercée. Le fait qu'elle culmine dans sa dimension religieuse vient, d'une part, de certaines tournures spécifiquement imitées du Christ, ensuite, et dans une proportion plus grande, de la déclamation de longues séquences de discours sur le ton du sermon et de l'enthousiasme.

Mais, surtout, cela vient de ce qu'il bénéficie, pour sa déification, de la collaboration bien organisée de nombreux auxiliaires qualifiés.

Quelques pages plus loin, après le passage que je viens de citer, Goebbels parle, avec une joyeuse fierté, du « jour de l'éveil de la nation » : « Nous allons mettre en œuvre, avec une force inégalée jusqu'ici, toutes nos capacités de propagande... », tout « marchera comme sur des roulettes ». Puis le Führer parle à Königsberg, tout le monde est ému profondément, et à présent « retentit puissamment dans l'accord final du discours l'action de grâces hollandaise [1], dont la dernière strophe est couverte par le son des cloches de la cathédrale de Königsberg. Grâce à la radio, cet hymne s'élève à travers l'éther au-dessus de toute l'Allemagne ».

Mais le Führer ne peut pas parler tous les jours, il ne le doit pas non plus, la divinité se doit en général de trôner au-dessus des nuages et de s'exprimer plus souvent par la bouche de ses prêtres que par la sienne propre. Ce qui, dans le cas de Hitler, est associé à un autre avantage, à savoir que ses serviteurs et amis peuvent l'élever au rang de Sauveur de manière encore plus péremptoire et plus ingénue, le vénérer en chœur encore plus inlassablement qu'il ne le peut lui-même. De 1933 jusqu'en 1945, jusqu'au cœur de la catastrophe berlinoise, cette élévation du Führer au rang de Dieu, cette assimilation de sa personne et de sa conduite au Sauveur et à la Bible eurent lieu jour après jour et marchèrent toujours « comme sur des roulettes », et jamais on ne put la contredire le moins du monde.

Mon collègue Spamer [2], l'ethnologue qui en sait si long sur la naissance et la survie des légendes, me disait un jour de la première année de l'hitlérisme, alors que j'étais horrifié par l'état d'esprit du peuple allemand : « S'il était possible (à l'époque, il tenait cette thèse pour irréelle et donc à mettre au conditionnel) d'imposer un son de cloche unique à l'ensemble de la presse, des publications et de l'enseignement, et si, alors, on se mettait à professer qu'il n'y avait pas eu de guerre mondiale entre

1. Nom allemand d'un cantique hollandais créé en 1626, pendant les révoltes contre l'Espagne, et utilisé par la propagande nazie lors de cérémonies officielles.

2. Spamer, Adolf, germaniste et ethnologue allemand (1883-1953). Opportuniste qui fit carrière sous les nazis en tant que *Reichsleiter der deutschen Volkskunde.*

1914 et 1918, au bout de trois ans, tout le monde croirait qu'elle n'a effectivement pas eu lieu. » Quand je pus à nouveau passer un long moment avec Spamer et que je lui rappelai ses propos, il me corrigea : « Oui, je m'en souviens encore. Mais il y a une chose que vous avez retenue de manière inexacte ; j'ai dit à l'époque, et j'en suis aujourd'hui d'autant plus convaincu : " au bout d'un an " ! »

D'une profusion d'exemples de déification, je ne retiens qu'un tout petit nombre. En juin 1934, lors d'un discours devant la mairie de Berlin, Göring dit : « Nous tous, du plus simple des SA jusqu'au ministre-président, sommes de et par Adolf Hitler. » Dans les manifestes de la campagne électorale de 1938 visant à ratifier l'Anschluss et à approuver la Grande-Allemagne, on peut lire que Hitler est « l'instrument de la Providence », et ensuite, dans le style de l'Ancien Testament : « Que soit flétrie la main qui écrit " non ". » Baldur von Schirach [1] fait de Braunau, ville natale du Führer, le « lieu de pèlerinage de la jeunesse allemande ». Baldur von Schirach publie aussi *Le Chant des fidèles*, « vers anonymes de la jeunesse hitlérienne autrichienne pendant les années de persécution 1933-1937 ». On peut y lire : « ... Il y en a tant qui ne t'ont jamais rencontré et pour lesquels tu es quand même le Sauveur. »

À présent, la Providence est invoquée par le monde entier, et non seulement par ceux à qui, du fait de leur couche sociale et de leur formation, on concéderait volontiers, en quelque sorte, suggestibilité et exaltation. Le recteur de l'Institut technique de Dresde lui aussi, un professeur de mathématiques fort réputé, enfin un homme dont on attendrait des pensées pondérées et des paroles mesurées, le recteur Kowalewski [2], lui aussi, écrit ces jours-là dans un article : « Il nous est envoyé par la Providence. »

Peu de temps avant l'invasion de la Russie, Goebbels adopte un ton de déification encore plus décisif. Dans son discours de félicitations du 20 avril 1941, il dit :

1. Chef (1907-1974) de toutes les organisations de la Jeunesse hitlérienne de 1933 à 1945.

2. Kowalewski, Gerhard, mathématicien. Klemperer raconte dans son journal, à la date du 25 avril 1943, que Kowalewski adhéra au nazisme après 1933, divorça de son épouse juive, accéda au poste de recteur (président) de l'université technique de Dresde puis tomba en disgrâce et mourut peu de temps après.

« Nous n'avons pas besoin de savoir ce que veut faire le Führer – nous croyons en lui. » (À ce propos, il faudra inculquer sans relâche aux générations futures que nulle part en public une telle assertion du ministre de la Propagande n'était exposée à la moindre mise en doute, fût-ce du bout des lèvres.) Et, le jour de l'an 1945, Goebbels déplore, plus encore que le Führer lui-même à qui, selon lui, la misère imméritée de son peuple a donné des cheveux blancs, que l'humanité le méconnaisse. Car, dit-il, son amour appartient à l'humanité entière. Si elle le savait, « elle délaisserait encore sur l'heure ses fausses divinités et lui rendrait hommage ».

Le culte rendu à Hitler et le lumineux nimbe de religion autour de sa personne sont rendus encore plus intenses par le fait que des épithètes religieuses apparaissent chaque fois qu'il est question de son œuvre, de son État, de sa guerre. Will Vesper, le responsable pour la Saxe de la *Reichsschrifttumskammer* [1] – organisation totale ! la proposition conditionnelle irréelle de Spamer a perdu son irréalité –, Will Vesper déclare, lors d'une « semaine du livre » en octobre : « *Mein Kampf* est le livre saint du national-socialisme et de la nouvelle Allemagne. » Je ne crois pas que l'originalité de cette phrase tienne à autre chose qu'à une simple périphrase. Car on a toujours et partout appelé *Mein Kampf* la « bible » du national-socialisme. Je possède pour cela, à mon usage personnel, une preuve extrêmement peu philologique : cette expression-là, justement, je ne l'ai notée nulle part – elle était pour moi bien trop évidente et quotidienne. On comprend ainsi que la guerre, qui devait donc sauvegarder non seulement le Reich hitlérien au sens étroit mais aussi la sphère d'influence de la religion hitlérienne, se soit transformée en une « croisade », une « guerre sainte », une « guerre sainte du peuple » et que, dans cette guerre de religion, il y ait eu des morts qui soient tombés en ayant « une foi totale dans leur Führer ».

Le Führer, un nouveau Christ, un Sauveur allemand spécial – une grande anthologie de la poésie et de la philosophie allemandes, qui va de l'*Edda* à *Mein Kampf*, et dans laquelle Luther et Goethe, etc., ne constituent qu'une des étapes intermédiaires, se nomme la *Bible des Germains* –, son livre, le véritable Évangile des Allemands, sa guerre défensive, une guerre sainte : il est clair

1. « Chambre des publications du Reich. »

que le livre et la guerre doivent leur sainteté à la sainteté de leur auteur, même si, rétroactivement, ils rehaussent son auréole.

Mais qu'en est-il de l'ordre hiérarchique sacré dans ce Reich annoncé, créé et défendu par Hitler ? Ici, Hitler est celui qui reçoit [1].

Au nom de *Reich* est attaché quelque chose de solennel, une dignité religieuse, qui fait défaut à toutes les expressions qui lui sont, en partie seulement, synonymes. La *res publica*, la république, est la chose commune à tous les citoyens, l'ordre public qui oblige tous ceux qui l'ont établi eux-mêmes dans leur communauté et qui le préservent, une construction purement terrestre et conforme à la raison. C'est cela même qu'exprime le mot « État », qui remonte à la Renaissance : il désigne la situation durable, l'ordre stable d'un territoire délimité, il a une signification tout à fait terrestre, exclusivement politique. *Reich*, au contraire, tant qu'il n'est pas resserré dans des mots composés (*Königreich* [royaume], *Kaiserreich* [empire], *Gotenreich* [empire des Goths]), recouvre un domaine supplémentaire, il s'élève jusque dans le spirituel, jusque dans le transcendantal : l'au-delà chrétien c'est le *Himmelreich* [royaume des cieux], et, dans la prière la plus usitée et la plus simple de la chrétienté, il est dit : « que ton règne [*Reich*] vienne ». Le jeu de mots macabre par lequel on se vengeait en secret de Himmler, ce chien sanguinaire, consistait à dire de ses victimes qu'il les avait fait entrer dans son « *Himmlersches Reich* ». La configuration étatique qui englobe l'Allemagne jusqu'en 1806 se nomme précisément : « le Saint Empire romain de la nation allemande [2] ». « Saint » n'est ici ni épithète décorative ni adjectif marquant simplement l'enthousiasme, il laisse entendre que, dans cet État, il ne s'agit pas d'un ordre purement terrestre, mais qu'on y gère aussi les affaires de l'au-delà.

Lorsque, avec l'annexion de l'Autriche, Hitler eut accompli le premier pas sur la voie de la Grande-Allemagne, qu'il avait toujours eue en tête, et lorsque, *mutatis mutandissimis*, imitant les voyages en Italie des empereurs du Moyen Âge, il se rendit à Rome avec faste

1. « *Hier ist Hitler der Empfangende* » : Hitler reçoit sa « sainteté » du Reich contrairement au livre et à la guerre évoqués au paragraphe précédent, qui reçoivent la leur de Hitler.

2. *Das Heilige Römische Reich Deutscher Nation.*

et escorte, pour des négociations avec le Duce, on put lire dans la presse allemande ce gros titre : « Le Saint Empire germanique de la nation allemande. » De droit divin, les souverains de l'empire médiéval étaient légitimés par le sacre et se sentaient les administrateurs d'un système culturel et religieux romain-chrétien. En stabilisant un Saint Empire germanique, Hitler se sert du nimbe de l'ancien empire pour sa nouvelle construction. Cependant, on s'en tient encore à l'enseignement premier de Hitler, selon lequel il ne voulait créer qu'un Reich allemand ou germanique, la liberté de toutes les autres nations devant rester intacte.

Lorsque ensuite il commet parjure sur parjure, pillage sur pillage, et que la guerre éclair du début s'est depuis longtemps transformée en une lente hémorragie, alors paraît, autour du Noël 1942, dans la *Frankfurter Zeitung*, une étude historico-philosophique qui redore l'auréole pâlissante de l'idée de Reich : « Le Reich à l'épreuve. » Cet essai stylisé et destiné à un public cultivé prend pour point de départ l'ordre spirituel séculier du Saint Empire romain. Il se serait agi ici d'un ordre européen supranational à l'intérieur duquel de nombreux peuples de cultures différentes étaient soumis à l'empereur allemand. Cet empire se serait décomposé au moment de la formation d'États nationaux. Parmi eux, ce serait la Prusse qui aurait développé la forme la plus pure de l'idée d'État « comme exigence morale, comme attitude intellectuelle », ce qui aurait fait d'elle l'organisatrice de la Petite-Allemagne. Toutefois, lors des débats portant sur une nouvelle Grande-Allemagne, dans la Paulskirche, il serait devenu évident que la Grande-Allemagne ne pouvait pas être exclusivement un *völkischer Staat* [1], mais qu'elle devait se charger de missions européennes et supranationales. Là où les hommes de la Paulskirche ont échoué, le Führer a réussi : il a créé le Reich grand-allemand. Peut-être l'État national fermé lui avait-il paru possible pendant un instant (à l'époque où il promettait de se contenter des Sudètes). Mais l'idée immanente et impérieuse de la Grande-Allemagne ne le quittait pas. La Grande-Allemagne ne peut exister que « comme noyau et porteur d'un nouveau Reich, elle porte devant l'histoire la responsabilité d'un nouvel ordre général et d'un nouvel âge où le continent euro-

1. « État raciste. » *Cf.* note 4, p. 61.

péen serait soustrait à l'anarchie [...] c'est dans la guerre qu'elle doit faire la preuve de son aptitude à remplir cette mission ». La dernière partie de cette étude s'intitule « Héritage et mission ». Voilà donc comment, ici, à l'intention des hommes cultivés, on sanctifie la guerre la plus criminelle à partir de l'ancienne idée de Reich, et comment on redonne au concept même de Reich une nouvelle sainteté.

En ne parlant pas simplement du Reich, mais constamment du « Troisième Reich », on réussit à élever cette sainteté jusqu'au mysticisme et, qui plus est, jusqu'à une mystique d'une monstrueuse simplicité qui s'insinue sans difficulté dans l'inconscient de chacun. Et, ici aussi, la LTI n'utilise, pour la déification de Hitler, que ce qu'elle trouve. *Le Troisième Reich* de Moeller van den Bruck [1] porte, au bas de la préface de la première édition, la date de décembre 1922. Là, l'auteur écrit : « L'idée de Troisième Reich est une idée d'ordre idéologique [*Weltanschauungsgedanke*] qui élève au-dessus de la réalité. Les représentations que le concept, que le nom de Troisième Reich suffit à évoquer ne sont pas le fruit du hasard, [...] elles sont curieusement nébuleuses, pleines de sentiments, d'envol, et figurent l'au-delà. » Hans Schwarz, qui publie la troisième édition en 1930, affirme que « le national-socialisme [aurait] emprunté son nom au *Troisième Reich*, et que la ligue *Oberland* [aurait] baptisé sa revue d'après ce même ouvrage », et il souligne en même temps, dès les premières lignes, que « pour tous ceux qui sont en recherche, le Troisième Reich possède une force légendaire ».

En général, la « force légendaire » donne les meilleurs résultats auprès des personnes dépourvues de formation intellectuelle et de connaissances historiques. Ici, c'est l'inverse. Plus quelqu'un en sait long sur l'histoire de la littérature et sur l'histoire du christianisme, plus l'expression « Troisième Reich » lui parle d'un au-delà. Des purificateurs de l'Église et de la religion au Moyen Âge, des réformateurs exaltés de l'humanité en une époque plus tardive, des hommes d'horizons très divers ont rêvé d'une ère qui succéderait au paganisme et au christianisme, ou au christianisme contemporain corrompu, ils ont rêvé d'un Troisième Reich parfait et ils attendent le

1. Théoricien allemand (1876-1925) de la « révolution conservatrice » sous la République de Weimar.

messie qui l'instaurera. Des réminiscences de Lessing et d'Ibsen s'éveillent.

Mais la masse de ceux qui ne savent rien du riche passé de ce concept – on peut et on va l'éclairer sur ce sujet, on se soucie en permanence de l'éducation idéologique, la séparation du travail entre les ministères de Goebbels et de Rosenberg est conçue avec précision –, la masse des gens simples, elle aussi, ressent la désignation de « Troisième Reich » d'emblée comme une intensification religieuse du concept de *Reich* déjà imprégné de religion. Par deux fois, il y a eu un Reich allemand, par deux fois, il a été imparfait et, par deux fois, il a disparu ; mais, à présent, le voilà achevé en tant que Troisième Reich, et à jamais inébranlable. La main qui ne veut pas le servir, qui ose s'élever contre lui, que cette main soit flétrie...

Les multiples expressions et tournures de la LTI qui touchent à l'au-delà forment, dans leur homogénéité, un filet qui est jeté sur l'imagination des auditeurs et qui les entraîne dans la sphère de la croyance. Ce filet est-il noué sciemment, repose-t-il, pour utiliser l'expression du XVIIIe siècle, sur une « imposture » ? En partie sûrement. À ce propos, il ne faut pas oublier qu'une certaine nostalgie de la foi ainsi qu'une disposition religieuse ont incontestablement joué un rôle chez certains des initiateurs de la doctrine. Juger de la culpabilité et de l'innocence des artisans de ce filet ne devrait pas toujours être possible. Mais l'influence autonome de ce piège, une fois qu'il existe, me semble absolument certaine ; le nazisme a été pris par des millions de gens pour l'Évangile, parce qu'il se servait de la langue de l'Évangile.

« A été » ? – Je n'ai suivi le « Je crois en lui » que jusqu'aux derniers jours du Reich de Hitler. À présent, j'ai affaire quotidiennement à des réhabilités et à ceux qui veulent être réhabilités. Ces personnes, aussi différentes qu'elles puissent être les unes des autres, ont une chose en commun : elles prétendent toutes représenter une catégorie à part de « victimes du nazisme », elles ont toutes été contraintes, par quelque violence et contre leur conviction, à entrer dans le Parti qu'elles haïssaient depuis toujours, elles n'ont jamais cru ni dans le Führer ni dans le Troisième Reich. Mais, récemment, j'ai rencontré L. dans la rue, un ancien élève que j'avais vu pour la dernière fois lors de mon ultime visite à la bibliothèque régionale. À l'époque, il m'avait serré la main avec sympathie ; cela m'était désagréable car il portait déjà la croix gammée. À présent, il venait joyeusement vers moi :

« Je suis content que vous soyez sauvé et rétabli dans vos fonctions !

– Et comment allez-vous ?

– Mal, bien sûr, je travaille dans le bâtiment, ça ne suffit pas quand on a une femme et un enfant et, à la longue, je ne serai pas à la hauteur physiquement.

– Ne serez-vous pas réhabilité ? Je vous connais bien, vous n'avez sans doute rien de criminel sur la conscience. Aviez-vous une fonction élevée dans le Parti, étiez-vous très actif politiquement ?

– Pas du tout, j'étais un tout petit Pg.

– Alors pourquoi vous, justement, n'êtes pas réhabilité ?

– Parce que je ne me suis pas porté candidat et que d'ailleurs je ne le peux pas.

– Je ne comprends pas. »

Silence. Puis, péniblement et les yeux baissés, il dit :

« Je ne peux pas le nier, j'ai cru en lui.

– Mais il est impossible que vous croyiez encore à présent ; vous voyez où cela a conduit et tous les crimes terribles du régime sont maintenant étalés au grand jour. »

Un silence encore plus long. Puis, très bas :

« Je vous accorde tout cela. Ce sont les autres qui l'ont mal compris, qui l'ont trahi. Mais en lui, en LUI, je crois encore. »

19.

PETIT MÉMENTO DE LTI : LES ANNONCES DU CARNET

Annonce de naissance extraite du *Dresdner Anzeiger* en date du 27 juillet 1942 : « Volker * 21.07.1942. En cette très grande époque pour l'Allemagne, notre Thorsten a eu un petit frère. Pleins d'une joie fière, Else Hohmann... Hans-Georg Hohmann, SS-*Untersturmführer* de Rés. Dresde, General-Wever-Strasse. »

Naissance, procréation et mort : ce qu'il y a de plus commun et, sur le plan animal, de plus important dans toute vie humaine, l'articulation naturelle de toute vie humaine. À l'instar des trichines qui s'amassent dans les membres d'un être contaminé, les caractéristiques et les clichés de la LTI s'accumulent dans ces annonces, et les cas isolés que j'ai vu observer en de nombreux endroits et sous divers points de vue, je les trouve regroupés ici, souvent dans les annonces d'un seul jour, mais seulement au grand complet, il est vrai, après que la guerre a été déclarée à la Russie et qu'elle ne peut plus du tout être considérée comme une guerre éclair. Il est important de mentionner cette date car, en ce temps-là, paraissaient dans la presse des articles où la douleur trop attendrie ou trop mal maîtrisée causée par la mort d'un soldat tombé au champ d'honneur était qualifiée d'indigne, presque d'antipatriotique et d'hostile à l'État. Cela a contribué de manière décisive à l'héroïsation et à la stoïcisation des nécrologies de soldats tombés au front.

L'avis de naissance au début de ce chapitre ajoute une nouveauté instructive et originale au fonds traditionnel des clichés. Que les enfants portent un nom nordique ou emprunté aux *Nibelungen*, que le père SS donne à son nom, de nature plutôt ordinaire, un caractère plus pleinement teuton, au moins grâce au trait d'union, qu'au lieu de l'étoile ou du mot « né », on ait tracé la « rune de vie », tout cela n'est qu'accumulation de signes nazis déjà courants, et pure redite dans mon carnet de note aussi. Habiter dans une rue qui a été rebaptisée en l'honneur d'un général d'aviation de l'armée hitlérienne ayant péri dans un accident avant la guerre est une simple question de chance, non un mérite personnel. Et la « très grande époque pour l'Allemagne » est un superlatif presque modeste comparé aux superlatifs visant à la divinisation de l'ère hitlérienne, qui étaient alors en vogue.

Mais ce qui est nouveau et instructif se trouve dans l'expression : « joie fière ». De quoi les heureux parents sont-ils donc fiers ? Pour un couple SS, la capacité de procréer va de soi – faute de quoi la permission de contracter le mariage ne lui aurait même pas été accordée. Et un second fils n'est pas non plus une raison d'être fier, que je sache : on attend des livraisons de chair humaine autrement plus importantes de la part justement de ces SS qu'on utilise volontiers, comme des chevaux ou des chiens de race, à des fins d'élevage. (On les a bien marqués au fer rouge, comme du bétail.) Alors la « joie fière » ne peut plus se rapporter qu'à la « très grande époque ». Pourtant, on ne peut être fier que d'une chose à laquelle on participe activement, et derrière le nom du père SS manque l'indication de son rang dans l'armée et même le complément d'usage : « actuellement au champ de bataille ». D'après le code moral du Troisième Reich, seule aurait pu être fière, à la rigueur, la femme qui annonçait la mort d'un membre de sa famille tombé pour le Führer. Dans ce faire-part de naissance, la « joie fière » est complètement absurde.

Toutefois, c'est précisément dans cette absurdité que réside l'élément instructif. En effet, il s'agit de manière très évidente d'une forme analogique construite mécaniquement sur le modèle de la « douleur fière » des nécrologies de soldats tombés au front. Les formations analogiques mécaniques attestent de la fréquence et de la considération des modèles, ou de la puissance avec laquelle ils se gravent dans les esprits. Sans réfléchir, le couple SS estime tout naturel de terminer une annonce par l'expression de sa fierté, et c'est ainsi qu'il en arrive à parler de sa « joie fière ». Si, à partir de la date indiquée précédemment, la « douleur fière » est souvent considérée comme obligatoire et parfois renforcée par l'assurance que, obéissant ainsi au souhait de celui qui est tombé dans un combat glorieux, on a renoncé à porter le deuil, l'adjectif « radieux » [*sonnig*], quant à lui, est extrêmement répandu depuis le début de la guerre en tant qu'épithète oiseuse et stéréotypée, s'appliquant même à des hommes relativement âgés. Il semble que, dans le Reich de Hitler, chaque Germain ait été à tout moment « radieux », comme Héra est toujours « à visage de vache » chez Homère, et Charlemagne « à la barbe fleurie » dans la *Chanson de Roland*. Ce n'est que lorsque le soleil de l'hitlérisme s'est déjà largement voilé et que l'épithète « radieux » paraît aussi usée que tragi-comique qu'elle se fait plus rare. Mais, jusqu'au bout, elle ne disparaît pas complètement, et, lorsqu'on l'évite, c'est pour lui substituer « joyeux de vivre » [*lebensfroh*]. Tout à la fin encore, un colonel de réserve annonce la mort de son « rayonnant garçon » [*strahlenden Jungen*].

« Radieux » désigne une qualité communément germanique, la « douleur fière », quant à elle, revient de droit au patriote. Mais l'aspect proprement nazi d'une conviction peut aussi s'exprimer dans une annonce de deuil ; oui, il y a là des nuances subtiles qui parviennent non seulement à donner une expression spéciale à l'enthousiasme suprême mais aussi à laisser entendre (ce qui est infiniment plus difficile) qu'on se tient critiquement à l'écart.

Pendant un temps très long, le gros des soldats tombés au front a laissé sa vie « *für Führer und Vaterland*[1] ». (Cette analogie avec le « *für König und Vaterland*[2] », insinuante grâce à son allitération, était très répandue dès le premier jour de la guerre ; en revanche, la tentative pour désigner le 20 avril comme « *Führers Geburtstag*[3] », entreprise aussitôt après l'arrivée de Hitler au pouvoir, n'a pas réussi à s'imposer. Sans doute cette analogie avec « *Königs Geburtstag*[4] » a-t-elle semblé trop monarchiste à la direction du Parti et on s'en est donc tenu au « *Geburtstag des Führers* »,

1. « Pour le Führer et la patrie. »
2. « Pour le roi et la patrie. »
3. « Anniversaire du Führer. »
4. « Anniversaire du roi. »

qu'on s'est seulement permis de faire paraître plus ancien en changeant l'ordre des mots en « *des Führers Geburtstag* ».) Un degré supérieur au baromètre de la ferveur nazie est atteint dans des tournures telles que : « Il est tombé pour son Führer » et « Il est mort pour son cher Führer », dans lesquelles la patrie n'est pas citée parce qu'elle est représentée et contenue en Hitler, comme le corps du Seigneur dans l'hostie consacrée. Et mettre Hitler à la place du Sauveur, dans des paroles non équivoques, cela représente l'expression de la suprême ardeur nazie : « Il est mort avec une foi inébranlable dans son Führer. »

À l'inverse, si l'on n'est pas d'accord avec le national-socialisme, si l'on souhaite se décharger un peu de sa répugnance, quand ce n'est pas de sa haine, sans être accusé pour autant de faire de l'opposition, car le courage ne va tout de même pas jusque-là, alors on opte pour la formule : « Notre fils unique, mort pour la patrie » et on laisse le Führer de côté. Cela équivaut à peu près à la formule épistolaire : « Salut allemand » que, dans les premières années, quelques personnes à demi braves osèrent substituer à *Heil Hitler*. À mesure que le nombre des victimes augmentait et que l'espoir de vaincre diminuait, il me semble que les expressions de vénération envers le Führer se faisaient également plus rares, mais je n'en jurerais pas, bien que j'aie eu à ma disposition un échantillonnage à peu près complet de la presse de l'époque.

À ce propos, il se peut que la pénurie croissante d'hommes et de matériel ait joué un rôle ici, parce qu'elle obligeait à la fusion des journaux et à la réduction d'espace dans chaque publication, ce qui entraînait nécessairement, pour les annonces de naissance et de deuil, la nécessité d'une formulation des plus concises (souvent tronquée du fait des abréviations qui rendaient le texte incompréhensible). On finit par économiser sur chaque mot, sur chaque lettre comme dans un précieux câblogramme. En 1939, alors que la mort pour la patrie était encore une chose nouvelle et pas si quotidienne, alors qu'il y avait encore abondance de papier et de typographes, certaines nécrologies de soldats tombés au front remplissaient un grand carré largement bordé de noir, et si, dans le privé, le héros avait été propriétaire d'une usine ou d'un commerce par exemple, sa

« suite »[1] [*Gefolgschaft*] ne se privait pas de lui consacrer spontanément un éloge funèbre particulier. Cette seconde nécrologie, s'ajoutant à celle de la veuve, était un devoir incontournable pour les employés d'une entreprise, c'est pourquoi ce mot hypocrite qu'est *Gefolgschaft* a aussi sa place dans mon mémento. Si, de surcroît, celui qu'on avait immortalisé avait été vraiment un gros bonnet, alors il arrivait que sa mort héroïque, annoncée trois ou quatre fois, et même davantage, occupait au moins une demi-page de journal. Il y avait là suffisamment de place pour les épanchements et les formules interminables. Vers la fin du régime, cependant, il restait rarement plus de deux lignes d'une colonne très étroite pour chaque annonce. Même le cadre dont chacune était bordée fut supprimé. Comme dans une fosse commune, les morts furent entassés les uns sur les autres dans un unique rectangle encadré de noir.

Vers la fin de la guerre, les annonces de naissance et de mariage, qui n'étaient toujours qu'un petit nombre en face d'une liste de morts atrocement longue, eurent à souffrir elles aussi d'une réduction d'espace analogue bien qu'un peu moins importante. Parmi elles, on remarqua un type de mariage étrange et pas des plus rares, qui aurait tout aussi bien pu être annoncé sur la page des nécrologies : des femmes faisaient part de leur union posthume avec leur fiancé tombé au front.

Dans un réquisitoire terrible (par le matériel qui y est accumulé sans commentaires), paru dès 1944 aux Éditions moscovites de littérature étrangère sous le titre comparatif : *Hitler : ses paroles et ses actes,* des annonces telles que celle-ci justement, extraite du *Völkischer Beobachter* : « Je proclame mon mariage posthume avec le caporal-chef et radionavigant Robert Haegele, él.ing., détent. du EK II, tombé au front... », sont rangées au nombre des « monstruosités de l'Allemagne hitlérienne ». Quel que soit le tragique contenu dans ces lignes et dans ces « cérémonies de mariage *post-mortem* » [*Ferntrauungen*], ces annonces ne constituent

1. La loi du 20 janvier 1934 réglementant le travail transposait dans les entreprises l'ordre féodal du chef [ici le *Betriebsführer*, chef de l'entreprise] et de sa suite [*Gefolgschaft*] (ou ensemble de ses employés) existant à tous les niveaux de la société nazie. Elle redonnait au patronat tout pouvoir sur les salariés. Voir aussi chapitre 33.

ni une caractéristique spécifique du nazisme, ni un péché particulier – à côté de l'offense généralisée que représentait la guerre de conquêtes –, ni une *hubris* particulière – comme celle qui se trouve dans la formule religieuse : « Tombé au front en ayant la foi en Adolf Hitler » ; car derrière elles peut justement se cacher ce dont on déplore l'absence à peu près partout à cette époque : un sentiment purement humain, peut-être le souci de l'avenir d'un enfant, peut-être la fidélité à un nom aimé. De plus, le Troisième Reich n'est pas le premier à avoir rendu de tels actes juridiquement possibles.

On retourne sur le terrain proprement nazi grâce à une observation qui reste littéralement « dans le cadre ». Les morts de la dernière année de guerre, comme je viens de le dire, sont jetés, par les journaux eux aussi, dans une fosse commune. Il s'agit plus exactement à chaque fois de deux sépultures, ou, pour le dire sans métaphore, de deux cadres ; le premier, le plus élégant, est destiné aux morts du champ d'honneur, une croix gammée en orne l'angle supérieur gauche et à côté est écrit par exemple : « Pour l'Allemagne sont tombés... » Le second cadre entoure les noms de ceux qui sont simplement morts d'une mort civile, sans le moindre mérite héroïque de services rendus à la patrie. Il est néanmoins frappant de constater que toujours plus de civils pénètrent eux aussi dans le premier cadre, des hommes dont seule la profession civile, et non le grade militaire, est indiquée, des vieillards et des enfants qui sont trop jeunes ou trop vieux, même pour l'armée de Hitler, ainsi que des femmes et des jeunes filles de tous âges. Ce sont les morts des bombardements.

S'ils ont péri quelque part loin de chez eux, il est alors permis d'indiquer le lieu : « Lors de l'attaque sur Brême, notre chère mère... » Si, au contraire, ils sont morts chez eux, le voisinage ne doit pas être alarmé par des pertes avouées. Dans ce cas, la formule type de la LTI est : « Par un sort tragique, ont trouvé la mort... »

C'est ainsi que figure dans mon mémento l'euphémisme mensonger, qui joue un rôle si extraordinaire dans la structure de la LTI. Le destin de ces victimes n'était pas plus tragique que celui des lapins tués lors d'une battue. D'ailleurs, au bout de quelque temps, on les isola des morts au front par une épaisse barre transversale. À présent, il y avait donc trois classes de morts.

Contre ce rabaissement des personnes mortes sous les bombes, l'humour populaire berlinois se rebella énergiquement. On demandait : « Être lâche, c'est quoi ? » Et la réponse était : « C'est quand un type qui est à Berlin s'engage sur le front. »

20.

QUE RESTERA-T-IL ?

« Et les septembriser ensuite... » C'est à peu près ce que disait le vers. En 1909, alors que j'écrivais encore de manière bien peu scientifique, avec mes dix doigts, je composai, pour une édition populaire, un petit précis et une petite anthologie de poésie lyrique politique d'expression allemande du XIXe siècle. Cette ligne est certainement extraite d'un poème de Herwegh [1]. Quelqu'un, le roi de Prusse ou la réaction, présentée comme une bête allégorique, allait, par un moyen quelconque, juguler la liberté, la révolution, ou quelques partisans de la révolution « et les septembriser ensuite ». Ce mot m'était étranger, en ce temps-là je ne m'intéressais pas à la philologie – le célèbre Tobler [2] m'en avait radicalement dégoûté et je ne connaissais pas encore Vossler [3] –, je me contentai donc de jeter un coup d'œil dans le petit *Daniel Sanders* où figuraient, avec une exhaustivité étonnante, tous les mots d'origine étrangère et les noms propres nécessaires à une bonne culture générale aux alentours de 1900. On y trouvait cette définition :

1. Georg Herwegh, poète lyrique allemand (1817-1875) célèbre pour ses poèmes politico-révolutionnaires (*Poésie d'un vivant*). Il milita pour la Jeune Allemagne (1830) et participa activement à la révolution de 1848.

2. Adolf Tobler, romaniste suisse (1835-1910). Enseignant à Berlin dès 1867, il fut l'un des romanistes les plus importants à l'époque du positivisme. Il consacra sa vie à collecter les matériaux nécessaires à l'élaboration d'un dictionnaire d'ancien français.

3. Karl Vossler, romaniste allemand (1872-1949), partisan d'une considération esthétique du langage qui allait à contre-courant des théories positivistes.

« Commettre des massacres politiques du genre de ceux qui furent perpétrés en septembre 1792 pendant la Révolution française. »

Ce vers et ce mot en particulier se sont gravés dans mon esprit. Ils me sont revenus en mémoire au cours de l'automne ou de l'hiver 1914, j'avais alors pris goût aux questionnements sur le langage. La *Neue Freie Presse* à Vienne écrivait que les Russes avaient eu l'intention de « liéger [1] » la ville polonaise de Przemysl [2]. Je me suis dit qu'ici on était en présence du même phénomène que dans « septembriser » : un fait historique a fait une impression si forte et si durable que, par généralisation, on reporte son nom sur des événements semblables. Dans un vieux *Sachs-Villate* de l'année 1881, je trouvai non seulement les mots français « septembriseur », « septembrisade », « septembriser », mais aussi une traduction en allemand (*Septembrisierer* !). On y signalait également les formes analogiques modernes : « décembriser » et « décembriseur ». Cela remontait au coup d'État de Napoléon III, le 2 décembre 1851, et la germanisation de ce verbe était *dezembrisieren*. Je rencontrai une fois encore le mot allemand *septembrisieren* dans un dictionnaire datant du début de la Première Guerre mondiale. Cette durée et cette expansion au-delà des frontières nationales étaient dues, selon toute évidence, à l'effet extraordinaire sur l'imagination des massacres de Septembre ; aucun événement postérieur n'avait réussi à chasser cette terreur des mémoires et de la tradition.

Je me suis demandé, déjà à cette époque, à l'automne 1914, si « liéger » connaîtrait une aussi longue carrière. Mais l'emploi de ce verbe ne s'imposa pas du tout, non, je crois qu'il ne pénétra absolument pas dans le corps de la langue allemande de l'Empire. Sans doute parce que l'assaut de Liège avait été immédiatement suivi d'une série d'exploits militaires plus impressionnants et plus sanglants encore. Le spécialiste militaire objectera ici qu'il s'agissait, dans la conquête de Liège, d'un fait d'armes tout à fait particulier, à savoir de l'assaut direct

1. *Lüttichieren*, de Lüttich, nom allemand de Liège. Allusion au « camp retranché de Liège », où une division de l'armée belge résista pendant dix jours, en août 1914, aux assauts des Allemands.

2. Przemysl : ville du sud-est de la Pologne qui, en 1914-1915, fut le théâtre de rudes combats entre Russes et Autrichiens.

d'une forteresse moderne, et que c'était précisément cette particularité technique que devait rendre ce verbe nouveau; mais ce n'est ni la volonté ni l'exactitude du spécialiste qui décident si un mot nouveau est communément admis ou non, mais bien l'humeur et l'imagination de la communauté.

Il se peut que *septembrisieren* ait survécu jusqu'à aujourd'hui dans la mémoire d'une génération d'Allemands plus âgés, puisque « septembriser » fait partie du vocabulaire fixe de la langue française. Quant au verbe « liéger », il a complètement disparu dans le désastre sans nom qui a suivi l'attaque de Liège, si tant est qu'il ait jamais vu le jour.

Un mot de la même famille, apparu lors de la dernière guerre mondiale, est lui aussi bien mort, bien que, pour parler nazi, il ait semblé avoir été créé pour l'éternité et qu'il soit venu au monde avec tout le vacarme unanime de la presse et de la radiodiffusion grand-allemandes : il s'agit du verbe « coventriser » [*coventrieren*]. Coventry était un « centre d'armement » anglais – rien d'autre que cela, et habité uniquement par des militaires, car nous n'attaquions, par principe, que des « objets militaires » comme il était dit dans tous les communiqués, de même que nous n'exercions que des « représailles », nous n'avions surtout pas commencé, contrairement aux Anglais qui avaient été les premiers à lancer des attaques aériennes et qui, en « pirates de l'air », les dirigeaient principalement contre des églises et des hôpitaux. Coventry avait donc été « rasée » par les bombardiers allemands qui menaçaient à présent de « coventriser » toutes les villes anglaises, puisque toutes servaient des objectifs militaires. En octobre 1940, on apprit que Londres avait eu à supporter des « attaques de représailles intensives », qu'elle avait subi « le plus grand bombardement de l'histoire universelle », « une nuit de la Saint-Barthélemy »; elle serait « coventrisée » si elle ne finissait par s'avouer vaincue.

Le verbe « coventriser » a disparu, passé sous silence par une propagande qui maudissait quotidiennement, devant l'humanité et le juste Dieu du ciel, le « naturel pirate et gangster » de ses ennemis et qui, par conséquent, devait faire oublier ses propres actes de banditisme du temps de sa puissance; le verbe « coventriser » est enfoui sous les décombres des villes allemandes.

Quant à moi, je repense au verbe « coventriser » entre deux et quatre fois par jour, au bas mot, selon que je dois descendre juste le matin ou encore une fois l'après-midi de notre paisible cité de banlieue pour me rendre dans un établissement public de la ville. Dès que j'entre dans la zone en ruine, le mot est là. Puis, le temps de mon cours, de ma conférence ou de ma permanence, il me laisse en paix. Mais dès que je prends le chemin du retour, il surgit des ruines monumentales et se jette à nouveau sur moi. « Coventriser », gronde le tramway, « coventriser », scandent les pas.

Nous allons avoir une nouvelle peinture, une nouvelle poétique des ruines, mais elle sera différente de celle du XVIIIe siècle. En ce temps-là, on s'adonnait voluptueusement et avec une mélancolie larmoyante à l'idée de la précarité ; car ces châteaux et ces monastères médiévaux en ruine, ou même ces temples et ces palais de l'Antiquité avaient été détruits tant de siècles auparavant que la douleur qu'on ressentait de leur destin était une douleur très universellement humaine, très philosophique et donc très douce, pour ne pas dire agréable. Mais ici... sous ce gigantesque champ de ruines sont peut-être encore ensevelis tes parents disparus, et dans ce carré de murailles tout est parti en cendres de ce que tu avais mis des décennies à acquérir. Irremplaçables : tes livres, ton piano à queue... Non, nos ruines n'incitent pas à une douce mélancolie. Et quand, à l'amertume du spectacle, s'ajoute le mot « coventriser », celui-ci traîne derrière lui un enchaînement de pensées lugubres. Il a nom : crime et châtiment.

Mais c'est l'obsession du philologue en moi. Le peuple, lui, a tout oublié de Coventry et de « coventriser ». Deux autres expressions, aux consonances moins étrangères, se sont gravées dans son esprit quand il a vu en face la destruction venue des cieux. Ici je peux vraiment parler du peuple, car, lors de notre fuite après la catastrophe de Dresde, nous avons traversé de nombreuses provinces et, sur les routes de campagne, rencontré des fugitifs et des soldats de toutes les régions et de toutes les couches sociales de l'Allemagne. Et partout, sur les sentiers jonchés de papier aluminium des forêts du Vogtland [1], le long des voies ferrées fracassées, à l'université de Munich fortement ébranlée, dans cent

1. Voir page 330.

bunkers, dans cent villages différents, de la bouche des paysans ou des citadins, des ouvriers ou des intellectuels, partout où quelque chose rappelait les avions, dans les moments où l'on attendait en s'ennuyant le signal de fin d'alerte, et même dans les moments de danger imminent, je n'ai cessé d'entendre : « Et Hermann a dit qu'il voulait bien s'appeler Meier si un avion ennemi parvenait jusque chez nous ! » Et souvent cette longue phrase se réduisait à cette exclamation d'un mépris railleur : « Hermann Meier [1] ! »

Ceux qui rappelaient la déclaration de Göring avaient gardé encore le sens de l'humour macabre. Quant à ceux qui étaient tout à fait aigris, ils citaient Hitler menaçant de rayer les villes anglaises de la carte.

« Rayer de la carte » [*ausradieren*] et « s'appeler Meier » [*Meier heissen*] : jamais le Führer et son Reichsmarschall n'ont été caractérisés de façon à la fois aussi concise et aussi complète, l'un dans sa nature de criminel mégalomane, et l'autre dans son rôle d'amuseur public. Il ne faut pas prophétiser ; mais je crois que *ausradieren* et *Meier* resteront.

1. « *Meier heissen wollen, wenn* » est une expression idiomatique équivalant à « bien vouloir être pendu si » ou à « ... ou je ne m'appelle plus X ». Hermann Göring fut aussi surnommé plus tard « Hermann Tengelmann » ou « Hermann Brenningmeyer », du nom de deux entreprises censées avoir subi de grandes pertes. Cité dans *NS-Deutsch*, Straelener Manuskripte Verlag, 1988.

21.
LA RACINE ALLEMANDE

Parmi les rares livres, en général des ouvrages spécialisés, que je pouvais emporter dans la maison de Juifs, se trouvait l'*Histoire de la littérature allemande* de Wilhelm Scherer [1], ouvrage que j'ai découvert pendant le premier semestre de mes études de germanistique à Munich, et que j'ai consulté et étudié régulièrement depuis. À présent, il m'arrivait souvent, non, à vrai dire chaque fois que j'ouvrais le Scherer, d'admirer sa liberté d'esprit, son objectivité, sa grande perspicacité, infiniment plus que par le passé, quand certaines de ces vertus m'apparaissaient comme allant de soi chez un scientifique. Et souvent je comprenais tout à fait autrement qu'au cours des années précédentes certaines phrases, certains jugements. Le terrible changement qui s'était opéré en Allemagne éclairait d'une manière différente toutes les anciennes manifestations de l'essence allemande.

Comment l'horrible contraste entre le présent de l'Allemagne et toutes, vraiment toutes les étapes de son passé est-il possible ? Les *traits éternels* * du caractère d'un peuple dont parlent les Français, je les avais toujours vérifiés, je croyais les avoir toujours vérifiés et je les avais toujours mis en relief dans mes propres travaux. Tout cela était-il faux ? Ou bien les hitlériens avaient-ils raison de revendiquer Herder, l'homme de l'humanité ? Existait-il encore un quelconque rapport spirituel entre les Allemands contemporains de Goethe et le peuple d'Adolf Hitler ?

1. Wilhelm Scherer, germaniste allemand (1841-1886). Il introduisit la méthode positiviste dans les sciences de la littérature.

À l'époque où je me consacrais à l'étude de la civilisation, Eugen Lerch m'a reproché sur un ton railleur d'avoir inventé le « Français de bonne garde » [*Dauerfranzose*] (comme on parle de « saucisson de bonne garde » [*Dauerwurst*]), ce qui a souvent été cité par la suite. Et lorsque, ensuite, j'ai été témoin de la manière infâme dont les nationaux-socialistes accomplissaient leur besoge, portés par une idée de la civilisation profondément mensongère, pour élever l'Allemand au rang de seigneur devant Dieu et les hommes, et pour ravaler les autres peuples au rang de créatures d'espèce inférieure, j'ai souvent eu honte, jusqu'au désespoir, d'avoir joué un rôle, et même un rôle majeur, dans ce mouvement.

Pourtant, chaque fois que je sondais ma conscience, je n'y trouvais rien qui pût en altérer la pureté. Avec quelle rage n'ai-je pas vitupéré *Esprit und Geist* de Wechssler [1], ce gros bouquin puéril et chauvin d'un professeur titulaire de Berlin qui était responsable de la déformation d'esprit d'un grand nombre d'enseignants de lycée. Toutefois, il ne s'agissait pas de la pureté de ma conscience, qui n'intéresse personne, mais bien de l'existence ou non des traits de caractère éternels.

Tacite était alors un auteur très apprécié et fort cité : il avait en effet dressé, dans sa *Germanie* [2], un très beau portrait des ancêtres allemands, et une ligne des plus directes reliait Arminius [3] et ses partisans, en passant par Luther et Frédéric le Grand, à Hitler, à ses SA, SS et HJ. L'une de ces réflexions historiques m'a incité à aller voir ce que Scherer disait au sujet de la *Germanie*. Là, je suis tombé sur un paragraphe qui m'a frappé et qui, dans un certain sens, a été mon salut.

Scherer dit qu'en Allemagne l'essor et le déclin de l'esprit s'opèrent résolument en profondeur et qu'ils mènent très loin vers les sommets et très loin dans l'abîme : « La démesure semble être la malédiction qui

1. Wechssler, Eduard, un des romanistes allemands (1869-1949) les plus importants de l'époque de Weimar. Ami de Curtius, et adversaire déclaré de Klemperer. Son *Esprit und Geist*, publié en 1927, constitue la somme monumentale de tous les stéréotypes sur les caractères allemands et français, concluant à une impossibilité fondamentale et irrémédiable d'entente entre les deux nations. En 1933, Wechssler adhéra au parti nazi.

2. *De Origine et Situ Germaniae*, 98 ap. J.-C.

3. Chef de la tribu germanique des Chérusques (18 ou 16 av. J.-C. – 19 ou 21 ap. J.-C.). Il vainquit le général romain Varus en l'an 9.

pèse sur notre développement spirituel. Nous volons haut et descendons d'autant plus bas. Nous ressemblons à ce Germain qui, après avoir perdu tous ses biens en jouant aux dés, rejoue une dernière fois en misant sa propre liberté, la perd aussi, et, docilement, accepte d'être vendu comme esclave. Tant est grande – ajoute Tacite qui relate les faits –, même au nom d'une cause mauvaise, la ténacité germanique ; quant à eux, ils nomment cela loyauté. »

À ce moment seulement m'est apparu clairement que ce qu'il y avait de meilleur et de pire dans le caractère allemand devaient bien procéder d'un même trait fondamental, durable et commun à tous les Allemands. Qu'il y avait un rapport entre les bestialités de l'hitlérisme et les débordements faustiens de la poésie classique et de la philosophie idéaliste allemandes. Et cinq ans plus tard, alors que la catastrophe s'était accomplie, alors que toute l'étendue de ces bestialités et toute la profondeur de la chute allemande s'étalaient au grand jour, c'est une brève remarque à propos d'un menu détail, dans le *Stalingrad* de Plievier, qui m'a renvoyé à ce passage de Tacite.

Plievier décrit un panneau indicateur allemand en Russie : « Kalatsch sur le Don-Leipzig : 3 200 km. » Il commente ainsi : « Étrange triomphe que celui-ci, et qu'on ait rajouté 1 000 km à la distance réelle n'en rendait que plus authentiques les errements insensés dans la démesure. »

Je parierais volontiers qu'en écrivant cette phrase le poète ne pensait ni à la *Germanie* de Tacite, ni à l'érudite *Histoire de la littérature* de Scherer. Mais, en se penchant sur le problème de l'actuelle dégénérescence allemande et en recherchant son motif le plus profond, il est tombé lui aussi sur la même caractéristique : la démesure, le mépris de toute frontière.

« Abolition des frontières » [*Entgrenzung* [1]] : tel est le sens de l'attitude fondamentale et de l'action décisive de

1. Bien entendu, il ne s'agit pas de frontières géographiques, du moins pas d'emblée, car le verbe *entgrenzen* a surtout pour compléments d'objet des termes abstraits (une théorie, un concept) et signifie dans ce cas libérer, dégager d'un cadre trop étroit. Le verbe réflexif *sich entgrenzen* est employé poétiquement pour exprimer que l'on fait « exploser », que l'on dissout les frontières de sa propre existence, pour ne faire qu'un avec l'univers. En français, on parle plus volontiers de briser des liens, de secouer un joug, c'est-à-dire de s'affranchir d'une domination généralement bien définie et extérieure à soi. *Entgrenzung* comporte une idée de dépassement transcendantal de soi-même, la contrainte est partout, tout autour de soi.

l'homme romantique, peu importe le domaine particulier où s'exprime l'essence du romantisme, que ce soit dans la ferveur religieuse, la création artistique, l'acte de philosopher, la vie active, la moralité ou la criminalité. Pendant des siècles, avant même que le concept et le mot n'existent, toute activité allemande porte le sceau du romantisme. C'est particulièrement frappant pour le philologue romaniste car, tout au long du Moyen Âge, la France est le maître à penser et le pourvoyeur de thèmes littéraires de l'Allemagne. Et chaque fois qu'un motif français est repris en Allemagne, les frontières qui encadrent le modèle sont abolies, tantôt dans un sens, tantôt dans l'autre.

La remarque toute naïve et peu savante de Plievier me fait rapprocher, dans sa cohérence avec la réflexion de Scherer, l'armée du Troisième Reich des Germains d'Arminius. Il s'agit d'une constatation très vague, et j'ai toujours été tourmenté jusqu'au désespoir que la question de savoir s'il existait une connexion saisissable entre la racaille nazie, pour laquelle le nom de « sous-humanité » [*Untermenschentum*], création propre de la LTI, convient vraiment très bien, et l'ancienne spiritualité allemande. Pouvais-je vraiment trouver quelque apaisement à me dire que toute cette abomination n'était qu'imitation, importation clandestine, qu'une maladie d'origine italienne aussi dévastatrice que, dans sa première virulence, celle qui avait été importée de France, il y a des siècles ?

Cependant, tout était non seulement pire chez nous, mais encore fondamentalement différent et plus empoisonné qu'en Italie. Les fascistes se revendiquaient comme les successeurs légitimes de l'État romain antique, ils se croyaient désignés pour la reconstruction de l'Empire. Mais, que les habitants des territoires à reconquérir fussent des créatures zoologiquement inférieures aux descendants de Romulus, qu'ils fussent condamnés naturellement et nécessairement à demeurer toujours dans leur infériorité, sans possibilité de salut, cela, avec toutes les terribles conséquences qui en découlaient, le fascisme ne l'avait pas enseigné. Du moins pas avant qu'il n'ait subi l'influence rétroactive de son filleul, le Troisième Reich.

Mais voilà que le reproche que je m'étais fait pendant des années me revenait à l'esprit : ne surestimais-je pas, parce que cela me touchait personnellement de manière si terrible, le rôle de l'antisémitisme dans le système nazi ?

Non, car il est à présent tout à fait manifeste qu'il constitue le centre et, à tout point de vue, le moment décisif du nazisme dans son ensemble. L'antisémitisme, c'est le sentiment profond de rancune éprouvé par le petit-bourgeois autrichien déchu qu'était Hitler ; l'antisémitisme, sur le plan politique, c'est la pensée fondamentale de son esprit étroit, puisque c'est à l'époque de Lueger [1] et de Schönerer [2] qu'il commence à réfléchir sur la politique. L'anti-sémitisme, c'est, du début jusqu'à la fin, le moyen de propagande le plus efficace du Parti, c'est la concrétisation la plus puissante et la plus populaire de la doctrine raciale, oui, pour la masse allemande, c'est identique au racisme. En effet, que sait la masse allemande des dangers de la « négrification » [*Verniggerung*], et jusqu'où s'étend sa connaissance personnelle de la prétendue infériorité des peuples de l'Est et du Sud-Est ? Mais un Juif, tout le monde connaît ! Antisémitisme et doctrine raciale sont, pour la masse allemande, synonymes. Et grâce au racisme scientifique ou plutôt pseudo-scientifique, on peut fonder et justifier tous les débordements et toutes les prétentions de l'orgueil nationaliste, chaque conquête, chaque tyrannie, chaque cruauté et chaque extermination de masse.

Depuis que je connaissais l'existence du camp d'Auschwitz et de ses chambres à gaz, depuis que j'avais lu le *Mythe* de Rosenberg et les *Fondements* [3] de Chamberlain, je ne doutais plus de la signification centrale et décisive de l'antisémitisme et du racisme pour le national-socialisme. (Quant à savoir si, là où, sans aucune naïveté, on assimile antisémitisme et doctrine raciale, le dogme de la race constitue le véritable point de départ de l'antisémitisme ou seulement son prétexte, son manteau, cette question ne peut bien sûr être tranchée qu'au cas par cas.) S'il s'avérait qu'il s'agissait ici d'un poison spécifiquement allemand, sécrété par l'intelligence alle-

1. Karl Lueger, politicien autrichien (1844-1910), maire de Vienne dès 1897, fondateur du parti chrétien-social, antisémite et antisocialiste.

2. Georg Schönerer, député autrichien (1842-1921) antisémite, qui prônait l'Anschluss au Reich allemand.

3. *Die Grundlagen des XIX. Jahrhunderts* [*Les Fondements du XIXe siècle*].

mande, alors il était vain de prouver l'origine étrangère de telles expressions, de telles coutumes ou de telles mesures politiques : alors, le national-socialisme n'était pas une maladie venue d'ailleurs, mais bien une dégénérescence de l'essence allemande elle-même, une manifestation morbide de ces *traits éternels* *.

L'antisémitisme, en tant qu'aversion sociale fondée sur les facteurs religieux et économiques, est apparu de tout temps et chez tous les peuples, ici ou là, avec plus ou moins de virulence ; l'attribuer en soi aux Allemands et à eux seuls serait absolument injuste.

La raison pour laquelle l'antisémitisme du Troisième Reich est entièrement nouveau et unique en son genre est triple. Tout d'abord, l'épidémie s'enflamme, plus violente qu'auparavant, à une époque où elle semblait, en tant qu'épidémie, avoir disparu depuis longtemps et pour toujours. Je m'explique : avant 1933, il y a bien encore, ici ou là, quelques actes de violence antisémites, tout comme dans les ports d'Europe il y a quelques cas isolés de choléra et de peste : mais de même qu'on est sûr, ou qu'on croit pouvoir être sûr, que le monde civilisé ne connaîtra jamais plus les épidémies qui ont ravagé les cités du Moyen Âge, de même il semblait parfaitement impossible que les privations de droits et les persécutions infligées aux Juifs au Moyen Âge puissent réapparaître un jour. Et la deuxième particularité de cet antisémitisme, outre son anachronisme monstrueux, réside dans le fait que cet anachronisme ne revêt nullement une apparence du passé, au contraire, il apparaît d'une extrême modernité, non comme une émeute populaire, une manifestation de fureur ou un massacre spontané (bien qu'au début, on ait encore voulu faire croire à une certaine spontanéité), mais comme une perfection en matière d'organisation et de technique ; car celui qui, aujourd'hui, évoque l'extermination des Juifs pense d'abord aux chambres à gaz d'Auschwitz. Mais la troisième innovation, la plus essentielle, réside dans le fait que la haine du Juif se fonde sur l'idée de race. Dans les temps anciens, sans exception, l'hostilité envers les Juifs visait uniquement celui qui était en dehors de la foi et de la société chrétiennes ; l'adoption de la confession et des mœurs locales avait un effet compensateur, et (au moins pour la génération suivante) oblitérant. En transposant la différence entre Juifs et non-Juifs dans le sang, l'idée de race rend toute compensation impossible, elle rend la séparation éternelle et la légitime comme œuvre de la volonté divine.

Ces trois innovations sont en étroite relation les unes avec les autres et toutes trois renvoient au trait de caractère fondamental dont parle Tacite, à « la ténacité [germanique] même au nom d'une cause mauvaise ». En tant que donnée liée au sang, l'antisémitisme est ineffaçablement tenace ; dans le caractère de science naturelle qu'il se donne, il n'est pas anachronique, au contraire, il est conforme au mode de penser moderne et, par conséquent, c'est pour lui presque une évidence que d'utiliser les moyens scientifiques les plus modernes pour atteindre son but. Le fait qu'on procède ici avec la plus extrême cruauté est, une fois encore, conforme à cette qualité foncière qu'est la ténacité immodérée. Dans le *Nouveau Daniel*, que Willy Seidel [1] écrivit en 1920, on trouve, à côté de l'Allemand idéaliste, le personnage du lieutenant Zuckschwerdt, représentant de cette couche sociale allemande qui nous a fait haïr à l'étranger et que le *Simplizissimus* a combattu en vain à l'intérieur de nos frontières. Cet homme n'est pas un incapable, dans l'ensemble on ne peut pas dire que ce soit un méchant homme et encore moins un sadique. Mais il est chargé de noyer quelques petits chats, et lorsque, ensuite, il ressort le sac de l'eau, un des chatons remue encore. Alors, le frappant avec une pierre, il en fait de la « compote rouge » et lui hurle en même temps : « Espèce de crapule va, tu vas voir un peu c'que c'est que l'travail en profondeur ! »

On s'attendait à ce que l'auteur, qui dans un souci évident d'équité a dépeint ce représentant d'une couche dégénérée de la population, reste fidèle jusqu'au bout à son appréciation, un peu comme, chez Rolland, on trouve les deux France et les deux Allemagne. Pensez-vous ! À la fin, il s'apitoie sur le tueur de chats consciencieux, l'excuse et l'innocente, tandis que les Américains, dans ce roman d'ehtnologie comparée, sont jugés de manière de plus en plus négative. Et la raison d'une telle clémence d'une part et d'une telle rigueur de l'autre est que, chez les Allemands, il existe encore des pur-sang, alors que les Américains représentent une race hybride –

1. Willy Seidel, romancier allemand (1876-1945), à tendance nationaliste.

les habitants de la métropole Cincinnati, par exemple, sont décrits comme une « population à moitié corrompue par les unions consanguines ou mêlée de sang indien ou de sang juif », et ailleurs on trouve citée, sur un ton approbateur, la réflexion d'un voyageur japonais qui parle de l'Amérique comme de « *that Irish-Dutch-Nigger-Jew-mess* [1] ». Ici déjà, immédiatement après la Première Guerre mondiale et avant la toute première apparition d'Adolf Hitler, chez un pur idéaliste, un auteur qui réfléchit et qui a même réussi plusieurs fois à être impartial, il faut se demander si la doctrine raciale signifie radicalement autre chose qu'un prétexte et un déguisement du sentiment antisémite fondamental. Impossible de ne pas poser cette question quand on lit à propos de la guerre : tandis qu'après la bataille de Verdun et celle de la Somme les combats font du surplace, « l'arbitre avec sa barbe en pointe et ses yeux brillants de sémite, sautille autour des deux camps et compte ; voilà ce qu'était le journalisme mondial ».

C'est sur l'idée de race, réduite à l'antisémitisme mais aussi exacerbée et activée en lui, que repose la spécificité du national-socialisme, par rapport aux autres fascismes. C'est d'elle qu'il tire tout son poison. Vraiment tout vient de là, même lorsqu'il s'agit d'adversaires extérieurs qu'il ne peut cataloguer comme sémites. Pour lui, le bolchevisme est un bolchevisme juif, les Français sont « négrifiés » et « enjuivés », quant aux Anglais, ils seraient même les descendants de cette tribu juive de la Bible dont on croyait avoir perdu la trace, etc.

Cette qualité foncière des Allemands qu'est la démesure, l'opiniâtreté poussée à l'extrême, le dépassement de toutes les frontières, a donné le plus riche terreau sur lequel cette idée de race pouvait se développer. Mais elle-même, est-elle un produit allemand ? Si l'on remonte jusqu'à l'origine de son expression théorique, on constate qu'une ligne directe mène, en ses étapes principales, de Rosenberg au Français Gobineau, en passant par cet Allemand de cœur qu'était Houston Stewart Chamberlain. L'*Essai sur l'inégalité des races humaines* de Gobineau, qui parut en quatre volumes de 1853 à 1855, est le premier à enseigner que la race aryenne est supérieure, que la pure germanité est l'aboutissement de la race humaine et même la seule digne de ce nom, et

1. « Cette saleté irlando-hollando-négro-juive. »

qu'elle est menacée par le sang sémite qui s'insinue partout, dont on doute fortement du caractère humain. Tout ce dont le Troisième Reich a besoin pour son assise philosophique et pour sa politique est réuni ici, toute application et tout développement ultérieurs, pré-nazis, de cette doctrine renvoient invariablement à ce Gobineau. Lui seul est ou semble être – je laisse cette question en suspens – l'auteur responsable de l'idéologie sanguinaire.

Peu de temps avant que la dernière heure du Reich hitlérien n'eût sonné, une tentative scientifique fut réalisée pour trouver des précurseurs allemands à ce Français. Dans les publications de l'Institut du Reich pour l'histoire de la nouvelle Allemagne, a été publiée une longue étude approfondie : « L'idée de race dans le romantisme allemand et ses fondements au XVIIIe siècle. » L'auteur, Hermann Blome [1], stupide mais de bonne foi, a prouvé exactement le contraire de ce qu'il croyait démontrer. Il voulait faire du XVIIIe siècle, de Kant et des romantiques allemands, les précurseurs et donc les complices du Français dans le domaine des sciences naturelles. Cependant, il partit de l'hypothèse erronée selon laquelle quiconque a étudié l'histoire naturelle de l'humanité, la classification des races et leurs signes distinctifs, est un précurseur de Gobineau. Mais l'idée originale de Gobineau n'était pas d'avoir divisé l'humanité en races, mais plutôt d'avoir relégué le concept général d'humanité au second rang par rapport aux races devenues autonomes, et d'avoir opposé de manière fantaisiste, au sein des races blanches, une race de seigneurs germanique à une race de parasites sémite. Gobineau avait-il sur ce point de quelconques précurseurs ?

Assurément, dit Blome, Buffon, le « pur naturaliste », et Kant, qui « fonde sa philosophie sur les sciences naturelles », se sont approprié et ont utilisé le concept de race, et par la suite, mais toujours avant Gobineau, quelques messieurs sont parvenus à diverses constatations dans le domaine de la recherche raciale, et les exemples ne manquent pas, de textes qui placent le Blanc au-dessus des hommes de couleur.

1. Blome, Hermann, auteur de *Der Rassengedanke in der deutschen Romantik und seine Grundlagen im 18. Jahrhundert* (La pensée de race dans le romantisme allemand et ses fondements au XVIIIe siècle), publié en 1943.

Néanmoins, du début à la fin de l'ouvrage et sans grandes variations, l'auteur exprime son regret que tout au long du XVIIIe siècle, et jusqu'au XIXe, la science raciale n'ait pas réussi à faire des progrès décisifs (décisifs dans le sens du national-socialisme bien sûr) parce qu'elle en était empêchée par l'idéal humaniste dominant. Qu'aurait pu devenir Herder, lui qui avait l'ouïe si fine pour entendre les voix diverses des peuples, lui qui avait une conscience si forte de sa germanité (et dont la version nazie de l'histoire de la littérature fit presque un parfait Pg), qu'aurait-il pu devenir si « une vision des choses dénaturée par l'idéalisme » ne lui avait pas toujours fait voir et souligner, « par-delà toute sa diversité, l'unité du genre humain » ! Ah, cette triste lettre n° 116 : « Pour promouvoir l'humanité » avec ses « Principes pour une histoire naturelle de l'humanité » ! « Avant tout, il faut être impartial comme le génie de l'humanité lui-même, ne privilégier aucune tribu par rapport aux autres, ne pas avoir de peuple favori sur terre. » Et plus loin : « Le naturaliste ne présuppose aucune hiérarchie entre les créatures qu'il étudie ; il les aime toutes également et leur accorde la même valeur. Il en va de même pour le naturaliste de l'humanité. » Et, en définitive, à quoi bon relever chez Alexandre von Humboldt [1] « la préséance des intérêts touchant aux sciences naturelles », puisque, « en fait de races, une conception idéaliste et contingente de l'humanité l'a finalement empêché de rechercher et de tirer des conclusions d'ordre racial » ?

Ainsi, l'intention de l'auteur nazi de faire remonter le racisme du Troisième Reich à des penseurs allemands a, pour l'essentiel, échoué. Et l'on peut encore prouver d'une autre façon qu'il n'y avait pas d'antisémitisme fondé sur le sang en Allemagne avant l'apparition de Gobineau. Dans son étude sur « L'irruption de l'antisémitisme dans la pensée allemande », publiée dans la revue *Aufbau* (1946, H.2), Arnold Bauer fait observer que les *Burschenschaften* [2], à tendance romantique-allemande prononcée, « n'avaient pas pour principe d'exclure [les Juifs] de leurs rangs ». Ernst Moritz

1. Alexandre von Humboldt, naturaliste allemand (1769-1859), frère de Wilhelm.

2. Associations d'étudiants (à caractère patriotique et sportif) qui se développèrent lors des guerres de libération antinapoléoniennes.

Arndt [1] ne voulait que des membres chrétiens, mais il considérait le Juif baptisé comme « chrétien et ressortissant allemand à part entière ». Le « gymnasiarque » Jahn [2], péjorativement qualifié de « teuton », ne posait même pas le baptême comme condition pour appartenir à la *Burschenschaft*. Et les *Burschenschaften* rejetèrent même, lors de la fondation des *Allgemeine deutsche Burschenschaften* [3], la condition du baptême. Tant était forte l'influence de « l'héritage spirituel humaniste, [de] la tolérance d'un Lessing et [de] l'universalisme d'un Kant », dit Bauer qui, ainsi, se rapproche étroitement de l'aspirant professeur nazi.

Et cependant – et c'est pourquoi ce chapitre a sa place dans ma LTI, même si je n'ai découvert Blome que récemment, tout comme l'article de Bauer naturellement –, je dois m'en tenir à cette opinion que je m'étais forgée pendant les années noires : le racisme inventé de toutes pièces pour en faire un privilège et un monopole d'humanité de la germanité, et qui, en son ultime conséquence, s'est transformé en permis de chasse autorisant les crimes les plus atroces commis contre l'humanité, a bien ses racines dans le romantisme allemand. Ou pour le dire autrement : son inventeur français est un sympathisant, un héritier, un disciple – je ne sais jusqu'à quel point il en était conscient – du romantisme allemand.

Dans mes premiers travaux, j'ai souvent rencontré Gobineau, le personnage était tout à fait présent à mon esprit. Q'en tant que naturaliste il se soit trompé, il me faut en croire les naturalistes sur paroles. Cela m'est très facile, car s'il est une chose dont je sois sûr, c'est bien que Gobineau n'a jamais été naturaliste dans l'âme, qu'il ne l'a jamais été par amour des sciences naturelles elles-mêmes. Pour lui, elles étaient toujours au service d'une idée fixe et égoïste dont elles devaient prouver, de manière irréfutable, le bien-fondé.

Le comte Arthur de Gobineau joue un rôle plus important dans l'histoire de la littérature française que dans les sciences naturelles, mais il est caractéristique que cette influence ait été reconnue plus tôt du côté alle-

1. Ernst Moritz Arndt, écrivain et publiciste allemand (1769-1860), partisan d'un État national allemand sous domination prussienne.
2. Friedrich Ludwig Jahn, surnommé le « gymnasiarque », pédagogue et politicien allemand (1778-1852), initiateur des « sociétés de gymnastique » qu'il voulait intégrer à l'instruction des jeunes.
3. L'association générale des étudiants allemands.

mand. Dans toutes les phases de l'histoire de France qu'il a vécues – il est né en 1816, mort en 1882 –, il s'est senti spolié de ce qu'il croyait être le droit seigneurial que lui conférait son ascendance noble, spolié de ses potentialités individuelles, par le règne de l'argent, de la bourgeoisie, de la masse aspirant à l'égalité des droits, par la domination de ce qu'il désignait sous le nom de démocratie, qu'il haïssait et dans laquelle il voyait le déclin de l'humanité. Il était convaincu de descendre, en droite ligne et de sang non mêlé, de la noblesse féodale française et de la haute noblesse franque.

Or, en France, une querelle très ancienne et riche en rebondissements opposait deux théories politiques. La noblesse féodale déclarait : nous sommes les descendants des conquérants francs et détenons, à ce titre, un droit sur la population gallo-romaine assujettie, et nous ne sommes nullement soumis au roi car la loi franque stipule que le roi n'est qu'un *primus inter pares* et en aucun cas un seigneur régnant sur la noblesse, son égale. Par contre, les juristes de la Couronne regardaient le monarque absolu comme l'héritier des empereurs romains et le peuple sur lequel il régnait comme la postérité gallo-romaine du peuple romain de l'Antiquité. Grâce à la Révolution et s'appuyant sur cette théorie, la France revint, après s'être débarrassée de son oppresseur césarien, à la forme d'État de la république romaine – pour les seigneurs féodaux à la mode franque il n'y eut plus de place.

Gobineau, doué pour la poésie, fait ses débuts dans l'école romantique française, caractérisée entre autres choses par son goût pour le Moyen Âge et son opposition à l'environnement bourgeoisement prosaïque. Se sentir noble solitaire, Franc ou Germain, est pour lui une seule et même chose. Il entreprend très tôt des études allemandes et orientales. Dans les domaines linguistique et littéraire, le romantisme allemand a trouvé le lien qui permet de rattacher la germanité à un lointain passé indien et certaines familles ethniques européennes à une caractéristique aryenne commune. (Le Scherer que j'avais emmené avec moi dans la maison des Juifs cite dans ses annales *Langue et sagesse des Hindous* de Friedrich Schlegel[1] publié en 1808 et *Du système de conju-*

1. Friedrich Schlegel, critique littéraire et poète allemand (1772-1829), figure emblématique du romantisme.

gaison de la langue sanscrite comparé à celui des langues grecque, latine, perse et germanique de Franz Bopp[1] publié en 1816). La construction de l'homme aryen prend racine dans la philologie et non dans les sciences naturelles.

Mais Gobineau puise également son inspiration dans le domaine des sciences naturelles, ou plutôt, il est séduit de façon décisive par le romantisme allemand. Car, de même que, dans son aspiration à l'infini, le romantisme franchit et efface toutes les frontières, de même, par le jeu des symboles et des constructions, il glisse de la spéculation aux sciences naturelles. Et c'est ainsi qu'il exerce son attraction sur le poète français, lequel insiste avec d'autant plus de fougue sur sa germanité de cœur que, justement, elle n'existe que dans son cœur. Tout en lui assurant d'une certaine façon la légitimité nécessaire, le romantisme lui suggère de remédier spéculativement à l'absence de faits scientifiques ou de les interpréter philosophiquement afin d'en obtenir ce qu'il aimerait leur voir confirmer : l'insistance outrancière sur la germanité justement. Chez Gobineau, cette insistance est le résultat d'une pression exercée par le régime tandis que, chez les romantiques, elle découle des tracasseries napoléoniennes.

On a prétendu que l'idéal humaniste avait préservé (du côté nazi on dit « privé ») les romantiques des conséquences logiques de leur affirmation de l' « élection » du peuple germanique. Mais, surchauffée jusqu'au nationalisme et jusqu'au chauvinisme, la conscience nationale fait fondre ce bouclier de protection. Le sentiment de solidarité avec l'ensemble de l'humanité est complètement perdu. La valeur humaine est tout entière contenue dans le peuple allemand – quant à ses adversaires : « Tuez-lez ! Le tribunal du monde ne vous demande point vos raisons[2] ! »

Pour les poètes des guerres d'indépendance, cet ennemi des Allemands, qu'il faut tuer, c'est le Français. On peut en dire beaucoup de mal, on peut considérer sa latinité comme une marque d'infériorité par rapport à la pure germanité, mais il n'est pas possible d'en faire un être d'une autre race. Ainsi, à l'instant même où le

1. Franz Bopp, linguiste et sanscritiste allemand (1791-1829), fondateur de la linguistique comparée.
2. Heinrich von Kleist, *Germania an ihre Kinder*, 1809.

romantisme allemand passe d'un horizon extrêmement vaste à un horizon extrêmement restreint, ce rétrécissement apparaît seulement comme un refus de tout ce qui est étranger, comme une glorification exclusive de tout ce qui est allemand, mais pas encore comme un orgueil racial. On a déjà observé que, pour Jahn et Arndt, le Juif allemand avait valeur d'Allemand, qu'ils ne lui refusaient pas l'entrée dans la *Burschenschaft* patriote et germanophile.

Oui, mais trente ans plus tard – et c'est le national-socialiste Blome qui cite ce texte en manière de triomphe, ces paroles ont été dites avant que ne paraisse l'*Essai sur l'inégalité des races humaines* – dans les *Discours et commentaires* de l'année 1848, ce même Arndt, qui auparavant était partisan de l'humanité, se lamente : « Les Juifs et ceux de leur espèce, baptisés ou non, travaillent inlassablement, aux côtés des partisans de la gauche la plus extrême et la plus radicale, à la désagrégation, à la dissolution de ce qui, pour nous Allemands, semblait jusqu'ici porter ce que nous avions de plus humain et de plus sacré, à la dissolution et à la destruction de tout amour de la patrie, de toute crainte de Dieu... Écoutez et regardez un peu autour de vous où nous mènerait cette humanité juive empoisonnée si nous n'avions rien de proprement allemand à lui opposer... » À présent, il ne s'agit plus de se libérer de l'ennemi extérieur, on lutte pour des questions de politique intérieure et d'ordre social, et déjà les ennemis de la pure germanité sont « les Juifs, baptisés ou non ».

Jusqu'à quel point veut-on voir ici, dans cet antisémitisme perdurant malgré le baptême, un antisémitisme racial, cela reste affaire d'interprétation ; mais ce qui ne fait aucun doute, c'est que l'idéal d'humanité englobant tous les êtres humains est désormais abandonné, et qu'à l'idéal de la germanité est opposée une « humanité juive empoisonnée » [*eine giftige Judenhumanität*]. (Tout comme dans la LTI – le plus souvent chez Rosenberg, et de manière correspondante chez Hitler et Goebbels –, où le mot humanité [1] n'est jamais employé sans guillemets ironiques et où, la plupart du temps, il est accompagné d'une épithète infamante.)

1. *Humanität* fait référence au sentiment de bienveillance de l'homme envers ses semblables, tandis que *Menschheit* désigne plus couramment les êtres humains en général.

Pour apaiser ma conscience de philologue, j'ai essayé pendant l'ère nazie d'établir cette relation entre Gobineau et le romantisme allemand, et je l'ai aujourd'hui un peu renforcée. J'avais en moi, et j'ai toujours, la certitude que le romantisme allemand est très étroitement relié au nazisme ; je crois qu'il l'aurait forcément engendré, même si Gobineau, ce Français allemand de cœur, n'avait jamais existé, lui dont l'admiration envers les Germains vaut d'ailleurs bien plus pour les Scandinaves et pour les Anglais que pour les Allemands. Car tout ce qui fait le nazisme se trouve déjà en germe dans le romantisme : le détrônement de la raison, la bestialisation de l'homme, la glorification de l'idée de puissance, du prédateur, de la bête blonde...

Mais n'est-ce pas là une terrible accusation portée, contre le mouvement intellectuel, précisément, dont la littérature (au sens le plus large) et l'art allemands tirent des valeurs humaines si extraordinaires ?

Elle est justifiée, en dépit de toutes les valeurs créées par le romantisme. « Nous volons haut et descendons d'autant plus bas. » La caractéristique essentielle du mouvement intellectuel le plus allemand qui soit est l'absence de toutes limites.

22.

RADIEUSE[1] *WELTANSCHAUUNG* (au hasard de mes lectures)

Les livres sont un bien précieux dans les maisons de Juifs – la plupart nous ont été pris, en acheter de nouveaux et utiliser les bibliothèques publiques nous est interdit. Si l'épouse aryenne s'inscrit, sous son nom de jeune fille, à une bibliothèque de prêt et que la Gestapo trouve chez nous un livre emprunté par ce biais, alors, dans le cas le plus favorable, on reçoit des coups – je m'en suis tiré plusieurs fois de cette manière. Ce qu'on possède encore et qu'on a le droit de posséder, ce sont des livres juifs. Le concept n'est pas bien circonscrit, et la Gestapo n'envoie plus d'experts depuis que toutes les bibliothèques privées ont été, cela fait bien longtemps, « mises en sûreté » – encore une expression de la LTI, car les mandataires du Parti ne volent pas et ne pillent pas.

D'un autre côté, chez nous, on ne tient pas tellement non plus aux rares livres qui sont restés ; car beaucoup d'exemplaires parmi eux ont été « hérités » et dans notre langue spéciale cela veut dire : ils sont restés là comme des épaves quand leurs possesseurs ont brusquement disparu, emmenés à Theresienstadt ou à Auschwitz. Ce qui oblige les nouveaux propriétaires à savourer la pensée lancinante de ce qui, chaque jour, et à plus forte raison, chaque nuit, peut leur arriver à eux-mêmes. Ainsi, chaque livre passe tout simplement de

1. *Sonnig* signifie « ensoleillé » au sens propre et se dit par exemple, au figuré, d'un caractère radieux, rayonnant de joie ou de pureté. Pour l'homogénéité de la traduction, cet adjectif est toujours traduit ici par « radieux ».

main en main – il n'est vraiment plus nécessaire qu'on nous fasse des sermons sur la précarité des biens terrestres.

Quant à moi, je lis tout ce qui me tombe entre les mains; c'est à la LTI que va mon intérêt dominant, mais il est étrange de voir combien les livres qui, en apparence ou en réalité, sont les plus éloignés de mon objet finissent souvent par lui apporter quelque chose, et il est encore plus étrange de voir combien, dans un autre contexte, on découvre de choses nouvelles à l'intérieur d'un ouvrage qu'on croyait pourtant connaître. C'est ainsi que, dans l'été 1944, je tombai sur *Der Weg ins Freie* de Schnitzler [1] et que je parcourus ce roman sans grand espoir d'y faire une découverte; car j'avais écrit une longue étude sur ce poète, très longtemps auparavant, vers 1911 et, au cours de ces dernières années, j'avais lu, discuté et m'étais confronté jusqu'au désespoir au problème du sionisme. Je me souvenais donc parfaitement de tout le livre. Pourtant, j'y glanai encore un minuscule paragraphe, un point secondaire en apparence, qui se grava dans ma mémoire.

Un des personnages principaux est agacé par les « *Weltanschauung* par-ci, *Weltanschauung* par-là » à la mode au début de notre siècle. L'homme définit la *Weltanschauung* comme étant « logiquement la volonté et la capacité de voir réellement le monde, c'est-à-dire de le considérer [*anschauen*] sans se laisser troubler par des préjugés, sans ressentir le besoin de tirer aussitôt d'une expérience une nouvelle loi ou d'insérer cette expérience dans quelque chose d'existant... Mais, pour les gens, la *Weltanschauung* n'est rien d'autre qu'une forme supérieure de dévouement à des convictions [*Gesinnungstüchtigkeit*]; un dévouement à des convictions à l'intérieur de l'infini pour ainsi dire ».

Dans le chapitre suivant – et c'est là qu'on se rend compte combien l'aperçu qui précède est lié au thème véritable de ce roman de Juif –, Heinrich poursuit sa méditation : « Croyez-moi, Georges, il y a des moments où j'envie les hommes qui ont cette prétendue *Weltan-*

1. Arthur Shnitzler, écrivain autrichien (1862-1931); *Der Weg ins Freie* (1908) a pour thème l'accomplissement d'une vie dans la création artistique. Traduction française : *Vienne au crépuscule*, Stock (1985), Livre de poche.

schauung... Quant à nous, selon les recoins de l'âme qu'on éclaire, nous sommes, tout à la fois, coupables et innocents, lâches et héros, fous et sages [1]. »

La volonté d'interpréter le concept d'*anschauen* de manière absolument non mystique comme une « vue juste » de ce qui est, l'indignation et l'envie à l'égard de ceux pour qui la *Weltanschauung* est un dogme inébranlable, un guide auquel on peut se raccrocher en toute situation lorsque sa propre humeur, son propre jugement, sa propre conscience viennent à chanceler : de tout cela, Schnitzler fait la caractéristique de l'esprit juif et c'est, incontestablement, la mentalité de larges couches de l'intelligentsia viennoise, parisienne et européenne en général, au tournant du siècle. L'apparition du « *Weltanschauung* par-ci, *Weltanschauung* par-là » (le mot pris dans son sens « non logique ») s'explique justement par l'opposition naissante à la décadence, à l'impressionnisme, au scepticisme et à la désagrégation de l'idée d'un moi continu et par conséquent responsable.

Ce qui à la lecture de ce passage m'a ému, ce n'est pas tant la question de savoir s'il s'agissait ici d'un problème de décadence juive ou de décadence en général. Je me suis demandé plutôt pourquoi, à l'époque où j'avais lu ce roman pour la première fois, alors que son présent était encore celui dans lequel je vivais réellement, pourquoi j'avais accordé si peu d'attention à l'apparition de ce mot nouveau et à l'engouement dont il était l'objet. La réponse fut vite là. L'emploi de *Weltanschauung* était encore circonscrit au groupe d'opposition que constituaient certains néoromantiques, c'était un terme de coterie et non un bien commun de la langue.

Et je me suis demandé aussi comment ce qui, au tournant du siècle, était un terme clanique s'était transformé en maître mot de la LTI, langue dans laquelle le moindre Pg, chaque petit-bourgeois et chaque épicier des plus incultes parle à tout propos de sa *Weltanschauung* et de son attitude fondée sur sa *Weltanschauung* ; et je me suis demandé également en quoi pouvait bien consister, pour les nazis, le « dévouement à des convictions à l'intérieur de l'infini ». Il devait s'agir ici de quelque chose de très universellement

1. *Ibid.*

compréhensible et d'adapté à tous, de quelque chose d'utilisable au niveau organisationnel, car dans les statuts du Front du travail allemand, de la DAF, que j'avais eu une fois sous les yeux à l'usine, dans ces statuts d'une « organisation de tous les travailleurs », il n'était expressément pas question de « primes d'assurance » mais de « contributions à une communauté de *Weltanschauung* ».

Ce qui a conduit la LTI à utiliser ce mot, ce n'est pas le fait qu'elle y ait vu une germanisation du mot d'origine étrangère qu'est « philosophie » – elle ne se souciait pas toujours de germanisation –, non, mais elle y trouvait exprimée l'opposition la plus importante, selon elle, à l'acte de philosopher. Car philosopher est une activité de la raison, de la pensée logique, et le nazisme y est hostile comme à son pire ennemi. Cependant, l'opposé de la pensée claire, dont la LTI a besoin, n'est pas la « vue juste » telle que Schnitzler définit le verbe *schauen*, car elle aussi ferait obstacle aux efforts constants de la rhétorique nazie pour mystifier et engourdir les esprits. Au contraire, elle trouve dans le mot *Weltanschauung* la vision [*Schau*] du mystique, c'est-à-dire la vue de l'œil intérieur, l'intuition et la révélation de l'extase religieuse. La *vision* * du rédempteur dont émane le principe vital de notre monde : voilà le sens le plus intime ou la nostalgie la plus profonde du mot *Weltanschauung* tel qu'il est apparu dans l'usage des néoromantiques et tel que la LTI l'a adopté. J'en reviens toujours au même vers et à la même formule : « Sur la même prairie pousse la fleur et l'ortie »... et : la racine allemande du nazisme s'appelle romantisme...

À ceci près qu'avant de se rétrécir en romantisme teuton, le romantisme allemand avait un rapport très intime avec l'étranger; et si d'un côté le nazisme renchérissait sur les idées nationalistes du romantisme teuton, il n'en était pas moins extrêmement réceptif, comme le romantisme allemand des origines, à tout ce que l'étranger pouvait offrir d'utilisable.

Quelques semaines après avoir lu le livre de Schnitzler, je mis enfin la main sur celui de Goebbels, *De la cour impériale à la chancellerie du Reich*. (En 1944 la pénurie de livres était déjà grande, même chez les Aryens; mal approvisionnées et débordées, les bibliothèques de prêt ne prenaient de nouveaux clients que sur demandes expresses et recommandations particulières – ma femme était « inscrite » en trois endroits différents et avait toujours la liste de mes desiderata dans son sac.) Dans ces « pages de journal » qui, d'un ton triomphant, parlent de propagande réussie et se livrent elles-mêmes à une nouvelle propagande, Goebbels note, le 27 février 1933 : « La grande action de propagande prévue pour le jour de l'éveil national est maintenant fixée dans ses moindres détails. Elle se déroulera comme une *schau* magnifique dans toute l'Allemagne. » Ici le mot *Schau* n'a pas le moindre rapport avec la profondeur d'âme et le mystique, il est assimilé à l'anglais *show* qui signifie exhibition [*Schaustellung*], mise en scène fastueuse [*Schaugepränge*], il est tout à fait sous l'influence du spectacle de cirque, du spectacle de barnum [1] des Américains.

Le verbe *schauen* dont il est question ici n'a, c'est selon, rien ou au contraire beaucoup à voir avec la « vue juste » de Schnitzler. Car il s'agit de la vision mécanisée d'un œil fasciné et manipulé, aveuglé par une lumière trop vive. Le romantisme et le *business* à grand renfort publicitaire, Novalis [2] et Barnum, l'Allemagne et l'Amérique : dans la *Schau* et la *Weltanschauung* de la LTI, les deux coexistent et sont aussi indissolublement mêlés que la mystique et le faste dans la messe catholique.

Et si, maintenant, je me demande à quoi ressemble le Sauveur que sert cette « communauté de *Weltanschauung* » qu'est la DAF, alors je vois que son aspect dominant est une fois de plus un mélange d'attributs allemands et américains.

De même que j'avais été captivé par le passage sur la *Weltanschauung* chez Schnitzler, de même j'avais relevé et rapproché du thème qui me préoccupait, un an auparavant déjà, quelques lignes des *Mémoires d'une socialiste* de Lily Braun [3]. (À ce livre « hérité » demeurait

1. Le nom commun *barnum* vient en effet du nom de l'homme d'affaires américain Phineas Taylor Barnum (1810-1891) dont le célèbre cirque était qualifié de « plus grand show du monde ».

2. Novalis (Georg Philipp Friedrich, baron von Hardenberg, dit), poète allemand (1772-1801).

3. Lily Braun, écrivain allemand (1865-1916) ayant milité activement dans le mouvement féministe allemand ainsi qu'à la SPD. La rédaction des *Mémoires d'une socialiste* date de 1909-1911.

atrocement attachée l'odeur des chambres à gaz, telle qu'on l'imaginait. « Mort à Auschwitz d'une insuffisance du myocarde », avais-je lu sur le certificat de décès du testateur involontaire...) J'avais noté dans mon journal : « ... À Munster, Alix a eu une vive discussion avec un prêtre catholique sur la religion : " L'idée du christianisme ?... L'Église catholique n'a rien à voir avec elle ! Et c'est cela justement que j'aime et que j'admire dans cette idée... nous sommes des païens, des adorateurs du soleil [*Sonne*]... Charlemagne l'a très vite compris, de même que ses *missi dominici.* Ils avaient eux-mêmes assez souvent du sang saxon dans les veines. C'est pourquoi à la place des sanctuaires de Wotan, Donar, Baldur et Freyja, ils avaient les temples dédiés à leurs nombreux saints ; c'est pourquoi ce n'est pas le Crucifié mais la mère de Dieu, symbole de la vie créatrice, qu'ils ont mis sur le trône du ciel. C'est pourquoi les serviteurs de l'« Homme qui n'avait pas où reposer la tête [1] » paraient leurs vêtements, leurs autels et leurs églises d'or et de pierres précieuses et mettaient l'art à leur service. Du point de vue du Christ, les anabaptistes avaient eu raison de détruire les idoles, mais la puissance vitale de leurs compatriotes leur a donné tort. " »

L'incompatibilité du Christ avec l'esprit européen, la mise en avant de la domination germanique à l'intérieur du catholicisme, l'insistance sur l'affirmation de la vie, sur le culte solaire, et pour couronner le tout, le sang saxon et la puissance vitale : tout cela pourrait aussi bien se trouver dans le *Mythe* de Rosenberg. Que, malgré tout cela, Lily Braun ne soit absolument pas national-socialiste, ni hostile à l'intelligence, ni hostile aux Juifs, voilà qui donne aux nazis une base plus large à leur fétichisme de la croix gammée comme symbole germanique, à leur adoration de la roue solaire, à leur insistance permanente sur la germanité radieuse. L'épithète « radieux » [*sonnig*] sévissait alors dans les nécrologies des soldats tombés au front. J'étais donc persuadé qu'elle s'enracinait au cœur de l'ancien culte germanique et qu'elle provenait exclusivement de la vision d'un sauveur blond.

Jusqu'au jour où je vis, à l'usine, pendant la pause du petit déjeuner, une brave ouvrière appliquée à lire une

1. Matthieu, 8,20 ; Luc, 9,58.

brochure du secteur postal, qu'elle consentit à me prêter. C'était un exemplaire de la série *Camarades-soldats* – diffusée en masse par l'éditeur de Hitler, Franz Eher –, qui publiait, sous le titre *L'Arbre à concombres*, une suite de petites histoires. Elles me déçurent toutes, dans la mesure où je m'attendais à trouver, dans une publication des éditions Eher, le poison nazi sous sa forme la plus concentrée. Car d'autres opuscules de ce même éditeur n'en avaient déjà que trop répandu dans l'armée. Mais Wilhelm Pleyer [1] – que je connus plus tard comme romancier allemand des Sudètes sans que ma première impression s'en trouvât modifiée, ni en bien ni en mal –, aussi bien l'écrivain que l'homme, ne compte que parmi les tout petits Pg.

Les fruits de *L'Arbre à concombres* consistaient en de prétendues histoires humoristiques, fort banales et complètement anodines à tous points de vue. J'allais les laisser de côté, les jugeant improductives pour mes analyses, quand je tombai sur une histoire mielleuse qui parlait de bonheur parental, de bonheur maternel. Il y était question d'une petite fille très vivante, très blonde, à la chevelure dorée, solaire ; blondeur, soleil et essence radieuse [*sonnig*] remplissaient chaque ligne. La petite avait un rapport très particulier aux rayons du soleil et s'appelait Wiwiputzi. Comment avait-elle pu hériter de ce nom bizarre ? L'auteur se posait aussi la question. Les trois *i* lui paraissaient-ils donner un son d'une rare clarté, le début du mot lui rappelait-il *vif* *, vivant, ou que pouvait-il bien trouver de si poétique, de si affirmateur de la vie dans ce mot forgé de toutes pièces ? En tout cas il se répondait à lui-même : « Le fruit de l'imagination [*ersonnen*] ? Non, cela s'était trouvé ainsi, spontanément – le fruit du soleil [*ersonnt* [2]]. »

En lui rendant sa brochure, je demandai à l'ouvrière laquelle de ces histoires elle avait préférée. Elle répondit qu'elles étaient toutes jolies mais que la plus belle était quand même celle de Wiwiputzi.

« Si seulement je savais d'où lui est venue l'idée de

1. Wilhelm Pleyer, écrivain allemand, rédacteur de nombreuses revues, dont les *Soldaten-Kamaraden*, administrateur de la NSDAP en Tchécoslovaquie.

2. Jeu de mot sur *Sonne* (le soleil) et *ersinnen* (imaginer, trouver) qui fait au participe passé *ersonnen*. Profitant de leur homophonie partielle, l'auteur a amalgamé les deux mots.

jouer sur le mot radieux [*das Sonnige*] ! » Cette question m'avait échappé et je regrettai aussitôt de l'avoir posée, car qu'aurait bien pu me répondre cette femme qui était loin d'être une littéraire ? Je ne faisais sans doute que l'embarrasser. Mais, à mon grand étonnement, la réponse fusa aussitôt et avec le plus grand naturel : « Eh bien, il a pensé à *sonny boy*[1] ! »

Pour le coup, c'était vraiment ce qui s'appelle la *vox populi*. Naturellement, je n'ai pas pu effectuer un sondage mais, à cet instant, j'avais une certitude quasi intuitive, et je l'ai encore aujourd'hui, que le film *Sonny boy* – combien savent que *sonny* veut dire « fiston » et n'a absolument rien à voir avec « radieux » [*sonnig*] ? –, que ce film américain a contribué au moins autant à l'épidémie de « radieux » que le culte germanique.

1. Cet anglicisme désigne en allemand un jeune homme charmant qui attire la sympathie. Titre de deux films américains réalisés en 1916 et 1929.

23.

QUAND DEUX ÊTRES FONT LA MÊME CHOSE[1]...

Je me souviens exactement de l'instant et du mot qui ont fait que mon intérêt philologique s'est étendu – ou devrais-je dire restreint ? – du littéraire au linguistique. Soudain, le contexte littéraire devient sans importance et se perd, on fixe son attention sur un mot ou sur une forme isolés. Car, sous le mot isolé, c'est la pensée d'une époque qu'on découvre, la pensée générale où se niche celle de l'individu, la seconde étant influencée, peut-être même guidée, par la première. Il est vrai qu'un mot ou une tournure peuvent avoir, selon le contexte dans lequel ils apparaissent, des significations extrêmement différentes, voire diamétralement opposées, et c'est ainsi que j'en reviens quand même à l'aspect littéraire, au tout que forme le texte que j'ai sous les yeux. Il faut un éclairage réciproque, le mot isolé et le document dans son intégralité, comme contre-épreuve l'un de l'autre...

Je me suis donc intéressé au linguistique lorsque Karl Vossler s'est indigné à propos de l'expression « matériel humain [2] ». Peuvent être considérés comme du « matériel », disait-il, tout au plus la peau, les os et les viscères d'un corps animal ; parler de « matériel humain », c'est renvoyer à la matière et mépriser l'esprit, ce qu'il y a de proprement humain dans l'homme.

1. Citation de Térence. Dans *Les Frères*, Micion dit à Déméa (5,3,37) : « Il y a bien des indices chez un homme, Déméa, qui permettent de porter un jugement, lorsque deux êtres font la même chose, et de pouvoir dire : " Celui-ci peut fait ceci impunément, celui-là ne le peut pas. " » Traduction de Pierre Grimal, Gallimard, 1971.

2. Expression que l'on rencontre tant chez Herzl que chez Hitler.

À l'époque, je n'approuvai pas entièrement mon professeur. C'était deux ans avant la Première Guerre mondiale, je n'avais encore jamais approché la guerre dans toute son horreur, je ne croyais absolument pas qu'elle fût encore possible à l'intérieur de l'Europe proprement dite, c'est pourquoi je considérais le service militaire à peu près comme une éducation physique et sportive relativement innocente ; et lorsqu'un officier ou un médecin militaire parlaient de bon ou de mauvais « matériel humain », je ne l'entendais pas autrement que lorsqu'un médecin civil règle rapidement un « cas » ou des « amygdales » avant la pause de midi. Parler ainsi, ce n'était ni heurter le moral de la recrue Meier, ni les malades Müller et Schulze, mais momentanément, et pour des raisons professionnelles, se concentrer sur l'aspect exclusivement physique de la nature humaine. Après la guerre, j'étais plus enclin à trouver dans « matériel humain » une fâcheuse parenté avec « chair à canon » et à voir le même cynisme, ici, sous une forme consciente et, là, inconsciente. Mais, aujourd'hui encore, je ne suis pas tout à fait convaincu de la brutalité de l'expression incriminée. Pour quelle raison un pur idéalisme interdirait-il de désigner précisément l'aspect matériel d'un individu ou d'un groupe dans le contexte d'un certain type de profession ou de sport ? Dans le même ordre d'idée, je ne vois pas non plus de cruauté particulière dans le fait que, dans la langue officielle de l'administration pénitentiaire, les prisonniers portent des numéros à la place de leurs noms : ils ne sont pas pour autant niés purement et simplement en tant qu'êtres humains mais seulement considérés comme les objets d'une administration, seulement comme les numéros d'une liste.

Pourquoi en est-il autrement, pourquoi une évidente et indubitable brutalité se fait-elle jour lorsqu'une gardienne du camp de concentration de Belsen déclare devant le tribunal de guerre que, tel et tel jour, elle avait eu affaire à seize « éléments » [*Stück*] ? Dans les deux premiers cas, il s'agit, du point de vue professionnel, d'écarter la personne, d'en faire abstraction, alors qu'avec les « éléments », il s'agit d'une réification. C'est la même réification qui s'exprime dans le terme officiel de « récupération de cadavres », ou plutôt dans son extension aux cadavres humains : on fait de l'engrais avec des morts du camp et l'on désigne cela exactement du même nom que le traitement des cadavres d'animaux.

Cette réification se manifeste de manière plus intentionnelle et elle est dictée par une haine acharnée – derrière laquelle se trouve déjà le commencement du désespoir de l'impuissance – dans une phrase stéréotypée des communiqués de l'armée, surtout de ceux publiés en 1944. On y insiste constamment sur le fait que les bandes armées n'obtiendront aucun pardon ; à propos de la Résistance française, en particulier, qui grossit de plus en plus, on peut lire régulièrement : tant [de personnes] ont été « abattues ». À l'emploi du verbe « abattre » on remarque la rage contre l'adversaire, mais au moins est-il encore considéré ici comme un ennemi haï, donc comme une personne. Alors que, par la suite, on lira quotidiennement : tant ont été « liquidés ». Liquider est un mot de la langue commerciale et, en tant que mot d'origine étrangère, encore un peu plus froid et un peu plus objectif que ses équivalents allemands ; on dit, en allemand, qu'un médecin « liquide » ses honoraires en échange des soins qu'il a donnés, et qu'un commerçant « liquide » son affaire. Dans le premier cas, il s'agit de l'évaluation des soins médicaux en argent liquide et dans le second, du règlement définitif, de la cessation d'une affaire. Quand des êtres humains sont « liquidés », c'est qu'ils sont « expédiés » ou « achevés » comme des choses matérielles. Dans la langue des camps de concentration, on disait qu'un groupe de personnes étaient « conduites à la solution finale » lorsqu'elles étaient tuées par balles ou envoyées dans les chambres à gaz.

Faut-il considérer une telle réification de la personne comme un trait caractéristique de la LTI ? Je ne le crois pas. Car elle n'est appliquée qu'à des hommes auxquels le national-socialisme dénie l'appartenance au genre humain véritable et qu'il exclut, en tant que race inférieure, antirace ou sous-hommes, de l'humanité authentique limitée aux Germains et au sang nordique. À l'intérieur de ce cercle d'humains reconnus comme tels, il estime, au contraire, capital d'insister sur la personne. Je prendrai, pour le démontrer, deux témoignages tout à fait concluants.

Dans le domaine militaire, il n'est plus question de la troupe [*Leute*] d'un officier, d'une compagnie, mais seulement des « hommes » [*Männer*]. Chaque lieutenant qui fait son rapport dit : j'ai ordonné à mes hommes... Un jour, on a pu lire dans le *Reich* une nécrologie émue et pathétique qu'un vieux professeur d'université avait rédigée pour trois de ses anciens protégés morts avec les galons d'officier. Des lettres qu'ils avaient envoyées depuis le champ de bataille y étaient reproduites. Le vieux professeur ne laissait pas de s'enthousiasmer pour la mâle fidélité allemande, pour l'héroïsme des officiers et de leurs « hommes d'armes » [*Mannen*], il se grisait de cette expression, poétisée dans son caractère archaïque ; en revanche, dans les lettres de ses élèves revenait toujours l'expression « nos hommes ». Ici, on utilisait donc tout naturellement la forme lexicale de la langue moderne – les jeunes gens n'avaient plus du tout le sentiment, lorsqu'ils employaient cette nouvelle désignation, de dire quelque chose de nouveau et de poétique.

En règle générale, la LTI occupait une position ambiguë face aux formes linguistiques du vieil allemand. D'un côté, naturellement, la fidélité à la tradition, le penchant romantique pour le Moyen Âge allemand, l'attachement à l'essence germanique originelle non encore frelatée par la romanité ne lui déplaisaient pas ; mais, de l'autre, elle voulait être, en toute insouciance, actuelle, moderne et progressiste. À ses débuts, Hitler avait aussi combattu, comme des concurrents et adversaires embarrassants, les *Deutschvölkischen* [1] qui aimaient donner à leur propre langage une note résolument archaïque. C'est ainsi que les noms de mois allemands, qui avaient été un temps propagés, ne se sont jamais imposés et n'ont jamais été officiellement utilisés. En revanche, certaines runes et toutes sortes de prénoms germaniques sont parvenus à se faire une réputation et à passer dans l'usage quotidien...

De manière plus résolue encore que dans le fait de parler des « hommes », le désir de mettre la personne en valeur s'exprimait dans une nouvelle formulation appartenant au style administratif, et qui a dégénéré en comique involontaire. Il n'y avait, pour les Juifs, pas plus de cartes d'habillement que de bons d'achats, ils n'avaient pas le droit d'acheter du neuf, on leur fournissait uniquement des affaires usagées, puisées dans des magasins spéciaux d'habillement et de marchandises. Au début, il était relativement facile d'obtenir quelque chose venant de ces magasins d'habillement ; mais, plus tard, il fallut présenter une requête qui allait jusqu'à la

1. *Deutsch-völkische Freiheitspartei* (« parti raciste allemand de la liberté »), sous la République de Weimar.

direction de la police en passant par le « consultant juridique » nommé de la communauté et par la section de la Gestapo réservée aux Juifs. Je reçus un jour, sur une feuille imprimée, l'avis suivant : « Je tiens à votre disposition un pantalon de travail usagé. À venir retirer, etc. Le directeur de la police. » Le principe sous-jacent était celui-ci : ce n'est pas l'administration impersonnelle mais un chef [*Führer*], personne responsable, qui doit décider dans chaque cas. Ainsi, tout l'administratif fut transposé à la première personne du singulier et ordonné par un dieu personnel. Moi, directeur des impôts en personne, et non plus la recette X, je mettais en demeure Friedrich Schulze de payer une amende de trois marks et cinquante pfennigs ; moi, directeur de la police, j'établissais un procès-verbal pour la somme de trois marks ; et finalement c'était encore moi, directeur de la police, qui attribuais personnellement un pantalon usagé au Juif Klemperer. Tout ceci pour la plus grande gloire du principe d'autorité [*Führerprinzip*] et de la personnalité.

Non, le national-socialisme n'a pas voulu dépersonnaliser ni réifier les Germains auxquels il reconnaissait la qualité d'êtres humains. Seulement un *Führer* [guide] a besoin de *Geführten* [ceux qui se laissent guider] sur l'obéissance inconditionnelle desquels il peut se reposer. Il n'est que de songer à la fréquence du mot « aveuglément » dans les serments de fidélité, dans les télégrammes d'hommage et d'approbation au cours de ces douze années. « Aveuglément » est l'un des maîtres mots de la LTI, il désigne la disposition d'esprit idéale d'un nazi envers son Führer et son chef *ad hoc* [*Unterführer*], il n'est pas employé moins souvent que « fanatique ». Mais pour exécuter un ordre aveuglément, il ne faut pas commencer par y réfléchir. Réfléchir signifie à chaque fois s'arrêter, être freiné, cela pourrait même conduire à critiquer et, finalement, à refuser d'obéir. L'essence de toute éducation militaire consiste à faire en sorte que toute une série de gestes et d'activités soient automatisés, que chaque soldat, chaque groupe particulier, indépendamment d'impressions externes, indépendamment de considérations internes, indépendamment de tout mouvement instinctif, obéisse exactement à l'ordre de son supérieur, comme une machine est mise en marche par la pression sur le bouton de démarrage. Le national-socialisme ne veut en aucun cas porter atteinte à la personne, au contraire, il veut l'élever, mais cela n'exclut pas (n'exclut pas pour lui !) qu'il la mécanise en même temps : chacun doit être un automate entre les mains de son supérieur et de son Führer, et être, en même temps, celui qui appuie sur le bouton de démarrage des automates qui lui sont subordonnés. De cette construction qui dissimule le caractère généralisé de l'asservissement et de la dépersonnalisation résulte la profusion, dans la LTI, de tournures appartenant au domaine technique, la foule de mots mécanisants.

On doit naturellement faire abstraction de l'accroissement du nombre des termes techniques que toutes les langues de culture ont connu et continuent de connaître, et qui est la conséquence évidente de la propagation de la technique et de son importance croissante dans la vie courante. Ici, il s'agit bien plutôt de l'empiètement de tournures techniques sur des domaines non techniques, où elles ont ensuite un effet mécanisant. C'était rarement le cas dans la langue allemande d'avant 1933.

La République de Weimar n'a, pour l'essentiel, étendu l'emploi, du domaine technique à la langue commune, que de deux expressions seulement : « ancrer » [*verankern*] et « relancer » [*ankurbeln*] sont les deux slogans, les deux mots à la mode de l'époque. À tel point qu'ils furent bientôt en butte aux railleries et servirent au portrait satirique de contemporains mal-aimés ; c'est ainsi que Stefan Zweig écrit dans sa *Petite chronique*, à la fin des années vingt : « Son Excellence et le doyen relancèrent vigoureusement leurs relations. »

Peut-on, et dans quelle mesure, compter le verbe « ancrer » parmi les images techniques ? Cette question doit rester en suspens. Issu du vocabulaire de la marine et baigné d'une certaine aura poétique, il apparaît de manière sporadique longtemps avant Weimar et ne se signale ensuite, en tant que mot à la mode de cette époque, que par la fréquence alors exagérée de son emploi. À l'origine de cette fréquence se trouve certainement une remarque officielle alors très commentée : à l'Assemblée, l'accent avait été mis sur le fait qu'on voulait « ancrer dans la Constitution » la loi sur les conseils d'entreprise. À partir de là, tout et n'importe quoi fut « ancré » dans toutes sortes de fonds. Mais le motif intérieur et inconscient de l'attrait pour cette image résidait sans doute dans un profond besoin d'ordre : on en avait assez de la houle révolutionnaire ; la barque de l'État – image très ancienne *(fluctuat nec mergitur)* – devait être mise à l'ancre dans un abri sûr.

Seul le verbe « relancer » était emprunté au domaine technique dans un sens plus restreint et plus moderne ; il est issu d'un spectacle qu'on voyait alors assez souvent dans la rue : le moteur automobile n'avait pas encore de démarreur et les conducteurs dépensaient beaucoup d'énergie pour mettre leur machine en marche au moyen de la manivelle.

Mais ces deux images, celle qui n'est qu'à moitié technique et celle qui l'est tout à fait, ont ceci de commun qu'elles sont toujours uniquement appliquées à des choses, des états, des activités, jamais à des personnes. On « relance », sous la République de Weimar, toutes sortes de secteurs commerciaux, mais jamais le personnel gestionnaire lui-même ; on « ancre » les institutions les plus variées, on « ancre » également des administrations mais jamais un inspecteur des Finances ou un ministre en personne. Le pas véritablement décisif vers la mécanisation de la vie par le langage n'est franchi que lorsque la métaphore technique vise directement la personne ou, comme le dit une expression qui sévit depuis le début du siècle : lorsqu'elle est « réglée » sur elle.

Je me demande, par parenthèse, si les expressions « être réglé » [*eingestellt sein*] et « optique » [*Einstellung*] – aujourd'hui, chaque ménagère a son « optique » particulière ne serait-ce que sur la saccharine et le sucre, chaque garçon a une « optique » différente sur la boxe et l'athlétisme – doivent aussi être rangées sous la rubrique de la technicisation par le langage. Oui et non. À l'origine, elles renvoient au réglage d'une longue-vue sur une distance précise ou d'un moteur sur un nombre de tours déterminés. Mais la première extension de sens n'est qu'à demi métaphorique : ce sont la science et la philosophie – surtout la philosophie – qui s'emparent de l'expression ; la pensée exacte, l'appareil de la pensée se « règlent » avec précision sur un objet, la note dominante technique reste donc absolument perceptible et doit le rester. La langue commune a dû d'abord emprunter ces mots à la langue philosophique. Avoir son « optique » personnelle sur les questions importantes de la vie est une marque de culture. Dans quelle mesure avait-on encore conscience, au début des années vingt, du sens technique, ou du moins purement rationnel, de ces expressions, on ne peut l'établir de façon pleinement valable. Dans une chanson extraite d'un film parlant satirique, l'héroïne-courtisane dit que sa vie est « réglée de la tête aux pieds pour l'amour [1] », et cela témoigne d'une connaissance du sens premier ; mais, à la même époque, un patriote, qui se prend pour un poète et qui sera plus tard encensé comme un poète par les nazis, dit en toute naïveté que sa sensibilité est entièrement « réglée sur l'Allemagne ». Le film était tiré du roman tragi-comique de Heinrich Mann, *Professeur Unrat* ; le faiseur de vers célébré par les nazis en tant qu'ancien partisan et combattant des corps francs portait le prénom pas très germanique de Boguslav ou Boleslaw – mais qu'est-ce qu'un philologue dont les livres ont été volés et les notes en partie détruites ?

La mécanisation flagrante de la personne elle-même reste l'apanage de la LTI. Sa création la plus caractéristique et probablement la plus précoce dans ce domaine est « mettre au pas » [*gleichschalten* » [2]]. On peut entendre le déclic du bouton sur lequel on appuie pour donner à des êtres humains, non pas à des institutions, non pas à des administrations impersonnelles, une attitude, un mouvement, uniformes et automatiques : des professeurs de divers établissements, des employés de divers services de la justice ou des impôts, des membres des Stahlhelm et des SA, etc. sont « mis au pas », presque à l'infini.

Ce mot est si monstrueusement représentatif des convictions fondamentales du nazisme qu'il fait partie des rares expressions auxquelles le cardinal Faulhaber [3] fit l'honneur, dès la fin de l'année 1933, d'une satire dans ses sermons de l'Avent. Chez les peuples asiatiques de l'Antiquité, dit-il, la religion et l'État étaient mis au pas. En même temps que ce prince de l'Église, de petits artistes de cabaret osèrent également placer ce verbe sous un jour comique. Je me souviens d'un animateur

1. « *Ich bin von Kopf bis Fuß auf Liebe eingestellt...* », *L'Ange bleu*, 1930.

2. Il s'agit de la traduction officielle mais si « mettre au pas » fait référence à la marche militaire réglementaire, *gleichschalten* est au sens propre surtout employé en électricité, dans le sens de « synchroniser ».

3. Michael von Faulhaber, théologien catholique allemand (1869-1952) qui s'opposa radicalement au racisme des nazis en défendant l'Ancien Testament.

qui, lors de ce qu'on appelait alors un « voyage surprise », expliqua aux excursionnistes, pendant la pause café en forêt, qu'à présent ils étaient « mis au pas » de la nature, ce pour quoi il recueillit beaucoup d'applaudissements.

Dans la LTI, aucun autre terme technique, en empiétant sur un domaine qui n'est pas le sien, ne saurait révéler aussi crûment la tendance à la mécanisation et à l'automatisation que ce « *gleichschalten* ». On l'a utilisé tout au long de ces douze années, quoique plus souvent au début qu'à la fin, pour la simple raison que, très vite, toutes les mises au pas, toutes les automatisations avaient été accomplies et étaient devenues des évidences.

D'autres tournures empruntées au domaine de l'électromécanique sont d'une gravité moins évidente. Quand il est question, ici ou là, des « flux magnétiques » [*Kraftströme*] concentrés dans une « nature de chef » ou émanant d'elle – on peut lire des affirmations semblables avec toutes sortes de variantes au sujet de Mussolini et de Hitler –, il s'agit alors de locutions métaphoriques qui renvoient au magnétisme tout autant qu'à l'électromécanique et qui, par là, sont proches de la sensibilité romantique. Cela est particulièrement frappant chez Ina Seidel [1] qui, dans ses œuvres les plus pures comme dans les pires, recourt à la même métaphore électrique – mais Ina Seidel est un triste chapitre en elle-même.

Cependant, doit-on considérer comme romantique le fait que Goebbels raconte en mentant de manière pathétique, à propos d'un voyage dans des villes de l'Ouest détruites par les bombes, que lui-même, qui voulait pourtant redonner courage aux sinistrés, se sentait « rechargé » [*neu aufgeladen*] par leur héroïsme inébranlable ? Non, ici, c'est sans doute seulement l'accoutumance à rabaisser l'être humain au rang de machine qui est à l'œuvre.

Je dis cela avec certitude parce que, dans les autres métaphores techniques du ministre de la Propagande et du cercle de Goebbels, la référence directe au domaine des machines règne sans la moindre réminiscence de

1. Ina Seidel, écrivain allemand (1885-1974) dont la prose narrative, marquée par la croyance au destin, avait pour thèmes principaux le « maternel », le « mystère du sang » ou « hérédité et vie personnelle ». Hitler l'a encensée dans des vers romantiques.

quelques « flux magnétiques » que ce soit. Constamment, des hommes actifs sont comparés à des moteurs. On dit par exemple dans le *Reich*, au sujet du gouverneur de Hambourg, qu'il est dans son travail comme « un moteur tournant toujours à plein régime ». Mais il est une phrase de Goebbels qui, bien plus fortement qu'une telle comparaison – qui a le mérite d'établir une frontière entre l'image et l'objet –, bien plus gravement encore, témoigne de la vision des choses fondamentalement mécanisante du nazisme, c'est celle-ci : « Nous allons, dans un avenir proche et dans toute une série de domaines, marcher à nouveau à plein régime. » Nous ne sommes donc plus comparés à des machines, nous sommes des machines. Nous : c'est Goebbels, c'est le gouvernement nazi, c'est l'ensemble de l'Allemagne hitlérienne qui, dans sa profonde détresse, après avoir subi une terrible déperdition de forces, doit être encouragée ; et ce prédicateur persuasif ne se contente pas de se comparer, de comparer tous ses fidèles, à des machines, non, il s'identifie, il les identifie à elles. Une manière de penser plus dénuée d'esprit que celle qui se trahit ici est impossible.

Mais si l'usage linguistique mécanisant s'empare si directement des personnes, alors il va de soi qu'il se saisit constamment des choses, plus proches de lui, même si elles se trouvent à l'extérieur de son domaine. Il n'est rien qu'on ne puisse faire « démarrer » [*anlaufen*], qu'on ne puisse « réviser » [*überholen*] comme on révise une machine après une longue utilisation, ou un navire après une longue croisière, il n'est rien qu'on ne puisse « introduire » [*hineinschleusen*] ou « extraire » [*herausschleusen*], et naturellement – ô langue du Quatrième Reich en devenir ! – on peut « monter » [*aufziehen*] absolument tout. Et quand il faut vanter la ferme volonté de vivre d'une ville bombardée, le *Reich* utilise, comme quasi-preuve philologique, l'expression régionale employée par la population rhénane ou westphalienne de la ville en question : « C'est de nouveau en bonne voie » [*Es spurt schon wieder*]. (On m'a expliqué qu'il s'agissait là d'un terme spécial [*spuren*] de la construction automobile : un véhicule est « à la voie » quand l'écartement de ses roues correspond à l'ornière du chemin.) Et pourquoi est-ce de nouveau en bonne voie ? Parce que chacun, du fait de l'organisation générale efficace, travaille « à pleine charge » [*voll ausgelastet*]. L'expression « à pleine charge », qu'affectionnait Goebbels dans les dernières années, elle aussi, représente certainement un empiètement de la langue technique sur la personne même ; elle paraît seulement moins violente que l'image du moteur tournant à plein régime [*zu vollen Touren*] parce que, finalement, on peut charger les épaules humaines de n'importe quel dispositif de portage. La langue le met au jour. Empiéter en permanence d'un domaine sur l'autre, filer la métaphore technique, s'en griser : Weimar ne connaissait que la « relance » de l'économie, la LTI y ajoute non seulement le « tourner à plein régime » [*das Auf-volle-Touren-kommen*] mais aussi le « pilotage bien entraîné » [*die gut eingespielte Lenkung*] – tout cela (que je n'ai absolument pas épuisé du point de vue lexical) porte témoignage du mépris effectif de la personne soi-disant estimée et protégée, de la volonté d'opprimer l'être humain libre et pensant par lui-même. Et ce témoignage ne saurait être infirmé, quand bien même on protesterait de sa volonté de développer la personne, justement, par opposition absolue à la « massification » [*Vermassung*] que viserait le marxisme et *a fortiori* sa surenchère, le bolchevisme judéo-asiatique.

Mais la langue met-elle vraiment au jour cette mécanisation de l'homme ? Un mot me vient à l'esprit, un mot que j'entends tout le temps, à présent que les Russes s'efforcent de reconstruire notre éducation nationale entièrement détruite : on cite Lénine affirmant que le professeur est l' « ingénieur de l'âme ». Cela aussi est une image technique et même, en fait, la plus technique d'entre toutes. Un ingénieur a affaire à des machines et s'il est considéré comme l'homme le plus qualifié pour s'occuper de l'âme, je dois donc en conclure que l'âme passe pour une machine...

Le dois-je vraiment ? Les nazis ont toujours professé que le marxisme c'était le matérialisme et que le bolchevisme surpassait la doctrine socialiste en matière de matérialisme, en ce qu'il s'efforçait d'imiter les méthodes industrielles des Américains et qu'il reprenait à son compte leur pensée et leur sensibilité technicisées. Or qu'y a-t-il de vrai dans tout cela ?

Tout et rien.

Il est certain que le bolchevisme a fait son apprentissage technique en Amérique, qu'il technicise son pays avec passion, ce qui doit forcément laisser des traces profondes dans sa langue. Mais pour quelle raison fait-il cela ? Pour procurer à ses habitants une existence plus digne, pour pouvoir, sur de meilleures bases matérielles, après avoir diminué le fardeau écrasant du travail, leur offrir la possibilité d'une élévation intellectuelle. La profusion nouvelle de tournures techniques dans la langue du bolchevisme témoigne donc exactement du contraire de ce dont elle témoigne dans l'Allemagne hitlérienne : elle indique les moyens mis en œuvre dans la lutte pour la libération de l'esprit, alors qu'en allemand les empiétements du technique sur les autres domaines m'obligent à conclure à l'asservissement de l'esprit.

Quand deux êtres font la même chose... Sagesse des plus rebattues. Mais, dans mon carnet de notes de philologue, je tiens à souligner cet usage bêtifiant : quand deux locuteurs se servent de la même forme d'expression, il n'est nullement nécessaire qu'ils partent de la même intention. Je tiens à le souligner, aujourd'hui et ici même justement, avec une insistance toute particulière. Car il est urgent que nous apprenions à connaître le véritable esprit des peuples dont nous avons été isolés pendant si longtemps, au sujet desquels on nous a menti pendant si longtemps. Et l'on ne nous a jamais menti autant que sur le peuple russe... Et rien ne nous conduit au plus près de l'âme d'un peuple que la langue... Et pourtant, il y a « mettre au pas » et « ingénieur de l'âme » – tournures techniques l'une et l'autre. La métaphore allemande désigne l'esclavage et la métaphore russe, la liberté.

24.
CAFÉ EUROPE

12 août 1935. « Bien sûr, c'est aux confins – en face on voit l'Asie –, mais c'est pourtant en Europe », m'a dit Dember lorsqu'il m'a parlé, il y deux ans, de sa nomination à l'université d'Istanbul. Je revois aujourd'hui devant moi son sourire satisfait, le premier après les semaines de désolation qui avaient suivi sa révocation ou plus exactement : son refoulement. Je me rappelle, justement aujourd'hui, comment ce sourire et le ton plus gai de sa voix détachaient le mot « Europe » ; car aujourd'hui sont parvenues des B. [1] les premières nouvelles depuis leur départ. Entre-temps ils doivent déjà être arrivés à Lima, leur lettre a été postée aux Bermudes. Elle me met passablement de mauvaise humeur : à ces gens, j'envie leur liberté, l'élargissement de leur horizon, à lui, j'envie ses possibilités d'action – et au lieu de se réjouir, eux se plaignent du mal de mer et me parlent de leur nostalgie de l'Europe. J'ai tourné ces quelques vers que je veux leur envoyer :

Remerciez Dieu chaque jour,
Qui vous a emmenés sur l'océan
Et délivrés de grands tourments –
Les petits n'ont aucune importance ;
Cracher dans les flots
Depuis le pont d'un vaisseau libre
C'est là le moindre mal.

1. Walter Blumenfel, professeur de psychologie à l'université où enseignait Victor Klemperer, s'était vu offrir la possibilité d'émigrer au Pérou avec son épouse Grete.

Levez, reconnaissants, vos yeux las
Vers la Croix du Sud :
Ce vaisseau tutélaire vous emmène
Loin de toute la souffrance des Juifs.
Avez-vous la nostalgie de l'Europe ?
Votre avenir est sous les tropiques ;
Car l'Europe est une idée !

13 août 1935. Walter écrit de Jérusalem : « À l'avenir, écris-moi s'il te plaît à l'adresse suivante : *Café Europe*. Je ne sais pas combien de temps mon adresse privée actuelle sera encore valable, en revanche, on pourra toujours me joindre au café Europe. Je me sens beaucoup mieux ici, je veux dire dans toute la ville de Jérusalem en général et dans ce café en particulier, qu'à Tel-Aviv ; là-bas, il y a uniquement des Juifs entre eux qui veulent être uniquement des Juifs. Ici l'atmosphère est plus européenne. »

Je ne sais si, me trouvant encore sous l'impression de la lettre d'hier, je n'accorde pas aujourd'hui à celle de Palestine une importance plus grande qu'elle n'a en réalité ; mais il me semble que mon neveu, qui n'est pas un érudit, se rapproche davantage de l'essence de l'Europe que mes collègues érudits dont la nostalgie colle à l'espace géographique.

14 août 1935. Lorque j'ai une idée, je n'en suis jamais fier au-delà d'un jour ; ensuite, je désenfle, car ensuite – destin de philologue –, je prends conscience de sa provenance. L'idée d'Europe est empruntée à Paul Valéry. Je peux ajouter, pour me consoler : *cf.* Victor Klemperer, *La Prose française moderne* [1]. À l'époque, cela fait maintenant une douzaine d'années, j'ai rassemblé et commenté dans un chapitre particulier ce que les Français pensent de l'Europe : comment ils regrettent de façon désespérée le déchirement du continent dans la guerre, comment ils reconnaissent son essence dans la mise en valeur et la diffusion d'une certaine culture, d'un certain état d'esprit et d'une certaine volonté. Paul Valéry a exprimé très clairement, dans son discours de Zurich en 1922, l'abstraction qu'est l'espace européen. Pour lui, l'Europe est partout où a pénétré la triade Jérusalem, Athènes et Rome, lui-même dit : la Grèce, la Rome antique et la Rome chrétienne, mais Jérusalem est contenue

1. Essai que Victor Klemperer publia en 1923.

dans la Rome chrétienne [1] ; l'Amérique aussi n'est, selon lui, qu'une « formidable création de l'Europe ». Mais, tout en plaçant l'Europe au rang de puissance hégémonique, il ajoute : Je m'exprime mal, ce n'est pas l'Europe qui domine, mais l'esprit européen.

Comment peut-on éprouver de la nostalgie pour une Europe qui n'en est plus une ? Et l'Allemagne n'est assurément plus l'Europe. Et combien de temps les pays limitrophes seront-ils à l'abri du péril qu'elle représente ? Je me sentirais plus en sécurité à Lima qu'à Istanbul. En ce qui concerne Jérusalem, cette ville est pour moi trop proche de Tel-Aviv et cela présente toutes sortes d'analogies avec Miesbach...

(Remarque à l'attention des lecteurs d'aujourd'hui : Dans la ville bavaroise de Miesbach paraissait, sous la République de Weimar, un quotidien qui anticipait le ton et le contenu du *Stürmer* [2] plutôt qu'il ne le préparait.)

Après ces quelques notes, le mot Europe n'est plus réapparu dans mon journal pendant environ huit ans, bien que j'aie été attentif à tout ce qui pouvait s'imposer à moi comme une particularité de la LTI. Naturellement, je ne veux pas dire non plus qu'il n'y ait pas eu, ici ou là dans la presse, quelque chose à lire sur l'Europe ou sur la situation européenne. Cela serait d'autant plus inexact que le nazisme a repris de Chamberlain, son ancêtre, une idée frelatée de l'Europe qui occupe également une place centrale dans le *Mythe* de Rosenberg, et dont tous les théoriciens du Parti se sont fait l'écho.

De cette idée nazie d'Europe, on peut dire qu'il lui est arrivé ce que les politiciens de la race s'efforçaient de faire avec la population allemande : on l'a rendue encore plus nordique [*aufgenordet*]. D'après la doctrine nazie, toute européanité procède d'hommes nordiques ou de Germains du Nord tandis que tout préjudice, toute menace, vient de Syrie et de Palestine ; dans la mesure où l'on ne pouvait en aucune façon récuser les origines

1. Valéry parle de trois influences : celle de Rome, celle du christianisme « issu de la nation juive » et celle de la Grèce (« La crise de l'esprit » dans *Variété*), Gallimard, 1924, p. 46 *sqq.*).

2. Hebdomadaire nazi édité par Julius Streicher et qui parut entre 1923 et 1945. De caractère fortement antisémite et pornographique, il servit à préparer et à « justifier » l'extermination des Juifs.

grecques et chrétiennes de la culture européenne, les Hellènes, de même que le Christ, avaient des ancêtres germano-nordiques blonds aux yeux bleus. Tout ce qui, dans le christianisme, n'était pas conforme à l'éthique et à la politique nazies était retranché tantôt comme juif, tantôt comme syrien, tantôt comme romain.

Mais, même après une telle défiguration, l'idée et le mot d'Europe n'existaient que pour une couche restreinte de personnes cultivées, et étaient, au demeurant, presque aussi suspects que les concepts réprouvés d'intelligence et d'humanité. Car le danger existait toujours que des souvenirs de l'ancienne représentation de l'Europe se réveillent, conduisant inévitablement à des pensées pacifiques, supranationales et humanistes. Alors qu'on pouvait tout à fait renoncer à l'idée d'Europe quand on faisait de la Germanie le pays d'origine des idées européennes dans leur ensemble et le seul porteur du sang de l'humanité européenne. De cette manière, l'Allemagne fut déliée de tout engagement et de toute obligation d'ordre culturel, elle se retrouva seule et semblable à Dieu, jouissant de droits divins, au-dessus de tous les autres peuples. Bien sûr, on entendait souvent dire que l'Allemagne devait refouler le bolchevisme judéo-asiatique hors d'Europe. Et lorsque, le 2 mai 1938, Hitler mit en scène, de manière on ne peut plus théâtrale, son départ pour une visite officielle en Italie, on put lire à maintes reprises dans la presse que le Führer et le Duce étaient désormais à l'œuvre pour créer ensemble « la Nouvelle Europe », cependant qu'en titrant « Le Saint Empire germanique de la nation allemande [1] » on s'opposait à l' « Europe » internationaliste. En aucun cas, dans les années de paix du Troisième Reich, le mot « Europe » ne fut utilisé aussi souvent, avec une mise en valeur d'un sens spécial et un sentimentalisme tels qu'on eût pu le consigner comme une caractéristique de la LTI.

Ce n'est qu'au début de la campagne de Russie, voire seulement au début du reflux, qu'il acquit un nouveau crédit, toujours plus désespéré. Si autrefois on ne parlait que de temps en temps, et pour ainsi dire à la faveur de considérations d'ordre culturel, lors de grandes occasions, de « protéger [l'Europe] contre le bolchevisme », cette périphrase (ou toute autre similaire) est à présent si répandue qu'elle apparaît tous les jours dans tous les

1. *Cf.* p. 160.

journaux, souvent reprise en plusieurs endroits. Goebbels invente l'image de la steppe envahissante, il met en garde, empruntant ce substantif à la langue technique de la géographie, contre la désertification [*Versteppung*, « transformation en steppe »] de l'Europe et, à partir de là, « steppe » et « Europe » appartiennent, souvent en étroite relation, au vocabulaire spécifique de la LTI.

Mais voilà que l'idée d'Europe a connu une curieuse régression. Dans le discours de Valéry, l'Europe était dégagée de son espace d'origine, et même de l'espace en général, elle signifiait tout domaine ayant reçu l'empreinte intellectuelle de cette triade : Jérusalem, Athènes et Rome (ou, exprimé de manière plus latine : une fois d'Athènes et deux fois de Rome). À présent, dans le dernier tiers de l'ère hitlérienne, il ne s'agit plus du tout d'une telle abstraction. Bien sûr, on parle de l'esprit de l'Occident qu'on dit vouloir protéger contre l'asiatisme. Mais on se garde de propager à nouveau l'idée de l'européanité germano-nordique – sur laquelle on insistait au moment de la montée du nazisme –, comme on se dispense d'écrire une seule ligne sur l'idée d'Europe selon Valéry, plus fidèle à la vérité. Je la qualifie simplement de plus fidèle à la vérité ; car, avec sa couleur purement latine et son orientation exclusivement occidentale, elle est trop étriquée pour être tout à fait vraie : depuis que Tolstoï et Dostoïevski exercent une influence en Europe (et le *Roman russe* de Vogüé est paru dès 1886), depuis que le marxisme a évolué en marxisme-léninisme, depuis qu'il s'est associé à la technique américaine, le centre de gravité de l'européanité intellectuelle s'est déplacé à Moscou...

Non, l'Europe dont la LTI parle maintenant tous les jours, son nouveau maître mot « Europe » est à prendre au sens parfaitement spatial et matériel; il désigne un territoire plus restreint et l'envisage sous des angles plus concrets qu'on ne le faisait habituellement. C'est qu'à présent, l'Europe n'est pas seulement séparée de la Russie, dont bien entendu on revendique une grande partie des possessions, prétendues illégitimes, au bénéfice du nouveau continent hitlérien, mais l'Europe s'est aussi détachée de la Grande-Bretagne en adoptant une position de défense hostile.

Au début de la guerre, c'était encore différent. Alors, on disait : « L'Angleterre n'est plus une île. »

Cette sentence a d'ailleurs été déjà prononcée longtemps avant Hitler, je l'ai trouvée dans le *Tancred* de Disraeli [1] ainsi que chez Rohrbach [2], auteur politique de récits de voyages et ardent défenseur du chemin de fer de Bagdad [3] et de la *Mitteleuropa* [4]; néanmoins, ce *dictum* restera toujours attaché à Hitler. À l'époque, grisée par les victoires que représentait l'envahissement de la Pologne et de la France, l'Allemagne hitlérienne tout entière escomptait un débarquement en Angleterre.

Cet espoir ne se réalisa pas; au lieu de l'Angleterre, les puissances de l'Axe furent soumises au blocus et menacées d'invasion, et dès lors, on ne parla plus que de l'Europe « invulnérable aux blocus », de l' « Europe autarcique » ou, comme on disait alors, du « continent respectable » trahi par l'Angleterre, espionné par les Américains et par les Russes qui visaient son asservissement et sa « déspiritualisation ». D'un point de vue lexical et conceptuel, l'expression la plus déterminante pour la LTI, c'est la « forteresse Europe ».

Au printemps 1943 fut publié le livre d'un certain Max Clauss [5], intitulé *Le Fait Europe* et bénéficiant d'une reconnaissance officielle (« Cette publication est consignée dans la bibliographie national-socialiste »). Le titre à lui seul atteste qu'il ne s'agit pas ici d'une idée vague et spéculative mais bien plutôt du fait concret, de l'Europe comme espace circonscrit. De la « nouvelle Europe qui est aujourd'hui en marche ». Dans cet ouvrage, c'est l'Angleterre qui tient le rôle de l'adversaire proprement dit, l'Angleterre bien plus encore que la Russie. Le point de départ théorique est

1. Benjamin Disraeli, homme politique et écrivain britannique (1804-1881); *Tancred* (1847) est la dernière partie de sa trilogie « Jeune Angleterre », qui constitue un plaidoyer pour la démocratie tory.

2. Rohrbach, Paul, théologien, puis écrivain nazi (1869-1956).

3. Ligne de chemin de fer (construite entre 1903 et 1940) reliant Constantinople à Bagdad.

4. « Europe centrale » : nom donné à un système politique qui inspira la diplomatie allemande de 1870 à 1918. Il avait pour objectif la réunion de l'Allemagne et de l'Autriche en une seule puissance économique et l'inféodation de tous les États compris entre la mer du Nord et le golfe Persique.

5. Clauss, Max, romaniste et journaliste allemand (1901-1988). Premier traducteur allemand de Malraux. Il adhéra à la NSDAP en 1933 et collabora avec Ribbentropp. *Tatsache Europa* parut en 1943.

le livre de Coudenhove-Kalergi [1], *Pan-Europa* [Union paneuropéenne] publié en 1923, dans lequel l'Angleterre est considérée comme une puissance hégémonique européenne et la Russie soviétique comme un danger pour la démocratie européenne. En matière d'antisoviétisme, Coudenhove est donc l'allié, et non l'adversaire, de l'auteur nazi. Mais ce n'est pas la position purement politique des deux théoriciens qui importe ici. Clauss cite Coudenhove expliquant la signification de son emblème fédéral : « L'emblème sous lequel tous les partisans de l'Union paneuropéenne se rassembleront, la croix solaire, c'est la croix rouge sur un soleil doré, le symbole de l'humanité et de la raison. » Ce qui importe ici, ce n'est pas le fait que Coudenhove ne comprenne pas que c'est justement la Russie – qu'il exclut – qui porte le flambeau de l'européanité, ce n'est pas non plus le fait qu'il prenne parti pour l'hégémonie anglaise. Non, la seule chose qui entre ici en ligne de compte, c'est que, chez Coudenhove, l'idée et non l'espace Europe occupe une position centrale – sur la couverture de la publication nazie, au contraire, c'est justement l'espace qui importe, la carte géographique du continent –, et que cette idée se nomme humanité et raison. Le livre *Le Fait Europe* se moque du « feu follet Pan-Europe » et se préoccupe exclusivement de la « réalité », ou plus exactement de ce qui jouit, au début de l'année 1943, dans l'Allemagne hitlérienne, d'un crédit officiel en tant que réalité durable : Réalité, l'organisation du gigantesque espace continental sur une base dégagée à l'Est, réalité encore, la libération de forces puissantes pour rendre à jamais inexpugnable l'Europe invulnérable aux blocus. » Au centre de cet espace se trouve l'Allemagne en tant que « puissance d'ordre ». Ce mot, lui aussi, appartient à la LTI dans sa dernière phase. C'est l'expression qui voile de manière euphémique la puissance dominante et exploiteuse, et qui s'impose d'autant plus vigoureusement que s'affaiblit la position du « partenaire de l'Axe », de l'Italie alliée ; elle ne

1. Comte Richard Nicolas de Coudenhove-Kalergi, homme politique et écrivain autrichien (1894-1972), fondateur en 1923 du mouvement paneuropéen. Entre 1938 et 1946, il vécut en Suisse puis aux États-Unis. De retour en Europe en 1947, il créa l'Union parlementaire européenne. *Cf. Pan-Europe*, traduit par Mathilde et Pierre Trainard, PUF, 1988.

contient aucun objectif idéal détaché de la dimension spatiale.

Au cours des dernières années, chaque fois que le nom d'Europe apparaît dans la presse ou dans les discours – et plus l'Allemagne va mal, plus cela arrive souvent et de façon conjuratoire –, son contenu est toujours seulement celui-ci : l'Allemagne, la « puissance d'ordre », défend la « forteresse Europe ».

À Salzbourg on organise une exposition : « Les artistes allemands et la SS ». Un journal titre son commentaire : « De la troupe de choc du Mouvement à la troupe de combat pour l'Europe ». Peu de temps auparavant, au printemps 1944, Goebbels écrit : « Les peuples d'Europe devraient nous remercier à genoux » de nous battre pour leur protection, peut-être ne le méritent-ils même pas ! (Je n'ai noté littéralement que le début de la phrase.)

Mais un jour, parmi tous ces matérialistes qui ne voient jamais dans l'Europe qu'un continent sous la férule de l'Allemagne hitlérienne, un jour s'élève la voix d'un poète et idéaliste. Au cours de l'été 1943, le *Reich* publie une ode à l'Europe inspirée de la métrique des Anciens. Le poète s'appelle Wilfried Bade [1] et son recueil de poèmes, qui vient de paraître, s'intitule *Mort et vie.* Je ne sais rien de plus de l'auteur, rien de plus de son œuvre, l'un et l'autre ont probablement sombré dans l'oubli ; la seule chose qui m'avait touché alors, et qui me touche encore aujourd'hui lorsque je m'en souviens, c'était la forme pure et l'élan de cette ode. L'Allemagne y est représentée comme le dieu à figure de taureau qui ravit la belle Europe, et de cette jeune fille enlevée et élevée à un rang supérieur, il est dit : « ... Tu es à la fois /Mère, amante et fille également / Dans le grand mystère, / dont on ne peut avoir idée... » Mais ce jeune idéaliste et ami de l'Antiquité ne s'attache pas davantage à la pensée de ce grand mystère, il sait un remède à toutes les difficultés intellectuelles : « Cependant dans l'éclat / Des épées tout est simple, et rien / Ne demeure une énigme. »

Quelle distance incommensurable avec la pensée de l'Europe qui avait cours pendant la Première Guerre mondiale ! « Europe, je ne supporte pas que tu sombres dans cette folie, Europe, je crie à tes bourreaux qui tu

1. Bade, Wilfried, écrivain et poète nazi (1906-?), chef de service au ministère de la propagande, auteur d'une biographie de Goebbels publiée en 1933.

es ! » écrit Jules Romains – et le faiseur de vers de la Seconde Guerre mondiale trouve élévation et étourdissement dans « l'éclat des épées » !

....

La vie se permet des combinaisons qu'aucun romancier ne peut se permettre, sous peine de tomber dans le « romanesque ». J'avais rassemblé mes notes sur l'Europe, prises à l'époque hitlérienne, j'étais précisément en train de me demander si nous allions revenir à une pensée plus pure de l'Europe ou bien si nous laisserions tomber cette idée pour de bon (car depuis ce Moscou, avec lequel ce Latin qu'est Valéry n'avait pas compté, la pensée d'Europe la plus pure qui soit s'adresse à présent littéralement « à tous », et, du point de vue de Moscou, il n'y a plus que « le monde » et non plus la province à part nommée « Europe »), quand je reçus de mon neveu Walter la première lettre de Jérusalem, la première depuis six ans. Elle n'était plus postée du café Europe. Je ne sais pas si ce café existe encore, toujours est-il que j'ai perçu l'absence de cette adresse tout aussi symboliquement que, jadis, sa présence. Car, même dans le contenu de la lettre cette européanité d'alors brillait par son absence. « Tu as peut-être lu certaines choses là-dessus dans les journaux, écrivait mon neveu, mais tu ne peux pas t'imaginer tout le mal que font nos nationalistes ici. Est-ce pour voir cela que j'ai fui l'Allemagne hitlérienne ? »... Ainsi, le café Europe n'est donc vraiment plus chez lui à Jérusalem. Mais ceci aura sa place dans le chapitre de ma LTI consacré aux Juifs.

25.
L'ÉTOILE

Je me repose aujourd'hui la question que je me suis posée, que j'ai posée aux personnes les plus diverses des centaines de fois déjà : quel fut le jour le plus difficile pour les Juifs dans ces douze années d'enfer ?

Jamais je n'ai obtenu de moi, jamais non plus des personnes interrogées, une réponse autre que celle-ci : le 19 septembre 1941. À partir de cette date, il fallut porter l'étoile jaune, l'étoile de David à six branches, le chiffon de couleur jaune qui signifie, aujourd'hui encore, peste et quarantaine et qui, au Moyen Âge, était la couleur distinctive des Juifs, la couleur de la jalousie et du fiel dans le sang, la couleur du mal qu'il faut éviter ; le chiffon jaune avec son impression à l'encre noire : « Juif », le mot encadré par les lignes des deux triangles encastrés l'un dans l'autre, le mot tracé en grosses capitales qui, de par leur espacement et l'outrance de leurs horizontales, simulent les caractères hébraïques.

La description est trop longue ? Mais non, au contraire ! Il me manque l'art de décrire de façon plus précise, plus pénétrante. Combien de fois, alors qu'il fallait coudre une nouvelle étoile sur un nouveau vêtement (ou plutôt sur un vieux, acquis au magasin d'habillement des Juifs), sur une veste ou sur un manteau de travail, combien de fois n'ai-je pas observé ce chiffon à la loupe, chaque grain de cette étoffe jaune, les irrégularités de l'impression à l'encre noire – et tous ces morceaux n'auraient pas suffi si j'avais voulu rattacher à chacune d'elles une des tortures que m'a fait vivre l'étoile.

Un homme à l'air brave et bon enfant vient à ma rencontre, tenant consciencieusement un jeune garçon par la main. À un pas de moi, il s'arrête : « Regarde bien celui-là, Horstl ! – c'est lui qui est coupable de tout ! »... Un monsieur soigné, à barbe blanche, traverse la rue, me salue bien bas, me tend la main : « Vous ne me connaissez pas, je dois seulement vous dire que je condamne ces méthodes. »... Je suis sur le point de monter dans le tram, j'ai seulement le droit d'utiliser la plate-forme avant, et seulement quand je vais à l'usine, et seulement si l'usine est à plus de six kilomètres de mon domicile, et seulement si la plate-forme avant est séparée par une cloison étanche de l'intérieur du véhicule ; je suis sur le point de monter, il est tard et, si je ne suis pas à l'heure au travail, le contremaître peut me signaler à la Gestapo. Quelqu'un me tire par-derrière : « Vas-y à pied, ça te fera beaucoup de bien ! » Un officier SS, en ricanant, pas du tout brutalement, s'amuse juste un peu, comme on taquine un chien... Ma femme me dit : « Il fait si beau, et, pour une fois, je n'ai pas de courses à faire, je ne dois faire la queue nulle part ; je vais t'accompagner un peu ! – Il n'en est pas question ! Faudrait-il aussi que je supporte de te voir insultée à cause de moi dans la rue ? Et puis, qui sait si quelqu'un, qui jusqu'ici ne te connaissait pas, ne se mettrait pas à te soupçonner, et un jour, en cachant mes manuscrits, tu te retrouverais nez à nez avec lui ?... » Un déménageur, qui m'est acquis depuis que j'ai fait deux déménagements avec lui (les braves gens, tous sans exception, sentent de loin la KPD [1]), se trouve soudain en face de moi dans la Freiberger Strasse, me saisit la main dans ses deux patoches et chuchote, de telle sorte qu'on doit l'entendre de l'autre côté : « Allons, monsieur le professeur, surtout ne vous découragez pas ! Ces sales types auront bientôt leur compte ! » Cela se veut un réconfort, c'est en effet un baume pour le cœur ; mais si, sur l'autre trottoir, cette réflexion tombe dans les oreilles de qui ne doit pas l'entendre, alors, cela coûtera la liberté à mon consolateur, et, à moi, la vie, via Auschwitz... Une automobile freine en passant à côté de moi dans une rue déserte, une tête inconnue se penche par la fenêtre : « Tu es encore en vie, espèce de sale porc ? On devrait t'écraser, sur le ventre ! »...

1. Parti communiste allemand. Ses membres furent persécutés par les nazis dès 1933 (surtout après l'incendie du Reichstag).

Non, tous ces morceaux de tissu ne suffisent pas pour noter les amertumes liées à l'étoile juive.

Dans le square de la Georgplatz se trouvait une statuette de Gutzkow [1], à présent il n'y a plus que le socle sur une bande de terre ravagée ; j'entretenais une amitié particulière avec ce buste. Qui connaît aujourd'hui encore *Les Chevaliers de l'esprit* ? Pour ma thèse de doctorat, j'ai lu les neuf tomes avec plaisir et, il y a de cela beaucoup plus longtemps, ma mère m'a raconté que, jeune fille, elle avait dévoré ce roman comme une lecture des plus modernes et, à vrai dire, interdite. Pourtant, ce n'est pas aux *Chevaliers de l'esprit* que je pense en premier quand je passe devant le buste de Gutzkow. Je pense d'abord à *Uriel Acosta* que j'ai vu à la Krolloper lorsque j'avais seize ans. À l'époque, cette pièce avait presque complètement disparu du répertoire, et chaque critique se faisait un devoir de la trouver mauvaise et de n'attirer l'attention que sur ses faiblesses. Mais moi, elle me bouleversait, et une phrase qui en est extraite m'a accompagné toute ma vie durant. Parfois, lorsque je me heurtais à quelque mouvement antisémite, je croyais pouvoir la comprendre très intimement, mais elle n'est vraiment entrée dans ma propre vie qu'en ce 19 septembre. Cette phrase est la suivante : « J'aimerais bien me fondre dans le général et suivre le grand courant de la vie ! » Bien sûr j'étais déjà coupé du « général » depuis 1933, et toute l'Allemagne aussi en était coupée depuis cette date ; mais malgré tout : dès que je quittais la maison et dépassais la rue où l'on me connaissait, je me fondais dans le grand courant général, avec angoisse certes, car à tout moment quelqu'un de malintentionné pouvait me reconnaître et me créer des ennuis, mais je m'y fondais tout de même ; alors qu'à présent, j'étais rendu reconnaissable à chacun, à chaque instant, et, du fait de cette marque, isolé et hors-la-loi ; car on justifiait cette mesure en arguant que les Juifs devaient être mis à l'écart puisque leur cruauté avait été démontrée en Russie.

Ce n'est qu'à partir de là que la « ghettoïsation » fut complète ; auparavant, le mot ghetto n'apparaissait que

1. Karl Gutzkow, écrivain allemand (1811-1878) engagé, ayant joué un grand rôle dans le mouvement « Jeune-Allemagne ». Son roman-fleuve, *Les Chevaliers de l'esprit*, est paru dans les années 1850-1851. Le drame, *Uriel Acosta*, remonte à 1847.

sur les flammes postales où l'on pouvait lire par exemple « Ghetto Litzmannstadt », il était réservé aux pays étrangers conquis. En Allemagne, il y avait des maisons de Juifs spéciales, dans lesquelles on entassait les Juifs et sur lesquelles on écrivait aussi parfois « Maison de Juifs ». Mais ces maisons étaient situées au beau milieu des quartiers aryens, et même, elles n'étaient pas exclusivement habitées par des Juifs ; c'est pourquoi, occasionnellement, on pouvait lire sur d'autres façades l'inscription : « Cette maison est pure de tout Juif [*judenrein*]. » La phrase resta sur certains murs, en lettres noires et épaisses, jusqu'à ce qu'ils aient été, eux aussi, détruits par les bombardements, alors que les écriteaux proclamant « magasin purement aryen » et les inscriptions hostiles peintes sur les vitrines – « magasin juif ! » –, de même que le verbe « aryaniser » [*arisieren*] et les paroles conjuratoires du genre : « Entreprise entièrement aryanisée ! », sur les portes des boutiques, disparurent très vite parce qu'il n'y avait plus aucun magasin juif et plus rien à « aryaniser ».

À présent qu'on avait introduit l'étoile jaune, que les maisons de Juifs fussent dispersées ou qu'elles formassent un quartier à part, cela ne changeait plus rien à l'affaire, car chaque Juif à étoile portait son ghetto avec lui, comme un escargot sa coquille. Et il était également indifférent que dans sa maison vécussent uniquement des Juifs ou qu'il y eût aussi des Aryens car, sur la porte, au-dessus de son nom, devait figurer l'étoile. Si sa femme était aryenne, elle devait apposer son nom un peu à l'écart de l'étoile et le faire suivre de la mention « aryenne ».

Et bientôt d'autres bouts de papier collés aux portes donnant sur le corridor firent aussi leur apparition çà et là, des bouts de papier stupéfiants : « Ici habitait le Juif Weil. » Alors, la factrice savait qu'elle n'avait plus besoin de rechercher sa nouvelle adresse ; on renvoyait sa lettre à l'expéditeur, assortie de la mention euphémique : « Destinataire émigré [*abgewandert*]. » Si bien que, dans cette acception horrible, « émigré » appartient tout à fait au lexique de la LTI, à la section consacrée aux Juifs.

Cette section est riche en expressions et en tournures officielles qui étaient employées couramment par toutes les personnes concernées et apparaissaient constamment dans leurs conversations. Cela commença naturellement par « non-aryen » et « aryaniser », puis il y eut les « lois de Nuremberg sur la conservation de la pureté [*Reinhaltung*] du sang allemand », puis les « Juifs complets » [*Volljuden*] et les « demi-Juifs » [*Halbjuden*] firent leur apparition, ainsi que les « métis au premier degré » [*Mischlinge ersten Grades*] et à d'autres degrés, et les « Juifs de souche » [*Judenstämmlinge*]. Et surtout : il y avait des « privilégiés ».

Il s'agit de la seule invention des nazis dont je ne sais si ses auteurs avaient conscience de tout son diabolisme. Les « privilégiés » n'apparaissaient qu'à l'intérieur des groupes d'ouvriers juifs dans les usines ; leur traitement de faveur résidait précisément dans le fait qu'ils n'avaient pas besoin de porter d'étoile ni d'habiter dans des maisons de Juifs. On était « privilégié » quand on avait contracté un mariage mixte et que, de cette union, on avait des enfants « élevés à l'allemande », c'est-à-dire non inscrits comme membres de la communauté juive. Peut-être ce paragraphe, dont l'exégèse a maintes fois conduit à des hésitations et à des arguties grotesques, n'a-t-il vraiment été créé que pour protéger des parties de la population pouvant être utilisées d'un point de vue nazi ; mais sans doute rien n'a-t-il eu un effet aussi dissolvant et aussi démoralisateur sur le groupe des Juifs que cette disposition-là. Que de jalousie et de haine n'a-t-elle pas provoquées ! J'ai rarement entendu une phrase prononcée aussi souvent et avec autant d'amertume que celle-ci : « Il est privilégié. » Cela signifie : « Il paye moins d'impôts que nous, il n'a pas besoin d'habiter dans une maison de Juifs, il ne porte pas d'étoile, il pourrait presque passer inaperçu... » Et quelle morgue, quel malin plaisir lamentable – lamentable, car finalement ils étaient dans le même enfer que nous, bien que dans un cercle meilleur, et, en fin de compte, les flammes des fours crématoires ont aussi dévoré des « privilégiés » –, que de distance marquée résidaient dans ces trois mots : « Je suis privilégié. » Quand, à présent, j'entends parler d'accusations portées entre eux par des Juifs, d'actes de vengeance lourds de conséquences, je pense toujours d'abord au conflit général entre porteurs d'étoile et privilégiés. Naturellement, il y a eu aussi, dans l'étroite cohabitation de la maison de Juifs – même cuisine, même salle de bains, même vestibule pour plusieurs occupants – et dans l'étroite communauté des groupes juifs à l'usine, d'innombrables motifs d'accrochage ; mais l'opposition privilégiés/non-privilégiés enflammait l'hostilité la plus empoisonnée, parce qu'il s'agissait ici de la chose la plus haïe, il s'agissait de l'étoile.

À maintes reprises et avec d'infimes variantes, je trouve dans mon journal des phrases comme celle-ci : « Toute la méchanceté des gens se montre au grand jour, on pourrait en devenir antisémite ! » Mais à partir de la deuxième maison de Juifs – j'en ai connu trois –, de telles sorties sont toujours accompagnées de cette phrase : « J'ai bien fait de lire *Derrière les barbelés* de Dwinger. Toute la population parquée dans les *compounds* sibériens de la Première Guerre mondiale n'a rien à voir avec le judaïsme, c'est un peuple de race purement aryenne, c'est une troupe allemande, c'est un corps d'officiers allemands, et pourtant il se passe exactement la même chose dans ce *compound* que dans nos maisons de Juifs. Ce n'est pas la race, ce n'est pas la religion, c'est l'entassement et l'asservissement... » Dans la section de mon lexique consacrée aux Juifs, « privilégié » est le deuxième mot dans l'ordre de l'abomination. Le premier reste l'étoile. Quelquefois, on la considère avec un certain humour macabre : je porte le *Pour le Sémite* [1], est un bon mot répandu ; quelquefois, on va même jusqu'à prétendre, non seulement devant les autres mais aussi devant soi-même, qu'on en est fier ; tout à la fin seulement, on y place des espérances : elle sera notre alibi ! Mais la majeure partie du temps, sa couleur jaune criarde luit à travers les pensées les plus douloureuses.

Et ce qui brille de l'éclat phosphorique le plus empoisonné, c'est l' « étoile dissimulée ». Selon les ordonnances de la Gestapo, l'étoile doit être portée du côté du cœur, sans être dissimulée, sur la veste, le manteau de ville, le manteau de travail, elle doit être portée en tout lieu où il est possible de rencontrer des Aryens. Si, par une chaude journée de mars, tu as ouvert ton manteau et que le revers est rabattu sur le côté du cœur, si tu tiens ta serviette coincée sous ton bras gauche, si, en tant que femme, tu portes un manchon, alors ton étoile est dissimulée, peut-être de manière involontaire et juste pour quelques secondes, peut-être aussi de manière intentionnelle, pour pouvoir, une fois au moins, marcher dans

1. Par allusion à la décoration *Pour le Mérite* qui récompensait les héros allemands de la Première Guerre mondiale.

les rues sans stigmate. Un fonctionnaire de la Gestapo part toujours du principe qu'il y a intention de dissimuler, et cela est passible du camp de concentration. Et si un fonctionnaire de la Gestapo veut faire du zèle et que tu croises son chemin juste à ce moment-là, ton bras peut bien pendre jusqu'au genou avec la serviette ou le manchon au bout, ton manteau peut bien être parfaitement boutonné ; alors, toi le Juif Lesser ou toi la Juive Winterstein, vous avez « dissimulé l'étoile ». Trois mois après, au plus tard, la communauté reçoit un certificat réglementaire de décès en provenance de Ravensbrück ou d'Auschwitz. La cause de la mort y est indiquée avec précision, et elle change même régulièrement, ou elle est individualisée ; il s'agit tour à tour d' « insuffisance du myocarde » et de « fusillé lors d'une tentative de fuite ». Mais la véritable cause de la mort, c'est l'étoile dissimulée.

26.

LA GUERRE JUIVE

L'homme qui est à côté de moi sur la plate-forme avant du tram me regarde fixement et me dit à l'oreille, à voix basse mais sur un ton impérieux : « Tu descends à la station Gare centrale et tu viens avec moi. » C'est la première fois que cela m'arrive mais je sais naturellement de quoi il est question grâce aux récits qu'en ont faits d'autres porteurs d'étoile. On est indulgent, d'humeur badine, et l'on me tient pour inoffensif. Mais comme je ne peux pas le savoir à l'avance et comme être traité d'une manière indulgente et badine par la Gestapo n'est pas un plaisir, je suis tout de même bouleversé par cet incident. « Celui-là, je vais le tondre, dit mon ramasseur de chiens errants au portier, laisse-le ici debout face au mur jusqu'à ce que je l'appelle. » Je reste donc debout dans la cage d'escalier pendant à peu près un quart d'heure, le visage contre le mur, et les passants me jettent des insultes et des conseils du genre : « Mais va te faire pendre, bon sang, espèce de chien de Juif, qu'est-ce que t'attends encore ? »... « T'as pas reçu assez de coups ? »... À la fin, on me dit : « Tu montes, et que ça saute... au pas de gymnastique ! » J'ouvre la porte et m'arrête devant le bureau qui est tout près. On m'adresse aimablement la parole : « T'es encore jamais monté ici, n'est-ce pas ? Vraiment pas ? Une chance pour toi – t'as encore beaucoup à apprendre... Approche-toi à deux pas de la table, les mains sur la couture du pantalon et là, au garde-à-vous, tu déclares : « Je suis le Juif Paul Israel Saleporc », ou un truc comme ça. Allez, vas-y, et que ça saute, et gare à toi si c'est pas assez mordant !... Eh bien, c'était pas très mordant mais ça passera pour cette fois. Allez, viens que j' te tonde. Carte d'identité ! papiers ! et vide tes poches, vous avez toujours des marchandises volées et de la contrebande sur vous... Quoi, t'es professeur ? Eh ben mon coco, tu veux nous apprendre quelque chose ? Rien que pour cette insolence, tu pourrais te retrouver à Theresienstadt... Non ! T'as pas encore 65 ans, alors pour toi ça serait la Pologne. Pas encore 65 ans – et dire que t'es si niais, si mal fichu et si essoufflé ! Dieu sait que t'as dû t'amuser dans ta vie de débauche, t'as l'air d'avoir 75 ans ! » L'inspecteur est de bonne humeur. « T'as eu de la chance qu'on ait rien trouvé d'interdit sur toi. Mais demande grâce à Dieu si la prochaine fois on trouve autre chose dans tes poches : la moindre cigarette et tu partiras, et même si t'as trois femmes aryennes... dégage ! et plus vite que ça ! »

J'ai déjà la main sur la poignée de la porte, c'est alors qu'il me rappelle : « Maintenant on va prier à la maison pour la victoire juive, n'est-ce pas ? Me regarde pas comme ça et réponds pas, je sais bien que tu vas le faire. Car c'est votre guerre. Quoi, tu secoues la tête ? Contre qui est-ce qu'on fait la guerre alors ? Ouvre ta grande gueule quand on te pose une question, tu prétends être professeur, non ?

– Contre l'Angleterre, la France et la Russie, contre...

– Ça suffit, c'est des foutaises ! C'est contre le Juif qu'on est en guerre. C'est la guerre juive. Et si tu recommences à secouer la tête, je te donne une telle raclée que tu pourras aller directement chez le dentiste. C'est la guerre juive, le Führer l'a dit, et le Führer a toujours raison... Dehors ! »

La guerre juive ! Le Führer ne l'a pas inventée, il ne savait certainement rien non plus de Flavius Josèphe [1], il a seulement dû pêcher dans un journal ou sur la vitrine d'une librairie que le Juif Feuchtwanger [2] avait écrit un roman intitulé *La Guerre juive*. Il en va de même de tous les mots et de toutes les tournures caractéristiques de la LTI : l'Angleterre qui n'est plus une île, la massification, la désertification, l'unicité, la sous-humanité, etc. – tout

1. Une des deux œuvres maîtresses de cet historien juif (37-100) est *La Guerre juive*, seul témoignage sur la révolte juive de 66-67 après J.-C.

2. Lion Feuchtwanger, écrivain allemand (1884-1958), auteur du roman *Le Juif Süss* (1925). *La Guerre juive* est parue en 1932. En 1933, il s'exile en France et sera privé de la nationalité allemande.

est emprunté et pourtant tout est nouveau et appartient pour toujours à la LTI, car cela a été tiré de l'usage isolé d'un individu, d'une science ou d'un groupe pour être transposé dans la langue générale, et ces vocables ont été complètement empoisonnés par la tendance fondamentale du nazisme.

La guerre juive ! À ces mots, j'ai secoué la tête et énuméré chacun des adversaires de l'Allemagne dans cette guerre. Et pourtant, du point de vue du nazisme, cette désignation est exacte, oui, exacte dans un sens beaucoup plus large que celui dans lequel elle a été employée ; car la guerre juive a commencé avec la « prise du pouvoir » le 30 janvier 1933, et elle n'a connu, le 1er septembre 1939, qu'un « élargissement », pour désigner cela par un mot de la LTI qui fut plus tard à la mode pendant un certain temps. J'ai longtemps refusé cette hypothèse selon laquelle nous – et c'est justement parce que je devais dire « nous » que je prenais cela pour une illusion étroite et vaine – aurions été à ce point au centre du nazisme. Mais c'était pourtant réellement ainsi, et l'origine de cette situation est claire comme le jour.

Il suffit de consulter minutieusement les pages du chapitre intitulé « Années viennoises d'apprentissage et de souffrance » dans *Mein Kampf*, où Hitler décrit sa « conversion à l'antisémitisme ». Au-delà des choses voilées, truquées et fabriquées de toutes pièces, une chose s'impose comme une vérité : cet homme tout à fait inculte et inconsistant fait connaissance avec la politique en adoptant d'abord le point de vue de Lueger et de Schönerer, ces antisémites autrichiens qui sont vus par lui avec les yeux de la rue et du ruisseau. D'une manière extrêmement primaire, il conçoit le Juif par excellence – tout au long de sa vie, il dira : « le peuple juif » – sous les traits du colporteur galicien ; d'une manière extrêmement primaire, il se répand en invectives contre l'apparence extérieure du porteur de caftan crasseux ; d'une manière extrêmement primaire, il charge celui qu'il a élevé au rang de figure allégorique, de « peuple juif » donc, de toutes les immoralités dont il s'indigne avec l'aigreur de son insuccès pendant la période viennoise. Dans chaque « tumeur de la vie culturelle » qu'il ouvre, il trouve immanquablement « comme le ver dans le corps pourrissant [...] un " petit Juif " [*ein Jüdlein*] ». Et l'ensemble de l'activité juive dans les domaines les plus divers est pour lui pestilence, « pire que la peste noire[1] de jadis »...

« Petit Juif » et « peste noire », expression de l'ironie méprisante et expression de l'épouvante, de la peur panique : ce sont les deux formes stylistiques qu'on rencontrera toujours chez Hitler chaque fois qu'il parle des Juifs et, par conséquent, dans chacun de ses discours et chacune de ses allocutions. Il n'a jamais dépassé son attitude du début, à la fois enfantine et infantile, à l'égard des Juifs. En elle réside une part essentielle de sa force, car elle le relie à la masse populaire la plus abrutie qui, à l'ère des machines, est constituée non pas du prolétariat industriel, mais en partie d'une population paysanne et surtout de la masse de la petite bourgeoisie entassée dans les villes. Selon elle, celui qui est vêtu autrement, celui qui parle autrement, n'est pas l'autre être humain mais l'autre animal venant de l'autre étable, avec lequel il ne peut y avoir d'entente, qu'on doit haïr et chasser à coups de dents. La race, comme concept scientifique et pseudo-scientifique, n'existe que depuis le milieu du XVIIIe siècle. Mais, comme sentiment de répulsion instinctive envers l'étranger, d'hostilité de sang envers lui, la conscience de race appartient à l'échelon le plus bas de l'humanité, échelon qui sera dépassé à mesure que chaque horde humaine apprendra à ne plus voir dans la horde voisine une horde d'animaux d'une autre espèce.

Pourtant, si, de cette manière, l'antisémitisme est pour Hitler un sentiment fondamental, reposant sur la nature primitive de l'homme, le Führer possède pareillement, et sans doute depuis le début et au plus haut degré, cette ruse calculatrice qui semble ne pas s'accorder du tout avec l'état d'irresponsabilité et qui, pourtant, lui est si souvent associée. Il sait qu'il n'a de fidélité à attendre que de ceux qui sont aussi primaires que lui ; et le moyen le plus simple et le plus sûr pour les y maintenir, c'est d'entretenir, de légitimer et pour ainsi dire de magnifier la haine instinctive du Juif. Il tombe ici sur le point le plus faible de la pensée culturelle du peuple. En effet, depuis combien de temps les Juifs sont-il sortis de leur mise à l'écart, de leur étable spéciale pour être admis dans la collectivité nationale ? L'émancipation remonte au début du XIXe siècle ; en Allemagne, sa pleine application n'a lieu que dans les années 1860 ; dans l'Autriche gali-

1. *Der schwarze Tod*, littéralement « la mort noire ».

cienne, une masse importante de Juifs n'a pas renoncé à son existence à part, et ne cesse de fournir illustration et pièces à conviction à ceux qui parlent du peuple non européen, de la race asiatique des Juifs. Et juste au moment où Hitler livre ses premières considérations politiques, les Juifs eux-mêmes l'entraînent sur la voie qui lui correspond le mieux : c'est l'époque du sionisme en ascension ; en Allemagne, on ne le remarque encore que très peu, mais dans la Vienne des années « d'apprentissage et de souffrance » hitlériennes, il est déjà très perceptible. Il forme ici – je cite à nouveau *Mein Kampf* – un « grand mouvement qui n'était pas peu étendu ». En appuyant l'antisémitisme sur l'idée de race, on ne lui donne pas seulement un fondement scientifique ou pseudo-scientifique, mais aussi une base initialement populaire, et ainsi on le rend indéracinable : car l'être humain peut changer de vêtements, de coutume, de culture et de croyance, pas de sang.

Mais que gagne-t-on à entretenir une telle haine du Juif, indéracinable et replacée dans le flou instinctuel ? On y gagne énormément. À tel point que je ne considère pas l'antisémitisme des nationaux-socialistes comme une application particulière de leur racisme général, mais bien plus, je suis convaincu qu'ils n'ont emprunté et développé la doctrine générale de la race que pour fonder l'antisémitisme de manière durable et scientifique. Le Juif est l'homme le plus important dans l'État de Hitler : il est la tête de Turc et le bouc émissaire le plus populaire, l'adversaire le plus notoire, le dénominateur commun le plus évident, le crochet le plus solide regroupant les facteurs les plus variés. Si le Führer avait vraiment réussi à détruire tous les Juifs, selon ses aspirations, il aurait été obligé d'en inventer de nouveaux, car sans le diable juif – sur les panneaux des SA était écrit : « Celui qui ne connaît pas le Juif ne connaît pas le diable » –, sans le sombre Juif, il n'y aurait jamais eu la figure lumineuse du Germain nordique. D'ailleurs, le Führer n'aurait pas eu de mal à inventer d'autres Juifs, puisque les Anglais étaient désignés par des auteurs nazis comme les descendants de la tribu disparue des Juifs de la Bible.

La ruse de possédé qui est celle de Hitler transparaît dans les instructions perfides et impudemment franches qu'il donne aux propagandistes du Parti. La loi suprême est partout la suivante : ne laisse pas le temps à ceux qui t'écoutent d'exercer leur sens critique, traite de tous les sujets de manière simpliste ! Si tu parles de plusieurs adversaires, d'aucuns pourraient s'aviser de penser que toi, l'individu, tu as peut-être tort – alors réduis-les au même dénominateur, regroupe-les, donne-leur un caractère commun ! Tout cela est fourni, de manière illustrative et « proche du peuple », par le Juif. Et, ici, il faut accorder une attention particulière au singulier qui personnifie et allégorise. Là encore, il ne s'agit pas d'une invention du Troisième Reich. Dans la chanson populaire, dans la ballade historique, et encore dans le populaire argot militaire de la Première Guerre mondiale, on dit de préférence : le Russe, le Britannique, le Français. Mais en l'appliquant au Juif, la LTI étend l'emploi de l'article singulier, qui allégorise, bien au-delà du territoire du lansquenet d'autrefois.

Le Juif – ce mot occupe dans l'usage linguistique des nazis un espace encore plus grand que « fanatique », mais l'adjectif « juif » apparaît encore plus fréquemment que le substantif, car c'est surtout grâce à l'adjectif que l'amalgame de tous les adversaires en un seul ennemi est effectif : la *Weltanschauung* judéo-marxiste, l'inculture judéo-bolchevique, le système d'exploitation judéo-capitaliste, l'intérêt qu'ont les cercles judéo-anglais et les cercles judéo-américains à la destruction de l'Allemagne : ainsi, à partir de 1933, littéralement tous les adversaires, d'où qu'ils viennent, conduisent toujours à un seul et même ennemi, un ver caché dans le fruit hitlérien, au Juif qui, dans les moments les plus intenses, est appelé « Juda », et dans les instants les plus pathétiques, le « Juda universel » [*Alljuda*]. Et quoique l'on entreprenne dans cette guerre imposée, dans cette guerre juive, dès la première minute, c'est toujours d'une mesure de réaction qu'il s'agit. « Imposée » est depuis le 1er septembre 1939 l'épithète constante de la guerre, et finalement ce 1er septembre n'apporte absolument rien de nouveau qu'une poursuite des attentats juifs contre l'Allemagne hitlérienne, et nous, nous pacifiques nazis, ne faisons pas autre chose que ce que nous faisions auparavant, nous nous défendons : depuis ce matin, « nous ripostons au feu de l'ennemi », dit notre premier bulletin de guerre.

Mais au fond, cette soif de meurtre des Juifs n'est pas née de réflexions ou d'intérêts, pas même d'une soif de pouvoir, mais d'un instinct, d'une « insondable haine » de la race juive envers la race germano-nordique. L'« insondable haine » des Juifs est un cliché qui eut cours tout au long de ces douze années. Contre une haine foncière, il n'y a pas d'autre garantie que la suppression du haineux : ainsi, on passe logiquement de la stabilisation de l'antisémitisme racial à la nécessité de l'extermination des Juifs. Hitler n'a parlé qu'une seule fois du fait qu'il voulait « rayer de la carte » [*ausradieren*] les villes anglaises, c'était une déclaration isolée qui, comme tout ce qu'il y a d'hyperbolique en lui, s'explique par l'absence totale de retenue de sa mégalomanie. Au contraire, « exterminer » [*ausrotten*] est un verbe qui est employé souvent, il appartient au vocabulaire général de la LTI, à la section « Juifs » et, là, il désigne un objectif auquel on aspire ardemment.

L'antisémitisme racial, qui est d'abord chez Hitler un sentiment conforme à son primarisme, est l'affaire centrale du nazisme, bien réfléchie et développée dans les moindres détails jusqu'à devenir un système. Dans son *Combat pour Berlin*, Goebbels écrit : « On pourrait désigner le Juif comme le complexe d'infériorité refoulé qui se serait fait chair. C'est pourquoi on ne peut l'atteindre plus profondément qu'en le désignant par son essence véritable. Appelle-le canaille, crapule, menteur, criminel, meurtrier et assassin. Cela le touchera à peine à l'intérieur. Regarde-le fixement et calmement pendant un moment, puis dis-lui : “ Mais vous êtes un Juif ! ” Et tu remarqueras avec étonnement combien, au même instant, il se trouble, combien il est gêné et conscient de sa culpabilité... » Un mensonge (c'est ce qu'il a de commun avec le bon mot) est d'autant plus fort qu'il comporte une plus grande part de vérité. La remarque de Goebbels est juste, à l'exception du fallacieux « conscient de sa culpabilité ». Ce n'est pas d'une culpabilité que la personne ainsi interpellée prenait conscience, mais sa sécurité antérieure se transformait en détresse, parce que la constatation de sa judéité lui faisait perdre pied et lui retirait toute possibilité d'entente ou de combat d'égal à égal.

Absolument tout ce qui, dans la LTI, est applicable aux Juifs, vise à les mettre complètement, et de manière insurmontable, à l'écart de la germanité. Tantôt ils sont englobés sous le nom de peuple des Juifs ou de race juive, tantôt ils sont qualifiés de « Juifs mondiaux » ou de « judaïsme international » ; dans les deux cas, c'est leur non-germanité qui est en cause. L'exercice de la profession d'avocat et de celle de médecin ne leur est plus permis ; mais comme on a tout de même besoin pour eux de quelques médecins et de quelques avocats qui doivent être issus de leurs rangs, parce que bien entendu tout contact des Allemands avec eux doit cesser, ces médecins et ces juristes qui n'exercent qu'auprès des Juifs ont des noms particuliers, ils se nomment « soigneurs de malades » [*Krankenbehandler*] et « consultants juridiques » [*Rechtskonsulenten*]. Dans les deux cas, il y a non seulement intention d'exclure mais aussi d'avilir. Dans « consultant », cela est plus manifeste car on parlait déjà autrefois des « consultants marrons » [*Winkelkonsulenten*] par opposition aux avocats diplômés et assermentés ; « soigneur de malades » n'est humiliant que parce qu'il signifie la privation d'un titre professionnel officiel et courant.

Il n'est parfois pas facile d'établir pour quelle raison une expression est méprisante. Pourquoi la désignation nazie « service divin des Juifs » [*Judengottesdienst*] est-elle avilissante ? Elle ne dit pourtant rien d'autre que « service divin juif » [*Jüdischer Gottesdienst*] qui, elle, est neutre. Je suppose que c'est parce qu'elle rappelle, d'une manière quelconque, les récits de voyage exotiques, quelque culte indigène africain. Et ici je suis certainement sur la piste de la véritable raison : le « service divin des Juifs » est consacré au dieu des Juifs, et le dieu des Juifs est un dieu tribal, une idole tribale, et non pas, pas encore, la divinité unique et générale à laquelle est consacré le « service divin juif [1] ». Les relations sexuelles entre Juifs et Aryens sont appelées « souillure raciale » [*Rassenschande*] ; Streicher, le chef local de Franconie, nomme la synagogue de Nuremberg que, dans une « heure solennelle », il ordonnera de détruire, « la souillure de Nuremberg », il nomme aussi les synagogues en général « des repaires de voleurs » – là, pas besoin d'une étude pour comprendre pour quelle raison cela suggère non seulement la distance mais aussi le mépris. Les

1. Dans le mot composé nazi *Judengottesdienst*, le premier morphème *Juden-* [Juifs] est mis en valeur, tandis que dans le syntagme neutre *jüdischer Gottesdienst*, c'est le morphème *Gottes-* [Dieu] qui est central.

insultes explicites faites aux Juifs sont monnaie courante ; chez Hitler et Goebbels, on ne rencontre presque jamais le nom de « Juif » sans qu'il soit gratifié d'épithètes telles que « rusé », « artificieux », « trompeur », « lâche », et les mots injurieux qui se réfèrent vulgairement au physique, comme par exemple « aux pieds plats », « à nez crochu », « hydrophobe », ne manquent pas non plus . Pour satisfaire le goût des plus cultivés, il y a « parasitaire » et « nomade ». Si l'on veut dire la pire chose qui soit d'un Aryen, on le traite de « valet des Juifs », si une femme aryenne ne veut pas se séparer de son époux juif, elle devient une « putain des Juifs », si l'on veut s'en prendre à la couche intellectuelle redoutée, on parle d' « intellectualisme à nez crochu ».

Peut-on découvrir, dans l'emploi de ces insultes au cours des douze années, quelque changement, progrès ou classification ? Oui et non. La pauvreté de la LTI est grande, elle se sert, en janvier 1945, exactement des mêmes termes orduriers que ceux qu'elle utilisait déjà en janvier 1933. Et pourtant, malgré l'identité des éléments, une modification est évidente, et même terriblement évidente, lorsqu'on envisage l'ensemble d'un discours ou d'un article de journal.

Je voudrais rappeler le « petit Juif » et la « peste noire » dans *Mein Kampf*, le ton du mépris et celui de la peur. Une des phrases du Führer parmi les plus répétées et les plus paraphrasées est celle où, menaçant, il affirme que l'envie de rire passera bientôt aux Juifs, phrase qui deviendra plus tard cette déclaration tout aussi souvent répétée selon laquelle elle leur a passé pour de bon. Cela est exact, et c'est confirmé par cette amère histoire juive qui dit que les Juifs sont les seuls à qui Hitler a vraiment tenu parole. Mais petit à petit, l'envie de rire passe même au Führer, même à toute la LTI, ou plus exactement elle se déforme en un rire convulsif, elle devient un masque derrière lequel la peur de la mort et finalement le désespoir tentent en vain de se cacher. Le diminutif amusant qu'est « petit Juif », dans les dernières années de guerre, on ne le rencontrera plus nulle part, mais on percevra l'horreur de la peste noire derrière toutes les expressions de mépris et d'arrogance feinte, et à travers toutes les fanfaronnades.

L'expression la plus forte de cette situation est peut-être l'article que Goebbels publia le 21 janvier 1945 dans le *Reich* : « Les auteurs du malheur du monde ». Il y a les Russes qui sont déjà aux portes de Breslau, et les Alliés à la frontière occidentale ne sont que les « mercenaires de cette conjuration mondiale d'une race de parasites ». Il y a les Juifs qui poussent des millions d'hommes dans la mort, par dégoût envers notre culture, « qu'ils ressentent comme de très loin supérieure à leur cosmologie de nomades », par dégoût envers notre économie et nos institutions sociales « parce qu'elles ne laissent plus de liberté de mouvement à leurs menées parasitaires »... « Où que vous mettiez la main, vous tomberez sur des Juifs ! » Mais l'envie de rire leur a déjà passé « à fond » ! Et à présent aussi, « la puissance juive va s'effondrer ». Tout de même : la puissance juive et les Juifs – plus de « petit Juif ».

On pourrait se demander si cette insistance permanente sur la bassesse et l'infériorité juives, de même que sur l'unique antagonisme, celui entre Aryens et Juifs, n'a pas eu pour effet d'émousser la sensibilité à de tels arguments et si, finalement, cela n'a pas incité à la contradiction. Cette question s'étendrait aussitôt à celle, plus vaste, qui porte sur la valeur et sur la durée de l'effet de la propagande goebbelsienne dans son ensemble et, finalement, elle reviendrait à poser celle de la justesse des opinions fondamentales nazies en matière de psychologie des masses. Avec la plus grande insistance et avec une précision dans les moindres détails, Hitler prêche dans *Mein Kampf* l'abrutissement des masses et la nécessité de les maintenir dans cet état et de les dissuader de toute réflexion. Un des principaux moyens pour y parvenir est le matraquage idéologique toujours simpliste et identique, et qui ne doit pas être contredit. Et par combien de parcelles de son âme, l'intellectuel (toujours isolé) appartient-il, lui aussi, aux masses qui l'entourent !

Je repense à la petite pharmacienne au nom lituanien de Prusse-Orientale, que j'ai connue durant le dernier trimestre de la guerre. Elle avait passé son difficile diplôme d'État, elle avait une bonne culture générale, elle était une adversaire passionnée de la guerre et aucunement adepte des nazis, elle savait exactement que leur fin approchait et elle aspirait à cette fin. Quand elle était de service, la nuit, nous avions de longues conversations, elle sentait quelles étaient nos convictions et osait lentement afficher les siennes. C'était l'époque où nous avions fui la Gestapo, nous portions un faux nom, notre ami à Falkenstein nous avait offert pour un temps un refuge et le repos, nous dormions dans l'arrière-salle de sa pharmacie, sous le portrait de Hitler...

« Je n'ai jamais aimé son arrogance à l'égard des autres peuples, disait la jeune Stulgies. Ma grand-mère est lituanienne : pourquoi devrait-elle, pourquoi devrais-je, à cause de cela, être d'une valeur moindre que n'importe quelle femme purement allemande ?

– Que voulez-vous, c'est sur la pureté du sang, sur le privilège germanique qu'est bâtie toute leur doctrine, sur l'antisémitisme...

– Pour les Juifs, m'interrompit-elle, il a peut-être bien raison, là c'est vraiment autre chose.

– En connaissez-vous personnellement...

– Non, je les ai toujours évités, ils me donnent la chair de poule. On entend et on lit tellement de choses à leur sujet. »

Je cherchais une réponse qui alliât prudence et éclaircissements. La jeune fille devait avoir treize ans tout au plus lorsque l'hitlérisme s'était déclaré ; que pouvait-elle savoir, à quoi pouvais-je me rattacher ?

Cependant arriva, comme d'habitude, l'alerte maximale. Dans la cave, il valait mieux ne pas y aller, car s'y trouvait des ballons de liquides explosifs. Nous nous blottîmes sous les solides piliers de soutien de la cage d'escalier. Nous n'étions pas trop en danger, l'objectif des aviateurs était la plupart du temps la ville de Plauen, beaucoup plus importante. Ce jour-là, toutefois, nous passâmes un très mauvais quart d'heure. De puissantes escadres nous survolaient à brefs intervalles, si rapprochées et à si basse altitude que tout n'était que vibrations et trépidations vrombissantes autour de nous. À tout moment, des bombes pouvaient éclater. Je revis les images de la nuit à Dresde, je ressassais sans arrêt cette phrase : les ailes de la mort mugissent, ce n'est pas une phrase pompeuse, les ailes de la mort mugissaient vraiment. La jeune fille, serrée contre le pilier et recroquevillée sur elle-même, respirait fort et avec difficulté, c'était un gémissement à peine retenu.

Enfin ils s'éloignèrent, nous avons pu nous relever et sortir de la cage d'escalier sombre et froide pour revenir dans la clarté et la chaleur de la pharmacie, comme à la vie. « Nous allons nous coucher maintenant, dis-je, d'après mon expérience, il n'y aura plus d'alarme d'ici demain matin. » À brûle-pourpoint, et de manière aussi énergique que si elle terminait une longue et vive discussion, la petite demoiselle, si douce d'habitude, répliqua : « Et puis, c'est la guerre juive. »

27.

LES LUNETTES JUIVES

Ma femme avait coutume de rapporter le communiqué de l'armée en revenant de la ville ; pour ma part, je ne restais jamais devant une affiche ou un haut-parleur, et à l'usine nous devions, nous Juifs, nous contenter du communiqué de la veille, car demander à un Aryen quelles étaient les dernières dépêches aurait été une conversation politique et aurait pu mener directement au camp.

« Stalingrad, est-ce enfin fini ?

– Oh oui ! un appartement de trois pièces avec salle de bains a été conquis de haute lutte et conservé malgré sept contre-attaques.

– Pourquoi plaisantes-tu ?

– Parce qu'ils ne l'auront jamais, parce qu'ils mourront d'épuisement.

– Tu vois tout à travers les lunettes juives.

– Voilà maintenant que tu te mets toi aussi à utiliser la langue spéciale des Juifs ! »

J'avais honte. Constamment attaché, en tant que philologue, à relever ce que chaque situation et chaque cercle avait de particulier sur le plan linguistique, et à parler moi-même de manière tout à fait neutre et non marquée, j'avais pourtant bel et bien été influencé par mon entourage. (De cette manière, on se gâte l'ouïe, cette faculté d'enregistrer.) Mais j'étais excusable. Il est tout à fait impossible qu'un groupe soit tenu dans la contrainte, en particulier s'il s'agit d'une véritable oppression, sans former de son propre mouvement des particularismes linguistiques ; l'individu ne peut pas y échapper. Nous appartenions aux provinces, aux couches sociales, aux professions les plus diverses, plus aucun d'entre nous n'était encore jeune et malléable, certains étaient déjà grands-pères. De même que, trente ans auparavant, j'avais joué avec l'idée d'un hôtel « La Bruyère » – j'occupais une charge de lecteur à l'université de Naples, et nous étions les clients permanents d'un hôtel de la côte où les touristes ne cessaient d'affluer –, de même, et à plus forte raison, je pensais à présent à une série de « caractères » juifs. Il y avait deux médecins, un conseiller au tribunal de grande instance, trois avocats, un peintre, un professeur de lycée, une dizaine de commerçants, une dizaine de fabricants, plusieurs techniciens et ingénieurs et – très grande rareté parmi les Juifs ! – un ouvrier sans aucune qualification, presque un analphabète ; il y avait des partisans de l'assimilation et des sionistes, il y avait des gens dont les ancêtres étaient établis en Allemagne depuis des siècles et qui, avec la meilleure volonté, n'auraient pu se défaire de leur peau allemande, et d'autres encore qui venaient juste d'arriver de Pologne et dont la langue maternelle, à laquelle ils n'avaient pas renoncé le moins du monde, était le yiddish [*Jargon*] et non l'allemand. Mais voilà, nous étions le groupe des porteurs d'étoile de Dresde, le groupe des ouvriers d'usine et des balayeurs de rues, et nous étions les habitants des maisons de Juifs et les prisonniers de la Gestapo ; et comme en prison, et comme à l'armée, il y avait tout de suite une communauté entre nous, qui masquait d'anciennes communautés et individualités et qui engendrait, naturellement et nécessairement, de nouvelles habitudes linguistiques.

Le soir du jour qui avait apporté la nouvelle voilée de la chute de Mussolini, Waldmann frappa à la porte des Stühler. (Nous partagions avec les Stühler et les Cohn la même cuisine, le même vestibule et la même salle de bains – là, des secrets, il n'y en avait pratiquement pas.) Waldmann était, « avant », un marchand de fourrures aisé, à présent, il faisait le portier de notre maison de Juifs, et devait aussi aider à l'enlèvement des cadavres hors des maisons de Juifs de la prison. « Puis-je me permettre d'entrer ? », cria-t-il. « Depuis quand es-tu donc si poli ? », fut la réponse qui vint de l'intérieur. Et Waldmann répliqua aussitôt : « Ça touche à sa fin, alors je dois me réhabituer aux manières que j'avais avec mes clients et je commence tout de suite par vous. » Il parlait tout à fait sérieusement, il n'avait certainement pas l'intention de plaisanter; l'espoir au cœur, il languissait après son langage policé d'autrefois. « Tu as encore une fois les lunettes juives sur le nez, dit Stühler sur le seuil de sa porte (c'était un homme grave et qui avait été souvent déçu), tu verras, il a résisté à Röhm et à Stalingrad – il ne trébuchera pas non plus sur Mussolini. »

Tu et *vous* se mêlaient curieusement chez nous. Les uns, en particulier bien sûr ceux qui avaient fait la Première Guerre mondiale, employaient le *tu* comme ils l'avaient employé à l'armée; les autres s'en tenaient au *vous*, comme s'ils parvenaient grâce à cela à préserver leur ancien état. Pour ma part, j'ai perçu d'une manière très claire, pendant ces années, l'ambiguïté affective du *tu*; lorsqu'un ouvrier aryen me tutoyait – il n'était même pas nécessaire qu'il exprimât une consolation particulière –, je ressentais toujours cela comme un réconfort, comme une reconnaissance de l'égale humanité entre nous; lorsque cela venait de la Gestapo, qui nous tutoyait par principe, c'était à chaque fois pour moi un coup au visage. En outre, le *tu* de l'ouvrier ne me réjouissait pas seulement parce qu'il renfermait une protestation contre la barrière instaurée par l'étoile; mais quand il venait à être employé à l'usine même (où l'isolement complet du personnel juif n'était tout de même pas entièrement réalisable, malgré toutes les ordonnances de la Gestapo), je le prenais toujours aussi pour un signe de la méfiance disparue, ou du moins diminuée, à l'égard du bourgeois et de l'universitaire.

La diversité du langage entre les couches sociales n'est certainement pas que d'ordre esthétique. Je suis bien plutôt convaincu que la funeste méfiance entre les hommes cultivés et les prolétaires repose pour une très large part sur les différences des habitudes de langage. Combien de fois, dans ces années, me suis-je dit : mais comment dois-je m'y prendre ? L'ouvrier aime employer dans chaque phrase les savoureuses expressions de la digestion. Si je fais de même, il remarque que cela ne me vient pas du cœur et il me tient pour un hypocrite qui veut s'insinuer; mais si je parle comme j'en ai l'habitude ou comme j'ai appris à le faire dès le berceau et à l'école, alors il me tient pour un arrogant, pour un pédant. Mais le changement de registre à l'intérieur du groupe ne consistait pas seulement en une adaptation partielle à la plus grande trivialité du langage ouvrier. Nous empruntions des expressions liées à l'ordre social et aux habitudes de l'ouvrier. Si quelqu'un manquait à son poste, on ne demandait pas s'il était malade mais s'il « s'était fait porter malade », car ce n'était que de l'inscription par le médecin conventionné que découlait le droit à la maladie. Avant, lorsqu'on vous demandait quel était votre revenu, on avait coutume de répondre : « Je gagne tant par mois », ou « Mon salaire s'élève à tant par an ». Maintenant chacun disait : « Je rapporte trente marks par semaine à la maison » ; et de quelqu'un de mieux placé que soi : « Il a une enveloppe de paie plus consistante. » Lorsque nous disions de quelqu'un qu'il faisait une lourde besogne, « lourde » avait toujours et exclusivement une valeur physique ; l'homme tirait de lourds cartons ou poussait de lourds chariots...

À côté de ces expressions issues du langage ordinaire des ouvriers, il en circulait d'autres qui venaient en partie de l'humour macabre, en partie du nécessaire jeu de cache-cache qu'impliquait notre situation. Quant à celles-ci, on ne peut affirmer avec certitude dans quelle mesure elles n'avaient qu'une signification locale et dans quelle mesure elles avaient, pour le dire de manière philologique, une signification germanique commune. On n'était pas prisonnier, au début en particulier, quand emprisonnement et camp n'étaient pas encore absolument synonymes de mort, on était « parti en voyage » ; on n'était pas dans un « camp de concentration » [*Konzentrationslager*] et pas encore dans ce qu'on désignait généralement de manière simplifiée comme un « camp » [*KZ*], mais dans un « camp de concert [1] » [*Konzertlager*]. Le verbe « déclarer » [*melden*] reçut une abominable signification. « Il doit se déclarer » voulait dire : il est convoqué à la Gestapo, et pareille déclaration était à coup sûr associée à de mauvais traitements et de plus en plus souvent au fait qu'on n'en revenait jamais. Un des prétextes favoris à une telle convocation était, outre le reproche de dissimulation d'étoile, l'accusation de propagation de « fausses nouvelles sur de prétendues atrocités » [*Greuelnachrichten*]. Pour cela, un verbe simple avait été formé : *greueln*. Si quelqu'un avait écouté les

1. Cette désignation euphémique ne vécut que pendant la première année du régime.

nouvelles des radios étrangères (ce qui était quotidiennement le cas), pour nous, elles venaient de Kötzschenbroda. Kötzschenbroda voulait simplement dire, dans notre langue, Londres, Moscou, Beromünster et Freiheitssender [Radio de la liberté]. Si une nouvelle était mise en doute, c'est qu'elle provenait du *Mundfunk* [jeu du téléphone] ou de la JMA, ce qui signifiait *Jüdische Märchenagentur* [Agence de fables juive]. Si nous parlions du gros fonctionnaire de la Gestapo qui devait administrer les affaires juives – non, leurs « intérêts » [*Belange*], encore un de ces mots salis – à l'intérieur de la circonscription de Dresde, il était toujours question du « pape des Juifs » [*der Judenpapst*].

Petit à petit, une troisième caractéristique vient s'ajouter à l'assimilation au langage ouvrier, et aux expessions nouvelles nées de la situation. Le nombre des Juifs ne cesse de décroître ; individuellement ou en groupes, les jeunes disparaissent en Pologne et en Lituanie, les vieux à Theresienstadt. Un très petit nombre de maisons suffit pour contenir ceux qui restent à Dresde. Cela aussi transparaît dans la langue des Juifs ; il n'est plus nécessaire d'indiquer l'adresse complète de chaque Juif, on mentionne seulement le numéro des quelques maisons situées dans divers quartiers de la ville : il habite la 92, la 56. Puis le nombre très diminué des Juifs est une fois encore – et le mot est faible – décimé : la plupart doivent quitter les maisons de Juifs, on les parque dans les baraques du camp de Juifs Hellerberg, et de là, en route, à peine quelques semaines plus tard, pour le camp d'extermination poprement dit. Ce qui reste à présent, ce ne sont plus que les Juifs qui vivent en couple mixte, donc ceux qui sont très fortement germanisés et qui, pour la plupart, n'appartiennent plus du tout à la communauté juive, des dissidents ou – un nom qui, plus tard, ne fut plus autorisé et disparut – des « chrétiens non aryens ». Il va de soi que la connaissance des coutumes et des rites juifs, à plus forte raison, la connaissance de la langue hébraïque, n'est que peu ou plus du tout effective chez eux. Et maintenant, ceci est une caractéristique difficilement saisissable et pourtant très présente de leur langue, ils se tournent, avec une certaine sentimentalité adoucie par le plaisir de raconter des histoires, vers des souvenirs de jeunesse et essaient mutuellement de raviver les choses oubliées. Cela n'a absolument rien à voir avec la dévotion ou le sionisme, c'est seulement une fuite hors du présent, un délassement.

À la pause du petit déjeuner on est ensemble ; l'un raconte comment, en 1889, il est entré comme apprenti dans l'entreprise de céréales Liebmannsohn à Ratibor et quel curieux allemand son chef parlait. Les étranges expressions – certains auditeurs rayonnent, ils se souviennent ; d'autres se font expliquer ceci ou cela. « Quand j'étais en apprentissage à Krotoschin », di Wallerstein, mais avant qu'il ait pu raconter, Grünbaum, le délégué, lui coupe la parole : « Krotoschin – connaissez-vous l'histoire du mendiant de Krotoschin ? » Grünbaum est le meilleur conteur d'histoires et d'anecdotes juives, il est inépuisable et impayable, avec lui, la journée paraît moins longue, il aide à surmonter les pires dépressions. L'histoire de l'immigré qui ne put devenir bedeau de synagogue à Krotoschin parce que l'écriture allemande ne lui était pas familière, et qui, alors, réussit à devenir conseiller de commerce à Berlin, sera le chant du cygne de Grünbaum, car, le lendemain matin, il est absent, et quelques heures plus tard, on sait qu'ils sont « venus le chercher ».

« Venir chercher » [*holen*] est, d'un point de vue philologique, étroitement apparenté à « déclarer » [*melden*], mais ce mot est employé depuis plus longtemps et de manière plus étendue. Dans la LTI, le sens du réflexif « se déclarer » n'a de valeur secrète qu'entre la Gestapo et les Juifs ; en revanche, l'administration militaire « vient chercher » Juifs et chrétiens, et même les Aryens de façon particulièrement massive, au cours de l'été 1939. Car « venir chercher » signifie, au sens spécial de la LTI : emmener discrètement, que ce soit en prison ou à la caserne ; et comme, le 1er septembre 1939, nous serons les innocents qu'on envahit, toute la mobilisation qui précède consistera à venir chercher des hommes en secret la nuit. Mais la parenté entre « venir chercher » et « se déclarer », à l'intérieur de la LTI, vient de ce que deux procédures cruelles et lourdes de conséquences se cachent derrière des appellations ternes et quotidiennes et que, d'autre part, ces événements sont devenus d'une quotidienneté qui émousse tellement l'esprit qu'on les désigne justement comme des faits quotidiens et des plus courants, au lieu de faire ressortir leur lugubre gravité.

On vint donc chercher Grünbaum et, trois mois plus

tard, Auschwitz envoya son urne, et elle fut inhumée dans le cimetière juif. Dans la dernière phase de la guerre, quand les gazages massifs se généralisèrent, l'envoi poli des urnes à domicile naturellement cessa mais, pendant longtemps, ce fut en quelque sorte notre devoir dominical et même presque un peu notre plaisir dominical que de participer aux inhumations. Il arrivait fréquemment que deux ou trois urnes nous parviennent ensemble ; tout en rendant honneur aux morts, on avait l'occasion de retrouver les compagnons d'infortune venant d'autres maisons de Juifs et d'autres entreprises. Il n'y avait plus de rabbin depuis longtemps, mais le « Juif à étoile » désigné comme administrateur du cimetière lisait une oraison funèbre qui enchaînait des clichés de sermonnaires et faisait naturellement comme si l'homme était mort d'une mort tout à fait naturelle ; et puis on disait la prière des morts en hébreu, à laquelle tentaient de prendre part les personnes présentes autant qu'il était en leur pouvoir. Le plus grand nombre d'entre elles ne le pouvait pas. Et lorsqu'on demanda à un connaisseur quel en était le contenu, il répondit :

« Le sens est celui-ci...

– Ne pouvez-vous pas la traduire mot à mot ? l'interrompis-je.

– Non, je n'en ai gardé que la sonorité en mémoire, cela fait si longtemps que je l'ai apprise, j'avais tellement peu de rapport avec tout cela... »

Quand ce fut le tour de Grünbaum, le cortège fut particulièrement nombreux. Tandis que nous suivions l'urne depuis le hall jusqu'au lieu de l'enterrement, mon voisin me souffla à l'oreille : « Comment s'appelait déjà le poste que le conseiller commercial ne put obtenir à Krotoschin – *Schammes*, n'est-ce pas ? Pour le pauvre Grünbaum, je n'oublierai jamais cette histoire ! » Et tout en marchant il mémorisa en cadence : « *Schammes* à Krotoschin, *Schammes* à Krotoschin. »

La doctrine raciale des nazis a forgé le concept de « *Aufnorden* [1] » [rendre plus nordique). A-t-elle réussi à

1. Formé de la particule *auf* – et du substantif *Norden* (le Nord), ce verbe recouvre une réalité de politique raciale et démographique. Il s'agit de toute une série d'ordonnances et de lois qui visaient à (re) donner à l'Allemagne et au peuple allemand le caractère nordique de l'origine idéalisée. Cela allait de noms de lieux débaptisés aux lois sur la « protection du sang allemand », en passant par le *Lebensborn* (association fondée en 1935 qui pratiqua l'« élevage » d'enfants allemands

rendre les Allemands plus nordiques ? Cette question est en dehors de mes compétences. Mais elle a certainement fini par rendre les Juifs plus juifs [*Aufjudung*] – et même ceux qui s'en défendaient. On était complètement incapable d'enlever les lunettes juives, on voyait chaque événement, on lisait chaque communiqué, chaque livre, à travers elles. Sauf que ces lunettes n'étaient pas toujours les mêmes. Au début, et pendant très longtemps, leurs verres nous avaient fait voir les choses en rose. « Ce n'est pas si grave que ça ! » Combien de fois ai-je entendu cette tournure réconfortante lorsque je prenais trop au sérieux les victoires et le nombre de prisonniers annoncés dans le communiqué de l'armée ! Mais ensuite, quand la situation s'aggrava pour les nazis, quand ils ne purent plus voiler leur défaite, quand les Alliés se rapprochèrent des frontières allemandes et les franchirent, quand les unes après les autres, les villes furent écrasées par les bombes ennemies – seule Dresde semblait tabou –, à ce moment-là justement, les Juifs changèrent de verres. La chute de Mussolini avait été le dernier événement qu'ils avaient vu avec les anciens verres. Comme la guerre cependant se poursuivait, leur confiance fut brisée et se transforma en son extrême opposé. Ils ne croyaient plus à une fin prochaine de la guerre, ils croyaient, contre toute évidence, le Führer doué de forces magiques, plus magiques que celles auxquelles croyaient ses adeptes devenus chancelants.

Nous étions assis dans la cave des Juifs de notre maison de Juifs, qui comprenait aussi une cave d'Aryens particulière ; c'était peu de temps avant le jour de la catastrophe de Dresde. Assis, nous attendions, plus ennuyés et frigorifiés qu'effrayés, la fin de l'alerte maximale. Nous savions par expérience qu'il ne nous arriverait rien, sans doute l'attaque visait-elle la ville de Berlin, alors martyrisée. Nous étions moins déprimés que cela ne nous était arrivé depuis longtemps ; l'après-midi, ma femme avait écouté Londres chez de fidèles amis aryens ; de plus, et surtout, elle avait eu connaissance du dernier discours de Thomas Mann, un discours sûr de la victoire, un discours beau et humain. En général, nous ne sommes pas convaincus par les sermons, d'habitude ils nous

de « sang pur » et, à partir de 1941, le rapt en vue de la « germanisation », dans les territoires occupés, d'enfants « de grande valeur raciale »).

mettent de mauvaise humeur – mais celui-ci était vraiment exaltant.

Je voulus partager un peu ma bonne humeur avec mes camarades d'infortune, je m'approchai de tel et tel groupe : « Avez-vous déjà entendu le bulletin d'aujourd'hui ? Connaissez-vous déjà le dernier discours de Mann ? » Partout, je me heurtai à un rejet. Les uns craignaient les conversations interdites : « Gardez ça pour vous, je n'ai pas envie d'aller au camp. » Les autres étaient amers : « Et même si les Russes sont aux portes de Berlin, dit Steinitz, la guerre va encore durer des années, tout le reste n'est qu'optimisme hystérique. »

Pendant tant d'années, chez nous, on avait divisé les hommes en optimistes et en pessimistes comme en deux races. À la question : « Quel genre d'homme est-il ? », on recevait invariablement cette réponse : « C'est un optimiste » ou « C'est un pessimiste », ce qui, dans la bouche d'un Juif, était naturellement synonyme de : « Hitler va tomber d'ici peu » et »Hitler va tenir bon ». À présent, il n'y avait plus que des pessimistes. Mme Steinitz renchérit sur les paroles de son mari : « Et même s'ils prennent Berlin – ça ne changera rien. Alors la guerre se poursuivra en Haute-Bavière. Encore trois ans au moins. Et à nous, ça peut bien nous être égal qu'elle dure encore trois ou six ans. De toute façon, nous n'y survivrons pas. Mais jetez vos vieilles lunettes juives à la fin ! »

Trois mois plus tard, Hitler était un homme mort, et la guerre était finie. Mais il est vrai que le couple Steinitz n'a pas pu le voir et bien d'autres non plus, qui jadis étaient assis avec nous dans la cave des Juifs. Ils sont ensevelis sous les décombres de la ville.

28.
LA LANGUE DU VAINQUEUR

Chaque jour, c'était de nouveau pour moi un coup au visage, pire que le tutoiement et les insultes de la Gestapo, jamais mes protestations ni mes remontrances n'y ont rien fait, jamais je n'y ai été insensible, jamais, parmi tous mes caractères « La Bruyère », je n'en ai trouvé ne serait-ce qu'un seul qui eût évité cet opprobre.

Tu étais pourtant vraiment allée à l'école de la pensée et tu étais une brave germaniste passionnément intéressée, pauvre Elsa Glauber, une véritable assistante pour ton professeur et l'auxiliaire, la conseillère de ses étudiants de séminaire ; et lorsque, ensuite, tu te marias et eus des enfants, tu demeuras philologue, épuratrice du langage et professeur – presque un peu trop, derrière ton dos de mauvaises langues te nommaient « *Herr Geheimrat*[1] ! ».

Et comme tu m'as aidé longtemps avec ta belle bibliothèque de classiques que tu avais préservée de manière si comique ! Les Juifs – pour autant qu'on leur laissât des livres – n'avaient le droit de posséder que des livres juifs, et « *Frau Geheimrat* » tenait à ses classiques allemands réunis dans les plus belles éditions. Depuis une dizaine d'années, elle avait quitté l'enceinte de l'université et était l'épouse d'un commerçant très cultivé à qui la Gestapo venait d'attribuer la douloureuse charge de président de la communauté juive, et donc de médiateur responsable, désemparé et martyrisé des deux côtés, pris

1. « Monsieur le conseiller privé » : titre honorifique ayant existé jusqu'en 1918. Goethe était *Geheimrat* à la Cour suprême du Saint-Empire et Wagner portait aussi ce titre.

entre les bourreaux et leurs victimes. Maintenant, les enfants d'Elsa commençaient déjà, sous sa direction, à lire dans ces livres précieusement conservés. Comment avait-elle sauvé ce trésor des mains de la Gestapo toujours en train de fureter ? De façon très simple et très morale ! Par une scrupuleuse honnêteté. Si l'éditeur d'un volume s'appelait Richard M. Meyer, Elsa Glauber levait le voile du M. et remplaçait l'initiale par le prénom Moïse ; ou bien elle attirait l'attention sur la judéité du germaniste Pniower ; ou encore elle enseignait que le véritable nom du célèbre Gundolf [1] était le nom juif Gundelfinger. Il y a, parmi les germanistes, tant de non-Aryens que, sous la protection de ces éditeurs, les œuvres de Goethe et de Schiller ainsi que beaucoup d'autres se sont métamorphosées en « livres juifs ».

La bibliothèque d'Elsa avait également conservé son ordre et son étendue, car la vaste villa du président avait été déclarée maison de Juifs, et, ainsi, la famille avait certes dû se limiter à un petit nombre de pièces, mais vivait tout de même dans ses murs. Des classiques juifs, j'ai pu faire un usage abondant, et il était réconfortant de pouvoir parler métier sérieusement avec Elsa.

Mais nous parlions aussi, naturellement, de notre situation désespérée. Je ne saurais vraiment pas dire si Elsa était meilleure Juive ou meilleures patriote allemande. Ces deux manières de penser et de sentir s'intensifiaient sous la pression des événements. Une expression pathétique affleurait, même dans les conversations quotidiennes terre à terre. Elsa racontait souvent combien elle veillait à ce que ses enfants soient élevés dans la foi juive orthodoxe mais à ce qu'en même temps, malgré l'opprobre du moment, ils respirent la foi dans l'Allemagne répandue autour d'eux – elle ne disait jamais autrement que « dans l'Allemagne éternelle ». « Ils doivent apprendre à penser comme moi, ils doivent lire Goethe comme la Bible, ils doivent être des Allemands fanatiques ! »

Il était là, le coup au visage. « Que doivent-ils devenir, madame Elsa ?

– Des Allemands fanatiques, tout comme moi. Seule

1. Friedrich Gundolf (F. Leopold Gundelfinger, dit), historien allemand de la littérature (1880-1931). Gundolf est un prénom masculin de l'ancien haut-allemand.

la germanité fanatique peut laver notre patrie de la non-germanité actuelle.

– Eh bien, ne savez-vous donc pas ce que vous êtes en train de dire ? Ne savez-vous pas que “ fanatique ” et “ allemand ”, je veux dire votre allemand, sont des mots qui jurent entre eux, que, que... » Je lui renvoyai, avec une certaine irritation, de manière lacunaire et désordonnée naturellement, mais d'autant plus violemment, tout ce que j'ai noté dans mon chapitre sur le mot « fanatique ». Et, pour finir, je lui dis : « Ne savez-vous pas que vous parlez la langue de votre ennemi mortel, et qu'ainsi vous vous avouez vaincue, et qu'ainsi vous vous livrez, et qu'ainsi vous commettez une trahison envers votre germanité justement ? Si vous ne le savez pas, vous qui êtes une femme lettrée, vous qui défendez l'Allemagne éternelle, l'Allemagne immaculée –, qui donc le sentira et l'évitera ? Que nous, dans notre pénible isolement, nous soyons obligés de développer une langue spéciale, que nous soyons obligés d'employer les désignations administratives du lexique nazi qui nous concernent, que, çà et là, une extension du yiddish [*Jargon*] devienne sensible à travers des hébraïsmes, tout cela est naturel. Mais cette inféodation à la langue du vainqueur, de ce vainqueur-là ! »

Elsa était toute secouée par ma sortie, elle perdit complètement sa supériorité de *Geheimrat*, elle avoua, elle promit de s'amender. Et lorsque, la fois suivante, elle insista de nouveau sur l' « amour fanatique » qu'elle portait cette fois à Iphigénie, elle corrigea aussitôt pour m'apaiser : « Ah, c'est vrai, je ne dois pas dire cela ; j'en ai seulement pris l'habitude depuis le retournement [*Umbruch*] [1]. »

– Depuis le retournement ?

– Cela aussi vous le réprouvez ? Mais, là, vous avez sûrement tort. Un si beau mot poétique, il sent littéralement la terre fraîchement retournée, il n'a certainement pas été inventé par les hitlériens, il provient sûrement du cercle de Stefan George.

– Assurément, mais les nazis l'ont emprunté parce qu'il va si bien avec le sang et le sol, avec la glorification du terroir, de l'attachement au sol, ils l'ont tellement infecté de leurs mains contaminées que pendant les cinquante années à venir aucun homme convenable... »

1. Le radical *Bruch* signifie « rupture », « cassure ».

Elle m'interrompit, passa à la contre-attaque : j'étais un puriste, un pédant, un intransigeant, un – « ne m'en veuillez pas trop » – un fanatique.

Pauvre Elsa Glauber – d'elle et de sa famille on n'a plus eu aucune nouvelle ; « ils ont été emmenés de Theresienstadt », c'est la dernière chose qu'on a su. Et voilà que, maintenant, alors que je voudrais me souvenir d'elle sous un nom qui ne soit pas flétri, parce que, malgré son penchant à l'esthétisme et ses allures de *Geheimrat*, c'était une personnalité pour laquelle on pouvait avoir du respect et dont la vaillante intellectualité m'a beaucoup apporté, voilà que cette oraison funèbre se transforme en accusation.

Mais cette accusation contre l'une, la philologue, décharge un peu tous les autres, tous ceux qui, en ayant moins réfléchi aux choses linguistiques qu'elle ne l'avait fait, ont succombé au même péché. Car tous y ont succombé, et le nom de chaque individu est gravé, avec un vocable qui lui est propre, dans le livre de comptes de mon souvenir.

Il y avait le jeune K., un commerçant absolument pas littéraire, mais pris tout entier dans sa germanité, baptisé au berceau et tout naturellement protestant, n'ayant aucun attachement à la religion juive, ni la moindre compréhension, sans parler de bienveillance, pour les aspirations sionistes – mais il emprunta l'expression le « peuple des Juifs » et l'employa à maintes reprises, exactement comme l'hitlérisme l'employait, comme s'il y avait un tel peuple, aujourd'hui, à l'instar d'un peuple d'Allemands, de Français, etc., et comme si le « judaïsme mondial » – cette formule douteuse des nazis, il la reprenait elle aussi à son compte – formait sciemment et délibérément cette unité nationale.

Et il y avait l'antagoniste parfait de K., tant au point de vue physique que psychique. S., né en Russie, Mongol d'après son faciès, ennemi implacable de l'Allemagne, de tous les Allemands, puisqu'il voyait dans tous les Allemands des nationaux-socialistes convaincus, et nationaliste sioniste de la tendance la plus dure – et lorsqu'il défendait les droits de ce nationalisme juif, il parlait alors de ses « intérêts racistes » [*völkischen Belangen*].

Le dentiste, non : le « soigneur de dents » F., quant à lui, un homme prodigieusement disert face à ses patients sans défense – car que peut-on riposter quand on a la bouche grande ouverte ? –, ennemi tout aussi mortel que S. de tous les Allemands et de tout ce qui est allemand sans exception, mais sans le moindre lien avec le sionisme ni avec le judaïsme en général, obéissait entièrement à une anglophilie insensée qui remontait à un séjour en Angleterre dans d'heureuses conditions. Chaque instrument, chaque vêtement, chaque livre, chaque opinion devait venir d'Angleterre, sinon ils n'étaient absolument pas bons, et s'ils venaient d'Allemagne, même de l'ancienne Allemagne, ils étaient rejetés catégoriquement. Car les Allemands étaient tout bonnement « caractériellement inférieurs ». Qu'avec ce mot qu'il aimait tant : « caractériel », il contribuât à la propagation d'un néologisme des nazis, il n'en avait aucune conscience (comme maintenant non plus les partisans de l'époque nouvelle ne semblent pas en avoir pris davantage conscience). La pédagogie nazie faisait tout dépendre si exclusivement des convictions, du nazisme non frelaté de ses disciples, qu'en toutes choses les principes primaient de manière décisive sur toute qualification et tout savoir-faire, sur toutes connaissances. C'est par la langue scolaire, par le besoin de certificats d'examen de fin d'études que je m'explique l'extension de ce nouvel adjectif ; la mention « caractériellement bon », signifiait donc : irréprochablement nazi, et ouvrait à elle seule la porte de toutes les carrières.

La répulsion la plus forte, et exprimée avec la plus grande volubilité, notre « soigneur de dents » l'éprouvait pour notre « soigneur de malades ». La grande époque de ce dernier était la Première Guerre mondiale à laquelle il avait participé en tant que médecin-major. Il se mouvait parfaitement dans la langue des officiers de 1914 et l'enrichissait, inconsciemment, de chaque tournure que Goebbels mettait en circulation. De combien de « goulets d'étranglement » est-il venu à bout, combien de « crises » a-t-il « surmontées » !

C'est pour de tout autres motifs et d'une tout autre façon qu'un collègue de notre médecin de Juifs se servait de la LTI. Avant 1933, le docteur P. s'était senti tout à fait Allemand et médecin, et il n'avait jamais gaspillé son temps avec des problèmes de religion et de race, il avait pris le nazisme pour un égarement ou un délire qui passeraient sans provoquer de catastrophe. À présent, il était tout à fait exclu de sa profession, contraint de faire un travail d'usine et délégué d'un groupe auquel j'avais moi-même appartenu pendant assez longtemps.

Ici, son aigreur se manifestait d'une façon singulière. Il faisait siens tous les propos antisémites des nazis, spécialement ceux de Hitler, et se mouvait continuellement et de telle façon dans cette manière de s'exprimer qu'il ne pouvait probablement plus juger lui-même dans quelle mesure il se raillait du Führer, dans quelle mesure il se raillait de lui-même et dans quelle mesure ce langage d'humiliation volontaire était devenu sa seconde nature.

Ainsi, il avait l'habitude de ne jamais adresser la parole à un homme de son « groupe de Juifs » sans faire précéder son nom de la mention « Juif ». « Juif Löwenstein, aujourd'hui tu dois faire marcher la petite coupeuse. » – « Juif Mahn, voilà ton certificat de maladie pour le Juif des dents » (ce par quoi il voulait désigner notre dentiste). Les membres du groupe acceptèrent ce ton d'abord en plaisantant puis par habitude. Certains d'entre eux avaient la permission de se servir du tramway, d'autres devaient aller à pied. En conséquence de quoi, on distinguait les « Juifs motorisés » [*Fahrjuden*] des « Juifs à pied » [*Laufjuden*]. Les installations pour se laver à l'usine étaient très peu commodes. Certains les utilisaient, d'autres préféraient ne se décrasser qu'une fois arrivés chez eux. D'après cela, on distinguait les « Juifs qui se lavent » [*Waschjuden*] et les « cochons de Juifs » [*Saujuden*]. Les nouveaux affectés à ce groupe ne devaient pas trouver cela de très bon goût, mais ils ne le prenaient pas suffisamment au sérieux pour en faire matière à conflit.

Si l'on discutait pendant les pauses-repas de quelque problème lié à notre situation, alors notre délégué citait les propos correspondants de Hitler avec une telle conviction qu'on était forcé de les prendre pour ses propres paroles et ses propres convictions. Mahn racontait par exemple que la veille, lors du contrôle du soir dans la 42, on s'en était tiré à bon compte. La police contrastait ouvertement avec la Gestapo, les fonctionnaires les plus âgés, du moins, étaient tous de vieux sociaux-démocrates. (En été, nous devions être à la maison à neuf heures, en hiver, à huit heures; la police était chargée d'y veiller.) Aussitôt le docteur P. déclara : « Le marxisme travaille systématiquement à remettre le monde entre les mains des Juifs. » Une autre fois il était question des actions d'une entreprise. Le docteur dit d'un ton convaincu : « Par le biais de l'action, le Juif s'insinue dans le circuit de la production nationale et en fait un objet de trafic. » Quand, plus tard, je trouvai l'occasion d'étudier à fond *Mein Kampf*, de longues phrases me semblèrent prodigieusement familières ; de fait, elles concordaient exactement avec les sentences de notre délégué, que j'avais notées sur des bouts de papier pour mon journal. Il connaissait par cœur de longues citations du Führer.

Nous prenions ces lubies, pour ne pas dire cette obsession, du délégué parfois avec amusement, parfois avec résignation. À moi, elle me semblait symbolique de toute la soumission des Juifs. Puis Bukowzer arriva chez nous, et la paix prit fin. Bukowzer était un vieil homme gravement malade et irascible, qui regrettait la germanité, le libéralisme et l'européanisme de son passé, et qui entrait dans une violente agitation quand il entendait un Juif prononcer une parole exprimant de l'aversion ou simplement de la tiédeur envers le judaïsme. Les propos de notre délégué faisaient gonfler les veines de son front, et il se mettait à crier : « Je ne me laisserai pas diffamer [*diffamieren*], je ne tolérerai pas que notre religion soit diffamée ! » Sa rage incitait le docteur à renchérir, et parfois je craignais que Bukowzer n'ait une attaque d'apoplexie. Mais il ne faisait que hurler, qu'éructer toujours le même mot d'origine française dont Hitler aimait tant à se gargariser : « Je ne me laisserai pas diffamer ! » Seul le 13 février [1] a mis un terme à l'opposition entre ces deux esclaves de la LTI : ils sont ensevelis sous les décombres de la maison des Juifs de la Sporergasse...

Si cet esclavage ne s'était manifesté que dans le langage quotidien, peut-être aurait-on pu le comprendre ; là, on s'observe moins, on est plus dépendant de ce qu'on a constamment devant les yeux, de ce qui résonne constamment à nos oreilles. Mais qu'en était-il de la langue imprimée, et donc de la langue plusieurs fois contrôlée et sous l'entière responsabilité des Juifs ? En les couchant sur le papier, les auteurs mettent leurs textes sur le plateau de la balance et les pèsent une deuxième fois lors des relectures.

1. Allusion au bombardement de Dresde par les Alliés.

Tout au début, alors que certains magazines juifs paraissaient encore, je lus un jour ce titre d'un discours funèbre : « À la mémoire de notre chef Levinstein ». On désignait ici comme « chef » [*Führer*] le président d'une communauté. Déplorable manque de goût, me dis-je – on peut toutefois accorder à un orateur, même en matière d'oraison funèbre, des circonstances atténuantes quand il cherche à paraître actuel.

À présent, dans les années quarante, il n'y avait plus depuis longtemps ni magazines juifs ni sermons juifs publics. En revanche, on trouvait dans les maisons de Juifs de la littérature moderne spécifiquement juive. Immédiatement après la Première Guerre mondiale, en Allemagne, les Allemands et les Juifs allemands avaient commencé à s'éloigner les uns des autres, le sionisme s'était établi dans le Reich. Toutes sortes de maisons d'édition et de clubs du livre spécifiquement juifs firent leur apparition, qui publiaient exclusivement des ouvrages d'histoire et de philosophie, ainsi que de la littérature d'auteurs juifs sur des thèmes juifs et judéo-allemands. Tout cela était fréquemment écoulé par souscription ou en séries par abonnement – je crois qu'un futur historien de la littérature qui voudrait prendre en considération le facteur culturel et sociologique devra étudier ce type d'édition et de vente –, et de ces publications, qui étaient donc non aryennes, il y avait encore des restes considérables chez nous. Notre ami Steinitz, en particulier, en possédait un large choix ; il lui était apparu comme une sorte de devoir culturel et religieux de s'abonner à chaque série qui lui était proposée. Chez lui, je trouvai des écrits de Buber, des romans de ghetto, l'*Histoire juive* de Prinz, celle de Doubnov [1], etc.

Le premier livre sur lequel je tombai ici était un volume de la Jüdische Buchvereinigung [Alliance juive du livre] : Arthur Eloesser [2], *Du ghetto à l'Europe, le judaïsme dans la vie intellectuelle du XIXe siècle,* Berlin, 1936. J'avais littéralement grandi avec Arthur Eloesser, sans l'avoir jamais connu personnellement. Alors que, dans les années quatre-vingt-dix, mon intérêt littéraire commençait à s'éveiller, il était le critique de théâtre de

1. Simon Doubnov, historien juif-allemand (1860-1941).
2. Arthur Eloesser, historien allemand de la littérature (1870-1937).

la *Vossische Zeitung* [1] et pareil poste me semblait, en ce temps-là, le plus élevé et le plus enviable qui fût. Si je devais aujourd'hui émettre un jugement global sur la production d'Eloesser, je dirais qu'elle s'accordait parfaitement avec la « tante Voss » de l'époque (qui n'était pas encore celle d'Ullstein) ; ce n'était pas une production excitante mais solide, pas révolutionnaire mais bravement libérale. Et, de surcroît, on peut dire de ces critiques, en toute certitude, qu'elles étaient écrites sans la moindre étroitesse nationaliste et le regard toujours tourné vers l'Europe – car, si je m'en souviens bien, Eloesser a écrit une remarquable thèse de doctorat sur la dramaturgie française des Lumières – dans un allemand toujours parfait et le plus naturellement du monde ; l'idée ne serait jamais venue à personne qu'elles pussent émaner d'un non-Allemand. Et à présent quel changement ! Désolation de celui qui a échoué, du proscrit, de la première à la dernière ligne. C'est à prendre à la lettre. Car l'épigraphe, empruntée à un parent américain de l'auteur, dit ceci : *We are not wanted anywhere*, c'est-à-dire : les Juifs sont partout indésirables ! (Dans les premières années de l'hitlérisme, on pouvait lire tour à tour sur les portes des restaurants : « Juifs indésirables » ou « Interdit aux Juifs ». Plus tard, cette interdiction allait généralement de soi sans qu'il fût besoin de la placarder.) Et tout à la fin il est question des obsèques de Berthold Auerbach [2], Juif pieux et ardent patriote allemand, qui mourut au début de l'année 1882. Vivant, il ressuscitera de la tombe, dit Friedrich Theodor Vischer [3] dans son discours à la mémoire du défunt, mais Eloesser ajoute pour finir : « Mais le temps du poète et de ses amis, celui du libéralisme comme *Weltanschauung*, celui du Juif allemand qui espère en elle, était déjà enseveli sous la même glèbe. »

Ce n'est pas la résignation sans défense avec laquelle

1. Fondé en 1704, ce journal était le plus grand journal d'Allemagne. Il avait compté parmi ses collaborateurs des personnalités comme Frédéric le Grand, Lessing et Rathenau. Sa parution cessa le 1er avril 1934, parce qu'il était libéral et appartenait à la maison Ullstein, une société juive.

2. Berthold Auerbach (Moses Baruch Auerbacher, dit), écrivain allemand (1812-1882).

3. Friedrich Theodor Vischer, écrivain et philosophe allemand (1807-1887).

cet homme de lettres libéral et complètement assimilé prend sa mise hors circuit, ni même le fait qu'il se tourne en partie, et parce qu'il y est acculé, vers le sionisme qui, dans le livre d'Eloesser, m'a le plus fortement frappé et bouleversé. Le désespoir et la recherche d'un nouvel appui n'étaient que trop compréhensibles. Mais le coup au visage, ce coup sans cesse répété ! Dans ce livre soigné, la langue du vainqueur est empruntée avec une servilité qui applique inlassablement toutes les formes caractéristiques de la LTI. On y rencontre à diverses reprises la condensation simpliste dans le singulier – « le Juif allemand qui espère » –, la dissociation simpliste de l'humanité – « l'homme allemand »... Quand, à Berlin, on passe des Lumières de Nicolai [1] à la philosophie critique, cela signifie « un puissant retournement » [*Umbruch*]. En fait de culture, les Juifs croyaient s'être « mis au pas » [*gleichgeschaltet*] des Allemands... Le *Paria* de Michael Beer [2] est une pièce « camouflée » [*getarnt*] et l'*Almansor* [3] de Heine un Juif « camouflé »... Wolfgang Menzel [4] aspire à l'« autarcie » globale de la vie intellectuelle en Allemagne... Börne [5] connaît un âge viril « combatif », il n'a pas été dévoyé par une mélodie ni par un « appel du sang » mystique comme celui que Heine et Disraeli avaient entendu... C'est la certitude de l'influence néfaste des conditions sociales qui a aligné [*ausgerichtet*] la voie de la dramaturgie réaliste moderne... Et il y a aussi naturellement « la loi de l'action », expression sans doute empruntée à Clausewitz [6] et usée jusqu'à la corde par les nazis. Et

1. Friedrich Nicolai, éditeur et écrivain allemand (1733-1811). Ami de Lessing et de Mendelssohn, il publia d'importantes revues qui firent de sa maison d'édition le centre intellectuel de l'*Aufklärung* berlinoise. Son rationalisme intransigeant lui valut d'être rallié, entre autres, par Goethe et par Schiller.

2. Michael Beer, auteur dramatique allemand (1800-1833). Avec *Der Paria* (1825), pièce en un acte, il combattit pour l'émancipation des Juifs.

3. Tragédie lyrique en un acte que Heinrich Heine écrivit en 1820.

4. Wolfgang Menzel, critique littéraire, écrivain, et homme politique allemand (1798-1873). Nationaliste et réactionnaire après la révolution de 1830, il fut l'un des principaux adversaires de la Jeune-Allemagne.

5. Ludwig Börne (Löb Baruch, dit), écrivain allemand (1786-1837). Il est considéré comme le chef de file du mouvement Jeune-Allemagne.

6. Carl Philipp Gottfried von Clausewitz, général et historien de la guerre prussien (1780-1831). Son ouvrage principal, *De la guerre*, a fait de lui le fondateur de la stratégie moderne et a été diversement interprété par Lénine, Hitler et Mao Zedong.

« monter » [*aufziehen*], et « ethnique » [*volkhaft*] et « demi-Juif » [*Halbjude*] et « métis » [*Mischling*] et « avant-garde » [*Vortrupp] e tutti quanti...*

Immédiatement à côté du livre d'Eloesser, parce qu'appartenant à la même série et publié la même année, se trouvait un « Roman en récits » de Rudolf Frank, *Aïeux et petits-enfants*. Ici, la LTI a glissé vers l'intérieur, ai-je noté dans mon journal, et si à présent je voulais le dire d'une manière plus digne de l'impression, je ne le dirais pas mieux. Bien sûr, le vocabulaire des nazis se faisait aussi remarquer par *Sippe, Gefolgschaft, aufziehen*, etc. et cela semblait d'autant plus curieux que le style de l'auteur imitait expressément la narration goethéenne. Mais il avait succombé plus profondément à la langue du vainqueur que dans un sens purement formel. Il racontait l'histoire (d'ailleurs, la plupart du temps d'une manière très médiocre au point du vue poétique) d'émigrants allemands de l'année 1935 qui s'installent en Birmanie et qui nourrissent et apaisent leur mal du pays avec des souvenirs de ce que leurs aïeux ont vécu dans leur terre natale... Le présent immédiat de l'Allemagne n'était évoqué que dans une seule courte phrase ; l'auteur y répondait à la question de savoir pourquoi les siens avaient quitté la Rhénanie tant aimée pour un pays exotique : « Ils avaient leurs raisons, car ils étaient Juifs. » Tout le reste, pour autant que cela concernait l'Allemagne, était écrit dans le genre de la nouvelle historique et évoquait, à chaque fois, des Juifs aussi ardemment fidèles à la tradition que passionnément allemands, oui, teutomanes. Maintenant, on pourrait supposer que, par endroits, dans les dialogues et les convictions de ces émigrants porteurs d'un amour de l'Allemagne reçu en héritage, une haine méritée envers ceux qui les avaient chassés devait être perceptible. Non, et bien au contraire ! On prenait pour un destin tragique le fait d'éprouver conjointement dans son cœur l'amour de l'allemand classique et celui de l'hébreu classique. Qu'on ait été chassé du paradis allemand, cela ne pouvait pas vraiment être reproché aux nazis, puisque, sur des points essentiels, on ressentait et on jugeait exactement comme eux.

Des mariages mixtes entre Allemands et Juifs ?

« Allons, allons ! Ce que Dieu a séparé, l'homme ne doit pas le réunir ! » [en dialecte rhénan]. Nous chantons « le chant du terroir[1] du poète de Düsseldorf », le langoureux « Je ne sais pas ce que cela signifie...[2] » « Nous étions des nomades et restons des nomades. Des nomades malgré nous. » Nous ne sommes pas non plus capables de construire des maisons dans un style qui nous soit propre alors nous nous adaptons à celui des autres (c'est ce qu'on qualifie du côté nazi de « parasitaire ») ; à présent, par exemple, nous allons construire une synagogue dans le style de la pagode, et notre colonie de nomades s'appellera le « pays des tabernacles ». – « Consacre-toi à un métier manuel ! » lisait-on, dans les premières années nazies, sur une banderole en LTI, le fait que les Juifs soient des commerçants et des « bêtes d'intelligence », cela leur a toujours été reproché par Hitler et les siens. Le livre de Frank glorifie une famille juive dans laquelle on se transmet un métier manuel depuis quatre générations, il la donne en exemple moral, il prêche expressément le retour « à la nature et au métier manuel » et stigmatise le réalisateur de films qui caresse le projet de filmer aussi en Birmanie – « imagine un peu la production que je vais leur monter [*aufziehen*] » – en le traitant de renégat et de dévoyé. Dans les nouvelles historiques, un Juif accusé d'avoir empoisonné le puits boit, pour se laver de cette imputation, de toutes les eaux des environs, il en boit quatorze gobelets, « et l'eau des rivières et des sources pénétra en lui ; elle coula dans ses veines, dans son corps, dans son être et sa sensibilité ». Justifié, il reçoit une maison rhénane pour y vivre, fait vœu de ne jamais la quitter « et s'incline profondément vers la terre dont il a bu les sucs ». Peut-on souscrire à la doctrine du sang et du

1. Le *Heimatlied* évoque la *Heimatkunst*, ce mouvement littéraire régionaliste du début du XXe siècle, qui opposait à la « littérature décadente » (symbolisme, naturalisme) des grandes villes les valeurs idéales du retour à la nature, du peuple paysan. Le point de vue ouvertement antisémite de son chef de file (Adolf Bartels) permit son rattachement à la *Blut-und-Boden-Dichtung* nazie.

2. Le « poète de Düsseldorf » n'est autre que Heinrich Heine, et ce vers célèbre est le premier d'un des poèmes rassemblés dans le cycle « *Die Heimkehr* » [« Le retour au foyer »] (1823-1824) dans son *Buch der Lieder* [*Livre des chants*] :
« *Ich weiß nicht, was soll es bedeuten,*
Daß ich so traurig bin (...) »

sol [*Blubodoktrin* [1]] de manière plus poétique encore ? Et quand, à la fin, on raconte à propos d'une jeune mère et de sa très jeune fille que les deux femmes sont sur le point de donner un enfant à leur nouvelle patrie – alors il est dit, avec une solennité dont l'auteur ne ressent pas le comique navrant : « Deux mères... telles des sœurs, elles s'en vont... portant une nouvelle lignée dans leur pays fertile » –, ne sent-on pas de nouveau le parfait unisson avec la doctrine de l'élevage et avec la manière qu'avait le Troisième Reich d'apprécier les femmes ?

Ce n'est qu'à contrecœur que je lus ce livre jusqu'au bout. L'historien de la littérature n'a tout simplement pas le droit de rejeter un ouvrage parce qu'il lui inspire de la répugnance. Le seul personnage qui, dans ce livre, fût à mon goût, était ce coupable de Fred Buchsbaum, qui demeurait, en Birmanie, tout aussi fidèle à son métier de réalisateur que dans son pays natal ; il ne se laissait pas dépouiller de son être, de son européanité, de son présent ; il tournait des comédies mais ne jouait pas la comédie, ni à soi-même ni avec soi-même. Non, même si partout dans les maisons de Juifs on avait adopté la langue du vainqueur, ce n'était sans doute qu'un asservissement irréfléchi, mais pas une reconnaissance de ses doctrines, pas une croyance en ses mensonges.

Cela me traversa l'esprit un dimanche matin. Nous étions quatre dans la cuisine, Stühler et moi aidions nos épouses à faire la vaisselle. Mme Stühler, la brave Bavaroise dont on reconnaissait l'origine robuste, réconfortait son époux impatient : « Dès que tu pourras à nouveau voyager pour ton entreprise de confection – un jour, ça viendra ! – nous pourrons de

1. *Blubodoktrin* est l'abréviation lexicalisée de *Blut-und-Boden-Doktrin*, « doctrine du sang et du sol ». C'est sur cette expression empruntée à Oswald Spengler que Walther Darré, futur ministre de l'Agriculture du Troisième Reich, avait fondé son idéologie raciste (discours sur la *Paysannerie comme source de vie de la race nordique*, 1928, *Nouvelle noblesse du sang et du sol*, 1930). Dans cette vision mystique et romantique, le paysan était chargé de toutes les vertus raciales nordiques (courage, ténacité, combativité, etc.) et promu homme allemand par excellence, à la fois soldat, conquérant de nouvelles terres et défenseur de la race nordique et de la culture européenne contre les « nomades juifs » et la « civilisation ». La femme se voyait réduite à une fonction procréatrice, le village ou la ferme offrant le parfait modèle de la nouvelle société.

nouveau avoir une bonne. » Essuyant ses assiettes avec des gestes brusques, Stühler resta sans dire un mot pendant un moment. Puis il dit, en insistant avec passion « Je ne voyagerai plus jamais... ils ont tout à fait raison, c'est improductif, c'est se livrer à un trafic sordide... je veux faire du jardinage ou quelque chose comme ça... je veux être proche de la nature ! »

Langue du vainqueur... on ne la parle pas impunément, on la respire autour de soi et on vit d'après elle.

29.

SION

Nous entretenions, avec Seliksohn, des rapports de troc : il était diabétique et nous apportait des pommes de terre en échange de minuscules portions de viande et de légumes. Je n'ai jamais vraiment compris pourquoi, et cela m'a toujours un peu ému qu'il nous ait très vite témoigné à tous deux une véritable sympathie, bien qu'il haït toute germanité et tînt tout patriote allemand parmi les porteurs d'étoile – il en restait peu parmi eux – pour un bouffon ou un hypocrite. Lui-même était né à Odessa et n'était arrivé en Allemagne qu'à quatorze ans au cours de la Première Guerre mondiale ; son objectif avait nom Jérusalem, même si, ou, comme il le disait lui-même, parce qu'il avait fréquenté une école et une université allemandes. Il cherchait sans arrêt à me convaincre de l'absurdité de ma prise de position. À chaque arrestation, à chaque suicide, à chaque annonce de décès en provenance des camps, donc aussi souvent que nous nous rencontrions, et cela arrivait de plus en plus fréquemment, comme nous discutions avec toujours plus d'animation, chaque fois il disait :

« Et vous prétendez toujours être allemand et même aimer l'Allemagne ? Un de ces jours vous finirez par faire une déclaration d'amour à Hitler et à Goebbels !

– Ils ne sont pas l'Allemagne, et l'amour – la question n'est pas là non plus. D'ailleurs, aujourd'hui, j'ai trouvé quelque chose de joli sur la question. Avez-vous déjà entendu le nom de Julius Bab [1] ?

1. Julius Bab, écrivain allemand (1880-1955), émigré en 1933.

– Oui, un des Juifs littéraires berlinois, dramaturge et critique, n'est-ce pas ?

– Eh bien, dans la bibliothèque de Steinitz se trouve, échoué là Dieu sait comment, un exemplaire hors commerce de cet auteur. Une cinquantaine de poèmes publiés en manuscrit juste pour ses amis, parce qu'il n'avait pas le sentiment d'être un poète lyrique véritablement créateur et que, derrière ses propres vers, il percevait toujours la mélodie empruntée à d'autres. Une modestie très convenable et vraiment opportune ; tout au long de l'ouvrage, on distingue tantôt George, tantôt Rilke, son langage est plus modelé que naturel. Pourtant, une strophe m'a tellement touché que j'en ai presque oublié cette dépendance affectée. Je l'ai notée dans mon journal, je vais vous la lire et je la connaîtrai bientôt par cœur, tant j'y pense souvent ; deux poèmes dédiés à l'Allemagne, l'un de 1914, l'autre de 1919, commencent chacun par la même profession de foi :

Et aimes-tu l'Allemagne ? – Question insensée !
Puis-je aimer mes cheveux, mon sang, moi-même ?
L'amour n'est-il pas aussi risque et gain ? !
Plus profondément et sans que je l'aie choisie je suis voué à moi
Et à ce pays qui est moi, qui est moi-même.

Si le vers du risque et du gain n'imitait pas tant Stefan George, je pourrais devenir jaloux. C'est exactement comme cela, et pas seulement pour le poète et pour moi, mais pour plusieurs milliers d'autres également.

– C'est de l'autosuggestion, c'est se mentir à soi-même, dans le meilleur des cas, mais trop souvent ce n'est que pur mensonge, et entre les deux, naturellement, il y a d'innombrables degrés intermédiaires.

– Et qui a écrit le plus beau poème de la Première Guerre mondiale ?

– Vous ne pensez tout de même pas au chant de haine affecté de Lissauer[1] ?

– Absurde ! Je pense à : " En bas, sur le rivage du Danube, se tiennent deux corbeaux "... (j'espère que ma citation est exacte) ; n'est-ce pas un chant populaire

1. Ernst Lissauer, écrivain allemand (1882-1938).

allemand parfaitement authentique, que le Juif Zuckermann [1] a composé là ?

– Tout aussi authentique, c'est-à-dire tout aussi artistement reproduit et tout aussi peu ressenti que la Lorelei [2], et vous n'ignorez sans doute pas que Heine s'est reconverti au judaïsme, mais vous ne savez probablement rien du sionisme et des poèmes sionistes de Zuckermann. C'est vraiment comme le disait le panneau d'affichage de votre université et comme on pouvait le lire ailleurs aussi : « Quand le Juif écrit en allemand, il ment ! »

– C'est à désespérer, aucun d'entre vous n'échappe à la langue du vainqueur, même pas vous qui ne voyez dans tous les Allemands que des ennemis !

– Il parle bien plus notre langue que nous la sienne ! Il a appris de nous. Sauf qu'il transforme tout en mensonge, en propos criminels.

– Comment cela ? Il a appris de nous ? Comment l'entendez-vous ?

– Vous souvenez-vous encore des scènes du début en 1933 ? Lorsque les nazis ont fait ici leur grande manifestation contre les Juifs ? « Sens unique jusqu'à Jérusalem ! » et « Le cerf blanc [3] chasse les Juifs » et ce que disaient toutes les banderoles, les images et les affiches qu'ils avaient ? Un Juif était aussi du cortège et portait une pancarte en haut d'un grand bâton, et sur la pancarte était écrit : « Nous, dehors ! »

– J'en ai entendu parler et j'ai pris cela pour une amère plaisanterie.

– Non, c'était vraiment ainsi, et ce « Nous, dehors » est plus ancien que l'hitlérisme et ce n'est pas nous qui parlons la langue du vainqueur mais Hitler qui a appris de Herzl.

– Croyez-vous donc que Hitler ait lu quelque chose de Herzl ?

– Je ne crois absolument pas qu'il ait lu quoi que ce soit sérieusement. Il n'a fait que saisir au vol des bribes

1. Hugo Zuckermann, écrivain allemand (1881-1914).

2. Figure légendaire rhénane (évoquée par les romantiques allemands dont Brentano en 1801, et Eichendorff) qui, sous les traits d'une belle jeune fille attachée à un rocher surplombant le Rhin, attirait les bateaux en renvoyant un écho aux appels qu'ils lançaient, les précipitant ainsi dans la mort. La version la plus mystérieuse et la plus pathétique est celle que H. Heine composa pour son *Livre des chants* (1827).

3. Weißer Hirsch : quartier résidentiel de la banlieue de Dresde.

de culture passe-partout, il n'a fait que répéter machinalement en désordre et qu'exagérer ce qu'il pouvait utiliser pour son système démentiel, mais c'est justement le génie ou la démonie de sa folie, ou le caractère criminel en lui – appelez cela, expliquez cela comme bon vous semble –, qui lui fait infailliblement présenter tous ces fragments saisis au vol de manière à produire un effet captivant sur des hommes primaires et, de surcroît, à métamorphoser en animaux grégaires et primitifs des hommes qui, au fond, possèdent ou possédaient déjà une certaine capacité de réflexion. Et lorsque, dans *Mein Kampf*, au début, il parle de son antisémitisme, de ses expériences viennoises et de ses jugements, il a tout de suite un rapport au sionisme qui, à Vienne, ne pouvait échapper à personne. Encore une fois, il transforme tout dans le genre bas le plus sale et le plus ridicule : " Le garçon juif aux cheveux noirs épie avec un rictus satanique la blonde Aryenne pour profaner, en elle, la race allemande, et ce, avec l'intention de conduire sa propre race inférieure, le peuple des Juifs, à la domination du monde " – vraiment, je cite, même si c'est de mémoire, sans doute à la lettre pour tous les points décisifs !

– Je sais cela, je pourrais même vous réciter ce passage de manière plus exacte encore, car en fait de citations hitlériennes, notre délégué est très fort et c'est un de ses passages favoris. Il continue ainsi : " Après la Première Guerre mondiale, les Juifs auraient amené le nègre sur les rives du Rhin afin de porter atteinte à la race blanche par un abâtardissement forcé. " Mais qu'est ce que cela a à voir avec les sionistes ?

– Il a certainement appris chez Herzl à considérer les Juifs comme un peuple, comme une unité politique et à les regrouper sous le terme de « judaïsme mondial ».

– N'est-ce pas un terrible reproche que vous faites là à Herzl ?

– Herzl pouvait-il quelque chose si un chien sanguinaire l'a pillé et si les Juifs en Allemagne ne l'ont pas écouté à temps ? Maintenant, il est trop tard, et c'est maintenant que vous venez à nous.

– Pas moi.

– Vous ! Un de ces jours vous prétendrez, comme Rathenau, que vous avez un cœur blond germanique et que les Juifs allemands sont une espèce de tribu allemande, disons à mi-chemin entre les Allemands du Nord et les Souabes.

– Je ne m'associerai sûrement pas à cette histoire de mauvais goût sur le cœur blond germanique, mais une espèce de tribu allemande, d'un point de vue strictement intellectuel, cela pourrait s'appliquer à nous, je veux dire : à des gens dont la langue maternelle est l'allemand et dont toute la culture est allemande. « La langue est plus que le sang ! » D'habitude j'ai peu d'affinité pour Rosenzweig, dont *Geheimrat* Elsa m'a donné les lettres – mais Rosenzweig appartient au chapitre Buber, or nous en sommes à Herzl.

– À quoi bon discuter avec vous, vous ne connaissez pas Herzl. Vous devez apprendre à le connaître, cela doit nécessairement faire partie de votre culture à présent, je ferai en sorte de vous procurer quelque chose de lui. »

Cette conversation me poursuivit pendant des jours. Était-ce vraiment un manque de culture chez moi de n'avoir jamais rien lu de Herzl, et comment se faisait-il que je ne me sois jamais senti attiré par lui ? J'avais naturellement entendu parler de lui depuis longtemps et j'avais déjà croisé quelquefois le mouvement sioniste sur ma route. La première fois, c'était au début du siècle, à Munich, quand une relation juive convaincante avait voulu me racoler. J'avais alors simplement haussé les épaules comme à propos de quelque chose de fort éloigné du monde. Ensuite, quelques années avant la Première Guerre mondiale, dans *Der Weg ins Freie* [1] de Schnitzler, et tout de suite après, lors d'une conférence que je tins à Prague. À Prague, où je passai quelques heures au café avec des étudiants sionistes, je me dis, avec encore plus de détermination qu'auparavant, lorsque j'avais lu Schnitzler, qu'il s'agissait d'une affaire autrichienne. Dans ce pays, où l'on était habitué à diviser l'État en nationalités qui se combattaient et se toléraient mutuellement, tout au plus, il pouvait bien y avoir une nationalité juive ; en Autriche, où l'on possédait encore, dans la circonscription galicienne, une forte concentration de petits-bourgeois juifs qui, dans l'isolement volontaire d'un ghetto, s'obstinaient à garder leurs propres langues et leurs propres coutumes (de manière tout à fait analogue aux groupes juifs voisins, polonais et russes, chez qui l'oppression et la persécution éveillaient le désir ardent d'une patrie meilleure), le sionisme était tellement concevable qu'une seule chose en lui restait

1. *Vienne au crépuscule*, roman paru en 1908.

incompréhensible : comment sa naissance avait-elle pu n'avoir lieu que dans les années quatre-vingt-dix du siècle dernier et seulement à travers Herzl ? En effet, là-bas, le sionisme avait existé partout beaucoup plus tôt, portant même partiellement en germe sa forme politique. Ce que Herzl a ajouté à un mouvement existant, c'est le sens du moment politique et la volonté d'associer les Juifs vivant à l'Ouest dans des conditions vraiment européennes, les Juifs émancipés, à l'idée de peuple et au retour.

Mais en quoi cela me concernait-il, en quoi concernait-il l'Allemagne ? Je savais bien que, dans la province de Posen, le sionisme avait des partisans, qu'il y avait aussi chez nous, à Berlin, un groupe de sionistes, et même une revue sioniste – mais il y avait à Berlin toutes sortes de curiosités excentriques et exotiques, sans doute même un club chinois. En quoi cela concernait-il mon cercle de vie, ma personne ? J'étais si sûr de ma qualité d'Allemand, de ma qualité d'Européen, de ma qualité d'être humain, de mon vingtième siècle. Le sang ? La haine raciale ? Pas aujourd'hui voyons, pas ici – au cœur de l'Europe ! Les guerres non plus n'étaient sans doute plus à craindre, pas au cœur de l'Europe... peut-être quelque part dans la péninsule balkanique, en Asie, en Afrique. Jusqu'en plein mois de juin 1914, j'ai considéré comme fantaisiste tout ce qu'on écrivait au sujet de la possibilité d'un retour à des conditions moyenâgeuses, et je prenais pour conditions moyenâgeuses tout ce qui était incompatible avec la paix et la culture.

Puis vint la Première Guerre mondiale, et ma confiance dans la solidité inébranlable de la culture européenne fut sans doute ébranlée. Et, naturellement, je sentais de jour en jour plus vivement la montée du flux antisémite et nazi – je me trouvais parmi des professeurs et des étudiants, et parfois je crois qu'ils étaient pires que la petite bourgeoisie (ils étaient certainement plus coupables). Et qu'à présent, en réaction de défense, de légitime défense, chez nous aussi le mouvement sioniste se renforçât, je ne l'ignorais pas non plus complètement. Mais je ne m'en préoccupais pas, je ne lisais aucune des publications juives spéciales, que j'allais ensuite rechercher et rassembler avec peine dans les maisons de Juifs. Me fermer à tout cela, était-ce de l'entêtement, de l'indifférence ? Je crois que ce n'était ni l'un ni l'autre.

Était-ce une façon de se cramponner à l'Allemagne, un amour qui ne voulait rien savoir du rejet dont il était l'objet ? Certainement pas, ce n'était rien de pathétique, juste quelque chose qui allait de soi. En vérité, les vers de Bab disent tout ce que, selon moi, on peut dire à ce sujet. (Est-ce qu'il les assume lui-même encore aujourd'hui ? Est-ce qu'il vit encore ? – Je l'ai connu quand nous avions douze ou treize ans et ensuite je ne l'ai plus revu.) Mais j'entre trop profondément dans mon journal de l'année 1942 et je m'éloigne trop du carnet de notes du philologue.

Non, pourtant ; cela appartient au sujet ; car, à cette époque, je m'inquiétais de savoir si j'étais seul à avoir considéré ces choses en Allemagne comme fausses ou incomplètes ; si c'était le cas, je devais me méfier de mes observations présentes, j'étais incompétent, au moins pour traiter le sujet juif. J'eus l'occasion d'en parler, quand je rendis mon habituelle visite hebdomadaire à Markwald. Markwald était un homme presque complètement paralysé mais à l'esprit parfaitement éveillé, et qui allait sur ses soixante-dix ans. À intervalles réguliers, quand les douleurs devenaient trop intenables, sa courageuse épouse lui faisait une piqûre de morphine. Cette situation durait déjà depuis des années, et aurait pu durer encore ainsi pendant des années. Il voulait revoir ses fils qui avaient émigré, et faire la connaissance de ses petits-enfants. « Mais s'ils me mettent à Theresienstadt, j'y resterai, car là-bas on ne me donnera pas de morphine. » On l'a embarqué pour Theresienstadt sans sa chaise roulante, et il y est resté, et son épouse avec lui. Dans un certain sens, il représentait une exception parmi les porteurs d'étoile, tout comme l'ouvrier non qualifié employé à l'usine : son père, propriétaire d'une ferme, était déjà établi en Allemagne centrale, et lui-même, ayant fait des études d'agriculture, avait repris la ferme paternelle et l'avait gérée jusqu'au jour où, pendant la Grande Guerre, on l'avait chargé d'un poste élevé au ministère de l'Agriculture de Saxe. Il m'a parlé quelquefois – cette anecdote aussi a sa place dans le chapitre « Juda » – du massacre des porcs [1] que, selon une accusation sans cesse répétée, les Juifs auraient commis pour

1. Walter Darré, idéologue et ministre de l'Agriculture du nazisme, avait écrit en 1933 *Le Porc, comme critère des peuples nordiques et sémites* et, en 1937, *Le Massacre des Porcs*.

affamer les Allemands, et de mesures tout à fait analogues des nazis, mais sous un nom différent : ce qui, pendant la Première Guerre mondiale, s'appelait « massacre » perpétré par les Juifs se nommait à présent « prévoyance » allemande et « économie planifiée » rattachée au peuple. Mais les conversations que j'avais avec le paralysé ne tournaient nullement de manière exclusive autour de sujets agricoles : les Markwald s'intéressaient tous deux vivement à la politique et à la littérature, domaines sur lesquels ils avaient beaucoup lu, et naturellement ils avaient été amenés par les événements de ces dernières années à considérer de toute urgence les problèmes des Juifs allemands, tout comme moi-même. Et, cependant, eux non plus n'avaient pas échappé à la langue du vainqueur. Ils me donnèrent à lire un manuscrit précieux et complet, l'histoire de leur famille ayant vécu en Allemagne depuis plusieurs siècles, dans laquelle le vocabulaire nazi était largement employé, et le tout était une contribution à la « science du clan [1] » [*Sippenkunde*] et ne cachait pas une certaine sympathie pour plus d'une loi « autoritaire » du nouveau régime.

Avec Markwald, donc, je parlais du sionisme, je voulais savoir s'il lui avait accordé une importance primordiale pour l'Allemagne. Les fonctionnaires de l'administration sont enclins à apprécier les choses d'un point de vue statistique. Oui, il avait rencontré lui aussi, naturellement, ce « mouvement autrichien »; il avait également remarqué que, sous la pression de l'antisémitisme, il s'était développé chez nous depuis la fin de la Grande Guerre ; mais il n'en était pourtant jamais sorti un mouvement vraiment propre au Reich, il s'était toujours agi chez nous, disait-il, d'une petite minorité, d'une coterie, la grande majorité des Juifs allemands n'étant plus dissociable de la germanité. Il ne pouvait être question de l'échec d'une assimilation ou d'une assimilation sur laquelle il fût possible de revenir; destructibles, certes, les Juifs allemands l'étaient – mais on ne pouvait pas les « dégermaniser » [*entdeutschen*], dussent-ils travailler eux-mêmes à leur « dégermanisation ». C'est alors que je lui racontai ce que Seliksohn m'avait dit de l'influence de Herzl sur le nazisme...

1. Ce mot est aujourd'hui donné par certains dictionnaires allemands comme un synonyme non marqué de *Genealogie*, de même que *Sippenforschung*, mentionné plus haut par Klemperer.

« Herzl ? Qui était-ce ou qui est-ce ?

– Vous non plus vous n'avez jamais rien lu de lui ?

– C'est même la première fois que j'entends son nom. »

Mme Markwald confirma qu'il lui était, à elle aussi, parfaitement inconnu.

Je notai cela à ma décharge. Il devait bien y avoir d'autres gens en Allemagne, à part moi, qui, jusqu'au bout, avaient été complètement étrangers au sionisme. Et qu'on ne vienne pas dire qu'un partisan si extrême de l'assimilation, un « chrétien non aryen », un propriétaire terrien est, dans cette affaire, un mauvais témoin. Au contraire ! C'est un témoin particulièrement bon, d'autant qu'il siégeait à un poste offrant une large vue d'ensemble. *Les extrêmes se touchent* * : cette phrase vaut également en ceci que les partis extrêmes en connaissent toujours très long les uns sur les autres. En 1916, alors hospitalisé à l'hôpital militaire de Paderborn, j'étais approvisionné de la meilleure façon en littérature française des Lumières par le séminaire de l'archevêché...

Mais Hitler a fait ses années d'apprentissage en Autriche, et de la même manière qu'il a importé de son pays le mot « communication » [Verlautbarung] dans la langue administrative du Reich, il a dû aussi absorber là-bas des formes de langage et de pensée propres à Herzl – il est pratiquement impossible d'établir le passage de l'une à l'autre, en particulier chez les natures primaires –, dans l'hypothèse où elles se trouvaient vraiment en lui. Peu de temps après ces conversations et ces considérations, Seliksohn m'apporta deux volumes de Herzl, les écrits sionistes ainsi que le premier tome de son journal, parus respectivement en 1920 et en 1922 au Jüdischer Verlag à Berlin. Je les ai lus avec une émotion qui confinait au désespoir. La première note à ce sujet dans mon journal fut celle-ci : « Seigneur, protège-moi de mes amis ! Dans ces deux volumes, on peut trouver, à volonté, des preuves pour nombre de choses que Hitler, Goebbels et Rosenberg ont reprochées aux Juifs, et ce, sans être prodigieusement habile en interprétation et en déformation. »

Plus tard, je me suis représenté en quelques mots et en quelques citations les ressemblances et les dissemblances entre Hitler et Herzl. Il y avait, Dieu merci, également des dissemblances entre eux.

Herzl avant tout ne vise jamais l'oppression et encore moins la destruction de peuples étrangers, il ne défend nulle part cette idée, qui est à la base de toutes les atrocités nazies, de l'« élection » et de la prétention à la domination d'une race ou d'un peuple face à l'ensemble de l'humanité inférieure. Il ne demande que l'égalité des droits pour un groupe d'opprimés, qu'un espace aux dimensions modestes, un espace sûr, pour un groupe d'êtres maltraités et persécutés. Il n'emploie l'adjectif « sous-humain » que lorsqu'il parle du traitement sous-humain des Juifs galiciens. Et puis, il n'est pas borné et têtu, il n'est pas dénué de culture intellectuelle et morale comme Hitler, ce n'est pas un fanatique. Il voudrait seulement en être un mais ne réussit qu'à être un demi-fanatique et il ne peut jamais étouffer la raison, la pondération et l'humanité en lui, et il ne peut jamais, même pour quelques instants, se sentir l'homme du destin et l'envoyé de Dieu, et il se demande régulièrement s'il n'est pas seulement un critique littéraire à l'imagination fertile plutôt qu'un second Moïse. De ses intentions, une seule est irrévocable, et de ses plans, un seul est développé en détail : il faut créer un pays pour les masses de Juifs de l'Est non émancipés, qui sont restés un peuple, qui sont réellement opprimés. Dès qu'il aborde la face ouest du problème, il s'enferre dans des contradictions qu'il cherche en vain à résoudre. La définition du concept de peuple vacille, il ne peut être établi clairement si le *gestor*, le directeur des affaires gouvernementales, est un dictateur ou un parlement ; la distinction des races ne lui dit rien, mais il veut que les mariages mixtes soient interdits ; il est attaché avec une joie « mélancolique » à la culture allemande et à la langue allemande qu'il veut emporter, comme tout ce qui est occidental, en Palestine, mais le peuple des Juifs sera pourtant formé par la masse homogène des habitants des ghettos de l'Est, etc. Dans tous ces vacillements, Herzl ne se révèle pas un homme génial mais un être chaleureux et intéressant.

Mais dès qu'il s'érige en envoyé de Dieu et se sent obligé d'être à la hauteur de sa mission, la ressemblance intellectuelle, morale et linguistique du messie des Juifs avec celui des Allemands atteint un degré tantôt grotesque, tantôt effrayant. Il « déroule le drapeau national-social » avec les sept étoiles qui symbolisent la journée de travail de sept heures, il écrase ce qui s'oppose à lui, il démolit ce qui se dresse contre lui, il est le *Führer* qui tient sa mission du destin et réalise ce qui sommeille inconsciemment dans la masse de son peuple, dans la masse dont il doit former un peuple, et le *Führer* « doit avoir un regard dur ». Mais il doit aussi avoir le sens de la psychologie et des besoins de la masse. Il créera, nonobstant sa propre liberté de pensée et son soutien à la science, des lieux de pèlerinage pour les croyances infantiles de la masse, il mettra également à profit sa propre auréole. « J'ai vu et entendu (note-t-il après un rassemblement de masse réussi) naître ma légende. Le peuple est sentimental ; les masses ne voient pas clair. Je crois que, dès à présent, ils n'ont aucune idée claire à mon sujet. Il commence à s'élever autour de moi une légère vapeur, qui deviendra peut-être le nuage sur lequel j'avance. » Tous les moyens sont bons pour faire de la propagande : si l'on a prise sur la masse naïve grâce aux enseignements de l'orthodoxie et aux lieux de pèlerinage, auprès des cercles assimilés et cultivés, « c'est par le biais du snobisme qu'on fait de la propagande pour le sionisme », en se référant, dans l'association des femmes viennoises par exemple, aux « ballades de Juda » de Börries von Münchhausen [1] ainsi qu'aux illustrations de Mosche Lilien [2]. (Si, aujourd'hui, je fais remarquer que Münchhausen qui, avant la Première Guerre mondiale, récita lui-même ses poèmes sur Juda dans de nombreuses associations juives, fut célébré dans le Reich hitlérien comme un grand poète allemand, et que, en tant que *Blubomann* [3], il s'entendait à merveille avec les nazis, alors j'anticipe sur ce à quoi je dois en venir.) Le faste extérieur et les symboles envahissants sont une chose bonne et indispensable, il faut attacher une grande valeur aux uniformes, aux drapeaux et aux fêtes. Les critiques indésirables sont traités comme des ennemis de l'État. La résistance aux mesures importantes doit être brisée « avec une impitoyable dureté », pourquoi renon-

1. Börries von Münchhausen, poète allemand (1874-1945 [suicide]), principal représentant du courant des nouvelles ballades allemandes (ayant pour thèmes des récits chevaleresques, des légendes du Moyen Âge), un genre auquel il consacra aussi de nombreux écrits théoriques.
2. Il s'agit peut-être de Mosche Lilienblum, écrivain israélite (1843-1910), un des fondateurs du sionisme aux côtés de Léon Pinsker.
3. Abréviation de *Blut-und-Boden-Mann*, littéralement « homme du sang et du sol ».

cer aux soupçons et aux invectives contre ceux qui pensent différemment. Lorsque ceux qu'on a appelés les rabbins protestataires se dressent, pour des raisons intellectuelles décisives, contre le sionisme politique qui inclut l'Ouest, Herzl déclare : L'an prochain à Jérusalem [1] ! « Dans les dernières décennies de la déchéance nationale » – il veut dire : de l'assimilation –, certains rabbins auraient, selon lui, donné à cette formule ancestrale de souhait l'« interprétation affadie » selon laquelle le Jérusalem de ce dicton devrait en fait s'appeler Londres, Berlin ou Chicago. « Si c'est ainsi qu'on interprète les traditions juives, alors sans doute ne reste-t-il plus du judaïsme grand-chose d'autre que le revenu annuel que ces messieurs perçoivent. » Bien dosés, l'appât et la menace doivent aller de pair : personne ne doit être contraint à émigrer avec les autres ; reste que les hésitants, les retardataires, seront, ici comme là-bas, en mauvaise posture ; le peuple en Palestine « cherchera ses vrais amis parmi ceux qui auront lutté et souffert pour la cause, du temps où l'on en récoltait non pas des honneurs mais des insultes ».

Si ce sont là des tournures et des tonalités générales qui sont communes aux deux *Führer*, Herzl livre à plusieurs reprises de terribles armes aux mains de l'autre. Il veut contraindre les Rothschild à employer leur fortune au profit du peuple juif tandis que, maintenant, ils donnent du travail aux armées de toutes les grandes puissances uniquement pour leur enrichissement personnel. Et comment le peuple juif rassemblé – et toujours : nous sommes une seule unité, nous sommes un peuple ! – s'affirmera-t-il et s'imposera-t-il ? Il interviendra comme puissance financière quand des puissances européennes en guerre concluront la paix. Il y réussira d'autant plus tôt qu'après la création de l'État juif sans doute suffisamment de Juifs habiteront encore en Europe, qui désormais s'appuieront sur leur propre État et pourront le servir de l'extérieur. Que de possibilités d'interprétation s'ouvrent ici au nazisme !

Et toujours la ressemblance des personnes, la consonance des langues. Qu'on s'amuse à compter combien de réceptions, combien de discours, combien de pauvretés du régime hitlérien sont qualifiés d'historiques. Et

1. Phrase prononcée rituellement à la fin de la célébration de la fête de Pâque.

lorsque Herzl, lors d'une promenade, expose ses pensées au rédacteur en chef de la *Neue Freie Presse*, alors c'est « une heure historique », et le moindre petit succès diplomatique fait partie immédiatement de l'histoire universelle. Et il y a aussi un moment où il confie à son journal qu'ici s'arrête son existence privée, qu'ici commence son existence historique...

Sans cesse, des concordances entre eux deux – concordances des idées et des styles, des psychologies, des spéculations, des politiques, et comme ils se sont aidés mutuellement ! De tout ce sur quoi Herzl fonde une unité populaire, une seule chose est parfaitement adaptée aux Juifs : le fait qu'ils aient un adversaire et persécuteur commun ; c'est de ce point de vue que les Juifs de toutes les nations ont été amalgamés, face à Hitler, en un « judaïsme mondial » ; Hitler lui-même, son délire de persécution et la ruse maniaque qui s'y greffe ont concrétisé ce qui auparavant n'existait qu'à l'état d'idée, et il a amené plus de partisans au sionisme et à l'État juif que Herzl en personne. Et à propos de Herzl : de qui Hitler aurait-il pu apprendre le plus de choses essentielles et utiles à ses fins ?

Ce que j'évacue ici d'une simple question rhétorique exigera, si l'on veut y répondre précisément, plus qu'une thèse de doctorat. La doctrine nazie a sûrement été à maintes occasions stimulée et enrichie par le sionisme, mais il ne sera pas toujours facile d'établir avec certitude ce que le Führer et ce que tel ou tel cofondateur du Troisième Reich ont emprunté exactement au sionisme.

La difficulté vient de ce que tous deux, Hitler et Herzl, vivent, en grande part, sur le même héritage. J'ai déjà nommé la racine allemande du nazisme, c'est le romantisme rétréci, borné et perverti. Si j'ajoute : le romantisme kitsch, alors la communauté intellectuelle et stylistique des deux *Führer* est désignée de la manière la plus exacte possible. Celui que Herzl cite plusieurs fois tendrement comme son modèle, c'est Guillaume II. Qu'il connaisse parfaitement l'origine psychologique de la pose héroïque de Guillaume – le bras atrophié sous la moustache en pointe n'est pas un mystère pour lui – lui rend l'empereur encore plus proche. Le nouveau Moïse des Juifs rêve lui aussi d'une garde portant des cuirasses en argent. Hitler, pour sa part, a vu en Guillaume un corrupteur du peuple, mais il a partagé avec lui les allures héroïques ainsi que sa prédilection pour un romantisme kitsch, ou plutôt, il l'a formidablement surpassé en ce domaine.

Naturellement, j'abordai aussi le thème Herzl avec *Geheimrat* Elsa, et, naturellement, elle le connaissait. Mais elle montrait peu de chaleur pour lui, pas d'amour particulier et pas d'aversion forte. Il était trop « vulgaire » pour elle, trop peu « intellectuel ». Elle disait qu'envers les pauvres Juifs de l'Est, il avait eu de bonnes intentions et qu'il avait, à leur égard, d'incontestables mérites. « Mais à nous, les Juifs allemands, il n'a rien à dire ; d'ailleurs il est complètement dépassé dans le mouvement sioniste. Les tensions politiques d'en face ne m'intéressent pas tellement ; les deux partis ne sont pas d'accord avec le bourgeois modéré qu'est Herzl, pas plus les stricts nationalistes que les communistes et les prosoviétiques. Pour moi, l'essentiel c'est la direction intellectuelle du sionisme, et aujourd'hui, elle est incontestablement entre les mains de Buber. C'est Martin Buber que j'admire, et si je n'étais pas si fanatique – pardon ! –, si entièrement attachée à l'Allemagne, alors je ne pourrais faire autrement que de me déclarer tout à fait de son côté. Ce que vous dites au sujet du romantisme kitsch de Herzl est absolument exact, Buber, au contraire, est un vrai romantique, un romantique tout à fait pur, tout à fait profond, j'aimerais presque dire : tout à fait allemand. Le fait qu'il ait tout de même finalement opté pour un État juif particulier, pour une moitié, c'est certainement la faute de Hitler, et pour l'autre, mon Dieu, il était à Vienne chez lui, et l'on ne devient vraiment allemand que chez nous, dans le Reich. Le meilleur de Buber, et cependant d'une germanité toute pure, vous le trouvez chez Franz Rosenzweig, l'ami de Buber. Je vous donne aussi les lettres de Rosenzweig » – par la suite, elle m'a même donné le précieux volume qu'elle avait en double, et je ne cesse de le regretter, tant il jetait un vif éclairage sur l'histoire des idées de son temps –, « et voici quelques textes de Buber... ».

Petite digression pour calmer ma conscience de philologue : mes Discours liviens[1] ne sont que très modérément liviens ; ils sont tirés de mon journal, et ce journal, je l'ai vraiment écrit jour après jour sous l'impression toute fraîche que les choses produisaient en moi et avec,

1. Discours à la manière de Tite-Live.

dans l'oreille, la résonance de ce que je venais d'entendre. Buber ne m'était pas complètement étranger, il était déjà cité, depuis vingt ou trente ans, parmi les philosophes de la religion ; mais c'était la première fois que j'entendais parler de Rosenzweig, moins connu et mort prématurément.

Buber est à ce point romantique et mystique qu'il transforme l'essence du judaïsme en son contraire. Toute l'évolution a montré que le rationalisme le plus radical, la dématérialisation la plus extrême de l'idée de Dieu constituaient le noyau de cette essence, et que la Kabbale de même que des courants mystiques plus tardifs ne représentent que des phénomènes réactifs contre cette disposition principale toujours dominante et déterminante. Pour Buber, en revanche, la mystique juive est ce qu'il y a d'essentiel et de créateur, tandis que la *ratio* juive n'est que figement et dégénérescence. Il est, de manière plus générale, un chercheur en religion ; l'homme oriental est, selon lui, l'homme religieux par excellence, et parmi tous les Orientaux, cependant, les Juifs ont atteint le degré suprême du religieux. Et comme, pendant des siècles, ils ont vécu en contact très étroit avec l'Occident, qui avait d'autres dispositions que les leurs, avec l'Occident actif, il est à présent de leur devoir de synthétiser et de transmettre des deux côtés ce que l'Orient et l'Occident ont intellectuellement de meilleur. À cet endroit, entre en jeu, l'homme romantique, le philologue romantique également (non pas, comme chez Herzl, l'homme politique) : en matière de religion, les Juifs ont atteint leur apogée en Palestine, ils ne sont pas des nomades, ils sont, à l'origine, un peuple de paysans, toutes les images, toutes les images de la Bible l'indiquent : leur « Dieu était le suzerain de la terre cultivée, ses fêtes étaient des fêtes agraires et sa loi, une loi agraire ». Et, « à quelque hauteur d'esprit général que la prophétie s'élevât [...] toujours son esprit général voulait revêtir un corps fait de cette terre cananéenne particulière ». En Europe, l'âme juive (« qui a traversé tous les cieux et tous les enfers de l'Occident »), en particulier celle des Juifs « adaptés », avait subi des préjudices ; mais « lorsqu'elle touche son sol maternel, elle redevient créatrice ». Ce sont les pensées et les sentiments du romantisme allemand, c'est aussi l'univers linguistique romantique, et tout particulièrement celui de la poésie et de la philosophie néoromantiques, avec leur abstraction du quotidien, leur solennité sacerdotale et leur tendance à l'obscurité mystérieuse, auxquels Buber s'adonne.

Chez Franz Rosenzweig, c'est presque la même chose, mais il ne se perd pas aussi loin dans la mystique pas plus qu'il ne renonce au lien spatial avec l'Allemagne.

Je veux faire comme le cordonnier, ne pas aller plus haut que ma chaussure, pas plus haut que ma LTI. L'essence du judaïsme, le bien-fondé du sionisme ne sont pas mon sujet. (Un Juif croyant pourrait très bien en conclure que la seconde diaspora, la diaspora plus internationale de l'époque actuelle, est voulue par Dieu, tout comme la première ; mais sans doute ni la première ni la seconde ne sont issues d'un Dieu de la terre cultivée, car la véritable mission que ce Dieu a assignée à son peuple est justement de n'être pas un peuple, de n'être attaché à aucune barrière spatiale, à aucune barrière physique, de servir, sans racine, la seule idée. Là-dessus, et sur le sens du ghetto comme « barrière » autour d'une particularité intellectuelle, et sur la barrière qui se transforme en étau, et sur l'évasion des champignons de cette mission – le « grand Spinoza », dit Buber, en contradiction évidente avec sa propre doctrine –, et sur l'évasion et le fait d'avoir été chassé hors des nouvelles barrières nationales, mon Dieu, comme nous avons pu philosopher là-dessus ! Et comme effroyablement peu de ceux que ce *nous* embrasse sont encore en vie !)

Pas plus haut que ma chaussure. Le même style, qui est caractéristique de Buber, les mêmes mots, qui ont chez lui un éclat particulièrement solennel, tels que « faire ses preuves », « unique » et « unicité » : combien de fois n'ai-je pas rencontré tout cela du côté nazi, chez Rosenberg et d'autres, plus petits, dans des livres et des articles de journaux. Ils se donnaient volontiers, de temps en temps, des airs de philosophes, ils s'adressaient volontiers, de temps en temps, aux seules personnalités cultivées ; sur la masse, cela faisait impression.

Parenté de style entre Rosenberg et Buber, parenté dans plus d'une appréciation – placer l'agriculture et la mystique au-dessus du nomadisme et du rationalisme, c'est aussi ce que Rosenberg affirme de tout son cœur – : ne paraît-elle pas plus déconcertante encore que celle qui existe entre Hitler et Herzl ? Mais, dans les deux cas, l'explication de ce phénomène est la même : le romantisme, pas seulement le romantisme kitsch mais aussi le vrai, domine l'époque et, à sa source, puisent les uns contre les autres, les innocents et les empoisonneurs, les victimes et les bourreaux.

30.

LA MALÉDICTION DU SUPERLATIF

Une fois dans ma vie, il y a de cela environ quarante ans, j'ai publié quelque chose dans un journal américain. Le *New Yorker* fit paraître, pour le soixante-dixième anniversaire d'Adolf Wilbrandt [1], un article de moi, son biographe. Dès l'instant où je vis l'exemplaire justificatif, j'eus devant les yeux, et pour toujours, une mauvaise image de la presse américaine dans son ensemble. Probablement et même certainement à tort, car toute généralisation est mensongère, bien que je reconnusse ce fait, cette image apparaissait avec une parfaite netteté chaque fois qu'en moi les hasards d'une association d'idées, si lointaine fût-elle, me la rappelaient. En plein milieu de mon article sur Wilbrandt, de haut en bas, de forme sinueuse et coupant les lignes en deux, s'étalait une réclame pour un laxatif qui commençait par ces mots : « L'homme a trente pieds d'intestins ».

C'était en août 1907. Jamais je n'ai pensé plus intensément à ces intestins que durant l'été 1937. En ce temps-là, à la suite du congrès du Parti à Nuremberg, les journaux écrivaient qu'avec ses vingt kilomètres la colonne formée par le tirage quotidien de toute la presse allemande atteindrait la stratosphère – et que, par conséquent, les pays étrangers mentaient lorsqu'ils parlaient du déclin de la presse allemande ; et à la même époque, lors de la visite de Mussolini à Berlin, on prétendit que la décoration officielle des rues avait coûté 40 000 mètres de tissu de drapeau.

1. Adolf Wilbrandt, écrivain allemand (1837-1911), directeur de la *Süddeutsche Zeitung* à Munich puis du Burgtheater de Vienne.

« Confusion entre quantité et qualité, américanisme du genre le plus grossier », avais-je alors noté, et que les gens de la presse du Troisième Reich aient été les élèves dociles des Américains, cela ressortait aussi de l'emploi toujours plus large de manchettes en caractères toujours plus gros et de l'omission toujours plus fréquente de l'article devant les substantifs ainsi exhibés – « *Völkischer Beobachter* construit plus grosse maison d'édition du monde » –, ce en quoi l'on retrouvait le penchant militaire, sportif et commercial à l'extrême concision.

Mais l'orgie de chiffres des Américains et celle des nazis se ressemblaient-elles vraiment ? En ce temps-là déjà j'en doutais. N'y avait-il pas dans les « trente pieds d'intestins » une pointe d'humour, ne pouvait-on pas toujours sentir, dans les chiffres exagérés de la publicité américaine, une certaine naïveté sincère ? N'était-ce pas, à chaque fois, comme si l'annonceur se disait : toi et moi, cher lecteur, nous éprouvons tous les deux le même plaisir à exagérer, nous savons tous les deux comment il faut le prendre – je ne suis donc pas du tout en train de mentir, de toi-même tu retiens ce qui est utile, et mes recommandations n'engendrent aucune supercherie, grâce à la forme superlative, elles ne font que s'imprimer plus durablement et plus agréablement dans ta mémoire !

Quelque temps plus tard, je tombai sur le livre de souvenirs d'un journaliste américain : *Je ne trouvais pas la paix* de Webb Miller, qui était paru en allemand chez Rowohlt en 1938. Ici, le plaisir des chiffres était manifestement tout à fait sincère ; atteindre des records faisait partie du métier : apporter la preuve chiffrée de la transmission la plus rapide d'une information, la démonstration chiffrée de la transmission la plus exacte aussi, cela rapportait plus d'honneur que n'impote quelle réflexion profonde. Miller fait remarquer, avec une fierté particulière, qu'il a annoncé le début de la guerre abyssinienne avec une très grande précision (3 octobre 1935, 4 h 44, 4 h 55, 5 h), quarante-quatre minutes avant tous les autres correspondants, et sa très brève description naturaliste d'un avion qui survole les Balkans culmine dans cette phrase : « Les masses blanches (des lourds bancs de nuages) nous frôlaient à une vitesse de cent milles à l'heure. »

Le pire qu'on pût dire du culte américain des chiffres,

c'est qu'il témoignait d'une forfanterie naïve et d'une conviction de sa propre valeur. Qu'on se souvienne encore une fois du thème de l'éléphant proposé comme sujet de dissertation à des ressortissants de différents pays : « Comment j'ai abattu mon millième éléphant », raconte l'Américain. Dans cette même histoire, l'Allemand appartient encore, avec ses éléphants de guerre carthaginois, au peuple de penseurs, de poètes et de savants étrangers à ce monde, à une époque aujourd'hui révolue depuis un siècle et demi. Placé dans la même situation, l'Allemand du Troisième Reich aurait tué les plus gros éléphants du monde dans des quantités inimaginables et avec les meilleures armes du monde.

L'emploi des chiffres dans la LTI a peut-être bien été inspiré par des pratiques américaines, il n'en diffère pas moins largement et doublement, non seulement par la surenchère dans l'hyperbolisme, mais aussi par sa malveillance consciente car, partout, il vise sans scrupule l'imposture et l'engourdissement des esprits. Dans les communiqués de la Wehrmacht s'alignent en rangs serrés des chiffres incontrôlables sur les prises de guerre et les prisonniers, les canons, les avions, les chars blindés se comptent par milliers et dizaines de milliers, les prisonniers par centaines de milliers et, en fin de mois, on reçoit de longues listes de chiffres encore plus fantastiques ; mais dès qu'il est question des morts du camp ennemi, les chiffres précis disparaissent pour faire place aux expressions d'une imagination défaillante que sont « innombrable » et « inimaginable ». Pendant la Première Guerre mondiale, on était fier de la sobre exactitude des communiqués de l'armée. La coquette modestie de cette phrase datant des premiers jours de la guerre devint célèbre : « Le but assigné a été atteint. » Certes, on ne réussit pas à s'en tenir à une telle sobriété, mais, comme idéal stylistique, elle restait toujours à l'horizon et jamais alors cet idéal ne perdit complètement son efficacité. Les bulletins du Troisième Reich, par contre, adoptent d'emblée la forme superlative, pour faire ensuite, au fur et à mesure que la situation s'aggrave, littéralement de la surenchère dans la démesure, à tel point qu'ils changent la nature fondamentale de la langue militaire, l'exactitude disciplinée, en son contraire, le fantastique, le fabuleux. Le caractère fabuleux des chiffres avancés pour les victoires est encore accru par le fait qu'il n'est presque jamais question des pertes allemandes, de même que dans les films de propagande on ne voit s'entasser que des cadavres ennemis.

On a déjà souvent fait observer, pendant et après la Première Guerre mondiale, que la langue militaire et guerrière passait dans la langue civile ; la caractéristique de la Seconde Guerre mondiale réside dans le fait que la langue du Parti, la LTI proprement dite, envahit la langue militaire en la détruisant. Cette destruction totale, qui consiste à supprimer expressément les frontières numériques, à introduire les mots « inimaginable » et « innombrable », a été obtenue par étapes : au départ, seuls les correspondants et les commentateurs pouvaient se permettre d'employer ces mots extrêmes, puis le Führer s'y est autorisé dans l'élan de ses allocutions et de ses appels à la population, et ce n'est que tout à la fin que le communiqué officiel de la Wehrmacht s'en est servi.

Ce qu'il y avait d'étonnant ici, c'était l'impudente grossièreté de ces mensonges, qui transparaissait dans les chiffres ; la conviction que la masse ne pense pas et qu'on peut parfaitement l'abrutir est à la base de la doctrine nazie. En septembre 1941, le communiqué de l'armée fit savoir que 200 000 hommes étaient encerclés à Kiev ; quelques jours plus tard, on tira de cette même poche de résistance 600 000 prisonniers – sans doute rangeait-on à présent l'ensemble de la population civile au nombre des soldats. Autrefois, on souriait volontiers, en Allemagne, de la débauche de chiffres extrême-orientale ; dans les dernières années de guerre, il était saisissant de voir les communiqués japonais et allemands rivaliser dans l'exagération la plus insensée ; on se demandait lequel s'inspirait de l'autre, Goebbels du Japonais ou l'inverse.

L'excès de chiffres n'apparaît pas seulement dans les communiqués de guerre proprement dits : au printemps 1943, on peut lire dans tous les journaux que 46 millions de cahiers de lecture destinés aux soldats – ce qu'on appelle alors les éditions du secteur postal – ont déjà été envoyés. Parfois, des chiffres plus petits en imposent aussi. Ribbentrop [1] déclare en novembre 1941 que nous pourrions faire la guerre encore pendant trente ans ; le 26 avril 1942, Hitler dit au Reichstag que si Napoléon a

1. Joachim von Ribbentrop, diplomate et homme politique allemand (1893-1946), ministre des Affaires étrangères de Hitler entre 1938 et 1945.

combattu en Russie par moins vingt-cinq degrés, lui, le commandant en chef Hitler, l'a fait par moins quarante-cinq et même, une fois, par moins cinquante-deux. Dans cette surenchère sur un illustre modèle – c'était encore l'époque où il aimait bien être célébré comme stratège et comparé à Napoléon –, il me semble, outre le comique involontaire, qu'on s'approche de très près de la mode américaine des records.

Tout se tient *, disent les Français. L'expression « à cent pour cent », quant à elle, est d'origine directement américaine et vient du titre d'un roman d'Upton Sinclair [1], largement répandu en langue allemande ; tout au long de ces douze années, elle fut dans toutes les bouches et j'entendis souvent aussi ce dérivé : « Méfiez-vous de lui, c'est un type à cent cinquante pour cent ! » Et c'est justement cet indéniable américanisme qu'il faut rapprocher de l'adjectif « total », prétention fondamentale et mot clé du nazisme.

« Total » est également une valeur numérique maximale, aussi lourde de sens, dans sa calculabilité réaliste, qu'« innombrable » et « inimaginable » le sont en tant que débauches romantiques. Les conséquences effroyables pour l'Allemagne de la « guerre totale », annoncée comme programme du côté allemand, sont dans toutes les mémoires. Mais, dans la LTI, le « total » est partout, même en dehors du domaine de la guerre : un article du *Reich* vantait la « situation d'éducation totale » dans une école de jeunes filles strictement nazie ; dans une vitrine, je vis un jeu de damier qui s'appelait « Le Jeu Total ».

Tout se tient *. Si les superlatifs numériques sont liés au principe de totalité, ils empiètent également sur le domaine religieux, et être une croyance, une religion germanique qui remplacerait le christianisme sémitique et non héroïque, est aussi une exigence fondamentale du nazisme. L'adjectif « éternel », abolition des frontières de la durée, est fréquemment employé – la « veille éternelle », la pérennité des institutions nazies –, et le « Reich millénaire », un nom encore plus clairement marqué au coin de la religion et de l'Église que le « Troisième Reich », apparaît trop souvent. On comprend que le retentissant chiffre mille soit volontiers employé,

1. Upton Sinclair, romancier, pamphlétaire et agitateur social américain (1878-1968). Son roman *Cent pour cent* est paru en 1920.

même en dehors du religieux : les rassemblements de propagande censés raffermir le courage pour l'année 1941, alors que la décision tant espérée de mener une guerre éclair n'est pas intervenue, sont tout de suite annoncés comme « mille rassemblements ».

On peut également atteindre au superlatif numérique par l'autre extrémité : « unique » est tout aussi superlatif que « mille ». Dépouillé, en tant que synonyme d'extraordinaire, de son sens numérique propre, ce mot est encore, à l'issue de la Première Guerre mondiale, une expression d'esthète, à la mode dans la philosophie et la poésie néoromantiques ; des gens qui tiennent beaucoup à l'élégance exclusive et à la nouveauté de leur style, tels que Stefan Zweig ou Rathenau, l'emploient. La LTI et, avec une prédilection particulière, le Führer en personne en usent si fréquemment et souvent si imprudemment que sa valeur numérique nous est rappelée d'une manière comique. Lorsque, après la campagne de Pologne, une douzaine de feld-maréchaux sont nommés, en récompense d'exploits héroïques « uniques », on se demande si chacun n'a fait ses preuves que dans une seule bataille et l'on se dit que douze exploits uniques et douze maréchaux uniques, cela fait une douzaine.

(Après quoi la dépréciation du titre de feld-maréchal, jusqu'ici le plus élevé, entraîna la création d'un titre suprême, celui de maréchal du Reich.)

Mais tous les superlatifs numériques ne forment, dans l'emploi des superlatifs en général, qu'un groupe particulier bien rempli. On peut dire qu'il est la forme linguistique la plus utilisée de la LTI, et cela se comprend sans peine car le superlatif est le moyen d'action le plus évident dont dispose l'orateur et agitateur, c'est la forme publicitaire par excellence. C'est aussi pourquoi, après avoir fait taire la concurrence commerciale par voie de décret, la NSDAP se l'est réservé pour elle seule : en octobre 1942, me raconta Eger, notre ancien voisin de chambre (jadis propriétaire d'un magasin de confection parmi les plus réputés de Dresde, il était alors ouvrier d'usine et fut peu de temps après « abattu alors qu'il tentait de s'enfuir »), une circulaire avait interdit l'emploi des superlatifs dans les annonces commerciales. « Si, par exemple, vous aviez écrit : “ Vous serez servi par un personnel des plus compétents ”, vous deviez alors changer “ des plus compétents ” en “ compétent ”, ou à la rigueur en “ vraiment compétent ”.

À côté des superlatifs numériques et des mots assimilés, on peut distinguer trois types de superlatif et tous trois sont utilisés avec la même profusion : la forme régulière du superlatif des adjectifs, les expressions isolées auxquelles la valeur superlative est inhérente ou peut être attachée, et les phrases tout à fait imprégnées de sens superlatif.

Des superlatifs réguliers on peut tirer, en les accumulant, un prestige particulier. Lorsque, précédemment, je « nazifiais » l'histoire de l'éléphant, j'avais à l'oreille la phrase dont le généralissime Brauchitsch [1] fit jadis tout le sel d'un ordre militaire : les meilleurs ouvriers du monde fournissaient aux meilleurs soldats du monde les meilleures armes du monde.

On trouve ici, à côté des formes régulières de superlatifs, le mot rempli d'un sens superlatif dont la LTI se servait chaque jour. Quand, dans les occasions particulièrement solennelles, les poètes de cour vantaient la gloire du Roi-Soleil dans le style « perruque » du XVIIe siècle, ils disaient que *l'univers* * le regardait. Dans chaque discours, dans chaque déclaration de Hitler, durant ces douze années, car ce n'est que tout à la fin qu'il se tait, toujours apparaît, tel un cliché officiel, cette manchette : « Le monde [*Welt*] écoute le Führer. » Dès qu'une grande bataille est gagnée, c'est « la plus grande bataille de l'histoire universelle [*Weltgeschichte*] ». Le mot bataille tout seul est rarement suffisant, ce sont des « batailles d'anéantissement » qui sont livrées. (De nouveau cette manière impudente de tabler sur le manque de mémoire de la masse ; combien de fois le même adversaire, celui qu'on avait déjà dit mort, est-il une fois de plus anéanti !)

En tant que préfixe superlatif, *Welt* rend partout service : du rang de grande puissance, l'allié japonais est promu à celui de *Weltmacht* [puissance mondiale], les Juifs et les bolcheviks sont des *Weltfeinde* [ennemis mondiaux], les rencontres entre le Führer et le Duce sont des heures *welthistorisch* [universellement historiques]. Un hyperbolisme semblable à celui-ci se trouve dans le mot « espace ». Bien sûr, dès la Première Guerre mondiale,

1. Walter von Brauchitsch, feld-maréchal allemand (1881-1948) qui succéda à von Fritsch en 1938 à la tête de l'armée du Reich. Après avoir eu de multiples différends avec lui, Hitler le releva de son commandement en 1941.

on ne dit plus « la bataille de Königgrätz ou de Sedan » mais « la bataille dans l'espace de... », et cela est simplement lié à l'extension des actions militaires ; et sans doute aussi, cette science qu'est la géopolitique, favorable à l'impérialisme, est-elle responsable des fréquentes apparitions du mot « espace ». Mais il y a dans la représentation de l'espace en soi quelque chose d'illimité, et cela séduit. Un commissaire du Reich prétend, dans son compte rendu de l'année 1942, qu' « au cours des mille ans qui viennent de s'écouler, l'espace ukrainien n'avait encore jamais été administré de façon aussi juste, aussi magnanime et aussi moderne que sous la direction grand-allemande et national-socialiste ». « Espace ukrainien » convient mieux que « Ukraine » tout court aux formes superlatives que sont le millénaire et l'accord parfait des trois adverbes.

« Magnanime » [*großzügig*] et « grand-allemand » [*großdeutsch*] sont déjà bien trop vieux et usés pour enfler encore notablement la grandiloquence de cette phrase. Pourtant la LTI a d'elle-même engendré une telle prolifération du préfixe *groß* – *Großkundgebung* [grande manifestation], *Großoffensive* [grande offensive], *Großkampftag* [grand jour de combat] – que sous le régime même des nazis, ce bon national-socialiste qu'était Börries von Münchhausen a protesté.

« Historique » est tout aussi chargé de superlatif et tout aussi souvent employé que « monde » et « espace ». Est historique ce qui vit durablement dans la mémoire d'un peuple ou de l'humanité parce que cela produit un effet immédiat et durable sur l'ensemble du peuple ou sur l'humanité tout entière. Ainsi, « historique » est l'attribut de toutes les actions, même les plus évidentes, des dirigeants et généraux nazis, et pour les discours et les décrets de Hitler, le super superlatif « universellement historique » [*welthistorisch*] est disponible.

Pour imprégner des phrases entières d'esprit superlatif, toute espèce de fanfaronnade convient. J'entends à la radio de l'usine quelques phrases extraites d'une manifestation au Palais des sports de Berlin. Été 1942, Speer [1] et Goebbels parlent. Cela commence ainsi : « La grande

1. Albert Speer, architecte officiel du Troisième Reich (1905-1981), exerça également dès 1942 les fonctions de ministre du Reich pour l'armement et d'inspecteur général des routes allemandes, de l'eau et de l'énergie.

manifestation sera retransmise sur l'émetteur du Reich et de l'Allemagne, auquel seront reliés les émetteurs du protectorat [1], de la Hollande, de la France, de la Grèce, de la Serbie..., et des États alliés, l'Italie, la Hongrie, la Roumanie... » Et cela continue ainsi pendant encore un bon moment. De cette manière, on obtenait très certainement un effet encore plus superlatif sur l'imagination du public qu'avec le titre de journal : « Le monde est à l'écoute », c'était l'atlas nazifié du monde qu'on feuilletait.

Lorsque Speer eut énoncé les chiffres démesurés du niveau d'armement de l'Allemagne, Goebbels fit davantage ressortir la performance allemande en opposant à l'exactitude de ses statistiques « l'acrobatie numérique juive » des ennemis. Énumération et dénigrement. Il n'y a sans doute pas un discours du Führer qui ne les contienne l'une et l'autre à foison, l'énumération de ses propres succès et l'invective méprisante contre l'adversaire. Les moyens stylistiques que Hitler emploie à l'état brut sont polis par Goebbels qui en fait une rhétorique raffinée. C'est le 7 mai 1944 qu'il atteint le sommet le plus effroyable dans ce genre de construction superlative. Le débarquement anglo-américain sur le mur de l'Atlantique est imminent, c'est alors que le *Reich* écrit : « Dans le peuple allemand, on s'inquiète plutôt de ce que l'invasion pourrait ne pas avoir lieu que de ce qu'elle pourrait avoir lieu... Si l'ennemi avait effectivement l'intention de lancer une entreprise aussi importante avec une légèreté aussi inouïe, alors bonne nuit ! »

N'est-ce pas là le comble de l'effroyable pour celui qui considère les choses rétrospectivement, et le lecteur attentif de l'époque n'a-t-il pas dû percevoir le désespoir naissant derrière le masque de cette certitude absolue de la victoire ? La malédiction du superlatif n'est-elle pas ici trop aisément perceptible ?

Cette malédiction y est attachée essentiellement et dans toutes les langues. Car, partout, l'exagération permanente appelle un renforcement croissant de l'exagération et l'émoussement de la sensibilité ; le scepticisme et, pour finir, l'incrédulité ne peuvent manquer d'en découler. C'est sans doute partout le cas, mais certaines

1. Le « protectorat de Bohême-Moravie » : c'est ainsi que les nazis désignaient les pays tchèques occupés par eux après la conférence de Munich de 1938.

langues sont plus réceptives que d'autres au superlatif : dans les pays latins, dans les Balkans, en Extrême-Orient, en Amérique du Nord aussi, dans tous ces pays, on supporte une plus forte dose de superlatifs que chez nous, assez souvent on y ressent juste comme une agréable élévation de température ce qui chez nous est déjà une fièvre. Peut-être est-ce là, justement, la raison ou du moins une raison supplémentaire pour laquelle le superlatif apparaît avec une violence si prodigieuse dans la LTI ; ne dit-on pas que les épidémies sont toujours plus violentes là où elles sévissent pour la première fois ?

Maintenant, on pourrait bien prétendre que cette maladie de la langue, l'Allemagne l'a déjà eue : au XVIIe siècle, sous l'influence italo-espagnole ; mais l'enflure était alors une tumeur bénigne, tout à fait dépourvue du poison de la démagogie délibérée.

Le superlatif malin de la LTI est pour l'Allemagne un phénomène sans précédent ; c'est pourquoi, dès le premier instant, son effet est dévastateur, et ensuite il est forcément dans sa nature de renchérir continuellement sur lui-même, jusqu'à l'absurdité, jusqu'à l'inefficacité, oui, jusqu'à engendrer la croyance diamétralement opposée à son intention. Combien de fois n'ai-je pas écrit dans mon journal que telle et telle phrase de Goebbels étaient des mensonges grossiers, que cet homme n'était nullement un génie de la publicité ; combien de fois n'ai-je pas noté des bons mots au sujet de la « gueule » et du front de Goebbels, combien de fois des invectives contre l'impudence des mensonges de cette « Voix du peuple » censée redonner espoir !

Mais il n'y a pas de *vox populi*, il n'y a que des *voces populi* et laquelle de ces diverses voix est la vraie, je veux dire : celle qui détermine le cours des événements, on ne peut jamais le constater qu'après coup. Et tous ceux qui riaient des mensonges trop gros de Goebbels, ou qui les vitupéraient, en sont-ils restés vraiment indemnes ? Il est impossible de l'affirmer avec exactitude. Combien de fois, pendant que j'étais lecteur à Naples, n'ai-je pas entendu dire de tel ou tel journal : *è pagato*, il est payé, il ment pour le compte de son commanditaire, et, le lendemain, celui qui avait crié *è pagato* croyait dur comme fer quelque autre mensonge notoire du même journal. Parce qu'il était imprimé en gros caractères et que d'autres le croyaient. En 1914 je constatais, à chaque fois avec une tranquille certitude, que cela correspondait justement à la naïveté et au tempérament des Napolitains ; Montesquieu a déjà écrit qu'à Naples on est *plus peuple qu'ailleurs* *. Depuis 1933 je sais – ce dont je me doutais depuis longtemps mais que je ne voulais pas admettre – que, partout, dresser les gens à être ainsi *plus peuple qu'ailleurs* * est chose facile ; et je sais aussi que dans le psychisme de tout être cultivé se trouve une couche de l'âme très « peuple ». Tout ce que je sais sur la duperie, toute mon attention critique ne me sont, à un moment donné, d'aucun secours. À chaque instant, le mensonge imprimé peut me terrasser, s'il m'environne de toutes parts et si, dans mon entourage, de moins en moins de gens y résistent en lui opposant le doute.

Non, la malédiction du superlatif n'est pas une chose aussi simple que la logique se l'imagine. Bien sûr, les fanfaronnades et les contre-vérités se suivent et se ressemblent, elles sont reconnues comme telles et, pour plus d'un, la propagande de Goebbels est finalement devenue une bêtise inefficace. Mais ce qui est tout aussi sûr, c'est que, même reconnue comme fanfaronnade et mensonge, la propagande n'en agit pas moins, pourvu qu'on ait le front de la propager sans état d'âme ; pourtant la malédiction du superlatif n'est pas toujours autodestruction, elle est trop souvent destruction de l'intellect qui lui fait face ; Goebbels était peut-être plus doué et la bêtise moins inefficace que je ne voulais le croire.

Journal, *18 décembre 1944.* À midi, une dépêche spéciale est tombée, la première depuis des années ! Tout à fait dans le style de l'époque offensive et des « batailles d'anéantissement » : « Avons lancé par surprise la grande attaque à partir du mur de l'Atlantique... après un bref mais puissant tir de préparation... avons pris d'assaut la première position américaine... » Il est parfaitement exclu que derrière cela se cache autre chose qu'un bluff désespéré. La fin de *Don Carlos* : « Que ceci soit ma dernière imposture.

– C'est ta dernière. »

20 décembre... Finalement, Goebbels parle depuis déjà des semaines de la résistance allemande renforcée. Dans la presse des Alliés, il paraît qu'on nomme cela « le miracle allemand ». Et c'est bien miraculeux en effet, et la guerre peut encore dure des années...

31.

« RENONCER À L'ÉLAN DU MOUVEMENT... »

Le 19 décembre 1941, le Führer et désormais généralissime adresse un appel au front de l'Est, dont les phrases les plus remarquables sont du genre : « Après leurs victoires éternelles, et sans précédent dans l'histoire universelle, contre l'ennemi le plus dangereux de tous les temps, les armées à l'Est doivent désormais, en raison de l'arrivée brutale de l'hiver, renoncer à l'élan du mouvement pour constituer un front de position... Mes soldats ! Vous comprendrez [...] que mon cœur est entièrement avec vous mais que ma raison et ma détermination ne connaissent que la destruction de l'adversaire, c'est-à-dire l'achèvement victorieux de cette guerre... Le Seigneur Dieu ne refusera pas la victoire à ses soldats les plus braves ! »

Cet appel représente la césure décisive non seulement dans l'histoire de la Seconde Guerre mondiale mais aussi dans l'histoire de la LTI, et, en tant que césure linguistique, il est marqué d'un double jalon dans le tissu boursouflé des fanfaronnades courantes poussées ici jusqu'au style barnum.

Cela grouille de superlatifs triomphants – mais le présent s'est transformé en futur. Depuis le début de la guerre, on voit partout une affiche portant divers drapeaux et cette déclaration confiante : « La victoire est sous nos drapeaux ! » Jusqu'ici, on a toujours assuré aux Alliés qu'ils étaient déjà définitivement vaincus ; aux Russes, en particulier, il a été déclaré expressément qu'il leur était impossible, après leurs défaites, de repasser à l'offensive. Et voilà que la victoire absolue est repoussée dans un lointain indéterminé et qu'il faut la demander au Seigneur Dieu. Désormais, ce mot dilatoire et exprimant un ardent désir : la « victoire finale » [*Endsieg*] est à la mode et, bientôt, surgit la formule à laquelle les Français s'accrochaient durant la Première Guerre mondiale : *on les aura* *. On traduit par : « La victoire sera à nous » et on écrit cette phrase au bas d'une affiche et d'un timbre sur lesquels l'aigle du Reich s'efforce de maîtriser le serpent ennemi.

Mais la césure ne s'exprime pas seulement dans le changement de temps. Tous les grands travaux ne parviennent pas à cacher que le « en avant » s'est changé en un « en arrière », qu'on cherche des positions auxquelles se cramponner. Le « mouvement » figé en « front de position » : dans la LTI, cela signifie incomparablement plus que dans toute autre langue. À longueur d'ouvrages et d'articles, dans un si grand nombre de tournures et de contextes divers, on a déclaré que la guerre de position était une imperfection, une faiblesse, oui, un péché, auquel l'armée du Troisième Reich ne succomberait jamais, ne pourrait jamais succomber, parce que le mouvement signifiait le cœur, la spécificité même, la vie du national-socialisme, lequel, après son « départ [1] » [*Aufbruch*] – mot sacro-saint de la LTI emprunté au romantisme ! –, ne devait plus jamais connaître de répit. On ne veut pas être sceptique, ni libéral et pondéré, on ne veut pas être velléitaire, comme l'époque précédente ; on ne veut pas laisser les choses exercer une influence sur soi, mais exercer soi-même une influence sur elles ; on veut agir et ne jamais lâcher « la loi de l'action » (encore une formule en vogue, empruntée à Clausewitz et citée à satiété pendant la guerre jusqu'à devenir d'un ridicule des plus navrants). Dans un style soutenu et pour montrer qu'on est cultivé, on dit qu'on veut être « dynamique ».

Le futurisme de Marinetti a acquis sur les fascistes italiens, et à travers eux sur les nationaux-socialistes, une influence déterminante, et un expressionniste allemand, un certain Johst, alors que la plupart de ses amis litté-

1. Il s'agit à la fois d'un éveil et d'un nouveau départ, mais le sens du radical *-bruch* [rupture] se retrouve dans *Umbruch* [retournement], déjà évoqué par Klemperer. En outre, les nazis désignaient par l'expression « *Aufbruch der Nation* », d'une part, le « soulèvement national » de 1933 et, de l'autre, le début de la Première Guerre mondiale.

raires du début se sont tournés vers le communisme, réussira à devenir président de l'académie nazie des poètes. La tendance, le mouvement tendu vers un but est un devoir élémentaire et général. Le mouvement est à ce point l'essence du nazisme que celui-ci se désigne lui-même comme « le Mouvement » et sa ville natale, Munich, comme « la capitale du Mouvement », et, alors qu'il cherche toujours pour ce qui lui semble important des mots ronflants et excessifs, il conserve le mot « mouvement » dans toute sa simplicité.

Tout son vocabulaire est dominé par la volonté de mouvement et d'action. « Assaut » [*Sturm*] est pour ainsi dire son alpha et son oméga : on commence avec la formation des SA, les « sections d'assaut » [*Sturmabteilungen*], on termine avec l'« assaut du peuple » [*Volkssturm* [1]], variante littéralement plus « proche du peuple » de l'« assaut du pays » [*Landsturm*] de 1813 [2]. La SS a son « assaut de cavalerie » [*Reitersturm*], l'armée ses « troupes d'assaut » [*Sturmtrupps*] et ses « canons d'assaut » [*Sturmgeschütze*], le journal de la haine antisémite a pour titre *Der Stürmer* [l'assaillant]. Les « actions foudroyantes » sont les premiers actes d'héroïsme des SA, et le journal de Goebbels s'appelle *Der Angriff* [l'attaque]. La guerre doit être une guerre éclair, et toutes les disciplines sportives alimentent la LTI générale de leur vocabulaire spécial.

La volonté d'action crée de nouveaux verbes. On veut se débarrasser des Juifs, alors on « déjudaïse » [*entjuden*], on veut remettre la vie commerciale entre des mains aryennes, alors on « aryanise » [*arisieren*], on veut purifier le sang des ancêtres, alors on le « rend plus nordique » [*aufnorden*]. Des verbes intransitifs, auxquels la technique a assigné de nouveaux domaines, sont activés en verbes transitifs : pour dire qu'on « pilote » une lourde machine ou qu'on « transporte par avion » des bottes et du ravitaillement, c'est le même verbe *fliegen* [voler] qu'on emploie, on « frigorifie » [*frieren*] des légumes par de nouveaux procédés de congélation, alors

1. Le 25 septembre 1944, Hitler promulgua un décret ordonnant la levée d'un corps de troupe composé d'hommes de 16 à 60 ans, réformés, trop jeunes ou trop âgés pour servir dans l'armée régulière.

2. À partir de 1813, la Prusse enrôla dans l'armée tous les hommes de 17 à 50 ans n'appartenant ni à l'armée constituée ni aux troupes de réserve (*Landwehr*).

qu'autrefois on disait de manière plus alambiquée « faire réfrigérer » [*gefrieren machen*].

Ici intervient sans doute aussi l'intention de s'exprimer de manière plus serrée et plus rapide que de coutume, la même intention qui transforme le « correspondant de presse » [*Berichterstatter*] en « correspondant » [*Berichter*], la « voiture automobile » [*Personenkraftwagen*] en « automobile » [*Kraftwagen* [1]], l'avion de bombardement [*Bombenflugzeug*] en « bombardier » [*Bomber*] et qui, dans son ultime conséquence, remplace le mot par l'abréviation. De sorte que : « voiture automobile », « automobile », « auto » [*PKW*], correspond à une gradation normale du positif jusqu'au superlatif. Et, en définitive, la tendance générale à l'emploi du superlatif et, par extension, la rhétorique générale de la LTI sont dues au principe de mouvement.

Et voilà que tout ceci doit passer du mouvement à l'arrêt (au mouvement rétrograde) ! Charlie Chaplin réussit son effet le plus comique lorsque, de la fuite la plus précipitée, il se fige brutalement dans l'immobilité d'une figure de cire moulée ou sculptée. La LTI ne peut se permettre d'être ridicule, elle ne peut se permettre de se figer, elle ne peut se permettre d'avouer que son *Aufwärts* [« mouvement ascendant »] est devenu un *Abwärts* [« mouvement descendant »]. L'appel à l'armée de l'Est inaugure les efforts de dissimulation qui caractérisent la dernière phase de la LTI. Naturellement, il y avait de la dissimulation (« camouflage » est, depuis la Première Guerre mondiale, l'expression consacrée, féerique et moderne) depuis le début ; mais jusqu'ici, c'était la dissimulation du crime – « depuis ce matin nous ripostons au feu de l'ennemi », dit le premier bulletin de guerre – et, à partir de maintenant, c'est la dissimulation de l'impuissance.

Avant tout, il faut que l'expression « front de position », contraire au principe du Troisième Reich, soit enterrée, que le funeste souvenir de l'interminable guerre de position de la Première Guerre mondiale soit évité. Il doit aussi peu réapparaître que les rutabagas de ce temps-là doivent revenir sur la table. À présent, la LTI est donc augmentée de cette tournure qui revient constamment : « guerre de défense mobile ». S'il faut

1. En réalité, Victor Kremperer donne un exemple voisin, celui de *Lastwagen* [camion] qui est abrégé en *Laster* puis en *LKW*.

avouer que nous sommes acculés à la défensive, nous préservons, grâce à l'adjectif « mobile », notre nature la plus profonde. Nous ne nous défendons pas depuis l'espace étroit d'une tranchée, nous combattons bien plutôt avec une plus ample liberté spatiale dans et devant une forteresse géante. Notre forteresse s'appelle Europe et, pendant un temps, il est beaucoup question du « glacis africain ». Du point de vue de la LTI, « glacis » est un vocable doublement heureux : d'une part il témoigne de la liberté de mouvement qui nous reste, et de l'autre il indique déjà que nous abandonnerons peut-être la position africaine sans par là abandonner quelque chose de décisif. Plus tard la « forteresse Europe » deviendra la « forteresse Allemagne », et tout à la fin la « forteresse Berlin » – en vérité, l'armée allemande n'a pas manqué d'énergie, même au terme de la guerre ! Mais qu'il ne s'agissait là que d'une régression continue, cela ne fut jamais dit carrément, là-dessus les voiles s'étendirent l'un après l'autre, les mots « défaite » et « retraite », sans parler de « fuite », ne furent jamais prononcés. Pour défaite, on disait « revers », cela sonne moins définitif ; au lieu de fuir, on se « repliait devant l'ennemi » ; celui-ci ne réussissait jamais des percées [*Durchbrüche*], mais toujours seulement des « irruptions » [*Einbrüche*], dans le pire des cas de « profondes irruptions » qui étaient « contenues », « verrouillées », parce que, évidemment, nous possédions un « front élastique ». De temps en temps, on procédait – volontairement, et pour reprendre un avantage sur l'ennemi – à une « réduction du front » ou à une « rectification du front ».

Tant que ces mesures stratégiques se déroulaient à l'étranger, la masse n'avait nullement besoin d'être au courant de leur gravité. Au printemps 1943 encore (dans le *Reich* du 2 mai), Goebbels put lancer un gracieux diminutif : « À la périphérie de nos opérations de guerre, nous sommes çà et là quelque peu fragiles [*anfällig*]. » Fragile se dit des gens qui sont enclins aux refroidissements ou aux dérangements d'estomac, mais certainement pas de personnes gravement souffrantes et gravement en danger. Et même la fragilité fut déguisée par Goebbels en hypersensibilité de notre côté et en forfanterie du côté ennemi : les Allemands avaient été tellement gâtés par une longue série de victoires que, moralement, ils réagissaient trop vivement à chaque revers, tandis qu'habitués aux coups, les ennemis se vantaient exagérément fort des moindres « succès périphériques ».

L'abondance de ces mots euphémisés est d'autant plus étonnante qu'elle offre un contraste saisissant avec l'habituelle pauvreté, originaire et de principe, de la LTI. Même les images, modestes et naturellement pas de son cru, n'ont pas manqué ici. Sur le modèle du *général Danube* * qui, à Aspern [1], se mit en travers de la route du commandant en chef Napoléon, le commandant en chef Hitler forma le « général Hiver » [*General Winter*], qui devint une personnalité souvent citée et engendra aussi quelques fils – je ne me souviens que du « général Famine » [*General Hunger*], mais j'ai certainement croisé d'autres généraux allégoriques. Les difficultés qu'il n'était pas possible de nier s'appelaient pendant très longtemps « goulets d'étranglement », une expression qui est presque aussi bien choisie que le « glacis » car, ici aussi, l'idée de mouvement (de celui qui se faufile) est tout de suite donnée. Une fois, un correspondant doué d'un sens aigu de la langue fit ressortir cela de manière habile en replaçant cette expression, dont la valeur métaphorique était affaiblie, dans son ancienne réalité. Il rapporta qu'une colonne de chars s'était risquée dans un « goulet d'étranglement » entre des champs de mines.

Cet adoucissement purement verbal de la situation désespérée dura très longtemps, puisque, en parfait contraste avec l'habitude allemande de la guerre éclair, les ennemis ne lançaient que des « offensives escargot » et ne se déplaçaient qu'à l'« allure d'un escargot ». Ce n'est que dans la dernière année, quand il devint impossible de cacher la catastrophe, qu'on lui donna un nom un peu plus franc, mais naturellement là encore un nom voilé : à présent, les défaites s'appelaient des « crises », mais le mot n'apparaissait jamais seul, soit qu'on détournât le regard de l'Allemagne pour le porter sur la « crise mondiale » ou sur la « crise de l'humanité occidentale », soit qu'on se servît de la tournure « crise surmontée » devenue stéréotype. On la surmontait en se « dégageant » [*sich freikämpfen* [2]]. « Se dégager » était l'expres-

1. Petit village autrichien du canton de Vienne où eut lieu la bataille d'Aspern en 1809.

2. Littéralement : « se combattre libre ». *Freiheitskämpfer* signifie : champion de la liberté.

sion déguisée pour parler des quelques régiments qui avaient échappé aux encerclements dans lesquels des divisions avaient été perdues. On surmontait aussi la crise non pas en se laissant refouler en deçà de la frontière allemande par les ennemis, mais en s'en détachant volontairement et en les « laissant entrer exprès » à l'intérieur pour les anéantir ensuite d'autant plus sûrement qu'ils avaient pénétré trop avant. « Nous les avons laissés entrer – le 20 avril ce sera différent ! » – cela, je l'ai encore entendu dire en avril 1945.

Et enfin arriva, figée en formule, changée en mot magique, l'« arme nouvelle », le signe V magique et susceptible du superlatif. Si V1 n'y arrivait pas, si V2 restait sans effet –, pourquoi ne pas garder espoir, en songeant à V3 et à V4 ?

Le dernier cri de désespoir de Hitler est : « Vienne redevient allemande, Berlin reste allemande et l'Europe ne sera jamais russe. » À présent que son pouvoir touche à sa fin, il oblitère même le futur de la victoire finale, qui avait supplanté depuis si longtemps le présent initial. « Vienne redevient allemande » – il faut faire croire aux fidèles que ce qui est déjà de l'ordre de l'impossible est un présent imminent. Quelque V y réussira bien encore !

Curieuse revanche de la lettre magique : d'abord formule secrète de ralliement des résistants dans les Pays-Bas asservis, V signifiait *Vrijheid*, liberté. Les nazis s'emparèrent de ce signe, lui donnèrent le sens de *Victoria* et obligèrent sans vergogne la Tchécoslovaquie, plus soumise encore que la Hollande, à voir sur ses timbres-poste, sur les portes de ses automobiles, de ses wagons de chemin de fer, partout, le signe ostentatoire et depuis longtemps déjà mensonger de la victoire. Et ensuite, dans la dernière phase de la guerre, V devint l'abréviation de *Vergeltung* [représailles], le signe de l'« arme nouvelle » qui devait venger l'Allemagne de toutes les souffrances qu'elle avait endurées et y mettre un terme. Mais les Alliés avançaient irrésistiblement, il n'était plus possible d'envoyer d'autres projectiles V vers l'Angleterre, il n'était plus possible de protéger les villes allemandes des bombes ennemies. Lorsque notre Dresde fut détruite, il n'y avait plus un seul tir défensif, il ne s'envolait plus un seul avion – les représailles étaient là, mais elles touchaient l'Allemagne.

32.
BOXE

Dans sa correspondance, Rathenau écrit que lui-même était pour une paix basée sur l'entente et que Ludendorff, en revanche, avait voulu, selon sa propre expression, « se battre gagnant ». Cette tournure vient du turf où l'on joue gagnant ou placé. Porté à l'esthétisme, Rathenau la met entre des guillemets quelque peu dégoûtés, il la considère manifestement comme indigne d'être employée à propos de la situation de guerre, bien qu'elle provienne d'une discipline sportive de haute noblesse ; les sports hippiques étaient depuis toujours l'affaire de l'aristocratie et du corps d'officiers le plus féodal, et parmi les *gentlemen-riders* se trouvaient des lieutenants et des capitaines de cavalerie aux titres nobiliaires les plus ronflants. Pour la sensibilité très aiguë de Rathenau, cela n'atténue en rien la formidable différence qui sépare le jeu sportif du sérieux sanglant de la guerre.

Dans le Troisième Reich, on s'est fixé pour but de cacher cette différence. Ce qui, à l'extérieur, doit garder l'apparence d'un jeu pacifique et innocent pour maintenir le peuple en bonne santé doit constituer, dans les faits, une préparation à la guerre et être apprécié, dans la conscience populaire également, comme quelque chose d'aussi sérieux que la guerre. Il existe à présent une grande école du sport, un universitaire sportif est au moins au même niveau que n'importe quel autre universitaire – aux yeux du Führer, il lui est certainement supérieur. L'actualité de cette haute estime, dans laquelle on tient le sport, transparaît vers le milieu des années trente dans l'appellation des cigarettes et des cigarillos, et elle est favorisée par elle : on fume des « Étudiant sportif » [*Sportstudent*], des « Sport militaire » [*Wehrsport*], des « Bannière sportive » [*Sportbanner*] et des « Ondine sportive » [*Sportnixe*].

Les Olympiades de 1936 constituaient aussi un autre facteur de popularisation et de glorification du sport. Lors de cette manifestation internationale, le Troisième Reich tient tellement à apparaître aux yeux du monde comme un État culturellement prééminent, et, conformément à sa mentalité générale, il place, comme je l'ai dit, la performance physique tellement à égalité avec l'intellectuelle – non, au-dessus d'elle – qu'il entoure ces Olympiades d'un éclat prodigieux, si prodigieux que, pendant un instant, il fait disparaître dans l'éblouissement jusqu'aux différences raciales : la « blonde Hé », la Juive Hélène Meyer, peut mettre son fleuret à contribution pour la victoire de l'escrime allemande, et le saut en longueur d'un nègre américain est fêté comme si c'était un Aryen, un homme nordique, qui avait sauté. C'est ainsi que le *Berliner Illustrierten* peut parler aussi du « joueur de tennis le plus génial du monde », pour, aussitôt après, comparer très sérieusement une performance olympique aux exploits de Napoléon Ier.

Le sport connaît un troisième accroissement et élargissement de prestige grâce à l'importance qu'on accorde à l'industrie automobile, grâce aux « routes du Führer » et à toutes les courses automobiles héroïsées à l'intérieur du pays comme à l'étranger – cependant que tout ce qui joue en faveur du sport militaire et des Olympiades entre conjointement en jeu, et que, de surcroît, le problème de la création d'emplois est jeté dans la balance.

Mais longtemps avant que le sport militaire, les Olympiades et les routes du Führer aient pu faire leur apparition, il y a, en Adolf Hitler, une exigence très simple et très brutale. Là où, dans *Mein Kampf*, il expose les « principes éducatifs de l'État raciste [*völkisch*] » et où il parle en détail du sport, c'est sur la boxe qu'il s'attarde le plus longuement. Ses considérations culminent dans la phrase : « Si l'ensemble de notre élite intellectuelle n'avait pas été jadis éduquée si exclusivement dans les règles élégantes de la bienséance, si, au lieu de cela, elle s'était appliquée à apprendre la boxe, alors une révolution allemande de proxénètes, de déserteurs et autre racaille de ce genre n'aurait jamais été possible. » L'instant d'avant Hitler a pris la défense de la boxe contre l'accusation de brutalité caractérisée – probablement avec raison, je ne suis pas spécialiste ; mais de la façon dont il parle de la boxe, Hitler en fait une affaire de rustauds [*proletenhaft*] (et non une affaire de prolétaires [*proletarisch*], ni une affaire du peuple), il en fait l'épiphénomène ou l'issue d'une invective furieuse.

Il faut tenir compte de tout cela si l'on veut saisir le rôle que joue le sport dans la langue de « notre Docteur ». Pendant des années, Goebbels est appelé « notre Docteur », pendant des années, il signe lui-même chaque article du titre de docteur, et, au sein du Parti, son rang académique prend une importance non moindre que celle dont jouissaient les docteurs de l'Église aux temps héroïques de son édification. « Notre Docteur » est celui qui forme la langue et la pensée de la masse, même s'il emprunte certains de ses mots d'ordre au Führer, même si Rosenberg, en tant que philosophe du Parti, est à la tête d'un office particulier qui comprend, entre autres, un « institut d'étude du judaïsme ».

Goebbels énonce son principe directeur en 1934, lors du « Congrès [du Parti] de la fidélité » qui a conservé son nom pour atténuer et couvrir la révolte de Röhm : « Nous devons parler la langue que le peuple comprend. Celui qui veut parler aux hommes du peuple doit, comme dit Martin Luther, “ considérer leur gueule ” [1]. » Le lieu d'où le conquérant et *Gauleiter* de la capitale du Reich – jusqu'au bout, Berlin sera désignée de manière aussi retentissante dans tous les communiqués officiels, et même lorsque les morceaux épars du Reich seront depuis longtemps aux mains de l'ennemi et que Berlin ne sera plus qu'une ville à moitié détruite, coupée du monde extérieur, agonisante –, le lieu d'où Goebbels parle le plus fréquemment aux Berlinois, c'est le Palais des sports, et les images qui lui semblent les plus populaires et auxquelles il recourt le plus facilement, c'est au sport qu'il les emprunte. La pensée que cela pourrait rabaisser l'héroïsme guerrier que de le comparer à une performance sportive ne l'effleure jamais ; guerriers et sportifs

1. Martin Luther, *Œuvres*, VI, Genève, Labor et Fides, 1964, p. 195. Jean Base traduit « *dem Volk aufs Maul sehen* » par « considérer leur bouche ».

se rencontrent dans le gladiateur, et le gladiateur, pour lui, c'est le héros.

Toute discipline sportive lui est bonne pour s'exprimer et l'on a souvent l'impression que ces vocables lui sont si familiers qu'il est complètement insensible à leur aspect métaphorique. Voici une phrase qu'il prononce en septembre 1944 : « Et nous ne manquerons pas de souffle quand viendra le finish. » Je ne crois pas du tout qu'en disant cela Goebbels se représente vraiment le coureur à pied ou le coureur cycliste dans l'effort de fin de course. Il en va autrement de cette déclaration selon laquelle le vainqueur sera « celui qui franchira la ligne d'arrivée avant les autres, quand ce ne serait que d'une tête ». Ici, dans son développement, l'image est vraiment employée métaphoriquement. Et si, dans ce cas précis, on ne se sert de la course que, disons, pour en retenir une scène finale, une autre fois, c'est pendant tout le déroulement d'un meeting qu'on ne reculera devant aucun terme technique de football. Le 18 juillet 1943, Goebbels écrit dans le *Reich* : « De même que les vainqueurs d'un grand match de football quittent le terrain dans une autre condition que celle dans laquelle ils y sont entrés, de même un peuple aura un air très différent selon qu'il achèvera une guerre ou qu'il la commencera... Dans cette [première] phase de la guerre, le conflit militaire ne pouvait en aucune façon être considéré comme ouvert. Nous combattions exclusivement sur la surface de réparation adverse... » Et voilà qu'on nous demandait à présent la capitulation des partenaires de l'Axe ! C'était exactement « comme si le capitaine d'une équipe perdante exigeait du capitaine de l'équipe gagnante qu'il fasse cesser le jeu alors que l'équipe de celui-ci mène par 9 buts à 2... On se moquerait avec raison d'une équipe qui souscrirait à cette exigence, on cracherait sur elle. Elle a déjà gagné, elle doit seulement défendre sa victoire ».

Parfois, « notre Docteur » mélange des expressions de diverses branches du sport. En septembre 1943, il professe qu'on ne fait pas seulement preuve de force en donnant mais aussi en encaissant, et qu'on ne doit avouer à personne ne serait-ce qu'une faiblesse dans les genoux. Car sinon, poursuit-il en passant de la boxe au cyclisme, on court « le risque de se faire semer ».

Mais la plus grande partie des images les plus marquantes et aussi les plus brutales sont toutes empruntées à la boxe. Prendre en considération la manière dont le rapport à la langue du sport, et en particulier à celle de la boxe, est apparu ne sert à rien : on reste confondu devant l'absence totale de sentiment humain qui se révèle ici. Après la catastrophe de Stalingrad, qui a englouti tant de vies humaines, Goebbels ne trouve pas de meilleure manière d'exprimer la bravoure inébranlée que cette phrase : « Nous nous essuyons le sang des yeux afin d'y voir clair, et dès que commence le nouveau round, nous sommes de nouveau solidement campés sur nos jambes. » Et quelques jours après : « Un peuple qui jusqu'ici n'a boxé qu'avec la main gauche et qui est juste en train de bander sa droite pour l'utiliser sans ménagement dans le prochain round n'a aucune raison d'être conciliant. » Le printemps et l'été suivants, alors que partout les villes d'Allemagne s'effondrent et ensevelissent leurs habitants sous elles, alors que l'espoir de la victoire finale doit être entretenu par les illusions les plus insensées, Goebbels trouve pour cela ces images : « Après avoir remporté le championnat du monde, et même si son adversaire lui a cassé l'os du nez, un boxeur n'est habituellement pas plus faible qu'avant. » Et : « ... que fait même le monsieur le plus raffiné quand lui tombent sur le dos trois vulgaires voyous, qui ne boxent pas selon les règles mais pour avoir le dessus ? Il retire son habit et retrousse ses manches ». Ceci est la reproduction la plus exacte du culte rustaud de la boxe tel que Hitler le pratique, et derrière cela se cache, mais tout le monde le sait et c'est voulu, la promesse dilatoire de l'arme non régulière, de l'arme nouvelle.

Je veux rendre justice à toutes les grossièretés de la propagande goebbelsienne, la durée et l'étendue de leur effet a parlé pour elles. Mais que les images de boxe aient rempli pleinement leur objectif, cela, je n'arrive pas à le croire. Bien sûr, elles ont rendu la figure de « notre Docteur » populaire, et elles ont rendu la guerre populaire, mais dans un sens différent de celui qui était recherché : elles lui ont enlevé tout ce qu'elle avait d'héroïque, elles lui ont donné la brutalité et, pour finir, l'indifférence propre au métier de lansquenet...

En décembre 1944, le *Reich* publia un article consolateur sur la situation rédigé par Schwarz van Berk, un homme de lettres réputé en ce temps-là. Sa réflexion était présentée de manière ostensiblement dépassionnée. Elle avait pour titre : « Est-il techniquement possible, dans cette guerre, que l'Allemagne soit battue aux points ? Je parie que non. » Il serait tout à fait incorrect de parler, ici aussi, de brutalité de cœur comme à propos des phrases que Goebbels trouva pour le désastre de Stalingrad. Non, mais tout sentiment de l'immense différence qui sépare la boxe de la conduite de la guerre s'est éteint, la guerre a perdu toute grandeur tragique...

Vox populi – sans cesse revient la question de celui qui a vécu les choses : laquelle des nombreuses voix sera la voix décisive ? Dans les dernières semaines de notre fuite et de la guerre, nous avons rencontré à l'entrée d'un village de Haute-Bavière, près d'Aichach, des gens qui étaient occupés à creuser des trous profonds. À côté de ceux qui maniaient les pelles se tenaient des spectateurs, en partie des invalides de cette guerre, en uniforme, manchots et unijambistes, en partie des civils aux cheveux gris, d'un âge avancé. Une conversation générale était en cours ; il était clair qu'il s'agissait d'hommes du *Volkssturm* qui, depuis ces abris, devaient tirer au bazooka sur les véhicules qui passeraient par là. J'avais entendu à plusieurs reprises, dans ces jours où tout s'effondrait, des professions de foi exprimant une confiance en la victoire qui relevait de la pure croyance aux miracles ; ici se manifestait au grand jour la conviction, et même la joyeuse conviction, que toute résistance était inutile et qu'aujourd'hui ou demain cette guerre insensée serait finie. « Sauter là-dedans, dans sa propre tombe ?... Très peu pour moi ! – Et s'ils te pendent ? – Bon, je descendrai, mais je prendrai une serviette avec moi. – Ça, on devrait tous le faire. La brandir comme un drapeau blanc. – Encore mieux et plus impressionnant (ce sont des Américains, ce sont des sportifs) : on devrait leur jeter ce truc comme on jette la serviette dans le ring... »

33.

LA « SUITE » [*GEFOLGSCHAFT*[1]]

Chaque fois que j'entends le mot *Gefolgschaft*, je revois notre *Gefolgschaftssaal* [« salle du personnel »] chez Thiemig & Möbius, je revois deux images de cette salle. À demeure, sur le mur au-dessus de la porte, on peut lire en grosses lettres peintes : *Gefolgschaftssaal*. Mais, tantôt une pancarte portant l'inscription « Juifs ! » est suspendue à un clou au-dessous, dans l'encadrement de la porte, et la même pancarte d'avertissement est accrochée aux W.-C. voisins – dans ce cas, la longue salle est occupée par une gigantesque table en fer à cheval avec les chaises assorties, des patères courant sur la moitié d'un long mur, un pupitre d'orateur et un piano à queue devant un mur étroit, et sinon rien d'autre que cette horloge électrique qui est accrochée dans toutes les salles d'usine et de bureau –, tantôt les deux pancartes, celle de la porte de la salle et celle des W.-C., ont disparu. À l'intérieur, le pupitre d'orateur est enveloppé dans un tissu imprimé d'une croix gammée, des drapeaux à croix

1. Selon Walter Schlesinger (*Beiträge zur deutschen Verfassungsgeschichte des Mittelalters*, 1963), ce mot a été forgé au XIXe siècle pour désigner les groupes de guerriers qui, au Moyen Âge, s'engageaient pour combattre aux côtés d'un seigneur ainsi que pour vivre avec lui en temps de paix. Il désigne aussi le serment de fidélité qui unissait le vassal (ou antrustion) à son seigneur. C'est ainsi que les nazis nommaient pompeusement le personnel d'une entreprise (*cf.* chapitre 19). Dans ce sens, le mot ne survit plus qu'en Autriche dans *Gefolgschaftsraum* [« salle du personnel »]. Excepté dans le titre, j'ai évité de traduire ce mot par « suite » (bien que le radical *-folgen* [suivre] y incite) parce que *Gefolgschaft* évoque une élite militaire et sociale, alors que par « suite » on entend souvent l'ensemble des domestiques d'une personne importante.

gammée flanquent un grand portrait de Hitler au-dessus du podium, et une guirlande, entrelacée de fanions à croix gammée, s'étire à hauteur d'homme au-dessus des boiseries tout autour de la salle. Lorsque c'est le cas – la métamorphose de l'état dépouillé à l'état solennel a généralement lieu au cours de la matinée –, notre pause d'une demi-heure à midi se passe plus gaiement que d'habitude, car nous pouvons rentrer chez nous un quart d'heure plus tôt parce que, immédiatement après la fin du travail, la salle doit être « pure de tout Juif » [*judenrein*] et rendue à sa destination culturelle.

Tout ceci dépend, d'une part, des prescriptions de la Gestapo et, d'autre part, de l'humanité de notre chef, laquelle lui a valu beaucoup de désagréments et de dangers et, à nous, quelques morceaux de saucisson de cheval en provenance de la cantine aryenne (quoique, au bout du compte, le chef en ait lui aussi retiré quelques bonnes choses). La Gestapo avait ordonné de séparer rigoureusement les Juifs des ouvriers aryens. Dans le travail lui-même, ce n'était pas réalisable, ou complètement ; cela devait être respecté d'autant plus strictement au vestiaire et au réfectoire. Monsieur M. aurait très bien pu nous fourrer dans quelque cave sombre et étroite ; au lieu de cela, il nous laissait la salle des fêtes qui était claire.

Combien de problèmes et d'aspects de la LTI m'ont traversé l'esprit dans cette salle, quand j'entendais les éternelles querelles des autres, tantôt sur la question de fond : sionisme ou germanité, en dépit de la situation, tantôt, plus souvent et plus amèrement, sur le privilège des « sans-étoile », tantôt sur les plus grandes futilités. Mais ce qui, chaque jour, s'emparait de mon esprit, ce qui, dans cette salle, ne pouvait être effacé par aucune autre pensée, ni couvert par aucune autre dispute, c'était le mot *Gefolgschaft*. Toute la pantalonnade sentimentale du nazisme, tout le péché mortel qui consistait à travestir délibérément les choses de la raison dans la sphère du sentiment et à les déformer délibérément à la faveur de l'obscurcissement affectif, tout cela se presse dans mon souvenir quand je repense à cette salle, tout comme, là, ont dû se presser, dans les grandes occasions et quand nous avions vidé les lieux, les membres de la *Gefolgschaft* aryenne de l'entreprise.

Gefolgschaft ! Qu'étaient donc les gens qui se pressaient là, en vérité ? C'étaient des ouvriers et des employés qui, en échange d'une certaine rémunération, accomplissaient certains devoirs. Tout, entre eux et leurs employeurs, était réglé par la loi ; il était possible, mais absolument inutile, et peut-être même gênant, qu'entre les chefs et certains individus parmi eux une quelconque relation d'amitié existât. De toute façon, leur régulateur à tous, c'était la loi froide et impersonnelle. Et voilà que, dans la *Gefolgschaftssaal*, ils étaient soustraits à la clarté de ce régulateur et, en un seul mot, déguisés et transfigurés : *Gefolgschaft*, cela les chargeait de tradition vieille-allemande, cela faisait d'eux les vassaux, les partisans [*Gefolgschaftsleute*], porteurs d'armes et obligés à une fidélité [*Treue*] absolue, de seigneurs nobles et chevaleresques.

Un tel déguisement était-il un jeu inoffensif ?

Absolument pas. Il infléchissait un rapport pacifique dans le sens de la guerre ; il paralysait la critique et menait directement aux convictions reflétées par cette phrase qui s'étalait sur toutes les banderoles : « Führer, ordonne, nous suivons [*folgen*] ! »

Juste une toute petite inflexion vers le vieil-allemand qui, en raison de son ancienneté et parce qu'il n'est plus dans l'usage quotidien, produit un effet poétique, parfois juste la suppression d'une syllabe, et l'on obtient un tout autre état d'âme chez celui à qui l'on s'adresse, ses pensées sont dirigées sur une autre voie, ou elles sont éliminées, et remplacées par une humeur crédule de commande. Une « ligue des défenseurs du droit » [*Bund der Rechtswahrer*] est quelque chose d'infiniment plus solennel qu'une union des avocats, « intendant » [*Amtswalter*] sonne infiniment mieux qu'agent ou fonctionnaire, et lorsque, au-dessus d'un bureau, je lis « intendance » [*Amtswaltung*] au lieu d'administration, cela fait un peu sacré. Dans un tel service, on ne me sert pas, comme le devoir l'ordonne, on « prend soin » [*betreuen* [1]] de moi et, dans tous les cas, je dois être reconnaissant envers celui qui « prend soin » de moi et, en aucun cas, je ne dois l'offenser par des exigences immodérées ou, ce qui serait pire, par de la méfiance.

1. Ici, il est important de noter que le radical (*treue*) de ce verbe signifie « fidélité », et qu'il est étymologiquement proche de *trauen*, « faire confiance ». Ce verbe, qui autrefois était employé exclusivement pour exprimer l'action de s'occuper de personnes âgées, d'enfants ou d'animaux, est aujourd'hui très répandu dans les relations commerciales.

Mais ne vais-je pas trop loin dans l'accusation que je porte contre la LTI ? *Betreuen* est une expression qui a toujours été en usage et le code civil connaît le *Treuhänder* [fidéicommissaire [1]]. Sans doute, mais le Troisième Reich a employé *betreuen* avec une fréquence et une exubérance sans bornes – pendant la Première Guerre mondiale, à l'armée, on approvisionnait les étudiants en matériel d'étude et on leur faisait suivre des cours de formation permanente, pendant la Seconde, on « prenait soin d'eux par procuration » [*fernbetreuen*] – et l'a intégré dans un système.

Le centre et l'objectif de ce système était le « sentiment du droit » ; il n'a jamais été question de la pensée du droit, ni même du sentiment du droit tout court, mais seulement du « sentiment sain du droit ». Et ce qui était sain, c'était ce qui correspondait à la volonté et à l'intérêt du Parti. C'est par ce « sentiment sain » qu'après l'affaire Grünspan [2] le vol des biens juifs fut motivé, cependant que la qualification d'expiation [*Buße*] avait elle aussi une résonance légèrement vieille-allemande.

Pour justifier les incendies soigneusement organisés dont les synagogues furent alors l'objet, il fallait des mots plus forts, plus profonds, le seul sentiment n'y aurait pas suffi. C'est ainsi qu'apparut cette phrase qui parlait de « l'âme bouillante du peuple ». Cette expression n'était naturellement pas faite pour durer, en revanche, les vocables « spontané » et « instinct », qui étaient alors en vogue depuis peu, demeurèrent un bien durable de la LTI, et l'instinct, en particulier, joua jusqu'à la fin son rôle dominant. Un vrai Germain réagissait spontanément quand on faisait appel à son instinct. Après le 20 juillet 1944, Goebbels écrivit que l'attentat contre le Führer ne pouvait être expliqué que par « l'envahisse-

1. *Treuhänder der Arbeit* [fidéicommissaires du travail], nommés par l'État, censés encadrer les ouvriers et les employeurs. Mais ils étaient le plus souvent du côté du patronat. Les gérants aryens des entreprises juives expropriées s'appelaient aussi « fidéicommissaires ».

2. Le 7 novembre 1938, à Paris, le jeune réfugié juif allemand Herschel Grünspan se rendit à l'ambassade d'Allemagne dans l'intention de tuer l'ambassadeur, à la fois pour venger son père (qui se trouvait parmi les 10 000 Juifs de Prague déportés peu de temps avant en Pologne) et pour attirer l'attention sur les persécutions des Juifs en Allemagne. Par une cruelle ironie du sort, ce fut le secrétaire von Rath (lui-même soupçonné d'antinazisme par la Gestapo) qu'il blessa mortellement. Les nazis prirent prétexte de cet attentat pour déclencher, le 9 novembre, les pogromes « spontanés » de la Nuit de cristal.

ment des forces de l'instinct par celles d'un intellect diabolique ».

Ici, la préférence accordée par la LTI à l'aspect sentimental et instinctif est donc portée à son comble : le troupeau de moutons doué d'instinct suit son bélier en chef, même si celui-ci se précipite dans la mer (ou, comme chez Rabelais, s'il y est projeté, et qui se risquerait à affirmer dans quelle mesure, le 1er septembre 1939, c'est encore de plein gré que Hitler a sauté dans cette mer de sang qu'est la guerre, et dans quelle mesure ce sont ses erreurs et ses crimes antérieurs qui l'ont poussé à cette entreprise démentielle ?). Dans la LTI, l'insistance sur l'aspect sentimental est toujours souhaitable ; à ce propos, le rattachement à la tradition ne rend que parfois seulement le service souhaité. Plusieurs éléments doivent être pris en compte. Dès le début, le Führer entretient des rapports tendus avec les *Völkische*[1], en tant qu'ils sont ses concurrents ; si, par la suite, il n'a plus à les craindre, il ne peut néanmoins qu'utiliser partiellement leur conservatisme et leur teutomanie car il veut aussi s'appuyer sur les ouvriers de l'industrie, et la technique de même que l'américanisme ne doivent pas demeurer en reste, et encore moins être dénigrés. Il est vrai que la glorification du paysan attaché à la terre, riche de traditions et hostile aux innovations, reste jusqu'au bout la même ; la formule confessionnelle *Blubo* (*Blut und Boden*[2]) lui est précisément destinée, bien plus, elle découle de son mode de vie.

À partir de l'été 1944, un mot de bas-allemand, devenu depuis longtemps archaïque en Allemagne, acquit une nouvelle et triste vie : le *trek*[3]. Avant, on avait seulement entendu parler du Grand Trek des Boers à la recherche de nouvelles terres en Afrique. À présent, sur toutes les routes de campagne passaient les *treks* des personnes déplacées et réfugiées qui, en provenance de l'Est, étaient « ramenées au bercail » en territoire allemand. Il y a aussi dans ce « bercail » [*heim*] naturellement une nuance d'affectation, une affectation très ancienne

1. *Deutsch-völkische Freiheitspartei.*
2. Voir note 1, p. 260.
3. Mot d'origine néerlandaise signifiant « migration ». Le « Grand Trek », migration (1834-1839) des Boers établis dans la colonie du Cap, qui, sous la pression des Britanniques, gagnèrent le nord de l'Afrique du Sud en repoussant les populations noires.

même, qui, depuis les temps de malheur, remonte à ceux des glorieux débuts. À l'époque, on disait : Hitler ramène la Sarre au bercail ! et le culot berlinois de Goebbels, encore teinté de bonne humeur, le fit aller dans les anciennes colonies allemandes pour enseigner aux enfants nègres ce slogan repris en chœur : « Nous voulons rentrer au bercail, nous voulons rentrer dans le Reich ! » Et à présent, donc, un peuple de colons déracinés, chargé de tout ce qu'il avait pu sauver tant bien que mal, rentrait, dans des conditions plus que douteuses, au bercail.

À la mi-juillet, je lus dans un journal de Dresde (ah oui, outre le journal du Parti proprement dit, le *Freiheitskampf*, il n'y avait plus qu'un seul journal et c'est pourquoi je n'ai pas noté son titre) l'article d'un correspondant quelconque : « Le *trek* des 350 000. » Dans cette description, qui est sans doute parue telle quelle ou avec d'infimes variantes dans de nombreux journaux, deux choses étaient exemplaires et intéressantes : elle sentimentalisait et héroïsait une fois de plus la paysannerie, comme on l'avait glorifiée pendant les années de paix dans les fêtes des moissons sur le Buckeberg [1], et elle accumulait sans scrupules tout ce qui faisait le sel de la LTI sur ce thème. C'est ainsi qu'on vit réapparaître plus d'un mot décoratif qui, dans la misère de l'époque, était sorti de l'usage. Ces 350 000 colons allemands, qu'on transférait de la Russie méridionale dans le Warthegau [2], étaient « des hommes allemands du meilleur sang allemand et de droite germanité », ils étaient d'une « capacité de rendement biologique non corrompue » – sous commandement allemand, le nombre des naissances entre 1941 et 1943 était passé chez eux de 17 à 40 pour mille –, ils avaient, « au-delà de toute comparaison, d'heureuses dispositions pour être paysans et colons », ils étaient « remplis d'un zèle fanatique pour le nouveau pays et la nouvelle communauté nationale », etc. Néanmoins, la remarque finale selon laquelle, pour toutes ces raisons, ils méritaient d'être reconnus comme des « Allemands à part entière », d'autant que leurs jeunes gens appartenaient depuis

1. À partir de 1933 se déroulait chaque année à la fin du mois d'octobre, sur le mont Bückeberg (en Westphalie), une cérémonie officielle, le *Erntedanktag*.
2. Voir la note 2, p. 119.

longtemps à la *Waffen-SS*, permettait de conclure que leur connaissance de la langue allemande et leur niveau de culture allemande laissaient à désirer ; toujours est-il que, dans ce *trek* « unique », la paysannerie était une fois de plus romantisée avec l'enthousiasme dont on faisait preuve, de manière plutôt exclusive au début, pour tout ce qui était traditionnel.

Mais, chez le maître responsable de la propagande et de la LTI en général, on peut distinguer clairement la manière dont, pour l'amour de la totalité, le lien originel entre tradition et sentiment est dénoué. Qu'on ne puisse s'emparer du peuple que par le biais du sentiment, cela lui semble tout aussi évident qu'au Führer. « Que comprend une âme bourgeoise et intellectuelle au peuple ? », écrit-il dans les pages de son journal (sans doute habilement arrangées pour l'opinion publique) intitulé *De la « Cour impériale » à la chancellerie du Reich*. Rien que par la relation obligée, sur laquelle on insiste partout en la nommant à satiété, de toutes choses, de toutes situations, de toutes personnes avec le peuple – on est « camarade du peuple », « chancelier du peuple », « parasite du peuple », « proche du peuple », « étranger au peuple », « conscient du peuple », etc., *in infinitum* –, ne serait-ce que par là, l'insistance permanente sur le sentiment, qui a une résonance assez hypocrite et impudente, est acquise.

Où Goebbels va-t-il chercher ce peuple au rang duquel il se compte, ce peuple qu'il connaît ? On peut le déterminer par la négative. Que, pour lui, toujours d'après le même journal, les théâtres de Berlin ne soient peuplés que « d'une horde asiatique sur le sable des Marches », ne veut rien dire, car, ici, ce n'est qu'anti-intellectualisme et antisémitisme d'usage qui se manifestent de manière imagée ; dans son *Combat pour Berlin*, Goebbels emploie dans des circonstances variées, mais toujours péjorativement, un mot bien plus révélateur. Ce livre a été écrit avant la prise du pouvoir, avec pourtant déjà une grande confiance dans la victoire, et il décrit les années 1926-1927, époque à laquelle Goebbels, arrivant de Rhénanie, commence à conquérir la capitale pour son parti. Ici, le mot qui marque l'aversion et qui revient toujours, c'est « asphalte ».

L'asphalte c'est la couverture artificielle qui sépare

les habitants des grandes villes du sol [*Boden*]. Les poètes lyriques naturalistes sont les premiers (vers 1890) en Allemagne à l'employer métaphoriquement. Une « fleur d'asphalte » signifie à l'époque une prostituée berlinoise. À ce mot n'est associé presque aucun blâme car, dans cette poésie lyrique, la prostituée constitue une personnalité plus ou moins tragique. Or, chez Goebbels, pousse toute une flore d'asphalte, et chacune de ces fleurs est vénéneuse et le manifeste. Berlin est le « monstre d'asphalte », ses journaux juifs, ouvrages sans valeur de la « *journaille* * » juive, sont des « organes d'asphalte », le drapeau révolutionnaire de la NSDAP doit « battre l'asphalte en brèche », le chemin qui mène à la perdition (celui du marxisme et de l'absence de patrie), « le Juif l'a asphalté avec des phrases et des promesses de fourbe ». La vitesse folle de ce « monstre d'asphalte a rendu l'être humain sans cœur et sans âme [*entseelt*] »; ainsi, c'est une « masse informe du prolétariat mondial anonyme » qui vit ici; ainsi, le prolétaire berlinois est « un morceau d'apatridie »...

Ce que Goebbels regrette alors à Berlin, c'est l'absence de « toute attache patriarcale ». Car lui-même vient de Rhénanie; là-bas, il a eu aussi affaire à des ouvriers de l'industrie, mais ils sont d'un genre différent et particulier : là, il y a encore un « enracinement primitif dans le sol », l'élément fondamental de la population est constitué par des « Westphaliens autochtones » [*bodenständig* [1]]. Donc à cette époque-là, au début des années trente, Goebbels est encore du côté du culte traditionnel du sang et du sol, sol auquel il oppose l'asphalte. Plus tard, il sera plus prudent dans l'expression de sa préférence pour les paysans, mais dix ans s'écouleront avant qu'il ne retire l'insulte des « hommes d'asphalte » et, même dans sa rétractation, il reste un menteur car, ce qu'il ne dit pas, c'est qu'il a lui-même enseigné le mépris des habitants des grandes villes. « Nous ressentons », écrit-il le 16 avril 1944 dans le *Reich*, sous le coup des terribles dégâts causés par les bombes, « un profond respect pour ce rythme de vie indestructible et cette volonté de vivre, que rien ne peut briser, de la population de nos grandes villes, laquelle ne peut pas s'être déracinée autant, sur

1. Littéralement « établis sur le sol ».

l'asphalte, qu'on a souvent voulu nous le faire croire autrefois dans des livres certes bien intentionnés mais trop largement théoriques... Ici, la force vitale de notre peuple est tout aussi solidement ancrée que dans la paysannerie allemande. »

Naturellement, ce n'est pas qu'on ait attendu si longtemps pour transfigurer et courtiser sentimentalement la classe ouvrière ; d'elle aussi on s'est soucié avec des accents sentimentaux. Lorsque, après l'affaire Grünspan, on interdit aux Juifs de conduire une automobile, le ministre de la Police de l'époque, qui n'était autre que Himmler, motiva cette mesure non seulement par « le fait qu'on ne peut pas se fier aux Juifs », mais aussi parce qu'en conduisant ils offensaient la « communauté des transports allemands », d'autant plus qu'ils auraient eu aussi le culot d'utiliser « les autoroutes du Reich construites par les mains d'ouvriers allemands ». Mais, dans l'ensemble, le mélange du sentiment et du traditionalisme conduit le plus souvent, et avant tout, au paysan et aux coutumes de la campagne – « coutumes » [*Brauchtum*] aussi fait partie des vocables sentimentaux reposant sur une base de vieil-allemand poétique. Chaque jour de mars 1945, je me cassai la tête en vain devant une image exposée à la devanture du *Falkensteiner Anzeiger*. On y voyait une demeure villageoise à colombages, joie assurément, et, au-dessous, une parole de Rosenberg affirmant qu'une demeure paysanne vieille-allemande contenait « plus de liberté spirituelle et de force créatrice que toutes les villes à gratte-ciel et toutes les baraques de tôle ondulée réunies ». J'ai cherché en vain une justification possible de cette phrase ; elle ne peut résider que dans l'*hubris* nazie et nordique et dans son remplacement de la pensée par le sentiment. Mais, dans l'empire de la LTI, la sentimentalisation des choses n'est en aucun cas nécessairement liée au recours à une quelconque tradition. Elle peut se rattacher librement au quotidien, elle peut faire appel à des mots courants de la langue ordinaire, à des formes de mots désinvoltes aussi, elle peut se servir d'un néologisme extrêmement sobre en apparence. Tout au début, je notai le même jour : « Réclame de Kempinski [1] : " Panier de délicatesses ' Prusse ', 50 marks, panier de délicatesses ' Patrie ', 75 marks " et, dans le même journal, des instructions officielles pour le

1. Hôtel berlinois.

“ Plat unique [1] ” [*Eintopf*]. Comme elle est lourde et agaçante cette tentative, qui remonte à la Première Guerre mondiale, de faire de la réclame pour la godaille en excitant les sentiments patriotiques ; comme il est riche et habilement trouvé le titre de cette nouvelle prescription alimentaire ! Le même plat pour tous, de la “ communauté du peuple ” dans ce qu'il y a de plus quotidien et de plus nécessaire, la même simplicité pour riches et pauvres au bénéfice de la patrie, et ce qu'il y a de plus remarquable encapsulé dans le mot le plus ordinaire ! “ Plat unique ” – nous ne mangeons tous que ce qui a été cuisiné frugalement dans un seul plat, nous mangeons tous dans un seul et même plat... » L'expression « plat unique » a beau être répandue depuis longtemps en tant que terme technique culinaire, le fait de l'avoir introduite dans la langue officielle de la LTI avec une charge affective est génial, du point de vue nazi. L'expression « secours d'hiver » est au même niveau. On a travesti en bénévolat, en don venant droit au cœur, ce qui en réalité était une contribution forcée.

Et c'est encore de sentimentalisation qu'il s'agit quand, officiellement, on parle d'écoles de *Jungen* et de *Mädel* [2] (au lieu de *Knaben* et *Mädchen*), alors que les « *Hitlerjungen* » et les « *deutsche Mädel* » (du BDM) jouent leur rôle fondamental dans le système éducatif du Troisième Reich. Sans doute est-ce là une manière de sentimentaliser qui comporte un présage délibérément négatif : les mots *Junge* et *Mädel* ne sont pas seulement plus populaires et plus désinvoltes que *Knabe* et *Mädchen*, ils sont aussi plus crus. *Mädel*, en particulier, ouvre la voie à l'« auxiliaire d'armes » [*Waffenhelferin*], qui est un mot à demi ou même entièrement voilé et à ne surtout pas confondre avec la « femme au fusil » [*Flintenweib* [3]] – sinon pourquoi ne pas confondre, tant qu'on y est, le *Volkssturm* et les partisans !

1. Pratique alimentaire dominicale introduite à partir de 1936 par Hitler et qui consistait en un plat cuisiné dans une seule marmite (pour faire des économies), et pour lequel on demandait une obole.

2. Si le mot *Mädel (fillettes) n'est effectivement pas neutre (ne serait-ce que parce qu'il appartient au dialecte bavarois et autrichien), Jungen* (garçons), quant à lui, est encore employé aujourd'hui sans aucune connotation nazie.

3. Expression péjorative des nazis désignant les membres féminins de l'armée soviétique et des groupes de partisans dans les territoires non occupés.

Mais lorsque, à la toute dernière minute – car il n'est bien sûr plus question d'heure –, on veut finalement pousser ouvertement à la guérilla, on choisit pour cela une désignation qui donne le même frisson d'effroi que certains contes de fées : les combattants se nomment à la radio officielle les « loups-garous » [*Werwölfe*]. C'était à nouveau un rattachement à la tradition, et même à la plus ancienne qui soit : au mythe. Ainsi vers la fin du Troisième Reich se révélait une fois de plus dans la langue la monstrueuse réaction, le recours absolu aux débuts primitifs et prédateurs de l'humanité et, par là, l'essence véritable et démasquée du nazisme.

La sentimentalisation se faisait sentir de manière plus anodine, mais aussi avec plus d'hypocrisie, quand, dans la géographie politique par exemple, on parlait de la « Bulgarie, pays de cœur » [*Herzland Bulgarien*]. En apparence, cela ne faisait que signaler une position centrale, une importance centrale de ce pays en relation économique et militaire avec un groupe de pays limitrophes ; mais, derrière cela, se trouvait une déclaration d'amitié, à la fois non dite et pourtant dite, une preuve qu'on sympathisait avec un « pays de cœur ». Le mot sentimental le plus fort et le plus commun, enfin, dont le nazisme se soit servi, c'est « expérience vécue » [*Erlebnis*]. L'usage linguistique normal fait une nette distinction : de la naissance jusqu'à la mort, nous vivons chaque heure mais seules les heures extraordinaires, celles dans lesquelles vibre notre passion, celles dans lesquelles nous sentons le destin à l'œuvre, deviennent pour nous des « expériences vécues ». La LTI amène intentionnellement les choses dans la sphère du « vécu » [*Erleben*]. « Jeunesse vit l'expérience Guillaume Tell », dit une manchette qui, parmi de nombreux titres semblables, s'est gravée dans ma mémoire. Le but le plus profond de l'emploi de ce mot fut révélé par une sentence que le directeur régional pour la Saxe de la Chambre des publications du Reich transmit à la presse à l'occasion d'une semaine du livre en octobre 1935 : *Mein Kampf* était censé être le Livre sacré du national-socialisme et de la nouvelle Allemagne, il fallait le « vivre jusqu'au bout » [*durchleben*]...

Toutes ces choses, tantôt les unes, tantôt les autres, me traversaient l'esprit quand j'entrais dans la *Gefolgschaftssaal*, et vraiment elles faisaient toutes partie du cortège [*Gefolge*] de ce mot, elles devaient toutes leur apparition à la même tendance...

À la fin de la période que je passai dans le groupe de travail de cette usine, je tombai, dans la maison de Juifs, sur un roman de Georg Hermann [1] (le poète de *Jettchen Gebert) : Une époque se meurt.* Ce livre était publié par l'Union juive du livre et il était, dès sa conception, fortement influencé par le nazisme montant. Je ne sais pour quelle raison, dans mon journal, l'analyse détaillée de l'œuvre complète manque ; je n'en ai relevé qu'une situation, une phrase : « L'épouse de Gumpert quitte précipitamment la chapelle du cimetière avant que la cérémonie d'enterrement pour sa maîtresse ait commencé, et sa *Gefolgschaft* fait, avec un peu moins de hâte mais tout de même en se dépêchant, ce qu'une *Gefolgschaft* est censée faire, elle la suit. » À l'époque, je prenait cela pour de l'ironie pure, pour cette ironie juive que le nazisme haïssait tant parce qu'elle dénonce l'hypocrisie du sentiment ; je me disais : il enfonce une aiguille dans ce mot ampoulé et le laisse se ratatiner pitoyablement. Aujourd'hui, mon opinion sur ce passage est différente, je crois qu'il est moins rempli d'ironie que de profonde amertume. Car en quoi consistait la finalité et le succès de toute cette enflure sentimentale ? Le sentiment n'était pas une fin en soi, il n'était pas un objectif, il n'était qu'un moyen et un passage. Le sentiment devait supplanter la pensée, et lui-même devait céder devant un état d'hébétement, d'aboulie et d'insensibilité ; où aurait-on pris sinon la masse nécessaire des bourreaux et des tortionnaires ?

Que fait une parfaite *Gelfolgschaft* ? Elle ne pense pas, et elle ne ressent plus non plus – elle suit.

1. Georg Hermann, écrivain allemand (1871-1943 [camp de Birkenaul], qui peignait la vie provinciale et petite-bourgeoise de certains milieux berlinois (époque du Biedermeier). Son roman *Jettchen Gebert* fut publié en 1906.

34.

UNE SEULE SYLLABE

À vrai dire, ce n'est que la dernière année que j'ai vu et entendu directement, et non plus seulement dans les journaux et à la radio, les colonnes de manifestants nazis. Car, même du temps où je ne portais pas encore l'étoile – après, cela allait de soi –, quand une telle colonne s'annonçait, je me réfugiais en toute hâte dans une rue adjacente ; sans quoi, j'aurais été obligé de saluer l'odieux drapeau. Mais la dernière année nous fûmes placés dans une des deux maisons de Juifs de la Zeughausplatz, et là-bas les fenêtres du vestibule et de la cuisine donnaient directement sur le pont Carola. Chaque fois qu'en face, sur le quai royal pompeusement paré, avait lieu une cérémonie officielle, un discours de Mutschmann par exemple, ou de même une allocution de Streicher, le chef local de Franconie, les colonnes de SA et SS, de la HJ et du BDM défilaient avec leurs drapeaux et leurs chants sur le pont. Que je le veuille ou non, chaque fois, cela m'a fait impression et chaque fois, je me disais avec désespoir que, sur des hommes moins critiques, cela devait faire d'autant plus impression.

Peu de jours encore avant notre *dies ater* [1] du 13 février 1945, ils défilaient ainsi sur le pont, se tenant bien droit et chantant fort. C'était un peu différent des chants de marche que les Bavarois avaient chantés pendant la Première Guerre mondiale, un peu plus haché, plus aboyé, moins mélodieux – mais les nazis avaient toujours et en tout point exagéré le côté militaire, et, ainsi, c'était

1. « Jour funeste. »

encore leur ancien ordre et leur ancienne assurance qui défilaient et chantaient en bas dans la rue. Combien de temps s'était-il écoulé depuis que Stalingrad était tombé, depuis que Mussolini avait été renversé, combien de temps, depuis que les ennemis avaient atteint et franchi les frontières allemandes, combien de temps, depuis que ses propres généraux avaient voulu assassiner le Führer ? Et, en bas, cela défilait et chantait encore, et la légende de la victoire finale survivait, à moins que tous ne fussent soumis à l'obligation d'y croire !

Je connaissais quelques textes, ce que j'avais saisi au vol par-ci par-là. Tout était si brutal, si pauvre, à égale distance de l'art et du ton populaire – « *Kameraden, die Rotfront und Reaktion erschossen, / Marschieren im Geiste in unseren Reihen mit* [1] » : voilà la poésie du chant de Horst Wessel. C'est imprononçable, et il faut jouer aux devinettes. Peut-être que le *Rotfront* et la *Reaktion* sont au nominatif et que les camarades fusillés sont présents dans l'esprit des « bataillons bruns » qui défilent ; peut-être aussi – le « nouveau chant solennel allemand », comme on l'appelle dans le recueil officiel de chants scolaires, a été composé dès 1927 par Wessel –, et ce serait plus près de la vérité objective, peut-être que, pour quelques coups de feu, les camarades sont prisonniers et, nostalgiques, défilent, en esprit, avec leurs amis SA. Parmi ceux qui défilent, parmi ceux qui sont dans le public, qui irait penser à de telles subtilités grammaticales ou esthétiques, qui irait se casser la tête à cause du contenu ? La mélodie et le pas militaire, quelques tournures isolées ou quelques phrases qui trouvent en elles-mêmes leur unique raison d'être et s'adressent aux « instincts héroïques » : « Hissez les drapeaux !... Écartez-vous, voilà l'homme de la section d'assaut !... Bientôt flotteront les drapeaux hitlériens... », cela ne suffit-il pas à créer l'atmosphère voulue ?

Brusquement, le souvenir me revint du temps où le premier coup avait été porté à l'assurance de la victoire allemande. Avec quelle habileté la propagande de Goebbels avait-elle su transformer la lourde et terrible défaite presque en victoire, en tout cas, en triomphe suprême de l'esprit militaire. J'avais alors relevé un communiqué du

1. « Les camarades, sur qui le front rouge et la réaction ont tiré [ou “ qui ont tiré sur le front rouge et la réaction ”], / défilent en esprit à nos côtés. »

front en particulier ; naturellement, il se trouvait depuis longtemps à l'extérieur, à Pirna, comme tous les feuillets les plus anciens de mon journal, mais je le revoyais nettement : selon ce communiqué, à la tentante proposition russe de se rendre, les soldats de première ligne avaient répondu par un slogan dans lequel ils avaient affirmé en chœur leur inflexible fidélité à Hitler et à leur mission.

Au début du Mouvement, les slogans repris en chœur [*Sprechchöre*] étaient très en vogue ; pendant la catastrophe de Stalingrad, ils étaient réapparus là-bas, à l'extérieur du pays, mais, à l'intérieur, c'est à peine si on les avait de nouveau entendus. Seules les banderoles, comme des notes en sommeil, les rappelaient. Je me suis souvent demandé, et à présent cela me retraversait l'esprit, pourquoi le slogan produisait un effet plus fort, plus brutal, que le chant entonné en commun. Je crois que c'est pour les raisons suivantes : la langue est l'expression de la pensée, le slogan assène directement, à main nue, un coup de poing sur la raison de celui qu'il interpelle et veut le subjuguer. Dans le chant, la mélodie est une gaine qui amortit le choc, la raison est gagnée par le biais du sentiment. Le chant de ceux qui défilent au pas n'est pas non plus vraiment destiné aux auditeurs qui se tiennent sur les bas-côtés ; ils sont seulement captivés par le mugissement d'un flot qui s'écoule pour lui-même. Et ce courant, cette communauté que crée le chant de marche, est réalisé plus facilement et plus naturellement que par le slogan : car, dans le chant, dans la mélodie, ce sont les humeurs qui se répondent, tandis que dans la phrase en commun, c'est la pensée d'un groupe qui est censée se retrouver scandée. Le slogan est plus artificiel et plus étudié, il est plus violemment racoleur que le chant.

En Allemagne, les nazis ont pu le laisser de côté très tôt après la prise de pouvoir. (La même chose vaut sans doute, quant à l'essentiel, pour le slogan culturel, tel qu'il était utilisé parfois dans les congrès du Parti et autres occasions solennelles, et pour les phrases hachées des colonnes de manifestants : « Allemagne, réveille-toi ! Juda, crève ! Führer, ordonne ! », etc.)

Ce qui me démoralisait tout particulièrement, c'était qu'on ne jugeât pas nécessaire de s'écarter d'une façon ou d'une autre de ces chants brutaux qui avaient déjà fait leurs preuves : ni l'invocation aux slogans ni une quelconque mise en sourdine des fanfaronnades et des menaces démesurées auxquelles se livraient les textes de ces chants n'étaient considérées comme nécessaires. À présent, la guerre éclair s'était transformée en guerre des nerfs et la victoire en victoire finale, et à présent même la grande attaque était à l'arrêt, et à présent... mais à quoi bon continuer d'énumérer tout ce qui avait déjà échoué ? Ils défilaient et chantaient comme autrefois, et on l'acceptait comme autrefois, et nulle part, dans la monotonie de ces chants impudents, on ne percevait un recul sur lequel fonder le plus petit espoir...

Et pourtant ce signe d'espoir existait, qui aurait fait le bonheur du philologue s'il s'était révélé à lui. Mais cette consolation due à une seule syllabe, je ne l'ai découverte qu'après, quand cela n'avait plus pour moi qu'une valeur scientifique.

Cela vaut la peine de remonter dans le temps.

Pendant la Première Guerre mondiale, les Alliés voulaient voir dans notre hymne « *Deutschland über alles* » la volonté de conquête des Allemands. Ce n'était pas juste, car dans ce « au-dessus de tout dans le monde », ce n'est pas la soif d'expansion qui parle mais seulement l'estime que le patriote éprouve dans son cœur pour sa patrie. Plus gênant était le chant militaire : « En vainqueurs, nous voulons frapper la France, la Russie et le monde entier. » Toutefois, on ne tirera pas non plus de cela la preuve irréfutable d'un véritable impérialisme : on pourrait plaider que c'est expressément un chant de guerre ; ceux qui le chantent se sentent les défenseurs de la patrie, ils veulent s'imposer en frappant « en vainqueurs » les adversaires, si nombreux soient-ils – il n'est pas question de s'approprier des terres étrangères.

Mais qu'on mette cela en parallèle avec un des chants les plus caractéristiques du Troisième Reich, qui, d'un recueil particulier, passa dès 1934 au « *Singkamerad, recueil de chants scolaires de la jeunesse allemande*, édité par la direction administrative du Reich de la ligue national-socialiste des enseignants », et qui, par là, acquit une importance officielle et générale : « Ils tremblent les os vermoulus / Du monde devant la guerre rouge. / Nous avons brisé la terreur, / Ce fut pour nous une grande victoire. / Nous continuerons d'avancer, / Même si tout doit tomber en ruine, / Car aujourd'hui l'Allemagne nous appartient / Et demain le monde entier. » Ce chant est en vogue immédiatement après la première victoire politique intérieure, donc après l'arrivée au pouvoir du Führer qui, dans chacun de ses discours, insiste sur sa volonté de paix. Et pourtant il est immédiatement question de tout réduire en ruine jusqu'à la conquête du monde. Et pour mettre hors de doute l'absence d'ambiguïté de cette volonté de conquête, il est répété dans les deux strophes suivantes, d'abord que nous réduirons « le monde entier en un tas de décombres », et ensuite que c'est en vain que « les mondes » nous résisteraient ; et, après chaque strophe, le refrain assure que demain le monde entier nous appartiendra. Le Führer tenait discours de paix sur discours de paix, et ses *Pimpf* et ses Jeunes hitlériens devaient chanter chaque année ce texte infâme. Celui-là et l'hymne national de la « fidélité allemande »...

Lorsque, en automne 1945, je pus pour la première fois parler de la LTI en public, je fis allusion au *Singkamerad*, qui m'était désormais accessible, et citai le chant sur les « os vermoulus et tremblants ». Alors, après la conférence, un auditeur offensé s'avança vers le podium et dit : « Pourquoi citez-vous de travers quelque chose d'aussi décisif, pourquoi voulez-vous raconter que les Allemands convoitaient le monde, alors que, même sous le Troisième Reich, ce n'était pas le cas ? Il n'est pas question, dans ce chant, que le monde doive nous appartenir. – Venez chez moi demain, rétorquai-je, vous pourrez prendre connaissance du recueil de chants scolaires. – Vous faites certainement erreur, professeur, je vous apporterai le texte exact. » Le lendemain il vint ; le *Singkamerad* – sixième édition 1936, Franz Eher, Munich, « autorisé et vivement recommandé pour l'usage scolaire par le ministère bavarois de la Culture » ; mais la préface est datée : Bayreuth, *Lenzing* [1] [mars] 1934 » – était prêt, ouvert à la bonne page. « Aujourd'hui l'Allemagne nous appartient [*gehören*] et demain le monde entier » – pas question de chercher de subtiles interprétations...

Et pourtant si. L'homme me montra un joli carnet de chant miniature, muni d'un lien pour être porté à la boutonnière. « *Le Chant allemand*, chants du Mouvement, publié par la fondation du Secours d'hiver du peuple allemand, 1942-1943. » Les emblèmes du nazisme au grand complet : croix gammée, rune SS, etc., ornaient la

1. Ce nom désignait le mois de mars un peu comme le « germinal » du calendrier républicain.

couverture, et parmi les chants se trouvait aussi celui sur les os vermoulus, bien assez brutal, mais retouché à l'endroit décisif. Le refrain disait à présent : « ... Et aujourd'hui, l'Allemagne nous écoute [*Hören* [1]], et demain le monde entier. »

Cela faisait plus innocent.

Mais comme, du fait de la rapacité allemande, un monde était déjà bel et bien en ruine, et comme, maintenant, dans l'hiver de Stalingrad, rien ne laissait plus présager une « grande victoire » pour l'Allemagne, la retouche devait être renforcée et commentée. Une quatrième strophe avait été rajoutée, dans laquelle les conquérants et oppresseurs cherchaient à se déguiser en amis de la paix et en combattants pour la liberté, et dans laquelle ils se plaignaient de l'interprétation malveillante de leur chant originel. Le texte de la nouvelle strophe était : « Ils ne veulent pas comprendre le chant, ils pensent à la servitude et à la guerre. / Pendant que nos champs mûrissent, toi, drapeau, flotte ! / Nous continuerons d'avancer, même si tout doit tomber en ruine. / La liberté s'est levée sur l'Allemagne, et demain le monde lui appartiendra ! »

Quel front fallait-il pour travestir ainsi le réel ! Et quel désespoir, pour oser un tel mensonge ! Je ne crois pas que cette quatrième strophe ait eu le temps de vivre de quelque manière que ce soit ; elle est trop embrouillée et trop confuse face à la simplicité grossière des trois précédentes dont, bien entendu, la sauvagerie originelle ne peut être tout à fait dissimulée. Mais la rétraction des griffes, le pudique abandon de la syllabe fatale semble s'être imposé.

Il faut retenir cela. Dans la conscience de soi nazie, c'est précisément entre « *gehören* » et « *hören* » que passe la frontière. L'abandon de cette syllabe signifie, projeté sur le plan du chant nazi : Stalingrad.

1. *Gehören*, « appartenir » / *hören*, « écouter ». Avec la préposition *auf*, *hören* signifie parfois « obéir ».

35.

LA DOUCHE ÉCOSSAISE

Après l'élimination de Röhm et le petit bain de sang parmi ses partisans, le Führer fit attester par son Reichstag qu'il avait agi « *rechtens* » [à bon droit]. Une expression marquée du vieil allemand. Mais alors qu'il y avait tant de noms allemands disponibles : *Aufstand* ou *Aufruhr*, ou *Meuterei*, ou *Abfall*, ce soulèvement réprimé des troupes de Röhm, on l'appela la *Röhmrevolte*. Sans doute des assonances, inconscientes ou semi-conscientes, jouent-elles ici (une langue qui poétise et pense à ta place !) – un peu comme pour le « *Kapp-Putsch* » où l'association avec *kaputt* s'entendait sans doute non seulement sur le plan sonore mais aussi sur celui des idées ; il n'en reste pas moins curieux que, par rapport au même objet et sans besoin, tantôt on privilégie le mot spécifiquement allemand, tantôt le mot d'origine spécifiquement étrangère. De la même manière, on parle, en bon teutomane, de *Brauchtum* [coutumes], mais Nuremberg, la ville des congrès du Parti, est officiellement le chef-lieu du *Traditionsgau* [*Gau* de la tradition, le haut lieu du Parti].

Quelques germanisations de mots d'origine étrangère pourtant très courants sont à la mode : on dit *Bestallung* pour *Approbation* [autorisation (d'exercer)], *Entpflichtung* pour *Emeritierung* [éméritat], et il est *de rigueur* * de dire *Belange* pour *Interessen* – *Humanität* a une forte odeur judéo-libérale ; la *Menschlichkeit* allemande, c'est tout autre chose. En revanche, on ne peut se permettre de parler du mois de *Lenzing* [« germinal »] que dans le contexte de Bayreuth, la ville de Wagner – les noms de mois en vieil-allemand n'ayant pas réussi, en dépit de toutes les runes et de tous les *Sieg Heil*, à s'imposer dans la langue générale.

Dans ma réflexion sur la *Gefolgschaft*, j'ai effleuré les raisons de cette limitation de la teutomanie linguistique. Mais, d'elle-même, cette limitation ne peut motiver que la conservation des mots d'origine étrangère les plus usuels, tout au plus. Si toutefois la LTI parvient à augmenter le nombre et la fréquence des mots d'origine étrangère, par rapport à l'époque précédente, cela doit pouvoir à son tour se déduire des motifs particuliers. Mais l'une et l'autre, l'augmentation du nombre et celle de la fréquence, sont flagrantes.

Dans chaque discours, dans chaque bulletin, le Führer se gargarise de deux mots d'origine étrangère qui sont absolument inutiles et nullement répandus ni compris partout : *diskriminieren* (il dit régulièrement *diskrimieren*) et *diffamieren*. Le très présentable *diffamieren* prend dans sa bouche une résonance d'autant plus étrange que c'est le mot qu'il emploie le reste du temps, et par principe, pour vitupérer chaque valet de chambre en état d'ébriété. Dans son discours d'inauguration du Secours d'hiver 1942-1943 – tous les points de repère de la LTI convergent vers Stalingrad –, il appelle les ministres des puissances ennemies « des moutons et des zéros qu'on ne peut distinguer les uns des autres » ; à la Maison-Blanche gouverne un « malade mental », à Londres, un « criminel ». Le regard tourné sur lui-même, il affirme ensuite que « cette prétendue culture [*Bildung*] d'autrefois » n'existe plus, qu'il n'y a plus que « la seule appréciation du combattant résolu, de l'homme téméraire apte à être le Führer de son peuple ». Mais en ce qui concerne les mots d'origine étrangère, il fait encore quelques emprunts supplémentaires, et qui ne sont pas, comme je l'ai déjà dit, nécessairement conditionnés par l'absence d'un équivalent allemand. En particulier, il est toujours *Garant* (et non *Bürge*) de la paix ou de la liberté allemande, ou de l'autonomie des petites nations, ou de toutes les autres bonnes choses qu'il a trahies ; à chaque fois, tout ce qui d'une manière ou d'une autre accroît ou réfléchit sa gloire éternelle de Führer a une importance *säkulare* [séculaire], il est aussi tenté à l'occasion par une tournure à la Frédéric le Grand, et menace des fonctionnaires récalcitrants rien moins que de *Kassation* là où des expressions comme « licencier sans préavis » ou, dans l'allemand de valet de chambre que parle Hitler, « jeter dehors » ou « chasser » feraient tout aussi bien l'affaire.

Naturellement, la matière brute des paroles de Hitler est entièrement polie et élaborée par Goebbels pour diverses utilisations ornementales. Par la suite, la guerre a enrichi substantiellement le vocabulaire nazi de mots d'origine étrangère.

On peut établir une règle très simple pour l'emploi raisonnable de ces mots. Ce doit être à peu près celle-ci : n'utilise le mot d'origine étrangère que là où tu ne trouves pas de substitut pleinement valable et simple en allemand, mais le cas échéant, n'hésite pas à l'utiliser.

La LTI enfreint cette règle des deux côtés; tantôt (d'ailleurs plus rarement pour la raison évoquée précédemment) elle se sert de germanisations approximatives, tantôt elle recourt, sans besoin, au mot d'origine étrangère. En parlant de *Terror* (de *Luftterror* [terreur aérienne], de *Bombenterror*, et naturellement aussi de *Gegenterror* [contre-terreur] et d'*Invasion*, elle suit du moins des sentiers fréquentés depuis bien longtemps, mais les *Invasoren* [envahisseurs] sont nouveaux, et les *Agressoren* sont parfaitement superflus, et pour *liquidieren*, on a tant de choses à disposition : *töten, morden, beseitigen, hinrichten*, etc. Il aurait même été facile de remplacer le *Kriegspotential* [potentiel de guerre] qui traîne partout soit par *Rüstungsgrad* ou par *Rüstungsmöglichkeit* [degré ou possibilité d'armement]. On s'est bien donné le plus grand mal pour que le péché de *Defaitismus*, après qu'on lui eut donné un petit air allemand en l'écrivant *Defätismus*, soit qualifié de *Wehrkraftzersetzung* [1] et rendu ainsi passible de la guillotine.

Quelles sont donc les raisons de cette prédilection, que je n'ai illustrée ici que de quelques exemples, pour le mot d'origine étrangère si ronflant? C'est justement et en premier lieu son caractère ronflant, et, lorsqu'on suit les différents motifs jusqu'au dernier, c'est toujours et encore son caractère ronflant et la volonté de couvrir ainsi certaines choses indésirables.

Hitler est un autodidacte et il n'a pas cinquante mais tout au plus dix pour cent de culture générale. (Il faut lire le galimatias de ses discours culturels à Nuremberg;

1. « Désagrégation des forces armées ». Quiconque émettait le moindre doute sur la victoire finale ou sur la force de combat de la Wehrmacht risquait, dès 1943, la peine de mort.

seule la flagornerie avec laquelle on l'a accepté et cité admirativement est plus horrible que ce ramassis digne d'un Karlchen Miesnick [1].) En tant que Führer, il est à la fois fier de ne pas se soucier de la « prétendue culture d'autrefois » et fier du savoir qu'il a acquis par lui-même. Tout autodidacte fait parade de mots étrangers et, d'une manière ou d'une autre, ceux-ci se vengent.

Mais ce serait faire tort au Führer que d'expliquer sa prédilection pour ce genre de mots par la seule vanité et la seule connaissance de ses propres manques. Ce que Hitler connaît avec une terrible précision et ce dont il tient compte, c'est toujours la psyché de la masse qui ne pense pas et doit être maintenue dans l'incapacité de penser. Le mot étranger impressionne, il impressionne d'autant plus qu'il est moins compris ; n'étant pas compris, il déconcerte et anesthésie, il couvre la pensée. *Schlechtmachen* [dire du mal], tous les Allemands comprendraient ; *diffamieren* est compris de moins de gens, mais sur tous, sans exception, il fait un effet plus solennel et plus fort que *schlechtmachen*. (Qu'on pense à l'effet produit par la liturgie latine dans le service divin catholique.)

Goebbels, pour qui « considérer la bouche des hommes du peuple [2] » est le « premier impératif stylistique », connaît lui aussi la magie du mot d'origine étrangère. Le peuple aime bien l'entendre et l'utilise volontiers lui-même. Et il l'attend dans la bouche de son « Docteur ».

À ce titre « notre Docteur », qui remonte aux débuts de Goebbels, est liée une autre considération. Aussi fréquemment que le Führer insiste sur son mépris de l'intelligence, des hommes cultivés, des professeurs, etc. – derrière toutes ces appellations et spécifications se trouve toujours la même haine de la pensée, née de la mauvaise conscience –, la NSDAP n'en a pas moins besoin de cette couche sociale dangereuse. Mais « notre Docteur » et propagandiste ne suffit pas, on a aussi besoin de Rosenberg, le philosophe, qui s'adonne au style philosophique et profond. « Notre Docteur » adoptera lui aussi dans son programme un peu de jargon philosophique et de philosophie vulgarisée ; quoi de plus

1. Personnage fictif plutôt laid. En yiddish, *mies* signifie « laid », « inconvenant ».

2. Voir note 1, p. 299.

naturel, par exemple, pour un parti politique qui se nomme rien moins que « le Mouvement », que de parler de « l'essence du dynamique » et de placer le mot « dynamique » à un rang élevé parmi ses mots savants ?

Et il n'y a pas, dans le domaine de la LTI, que des ouvrages érudits d'un côté et une littérature de goût populaire de l'autre, juste rehaussée de quelques touches de culture à visée cosmétique ; dans tous les journaux sérieux (je pense surtout au *Reich* et à la *DAZ*, héritière de la *Frankfurter Zeitung*), on trouve fréquemment des articles rédigés dans la langue la plus ampoulée de la profondeur d'esprit, du style précieux et mystérieux, de l'esbroufe exclusive.

Voici un exemple pris presque au hasard parmi une profusion variée : le 23 novembre 1944, donc à une heure très avancée du Troisième Reich, la *DAZ* trouve encore suffisamment d'espace pour publier l'annonce personnelle d'un docteur von Werder, probablement frais émoulu, qui a écrit un livre sur « l'exode rural comme réalité psychique ». Ce que l'auteur a à dire a déjà été dit un nombre incalculable de fois et peut être exprimé de manière très simple : qui veut combattre le dépeuplement des campagnes au profit des villes ne peut y arriver par la seule amélioration des salaires, il doit aussi tenir compte de facteurs psychiques, et ce, d'un double point de vue, en apportant au village certaines des stimulations de l'esprit et certains des avantages qu'offre la ville (grâce au cinéma, à la radio, aux bibliothèques, etc.) et, d'autre part, en faisant valoir pédagogiquement les qualités inhérentes à la vie rurale. Or ce jeune auteur et, ce qui en l'occurrence est plus important, journaliste, se sert de la langue de ses maîtres nazis. Il insiste sur la nécessité d'une « psychologie du peuple des campagnes » et professe : « L'être humain n'est plus pour nous aujourd'hui un être économique livré à lui-même, mais un être constitué d'un corps et d'une âme, un être qui appartient à un peuple et agit en tant que porteur de certaines dispositions psycho-raciales. » Il faut donc, selon lui, acquérir une « compréhension réaliste du véritable caractère de l'exode rural ». La civilisation moderne « avec l'extrême prééminence de la raison et de la conscience qui lui est propre » désagrège le « mode de vie originairement compact de l'homme rural », dont le « fondement naturel repose sur l'instinct et le sentiment, sur ce qui est originaire et inconscient ». La « fidélité au sol » [*Bodentreue*] de l'homme rural subit des dommages, premièrement du fait de « la mécanisation du travail rural et du fait de la matérialisation, c'est-à-dire de la transformation radicale de ses produits en objets économiques, deuxièmement du fait de l'isolement et du dépérissement des coutumes et des mœurs rurales, troisièmement du fait de la réification et de la froide urbanisation de la vie sociale à la campagne ». C'est ainsi qu'apparaît « cette carence psychologique qu'il faut voir dans l'exode rural » quand on le prend au sérieux en tant que « réalité psychique ». C'est la raison pour laquelle l'aide matérielle reste ici « accessoire », alors que les remèdes psychiques sont nécessaires. Outre le chant populaire, les coutumes, etc., en font aussi partie les « moyens culturels modernes que sont le cinéma et la radio, pourvu qu'on en écarte les éléments d'urbanisation intérieure ». Cela continue encore un bon moment sur ce ton. J'appelle cela le style nazi de la profondeur qui est applicable à chaque discipline de la science, de la philosophie et de l'art. Il n'est pas emprunté à la « gueule » du peuple, il peut et doit même ne pas être compris par lui, mais on le fait plutôt avaler aux hommes cultivés qui aspirent à la distinction.

Toutefois, le summum de la rhétorique nazie, et ce qu'elle a de plus caractéristique, ne réside pas dans une telle comptabilité séparée pour hommes cultivés et hommes incultes, ni dans le simple fait qu'on impressionne la foule avec quelques bribes d'érudition. La performance proprement dite, et, là, Goebbels est un maître inégalé, consiste à mélanger sans scrupules des éléments stylistiques hétérogènes – non, mélanger n'est pas le mot juste –, à sauter brutalement d'un extrême à l'autre, de l'érudit au rustaud, de la sobriété au ton du prédicateur, du froidement rationnel à la sentimentalité des larmes virilement retenues, de la simplicité à la manière de Fontane ou de la muflerie berlinoise au pathos du soldat de Dieu et du prophète. C'est comme une irritation de la peau sous l'effet alternatif d'une douche froide et d'une douche brûlante, tout aussi physiquement efficace ; le sentiment de l'auditeur (et le public de Goebbels est toujours auditeur, même lorsqu'il lit les articles de journaux du Docteur), le sentiment n'est jamais en repos, il est en permanence attiré et repoussé, repoussé et attiré, et l'esprit critique n'a plus le temps de reprendre son souffle.

En janvier 1944, on lut l'article d'anniversaire pour les dix ans d'existence de l'office [1] de Rosenberg. Ce devait être un hymne particulier en l'honneur de Rosenberg, philosophe et héraut de la doctrine pure, censé creuser plus profondément et atteindre plus haut que Goebbels, dont la fonction ne visait que la propagande de masse. Mais en vérité, ces réflexions ne faisaient que proclamer dans une plus large mesure la gloire de « notre Docteur », car, de toutes les comparaisons et de toutes les délimitations, il ressortait clairement que Rosenberg ne possédait que le seul registre de la profondeur alors que Goebbels possédait celui-là en plus de tous les autres registres d'un orgue retentissant. (Et même les plus grands admirateurs du *Mythe* ne pouvaient parler en toute bonne foi d'une originalité philosophique qui aurait placé Rosenberg au-delà de toute comparaison.)

Si l'on cherche un modèle pour la tension du style goebbelsien, on peut trouver quelque chose d'approchant dans le sermon médiéval, où un réalisme de l'expression allant jusqu'au vérisme, ne reculant devant rien, s'allie au plus pur pathos de l'élévation par la prière. Mais ce style du sermon médiéval jaillit d'une âme pure et s'adresse à un public naïf qu'il veut élever directement de son étroitesse d'esprit à des régions transcendantes. Goebbels, au contraire, vise de manière raffinée à l'imposture et à l'anesthésie.

Lorsque, après l'attentat du 20 juillet 1944, personne ne doute plus sérieusement des dispositions du peuple et des informations dont il dispose, Goebbels écrit dans le ton le plus désinvolte : seuls « quelques papis survivants d'un passé depuis longtemps passé » pouvaient douter de ce que le nazisme « soit la plus grande mais aussi l'unique possibilité de sauver le peuple allemand ». Une autre fois, de la misère des villes bombardées il fait, en une seule phrase, un tableau idyllique, quotidien et sympathique, en LTI on dirait « proche du peuple » [*volksnah*] : « Des ruines et des décombres, les tuyaux de poêle, qui

1. Rosenberg portait le titre ronflant de « délégué du Führer pour la surveillance de l'ensemble de l'éducation et de l'instruction spirituelle et idéologique de la NSDAP » [*Der Beauftragte des Führers für die Überwachung der gesamten geistigen und weltanschaulichen Schulung und Erziehung der NSDAP*].

par curiosité pointent leur nez hors des appentis de bois, jouent de nouveau avec le feu. » On ne peut qu'être pris de nostalgie à l'évocation d'un gîte aussi romantique. Et, en même temps, on doit sentir naître en soi la nostalgie du martyre : nous sommes dans la « guerre sainte du peuple », nous sommes – il faut aussi atteindre l'homme cultivé, le registre de Rosenberg ne doit pas manquer – dans la « plus grande crise de l'humanité occidentale » et nous devons nous acquitter de notre « charge » [*Auftrag*] historique (où *Auftrag* est plus solennel que *Mission*, ce mot d'origine étrangère éculé), et nos « villes en flammes sont des flambeaux sur la voie de l'accomplissement d'un ordre meilleur ».

J'ai montré, dans une note particulière, quel rôle jouait le sport le plus populaire dans ce système de douche écossaise. C'est sans doute dans son article du *Reich* paru le 6 novembre 1944 que Goebbels a atteint la tension la plus obscène du – pour le dire à nouveau dans la langue nazie – style totalitaire. Il y écrivait qu'on devait faire en sorte « que la nation rest bien campée sur ses jambes et qu'elle n'aille jamais au sol » et, immédiatement après cette image de boxe, il affirmait que le peuple allemand menait cette guerre « comme un jugement de Dieu ».

Mais peut-être ce passage précis, auquel on pourrait adjoindre bien d'autres passages semblables, ne me paraît-il si unique en son genre que parce que quelque chose me l'a rappelé plusieurs fois de manière frappante. En effet, toute personne, à présent arrivant de l'extérieur et ayant affaire, dans la Wilhelmstrasse, à l'administration centrale des sciences, s'installe de préférence en face, à l'Adlon (ou dans ce qui reste de l'ancienne splendeur de cet hôtel berlinois). Là-bas, les fenêtres de la salle de restaurant donnent directement sur la villa détruite du ministre de la Propagande, dans laquelle le cadavre de Goebbels a été retrouvé. Une dizaine de fois, déjà, je me suis tenu à ces fenêtres et, à chaque fois, j'ai repensé au tribunal de Dieu que lui, et justement lui, avait évoqué, et avant l'ultime scène duquel il s'est soustrait au monde.

36.
LA PREUVE PAR L'EXEMPLE

Au matin du 13 février 1945, on reçut l'ordre d'évacuer les derniers porteurs d'étoile qui restaient à Dresde. Préservés jusqu'ici de la déportation parce qu'ils vivaient en couples mixtes, voilà qu'ils étaient promis à une fin certaine ; il fallait s'en débarrasser en cours de route car Auschwitz était depuis longtemps aux mains de l'ennemi et Theresienstadt très gravement menacé.

Au soir de ce 13 février, la catastrophe s'abattit sur Dresde : les bombes tombaient, les maisons s'effondraient, le phosphore coulait à flots, les poutres en flammes craquaient au-dessus des têtes aryennes et non aryennes, et la même tempête de feu entraînait Juifs et chrétiens dans la mort ; mais pour celui des soixante-dix porteurs d'étoile environ que cette nuit épargna, pour celui-là, elle signifia le salut, car, dans le chaos général, il put échapper à la Gestapo.

Pour ma part, cette fuite rocambolesque me conforta dans mes intuitions de philologue : tout ce que je savais de la LTI, du moins de la LTI parlée, provenait du cercle étroit d'une poignée de maisons de Juifs et d'usines de Dresde, sans oublier bien sûr la Gestapo. Or, pendant les trois derniers mois de la guerre, nous traversâmes tant de villes et de villages de Saxe et de Bavière, nous fûmes, sur tant de quais de gares, dans tant de baraques et de bunkers, et toujours, toujours à nouveau, sur d'interminables routes de campagne, en contact avec des hommes de toutes les contrées, de tous les coins et recoins, de tous les centres d'Allemagne, avec des hommes de toutes classes et de tous âges, de toute culture et de toute inculture, de toutes mentalités, de tous degrés de haine et – encore ! – d'adoration crédule du Führer : et tous, littéralement tous, parlaient, avec un accent tantôt du sud ou de l'ouest, tantôt du nord ou de l'est de l'Allemagne, une seule et même LTI, celle que j'avais entendue chez moi en saxon. Ce que je devais ajouter à mes notes, au cours de cette fuite, n'était que compléments et confirmations.

Trois étapes se dessinaient.

L'étape intermédiaire, qui dura trois semaines de mars – la forêt prenait chaque jour un éclat printanier plus intense et avait cependant un air de Noël car les branches et le sol étincelaient, couverts des bandes de papier d'aluminium que jetaient les escadres ennemies afin de brouiller les radars allemands et, chaque jour et chaque nuit, elles passaient avec fracas au-dessus de nous, souvent en direction de Plauen, la malheureuse localité voisine –, l'étape de Falkenstein m'imposa un repos qui me permit de me remettre un peu à l'étude.

Ce n'était certes pas un repos de l'âme ; au contraire, plus que jamais auparavant, l'étude de la LTI me servait de balancier. Car le premier et le seul mot nouveau de la langue nazie que je rencontrai ici se trouvait sur le brassard de certains soldats ; c'était « *Volksschädlingsbekämpfer* [1] » [préposé à la lutte contre la vermine du peuple]. Beaucoup d'agents de la Gestapo et de la police militaire étaient mobilisés car la région fourmillait de permissionnaires qui s'étaient changés en déserteurs et de civils qui se soustrayaient au service dans le *Volkssturm*. Bien sûr, on voyait bien que je n'étais plus en âge de servir dans l'armée, mais une devinette au sujet du *Volkssturm* ne disait-elle pas ceci : « Qu'est-ce qui a de l'argent dans les cheveux, de l'or en bouche et du plomb dans les membres ? » Me trouvant relativement près de Dresde, je courais aussi le risque d'être reconnu car j'avais tout de même passé quinze ans en chaire, formé des professeurs sans interruption et dirigé çà et là dans le pays des sessions de baccalauréat. Mais si l'on m'arrêtait, si l'on me tuait, cela n'en resterait pas là, mon épouse ainsi que notre fidèle ami devraient y passer eux aussi.

1. L'entreprise allemande qui livra aux camps d'extermination le gaz mortel, le Zyklon B., s'appelait *Internationale Gesellschaft für Schädlingsbekämpfung GmbH* [Société internationale de lutte contre la vermine, SARL].

Chaque fois que je marchais dans les rues, en particulier chaque fois que je pénétrais dans un restaurant, c'était un supplice; dès que quelqu'un me regardait avec ne fût-ce qu'un peu d'attention, j'étais presque incapable de soutenir calmement son regard. N'eût été le néant absolu qui nous attendait dehors, nous ne serions pas restés une minute dans cette dangereuse cachette. Mais cette arrière-salle de la « Pharmacie de la place Adolf-Hitler », dans laquelle nous dormions sous le portrait du Führer, était notre dernier asile après que nous avions dû quitter notre bonne Agnès. Ainsi, dans la mesure du possible je me tenais tranquillement dans la chambre, quand nous n'allions pas sur des sentiers déserts en forêt, et je m'astreignais à toute lecture dont je pouvais espérer qu'elle fasse progresser mes connaissances sur la LTI.

Bien plus : je lisais tout ce qui me tombait sous les yeux et je voyais partout les traces de cette langue. Elle était vraiment totalitaire; ici à Falkenstein, cela s'imposa à mon esprit avec une insistance particulière.

Je trouvai sur le bureau de S. un petit livre, il me dit qu'il était paru à la fin des années trente : *La Prescription médicale de tisanes*, édité par l'Ordre des pharmaciens allemands. Ce document me parut d'abord comique, puis tragi-comique, et pour finir vraiment tragique. Car non seulement il exprimait, en des phrases qui n'engageaient à rien, la flagornerie la plus hideuse à l'égard de la doctrine générale dominante, mais à peine une indiscernable protestation était-elle formulée qu'il la désarmait par les atténuations les plus serviles, révélant ainsi toute la déchéance de la conscience pour l'avenir de la science. J'ai relevé quelques phrases *in extenso*.

« On ne peut manquer de remarquer, dans de larges cercles de notre peuple, une résistance intérieure à la prise de préparations chimiothérapiques. Face à cela, le désir s'est récemment réveillé, et il a été approuvé, de voir prescrire des substances curatives naturelles encore inexploitées par les laboratoires et les firmes industrielles. Les plantes et mélanges de plantes provenant de nos prés et de nos forêts ont sans doute pour chacun quelque chose de familier et d'authentique. Leur utilisation médicinale confirme des succès thérapeutiques traditionnels qui remontent à la nuit des temps, et la pensée de l'affinité du sang et du sol renforce la confiance dans les plantes indigènes. » Jusque-là, c'est l'élément comique qui domine dans ces déclarations, car il est comique de voir comment les slogans et les points de vue du nazisme sont insérés dans ce texte scientifique particulier. Mais à présent, après cette humble révérence et *captatio benevolentiae* [1], on ne peut tout de même pas se retenir de se défendre, dans l'intérêt du commerce et de la médecine. Sous couvert de traditionalisme germanique, de proximité avec la nature et d'anti-intellectualisme, et, qui plus est, en empruntant le « discours toujours confus sur la toxicité des substances chimiques », fleurit le commerce des « bousilleurs de cures », qui font des affaires avec des plantes médicinales allemandes mélangées « sans jugement » et chassent les clients de chez les pharmaciens et les patients de chez les médecins. Mais comme cette sortie est atténuée par les excuses et la complaisance, et comme elle est profonde, la révérence que fait une fois de plus cet auteur courageux devant les vues et la volonté du parti au pouvoir ! Nous aussi pharmaciens, chimistes et médecins autorisés utilisons des plantes médicinales indigènes, mais pas exclusivement ni sans discernement ! Et à présent « le vœu de l'Ordre des médecins de développer la thérapie à base d'herbes et de plantes médicinales, et le désir, chaque fois que cela est possible, de s'adapter aux vœux et aux sentiments naturels du peuple, se manifestent chez tous les médecins qui aspirent à aller de l'avant. La thérapie à base d'herbes et de plantes médicinales, qu'on appelle aussi phytothérapie, n'est qu'une partie de la thérapie médicamenteuse globale, mais c'est un facteur qu'il ne faut pas sous-estimer si l'on veut conserver et affermir la confiance des patients. La confiance du peuple en ses médecins qui se sont toujours souciés d'avoir une méthode de travail exacte, en accord avec leur sens du devoir et fondée sur de bonnes connaissances, ne doit pas être ébranlée par des imputations du genre de celles évoquées plus haut... ». La *captatio* du début s'est changée en une capitulation à peine encore voilée.

Je trouvai des numéros isolés de revues pharmaceutiques et médicales et, partout, je tombai sur le même style et sur les mêmes perles. Je notait pour moi : « Pense aux mathématiques nordiques dont parla une fois le *Frei-*

1. En rhétorique, seuil du discours qui consiste en « précautions oratoires ».

heitskampf, au début, à propos de mon collègue Kowalewski, le premier recteur nazi de notre Université technique ; n'oublie pas de rechercher les signes de la contamination par la LTI dans d'autres disciplines des sciences naturelles. »

De la science naturelle je retournai sur mon propre domaine lorsque Hans m'apporta de nouvelles publications littéraires en provenance de sa bibliothèque privée. (Il était encore, comme trente ans auparavant, l'homme des lettres et de la philosophie ; le commerce de pharmacie et, parce qu'autrement il lui en aurait coûté bien trop de tracasseries, l'insigne du Parti étaient somme toute nécessaires pour mener une vie tranquille ; mais naturellement, quand il s'agissait d'aider un ami, il fallait bien risquer quelque chose et compromettre sa vie paisible – seulement voilà : pour la politique en général, cela aurait été trop demander.) Il m'apporta un nouvel ouvrage d'histoire et une nouvelle histoire de la littérature ; du tirage de ces deux ouvrages tout à fait sérieux on pouvait inférer qu'ils comptaient parmi les manuels privilégiés et d'une influence décisive. Je les étudiai, je les commentai du point de vue de la LTI. « À l'avenir, interdire simplement de telles lectures à la collectivité ne suffira pas (notai-je pour moi-même) ; il faut faire observer précisément la spécificité et le péché de la LTI au futur professeur ; je consigne quelques exemples pour les séminaires d'histoire et d'allemand. »

Donc, tout d'abord, l'*Histoire du peuple allemand* de Friedrich Stieve. Ce livre volumineux a été publié en 1934 et avait atteint en 1942 sa douzième édition. Depuis l'été 1939 (préface à la neuvième édition), les événements étaient représentés jusqu'à l'annexion de la Tchécoslovaquie et la récupération du territoire de Memel [1]. Si une édition postérieure à celle-ci avait encore paru (ce que je tiens pour improbable), elle ne devait cependant pas avoir tenu compte des développements ultérieurs de l'histoire ; car, un mois avant le début de la nouvelle guerre mondiale, l'auteur conclut par ce cri de jubilation : « Cet essor tout à fait incomparable a été atteint sans

1. Partie de la Prusse-Orientale située au nord du fleuve Niemen, qui, après la signature du traité de Versailles, fut placée sous tutelle internationale avant d'être occupée par la Lituanie (1923) puis par les troupes allemandes en mars 1939. Memel (*Klaipeda*) fut libérée par l'Armée rouge en automne 1944.

qu'une seule goutte de sang soit versée », et par cette comparaison de très mauvais augure, selon laquelle l'empire allemand se dresse à présent « au-dessus du cours du temps tel un sanctuaire de recueillement et de durée, telle une promesse étincelante pour l'avenir à l'instar des édifices d'Adolf Hitler ». L'encre d'imprimerie de mon exemplaire ne devait sans doute pas être encore tout à fait sèche que les premiers de ces édifices, « qui dans leur compacité massive et clairement structurée incarnent symboliquement la force et la tranquillité en une unité lumineuse » (« attire l'attention sur la démonstration de force architectonique, c'est aussi de la LTI »), commençaient déjà de s'écrouler sous les bombes.

Le livre de Stieve est comme un bon appât, son poison est enrobé de morceaux innocents. Parmi les cinq cents pages de cet ouvrage se trouvent de longs chapitres qui, en dépit du pathos constant, sont rédigés avec une certaine sérénité et dénués de toute violente altération du style et du contenu, de sorte que même un lecteur qui pense pourrait avoir confiance. Mais, dès qu'il y a moyen de donner une couleur nazie, tous les registres de la LTI sont mis en œuvre. Tous, ici, cela n'est pas synonyme de beaucoup ; car cette langue est pauvre après tout, elle veut et ne peut être autrement que pauvre, et elle ne parvient à renforcer qu'en répétant, en matraquant toujours la même chose.

Dans les moments solennels, positifs comme négatifs, le sang doit naturellement être mis à contribution. Lorsque « même un Goethe » éprouvait une « crainte respectueuse sans consistance » envers Napoléon, c'était parce que « la voix du sang » s'était « anémiée » ; lorsque le gouvernement Dollfuss [1] se dresse contre les nationaux-socialistes autrichiens, c'est qu'il se dresse contre « la voix du sang » ; et lorsque, ensuite, des troupes hitlériennes envahissent l'Autriche, c'est que « l'heure du sang » a « enfin » sonné. Ainsi, la vieille « Marche de l'Est » (Ostmark) est « rentrée au bercail [*heimfinden*] dans l'Allemagne éternelle [*ewig*] ».

1. Engelbert Dollfuss, homme politique autrichien (1892-1934), leader du parti chrétien-social. En tant que chancelier (1932), il installa un système autoritaire et fit interdire les partis communiste et national-socialiste. Il fut victime du putsch manqué des nazis.

« Marche de l'Est », « éternel » et « retour au bercail » : ce sont des mots tout à fait neutres en soi, qui ont appartenu à la langue allemande de nombreux siècles avant le nazisme et lui appartiendront à jamais. Dans le contexte de la LTI, ce sont pourtant des expressions spécifiquement nazies, propres à un registre particulier, caractéristiques et représentatives de ce même registre. Remplacer Autriche par « Marche de l'Est », cela représente l'attachement à la tradition, la crainte respectueuse envers les ancêtres dont on se réclame à tort ou à raison et dont on prétend défendre l'héritage et exécuter le testament. « Éternel », cela va dans le même sens : nous sommes les anneaux d'une chaîne provenant de la nuit des temps et qui doit se perpétuer à travers nous jusque dans le lointain ultime, nous avons toujours été et nous serons toujours. « Éternel » n'est que le cas particulier le plus fort de l'hyperbolisme numérique du nazisme, qui n'est à son tour qu'un cas particulier de l'hyperbolisme général de la LTI. Quant à « retour au bercail », c'est une des expressions devenues très vite suspectes, d'un sentimentalisme lui-même issu de la glorification du sang et entraînant derrière lui l'exubérance du superlatif.

Pour l'historien, tradition et durée sont deux concepts par trop usuels et déterminants pour pouvoir marquer son style d'une empreinte bien particulière. En revanche, Stieve fait vraiment la preuve de son nationalisme fidèle et de son orthodoxie en employant constamment les mots appartenant au registre des sentiments.

Une force « indomptable » pousse les Cimbres et les Teutons [1], dont l'irruption en Italie marque le début de cette histoire, une convoitise « indomptable » pousse les Germains à « combattre avec le Tout » ; une passion « indomptable » explique, excuse, oui, ennoblit les pires dérèglements des Francs. *Furor teutonicus* [2] est apprécié comme un éminent titre de gloire des « enfants primitifs du Nord » : « Quel éclat téméraire

1. Originaires de l'embouchure de l'Elbe, ces peuplades germaniques entreprirent à partir de 120 av. J.-C. une migration vers le sud, et envahirent la Gaule et le nord de l'Italie avant d'être écrasées en 102 et 101 av. J.-C. par Marius.

2. Expression empruntée à l'épopée inachevée de Lucain (Ier siècle ap. J.-C.) : *La Pharsale ou la Guerre civile.*

sur leurs francs assauts, qui, sans qu'ils eussent pressenti la ruse du monde environnant, étaient totalement réglés [*eingestellt*] sur la puissance du sentiment débordant, sur la puissance de cet élan intérieur qui leur faisait pousser des cris d'allégresse quand ils allaient à l'ennemi. » J'attire l'attention au passage sur le *eingestellt*, dont le sens premier était déjà passablement affaibli avant l'apparition de la LTI. Néanmoins, on retrouve aussi chez Stieve quelque chose de l'insensibilité nazie à la juxtaposition abrupte d'expressions mécanistes et affectives, ou quelque chose de la prédilection positive pour cela. À propos de la NSDAP, il écrit : « Le devoir incomba au Parti d'être le moteur puissant à l'intérieur de l'Allemagne, le moteur du redressement psychique, le moteur du dévouement actif, le moteur du réveil continu dans le sens du Reich nouvellement créé. »

Mais, en général, le style de Stieve est exclusivement caractérisé par l'insistance unilatérale sur le sentiment, puisqu'il déduit tout, absolument tout, de cette qualité principale, glorifiée et privilégiée, des Germains.

C'est elle qui détermine la structure politique, car la capacité d'un chef se mesure à l'aune de sa *Gefolgschaft*, or la *Gefolgschaft* repose « uniquement sur une soumission intérieure volontaire, et son institution est une preuve évidente du rôle fort que jouait le sentiment chez les Germains ».

Le sentiment donne de l'imagination au Germain, lui donne une disposition religieuse, lui fait diviniser les forces de la nature, le rend « proche de la terre » et méfiant à l'égard de l'intellect.

Le sentiment le pousse au débordement, et c'est ainsi qu'apparaît la tendance fondamentalement romantique du caractère germanique.

Le sentiment fait de lui un conquérant, lui donne « la croyance allemande en sa propre vocation à dominer le monde ».

La prépondérance du sentiment a pour autre conséquence que « tout près de la convoitise du monde se trouve la fuite hors du monde », ce sur quoi, en dépit de tout culte de la vie et de tout activisme, repose une certaine inclination au christianisme.

Dès que le cours de l'histoire le lui permet – et qu'il ne l'ait pas fait plus tôt de manière violente le distingue des propagandistes purs et durs de son parti –, Stieve introduit le Juif comme l'image antithétique et déformée de l'homme du sentiment, et à partir de là s'accumulent les tournures spécifiquement nazies, bien plus, elles sont complétées dans le sens négatif. « Désagrégation » est maintenant un mot central. Cela commence par la Jeune-Allemagne [1]. « Deux poètes juifs, Heine et Lion Baruch, alias Ludwig Börne après son baptême », sont les premiers démagogues sortis des rangs du peuple « élu ». (Je considère « élu » comme étant le mot à partir duquel les guillemets ironiques de la LTI se sont répandus.) L'esprit matérialiste de l'époque est propice aux dispositions héréditaires de la race étrangère de même qu'aux qualités qu'elle a acquises en exil, et il est favorisé par elle.

Maintenant, le vocabulaire nazi peut se déployer : « critique qui démolit », « intellect qui écharpe [*zerfasernder Intellekt*] », « mortelle manie de tout niveler », « dissolution », « sapement », « déracinement », « rupture de la barrière nationale » ; « marxisme » au lieu de « socialisme », car le vrai socialisme appartient aux hitlériens, et le faux doit être qualifié d'hérésie du Juif Karl Marx. (Dire « le Juif Marx », « le Juif Heine » et non pas Marx ou Heine tout court est un emploi particulier du matraquage stylistique qui apparaît déjà dans l'antique *epitheton ornans* [2].)

La défaite lors de la Première Guerre mondiale apporte du renfort à cette section de la LTI : il est maintenant question de « poisons diaboliques de la désagrégation », de « violents provocateurs rouges »...

La troisième poussée résulte de la position de combat contre bolchevisme et communisme : les « hordes obscures » font leur apparition.

Et enfin – couronnement de toute l'œuvre et apothéose de la performance stylistique, œuvre à part entière des grandes orgues de la langue nazie – le sauveur, le soldat inconnu, l'homme de la Grande-Allemagne, le Führer apparaît. À présent, tous les slo-

1. Mouvement littéraire allemand (1830-1850) lancé par Heine et Börne, et qui réunissait dans une même critique de l'ordre moral et social de l'Allemagne de la Restauration des auteurs pour la plupart politiquement engagés, tels que Gutzkow ou Herwegh. Tout en revendiquant son patriotisme, il rejeta le nationalisme ambiant (Jahn, Menzel) ainsi que tous les dogmatismes (classicisme, romantisme).

2. En rhétorique, épithète décorative, superflue.

gans des deux tendances se rassemblent en un espace restreint. Et la terrible prostitution de la langue des Évangiles au service de la LTI ferme la marche : « Grâce à la force d'entraînement de sa propre foi, l'homme qui était au sommet parvint à enflammer le malade qui gisait sur le sol par l'antique formule magique " lève-toi et marche ". »

J'ai dit que la LTI était pauvre. Mais comme elle semble riche chez Stieve comparée à la rhétorique de Walther Linden [1] dans son *Histoire de la littérature allemande* publiée en 1937 et qu'on peut sans doute qualifier de représentative ; elle est en effet parue chez Reclam, donc dans une édition populaire, et a même réussi, malgré ses cinq cents pages au moins, à se faire rééditer trois fois. Elle résume les jugements littéraires officiels et universellement répandus à l'époque hitlérienne en une formulation si académique qu'elle devait être un manuel essentiel pour les élèves et les étudiants. Son auteur, heureusement pour lui décédé avant l'effondrement du Troisième Reich, était dans les années vingt l'éditeur d'une *Revue d'allemand* tout à fait scientifique dans laquelle j'avais moi-même publié quelques-unes de mes études. Il a ensuite changé radicalement d'idée, mais il s'est rendu ce changement particulièrement aisé en expliquant tout à partir d'un seul point et en ne s'exprimant qu'avec guère plus de deux mots, la plupart du temps associés et presque identifiés par la LTI (elle-même dirait : « mis au pas »).

Chaque courant, chaque ouvrage, chaque auteur soit est « ethnique » [*volkhaft*] et « spécifique [2] » [*arthaft*], soit ne l'est pas ; et celui qui, d'après Linden, ne l'est pas se voit refuser par là toute valeur éthique autant qu'esthétique, oui, tout droit à l'existence. Paragraphe après paragraphe, parfois presque page après page, c'est chaque fois le cas.

« Pour la deuxième fois, dans la chevalerie, après la poésie héroïque des salles princières germaniques, est née une culture éminemment développée, créatrice et propre à l'espèce [*arteigene*]. »

« En dehors de l'Italie, l'humanisme est devenu le

1. Walther Linden, éditeur et historien de la littérature allemande (1895-1943).

2. Dans le sens de « propre à l'espèce » (humaine).

contraire de ce qui est populaire [*volkstümlich*] et propre à l'espèce. »

« Le XVIIIe siècle a été le premier à faire passer les richesses acquises, spirituelles et sensitives, dans l'unité et la totalité organique d'une vie nouvelle et propre à l'espèce, à savoir dans la renaissance ethnique du Mouvement allemand depuis 1750. »

Leibniz est « un penseur universel, allemand dans l'âme, et spécifique ». (Ses successeurs « noient son enseignement dans la masse des éléments étrangers ».)

Le « sentiment d'isolement germano-spécifique » de Klopstock [1].

L'interprétation de l'Antiquité grecque par Winckelmann [2] « a réuni deux peuples indo-germaniques d'espèces solidaires [*artverbunden*] ».

Dans *Götz von Berlichingen*, « l'espèce ethnique [*Volksart*] autochtone [*bodenentstammt*] et le droit indigène sont assujettis à l'ordre nouveau, étranger au peuple et fondé sur une soumission servile », lequel ordre s'impose « par le droit romain étranger à l'espèce... ».

« Löb Baruch (Ludwig Börne) » et un autre Juif baptisé, Jolson (Friedrich Stahl [3]), sont tous deux, le libéral comme le conservateur, coupables de l'abandon « de l'idée germanique d'ordre », de « l'éloignement de la pensée nationale spécifique ».

La « poésie lyrique et les ballades de Uhland [4] contribuent « au réveil de la conscience d'espèce ».

« Dans le réalisme arrivé à maturité, le sentiment spécifique germanique vainc une fois de plus l'*esprit** français et la littérature journalistique judéo-libérale. »

Wilhelm Raabe [5] combat « la déspiritualisation du peuple allemand sous des influences étrangères à l'espèce ».

Avec les romans de Fontane s'achève « le réalisme,

1. Friedrich Gottlieb Klopstock, poète allemand (1724-1803).

2. Johann Joachim Winckelmann, historien de l'art et archéologue allemand (1717-1768), auteur d'une *Histoire de l'art dans l'Antiquité*.

3. Friedrich Ludwig Stahl (Friedrich Julius Jolson Uhlfeder), homme politique allemand (1802-1861), monarchiste, converti au protestantisme en 1819.

4. Ludwig Uhland, poète allemand (1787-1862).

5. Wilhelm Raabe (Jakob Corvinus, dit), écrivain allemand (1831-1910), principal représentant, à côté de Theodor Fontane, du réalisme allemand.

un mouvement allemand spécifique » ; Paul de Lagarde [1] est attaché à « une religion allemande spécifique » ; Houston Stewart Chamberlain est « d'espèce encore plus authentique » [*artechter*] que le *Rembrandt-deutsche* [2] – il rappelle au peuple allemand les « héros de l'esprit propres à l'espèce », réveille « la vision germanique de la vie pour en faire une puissance créatrice raciste [*völkisch*] ». Toute cette consommation se concentre sur à peine soixante lignes, et encore, j'allais oublier la « dégénérescence [*Entartung*] nerveuse » et le « combat entre la littérature superficielle et la poésie spécifique éternelle », ainsi que l'effort tendant à « fonder une vie de l'esprit qui soit spécifique, et à enraciner ainsi la culture ethnique ».

Avec Bartels [3] et Lienhard [4] commence, autour de 1900, « le contre-courant ethnique ». Alors, quand on en vient aux « grands pionniers de la poésie ethnique », à Dietrich Eckart [5] et à tous les autres qui sont directement associés au national-socialisme, il n'est pas étonnant que là tout tourne d'autant plus et sans arrêt autour du « peuple » [*volkhaft*], du « sang » [*bluthaft*] et de l' « espèce » [*arthaft*].

On ne joue que sur cette corde, la plus populaire de la LTI ! Longtemps avant de lire cette histoire nazie de la littérature, je l'ai entendue vibrer et vraiment *de profundis*. « Tu n'es qu'une femme perdue pour

1. Paul Anton de Lagarde (Paul Anton Bötticher, dit), orientaliste et philosophe allemand (1827-1891), partisan de la séparation de l'Église et de l'État, et de la constitution d'une « Église nationale ». Souvent mal comprises, ses idées sur le judaïsme jouèrent un grand rôle dans le national-socialisme.

2. « L'Allemand de Rembrandt », surnom de Julius Langbehn, écrivain régionaliste (*Heimatkunst*) et critique littéraire allemand (1851-1907), auteur de *Rembrandt als Erzieher* [Rembrandt comme éducateur] (1890).

3. Adolf Bartels, historien de l'art et dramaturge allemand (1862-1945). Son antisémitisme lui permit d'exercer une certaine influence sur la littérature de l'époque hitlérienne.

4. Friedrich Lienhard, écrivain allemand (1865-1929), cofondateur, avec A. Bartels, de la revue *Deutsche Heimat* (1900-1904) et pionnier du mouvement régionaliste *Heimatkunst* (« art du pays natal ») dont s'inspirera la littérature nazie du sang et du sol (*Blubo-Literatur*).

5. Dietrich Eckart, écrivain et journaliste allemand (1868-1923), antisémite et partisan d'un nationalisme radical. Il fut l'un des premiers rédacteurs du *Völkischer Beobachter* et passa pour avoir créé le mythe du Führer autour de Hitler.

l'espèce ! » disait Clemens, le cogneur, à mon épouse lors de chaque perquisition, et Weser, le cracheur, d'ajouter : « Ne sais-tu pas que dans le Talmud, déjà, il est écrit qu' " une étrangère vaut moins qu'une putain " ? » Cela se répète chaque fois, mot pour mot, comme un message chez Homère. « Tu n'es qu'une femme perdue pour l'espèce ! Ne sais-tu pas... »

Tout au long de ces années, et pendant les semaines passées à Falkenstein, avec une intensité particulière, je me suis posé la même question et, aujourd'hui encore, je ne peux y répondre : « Comment a-t-il été possible que des hommes cultivés commettent une telle trahison envers la culture, la civilisation, toute l'humanité ? »

Le cogneur et le cracheur, c'étaient des brutes primitives (bien qu'ils eussent le grade d'officier), tant qu'on ne peut pas les assommer, il faut supporter ce genre d'hommes. Mais ce n'est pas la peine de se casser la tête dessus. Alors qu'un homme qui a fait des études comme cet historien de la littérature ! Et, derrière lui, je vois surgir la foule des hommes de lettres, des poètes, des journalistes, la foule des universitaires. Trahison, où que se porte le regard.

Il y a Ulitz [1], qui écrit l'histoire d'un bachelier juif tourmenté et la dédie à son ami Stefan Zweig, et puis, au moment de la plus grande détresse juive, voilà qu'il dresse le portrait caricatural d'un usurier juif, afin de prouver son zèle pour la tendance dominante. Il y a Dwinger [2] qui, dans son roman sur sa captivité en Russie et sur la révolution russe, n'a pas le moindre mot au sujet de l'emprise et de la cruauté des Juifs (bien plus, les deux seules fois, dans l'ensemble de sa trilogie, où il fait mention des Juifs, c'est pour parler d'actes bons et humains, venant tantôt d'une Juive, tantôt d'un commerçant juif), et puis, sous le règne de Hitler, voilà qu'il fait surgir la figure d'un commissaire juif sanguinaire. Il y a Hans Reimann, le plaisantin saxon, qui découvre – j'ai trouvé cela dans un article des cahiers *Velhagen-und-Klasing* (année 1944), autrefois d'un niveau assez élevé – les singularités des Juifs en général et de leur humour en particulier :

1. Arnold Ulitz, romancier allemand (1888-1971).
2. Victor Klemperer fait allusion à la trilogie romanesque de Dwinger, *La Passion allemande* (1929-1932), dans laquelle l'auteur décrit son expérience de la Première Guerre mondiale ainsi que les conditions de sa captivité en Russie.

« La croyance des Juifs est une superstition, leur temple, une salle de club, et leur Dieu, un tout-puissant propriétaire de grands magasins... La tendance à surenchérir se propage tant et si bien dans le cerveau juif qu'il est souvent difficile de faire la différence entre les produits d'une intellectualité vermoulue et le fruit de l'idiotie à pieds plats. » (Noter la douche écossaise dans l'espace le plus restreint : l' « intellectualité vermoulue » et « l'idiotie à pieds plats » !)

Je ne fais qu'esquisser ce que j'ai lu pêle-mêle pendant ces journées à Falkenstein. Plus intéressant, peut-être, que cette chute toujours répétée et toujours pareillement incompréhensible dans la trahison, plus explicable, au moins, et plus tragique – car une maladie qui s'empare de l'esprit et un soudain basculement dans le crime ne sont encore rien de tragique en soi –, plus intéressant, donc, est le glissement à moitié innocent dans la trahison, tel qu'il peut s'observer par exemple chez Ina Seidel : elle descend, le cœur pur, la pente romantique pour arriver à ses tardifs hymnes de louanges adressés au messie allemand Adolf Hitler, déjà tout souillé de sang. Mais cela, je ne peux l'évacuer dans mon carnet de notes, il faut qu'un jour je l'étudie à fond...

Parmi les traîtres, je rencontrai aussi un bon vieux copain du temps de la Première Guerre mondiale – il a eu un jour, parmi les journalistes politiques allemands, parmi ses amis et ses adversaires, un nom estimé, celui de Paul Harms. Je me souviens de nos discussions qui duraient des heures au café Merkur, le café littéraire de l'époque à Leipzig. Harms venait juste de pivoter un peu sur la droite en passant du *Berliner Tageblatt* aux *Leipziger Neuesten Nachrichten*, mais ce n'était pas un provocateur, et il n'était pas du genre buté. Très consciencieux, il avait beaucoup appris et possédait un esprit clair. Et il savait toute l'horreur que la guerre signifie, quant à la folie des plans allemands d'asservissement du monde, il savait aussi en juger très précisément d'après les forces des puissances adverses. Puis je n'avais plus eu de nouvelles de lui pendant des années ; plongé dans ma spécialité, j'avais limité ma lecture des journaux à la feuille locale. Plus près des quatre-vingts que des soixante-dix ans, Harms, s'il vivait encore, devait être depuis longtemps à la retraite. C'est alors que je revis les *Leipziger Neuesten*. Et tous les trois ou quatre jours, à l'intérieur, un article politique avec la vieille signature P.H. Mais ce n'était plus « Paul Harms », ce n'était qu'une des centaines de variations que subissait le texte hebdomadaire de Goebbels tout au long de la semaine dans les journaux grand-allemands, c'était le « judaïsme international » et la « steppe », c'était la trahison britannique contre l'Europe, c'était la germanité combattant de manière désintéressée pour la liberté de l'Occident et du monde, c'était toute la LTI – et, pour moi, c'était la preuve par l'exemple. Une triste preuve parce que ces lignes-là, justement, me parlaient avec un accent personnel, une intonation familière, derrière les mots inattendus dans cette bouche, et pourtant trop connus eux aussi. Lorsque, l'été suivant, j'appris que Harms était mort peu de jours avant l'entrée des Russes à Zehlendorf, je ressentis cela presque comme un soulagement ; il avait été réellement, à la dernière minute, soustrait à la justice des hommes, comme dit l'expression religieuse.

Ce n'était pas seulement à travers les livres et les journaux que la LTI pénétrait en moi, pas seulement non plus à travers les brèves conversations au restaurant qui me mettaient au supplice, car la bonne bourgeoisie de mon entourage de pharmaciens la parlait tout le temps. Notre ami, par trop enclin en prenant de l'âge à considérer avec une certaine indulgence teintée de mépris les choses du jour, même les plus horribles, comme sans importance face à l'éternité – je crois vraiment qu'il disait : « les intérêts éternels » [*den ewigen Belangen*] –, ne se donnait pas la peine d'éviter le jargon empoisonné ; et son assistante, qu'il traitait comme si elle avait été sa fille, ce n'était pas un jargon, c'était encore la langue de la croyance dans laquelle elle avait grandi, dans laquelle aucun homme, si une telle audace lui était venue à l'esprit, n'aurait pu l'ébranler. Et tel était aussi le cas de la jeune pharmacienne lituanienne – mais j'ai déjà parlé d'elle dans le chapitre « La guerre juive ».

Un jour, lors d'une grande alerte – les ailes de la mort mugissaient encore, passées de l'immobilité de la formule littéraire à la réalité, rasant les toits de la petite ville courbée, juste avant que les bombes éclatent avec fracas sur Plauen –, le vétérinaire de la circonscription était chez nous. C'était un homme loquace, sans être bavard, on le disait capable, et il cherchait à adoucir l'angoisse des clients surpris par l'alerte en faisant diversion. Il parlait de l'arme nouvelle, non, des armes nouvelles qui, selon lui, étaient prêtes, entreraient en jeu sans doute au mois d'avril et décideraient de l'issue de la guerre. « L'avion monoplace, ça dépasse largement le V2, ça viendra sûrement à bout des plus grosses escadres de bombardiers ; il vole si fantastiquement vite qu'il ne peut tirer que vers l'arrière car il est plus rapide que le projectile et il abat les bombardiers ennemis avant qu'ils aient pu lâcher leurs bombes ; les derniers essais sont maintenant terminés et la fabrication en série est déjà en cours. » Vraiment ! Il racontait cela exactement comme je le rapporte ici, et, au son de sa voix, on pouvait entendre qu'il croyait à ce conte, et, aux visages de ses auditeurs, on pouvait voir qu'ils croyaient le conteur – au moins pour quelques heures.

« Crois-tu que cet homme mente délibérément ? demandai-je par la suite à notre ami. Et es-tu toi-même au moins tout à fait convaincu que ce sont des histoires qu'il répand ? – Non, me répondit Hans, c'est un homme honnête, il a certainement entendu parler de cette arme ; et pourquoi n'y aurait-il pas quelque chose de vrai là-dedans ? Et pourquoi les gens ne se consoleraient-ils pas avec cela ? »

Le lendemain, il me montra la lettre qu'il venait juste de recevoir d'un de ses amis qui occupait un poste de proviseur quelque part dans la région de Hambourg : il me dit que celui-ci me plairait davantage que le vétérinaire de la veille, qu'il était ferré en philosophie et pur idéaliste, entièrement dévoué aux idées humanistes et nullement admirateur de Hitler. J'ai oublié de mentionner que, la veille, le vétérinaire n'avait pas seulement parlé de l'arme miraculeuse mais aussi, avec la même crédulité, du phénomène maintes fois observé selon lequel, des maisons complètement effondrées, seul « le mur où était accroché le portrait de Hitler » était resté debout. L'ami philosophe et antinazi de la région de Hambourg ne croyait donc plus à aucune arme ni à aucune légende et se montrait très désespéré. « Mais, écrivait-il, on voudrait encore croire, en dépit de la situation sans issue, à un tournant [*Wende*], à un miracle, car il est impossible que notre culture et notre idéalisme succombent à l'assaut du matérialisme mondial ! »

« Il ne manque que l'assaut de la steppe ! dis-je. Mais

ne trouves-tu pas que ton ami est largement d'accord avec l'Allemagne actuelle ? Quand quelqu'un espère le tournant aux dépens de Hitler... Alors que le « tournant » est un mot formé artificiellement et très apprécié par l'hitlérisme !.. »

La circonscription bourgeoise dans laquelle se trouvait la pharmacie de Falkenstein est, sur la carte géographique de notre fuite, délimitée par deux cantons paysans. Tout d'abord, en effet, nous avions tourné nos pas vers le village sorabe [1] de Piskowitz, près de Kamenz. Là vivait avec ses deux enfants notre fidèle Agnès, paysanne devenue veuve, qui avait servi chez nous pendant de nombreuses années et qui, ensuite, nous avait régulièrement envoyé des remplaçantes originaires de sa région, au fur et à mesure que les filles se mariaient. Il était absolument sûr qu'elle nous recevrait cordialement, et il était hautement probable que ni elle ni personne d'autre au village ne saurait que j'avais été atteint par les lois de Nuremberg. Par prudence, nous voulions à présent le lui apprendre ; elle veillerait alors encore plus soigneusement à notre sécurité. À moins d'un événement particulièrement malheureux, nous devions pouvoir passer inaperçus dans ce patelin isolé. D'autant plus, comme nous le savions précisément, que la population était fortement antinazie. Si son pieux catholicisme n'y suffisait pas, c'était certainement sa qualité de sorabe qui l'immunisait : ces gens tenaient à leur langue slave, dont le nazisme voulait les priver dans l'exercice du culte et l'instruction religieuse. Ils se sentaient apparentés aux peuples slaves et offensés par l'autodivinisation germanique des nazis – cela, nous l'avions entendu assez souvent dans la bouche d'Agnès et de ses remplaçantes. Et puis, les Russes étaient à Görlitz ; bientôt ils seraient à Piskowitz, où nous réussirions à passer de leur côté.

Mon optimisme avait sa racine dans le sentiment d'euphorie dû à notre incroyable salut, et aussi dans le monceau de décombres ardents qu'était Dresde quand nous l'avions quittée, car, sous l'impression de cet anéantissement, nous tenions la fin de la guerre pour imminente. Mon optimisme reçut un premier coup, s'inversa,

1. Les Sorabes (population slave de Lusace) sont aussi appelés Wendes.

lorsque le maire – mes papiers avaient naturellement « brûlé » – me demanda si j'étais apparenté à des non-Aryens. Il m'en coûta un effort extrême pour articuler un « non » indifférent ; je me croyais soupçonné. J'appris par la suite qu'il s'agissait d'une question obligée, et, en effet, l'homme n'avait aucun soupçon. Quant à moi, à partir de ce moment-là j'eus toujours dans l'oreille – à Falkenstein ce sentiment devint encore plus obsédant, et il n'a cessé que le jour où les Américains sont entrés en Bavière –, tantôt plus fort, tantôt plus faible, l'horrible sifflement, l'horrible murmure que j'avais appris à connaître en 1915 lorsque les gerbes des mitrailleuses balayaient la plaine au-dessus des hommes couchés, et qui m'éprouvait beaucoup plus que le franc éclatement des obus. Mais ce n'était pas la bombe, ni l'avion volant en rase-mottes, ce n'était même pas la mort non plus qui m'angoissait – c'était toujours et seulement la Gestapo. Toujours et seulement la crainte que quelqu'un ne marchât derrière moi, que quelqu'un n'arrivât en face de moi, que quelqu'un ne m'attendît à la maison, quelqu'un qui voulait venir me chercher [*holen*]. (« Venir me chercher ! » voilà que je me mets moi aussi à parler dans cette langue !) Surtout ne pas tomber aux mains de mes ennemis ! me disais-je chaque jour dans un profond soupir.

Mais à Piskowitz s'écoulaient souvent aussi des heures calmes, car ici c'était un monde tranquille, un monde à part, absolument antinazi, et même le maire me donnait l'impression d'avoir envie de se démarquer un peu de son Parti et du gouvernement.

La politique nazie avait pénétré jusqu'ici, naturellement. Sur le minuscule bureau, qui était dans la pièce commune de la petite maison à colombages, se trouvaient, parmi des factures, des lettres de famille, quelques enveloppes et quelques feuilles de papier à lettres, les manuels scolaires des enfants.

Il y avait surtout l'atlas scolaire allemand, que Philipp Bouhler [1], l'homme de la chancellerie du Reich, a publié en septembre 1942 avec un fac-similé de sa signature pour l'ensemble des écoles allemandes, et qui fut diffusé

1. Philipp Bouhler, homme politique allemand (1899-1945), membre de la NSDAP dès 1922. Chef de la chancellerie à partir de 1934, il présida également la commission officielle chargée de la censure. On le tient pour le principal instigateur du programme d'euthanasie du Troisième Reich.

jusque dans les moindres villages. Toute l'*hubris* de cet arrangement ne devient évidente que lorsqu'on considère la date tardive : la victoire allemande rêvée s'est déjà changée en une chose impossible, il ne peut déjà plus s'agir que d'éviter la défaite complète ; c'est alors qu'on met dans les mains des enfants un ensemble de cartes géographiques où « la Grande-Allemagne en tant qu'espace vital » comprend le « gouvernement général avec Varsovie et le district de Lemberg », le « commissariat du Reich des territoires de l'Est » et le « commissariat du Reich en Ukraine », où la Tchécoslovaquie en tant que « protectorat de Bohême-Moravie » et « les Sudètes » sont désignés par une couleur spéciale comme possessions directes du Reich, où les villes allemandes font parade de leurs titres honorifiques nazis, (outre la capitale du Mouvement et la ville des congrès du Parti se trouvent aussi « Graz la ville du soulèvement populaire », « Stuttgart, ville des Allemands de l'étranger », « Celle et son Tribunal du domaine héréditaire du Reich [1] », etc.), où, au lieu de la Yougoslavie, il y a un « territoire du commandant militaire de la Serbie » ; où une autre carte représente les *Gau* nazis, une autre les colonies allemandes, et, nulle part sur cette carte même mais seulement en caractères minuscules tout à fait au-dessous, se trouve la note suivante (bien entendu entre parenthèses !) : « sous mandat d'administration ». À quoi doit ressembler le monde d'aujourd'hui dans un esprit auquel on a inculqué tout cela, en couleur, dès la prime enfance, à un âge sans résistance ?

À côté de l'atlas qui, sur le plan linguistique, représente un bon échantillon technique de la LTI, il y avait un livre de calcul allemand dont les problèmes étaient empruntés au « diktat de Versailles » et aux « mesures de création d'emplois par le Führer », et un livre de lecture allemand dans lequel des anecdotes sentimentales glorifiaient l'amour d'un Adolf Hitler paternel pour les animaux et les enfants.

Mais, dans le même espace restreint, se trouvaient aussi des contrepoisons. Il y avait le coin des saints, leur crucifix était (comme presque tous les crucifix dans les

1. Promulguée le 29 septembre 1933, la « loi sur la ferme héréditaire » visait à la protection de la paysannerie comme « source de sang du peuple allemand ». De fait, elle enchaînait le paysan pouvant prouver son « aryanité » à sa ferme, celle-ci étant devenue inaliénable.

rues du village) accompagné d'une inscription en sorabe, et je vis également une Bible sorabe. N'eût été cette insistance mise sur leur propre langue, je ne sais si l'on aurait pu reconnaître le seul catholicisme pour un contrepoison absolument sûr. En effet, la lecture principale que je trouvai dans la maison, outre la Bible et les manuels scolaires, consistait en un gros in-folio fatigué de la *Ville de Dieu*. C'était une *Revue pour le peuple catholique*, illustrée, qui datait des années 1893-1894. Elle abondait en attaques insultantes contre la « loge enjuivée », contre les « valets libéraux et sociaux-démocrates des Juifs », avait défendu la cause d'Ahlwardt [1], aussi longtemps que c'était possible, et ne s'était démarquée de lui qu'au tout dernier moment. Il est vrai qu'elle ne disait rien de l'antisémitisme racial – toujours est-il que je compris une fois de plus à quel point le Führer avait agi de manière habilement démagogique (ou, pour le dire dans sa langue, « proche du peuple ») lorsqu'il avait fait du judaïsme les crochets entre lesquels il plaçait le grand nombre de ses ennemis.

Mais je n'avais pas vraiment le droit, en partant de l'antisémitisme catholique des années quatre-vingt-dix, de conclure à une prise de position identique à l'heure actuelle. Quiconque prenait la foi catholique au sérieux se tenait à présent tout près des Juifs dans une même hostilité implacable envers Hitler.

Et, par ailleurs, la bibliothèque de la maison disposait d'un autre volume également vieux, gros et fatigué, et dont les prises de position politiques ne permettaient pas d'inférer l'état d'esprit actuel des habitants de la maison. Le paysan défunt avait été un grand apiculteur, et ce dernier ouvrage était un manuel d'apiculture du baron August von Berlepsch [2]. L'auteur, qui date son introduction du 15 août 1868 à Cobourg, était manifestement non seulement un spécialiste mais en outre un moraliste et un citoyen qui réfléchissait. « Je connais beaucoup d'hommes, écrit-il, qui avant d'être apiculteurs profitaient de chaque heure de loisir (s'accordaient indûment des heures de loisir) afin de courir au café, pour boire,

1. Hermann Ahlwardt, écrivain allemand (1846-1914), auteur de publications antisémites virulentes. Il fut condamné plusieurs fois pour délit de diffamation.

2. Berlepsch, August, théologien (1818-1877), apiculteur depuis 1937 et auteur d'ouvrages sur la vie des abeilles.

jouer aux cartes ou s'échauffer par d'absurdes raisonnements politiques. Dès qu'ils étaient devenus apiculteurs, ils restaient à la maison dans leur famille, passaient, aux beaux jours, leur temps libre auprès des abeilles ou lisaient, à la saison maussade, des écrits sur les abeilles, fabriquaient des ruches, amélioraient des ustensiles d'apiculture – bref, aimaient leur maison et leur travail. " Rester à la maison ", oui, voilà le *schibboleth* d'un bon citoyen... »

Là-dessus, Agnès et ses voisins et voisines pensaient tout à fait autrement. Car, chaque soir, ce que nous appelions la chambre des fileuses sorabes, et dans laquelle être introduit représentait à nos yeux la preuve de confiance la plus cordiale, était très fréquentée. On se rencontrait chez le beau-frère d'Agnès, un homme aux intérêts variés, qui, soit dit en passant, malgré son catholicisme et sa façon d'être passionnément sorabe – « Nous nous sommes établis jusqu'à Rügen, en fait tout le pays devrait être à nous ! » –, avait appartenu au Stahlhelm jusqu'à son transfert, mais seulement jusque-là, dans la NSDAP. Dans la salle commune, chaude et spacieuse, il y avait des allées et venues ; les femmes étaient assises, occupées à leurs travaux manuels, et les hommes se tenaient debout et fumaient. Les enfants entraient et sortaient en courant. Le personnage principal, c'était l'imposant poste de radio autour duquel un groupe était toujours agglutiné. L'un cherchait les stations, les autres faisaient des propositions, discutaient ce qu'ils venaient d'entendre, ou réclamaient énergiquement le silence, quand quelque chose d'important était diffusé ou sur le point de l'être.

Lorsque nous entrâmes pour la première fois, l'ambiance était assez bruyante et sans respect particulier pour l'émission. Comme en s'excusant, le beau-frère me dit : « C'est juste Goebbels que nous avons pris entretemps, l'autre ne commence que dans dix minutes. »

Ce jour-là, le 28 février 1945, j'ai entendu parler le Docteur pour la dernière fois. Sur le plan du contenu, c'était la même chose que dans tous ses discours et articles des derniers temps : images sportives brutales, victoire finale et désespoir mal dissimulé. Mais sa façon de parler me parut changée. Il renonçait à l'articulation sonore ; très lentement, avec une accentuation forte et parfaitement monotone, mesure après mesure, pause après pause, il laissait tomber chaque parole comme tombe un marteau-pilon.

« L'autre » : c'était la désignation générale, condensée, de toutes les émissions interdites, de Beromünster, de Londres et de Moscou (qui donnaient des informations en langue allemande), du *Soldatensender* [Radio du soldat], du *Freiheitssender* [Radio de la liberté], et de toutes les autres radios illégales. On savait précisément à quoi l'on s'exposait en se livrant à cette écoute interdite et punie de mort, on connaissait l'heure, la longueur d'onde et la spécialité de chaque station et l'on nous tenait pour passablement naïfs parce que nous n'avions encore aucune pratique de cet « autre ». Et l'idée ne venait à personne de nous cacher cette écoute interdite ou de l'entourer de mystère et de précautions spéciales. À travers notre Agnès, nous faisions partie du village, et l'attitude du village était unanime : tous attendaient la fin certaine de l'hitlérisme, tous attendaient les Russes.

Les succès particuliers, les mesures et les plans des Alliés étaient discutés, et même les enfants avaient leur mot à dire là-dessus. Car ceux-ci ne dépendaient pas uniquement des informations de « l'autre », ils rapportaient aussi à la maison des nouvelles de l'extérieur. De fait, ici, il ne pleuvait pas seulement, comme plus tard à Falkenstein, du papier d'aluminium – qui donnait à la forêt de pins et de sapins encore enneigée un air de Noël plus vrai comparé aux essences mélangées et déjà en bourgeons des forêts de l'Erzgebirge –, il pleuvait aussi des tracts qui étaient ramassés puis étudiés avec application. Ils avaient, pour l'essentiel, le même contenu que les émissions de « l'autre », à savoir : des appels à se désolidariser du gouvernement fou et criminel qui voulait poursuivre jusqu'à la destruction complète de l'Allemagne une guerre irrémédiablement perdue. On disait bien aux enfants que ramasser ces tracts était rigoureusement interdit, mais on se bornait à répéter l'interdiction, et tout le monde lisait avec avidité et approbation ce qui était écrit dessus. Un jour, Juri, le fils d'Agnès, arriva en agitant ouvertement un carnet : « Ce n'est pas la peine qu'on le brûle, on nous l'a donné comme ça à l'école ! » C'était une brochure intitulée *Les Articles de guerre de Goebbels*, avec une tête de guerrier typiquement nazie (moitié aigle, moitié apache) sur la couverture. À gauche se trouvaient les phrases qu'on avait inculquées aux enfants et à droite, point par point, leur réfutation par les Alliés. Avec des éclaircissements particulièrement détaillés, on répondait à l'affirmation selon laquelle la guerre aurait été « imposée » au Führer pacifique. (La guerre imposée occupe une place éminente parmi les tournures stéréotypées de la LTI.)

Il existait encore deux autres sources par lesquelles le village s'instruisait sur la situation : les convois lamentables des compatriotes silésiens en fuite, à qui l'on avait accordé un court séjour dans le « Maidenlager », le vaste baraquement peint en vert de l'ancien service de travail féminin, et un nombre d'artilleurs bavarois qui étaient rentrés du front avec leurs chevaux mais sans leurs armes et pouvaient se reposer ici un moment.

De manière très étrange, à ces éclaircissements tout à fait modernes s'en mêla un dernier, d'une tout autre espèce : on cita des passages de la Bible – le vieux père d'Agnès, encore très alerte, parla longuement de la reine de Saba – qui prophétisaient avec certitude l'entrée des troupes russes. J'étais près de considérer cette couleur biblique de la LTI comme spécifiquement villageoise quand je repensai à notre peuplier de Babisnau, ainsi qu'à la prédilection pour l'astrologie, largement répandue au sein du peuple et de la classe dirigeante.

Cela dit, à Piskowitz, l'humeur générale n'était absolument pas désespérée. On n'avait pas trop souffert de la guerre, jamais aucune bombe n'était tombée sur ce discret village, qui ne possédait même pas de sirène ; et lorsque l'alerte sonnait au loin – ce qui de jour comme de nuit se produisait plusieurs fois –, la nuit, cela ne troublait le sommeil de personne, et le jour, on regardait avec intérêt un spectacle toujours beau, dans le sens purement esthétique du mot : à une prodigieuse hauteur, des essaims de flèches argentées, longues comme le doigt, sortant des nuages puis y disparaissant, traversaient le ciel bleu. Alors à chaque fois, littéralement à chaque fois, l'un des spectateurs rappelait : « Et Hermann qui a dit qu'il voulait bien s'appeler Meier si un avion ennemi parvenait jusqu'en Allemagne ! » Et un autre ajoutait : « Et Adolf qui voulait rayer les villes anglaises de la carte ! »

Ces deux exclamations ont vraiment persisté de la même façon à la ville et à la campagne, tandis que d'autres formules, d'autres écarts de langage, d'autres bons mots à la mode ont dû se contenter d'un succès éphémère ; et il y avait, dans leurs rayonnements, un décalage dans le temps entre villes et villages.

Chez nous, comme chez les autres habitants du village, on tuait le cochon, car même si l'on ne craignait absolument pas les Russes, on préférait quand même manger le cochon bon à tuer plutôt que de l'abandonner aux libérateurs. L'inspecteur de la viande de boucherie examinait celle-ci au microscope, le boucher et son commis remplissaient les boyaux, des voisins se rendaient de courtes visites afin de donner leur avis et de faire des comparaisons, pendant que, dans la salle pleine, on racontait des histoires et on se posait des devinettes. Je fis ici une expérience semblable à celle que j'avais faite pendant la Première Guerre mondiale : en 1915, dans un village des Flandres, j'avais entendu *Sous les ponts de Paris* *, le même air à la mode qui, deux ans auparavant, alors que je me trouvais à Paris, passait pour la toute dernière création de la saison, et qui entre-temps avait été détrôné dans la capitale par des chansons plus actuelles. De la même façon, les habitants de Piskowitz et leur inspecteur de boucherie s'amusaient maintenant d'une devinette qu'à Dresde, et sans doute aussi dans toutes les villes allemandes, on s'était chuchotée peu de temps après le début de la guerre contre la Russie : quelle est la signification de la marque de cigarettes Ramses ? Réponse : *Russlands Armee macht schlapp Ende September* [L'armée russe sera épuisée fin septembre]. Mais à l'envers : *Sollte England siegen, muß Adolf 'raus* ! [Si l'Angleterre l'emporte, Adolf devra partir.] Il faut, notai-je alors, étudier de tels déplacements du point de vue de la durée, de l'espace et des couches sociales impliquées. Quelqu'un m'a raconté qu'une fois la Gestapo avait lancé une rumeur à Berlin puis avait fait étudier en combien de temps et par quel chemin elle était parvenue jusqu'à Munich.

Je participai à la fête de l'abattage en étant d'humeur très déprimée et, tout en me moquant de moi-même à cause de cela, quelque peu superstitieuse. Le cochon aurait déjà dû être abattu une semaine avant ; à cette époque, les Alliés étaient à vingt kilomètres de Cologne et les Russes sur le point de prendre Breslau. Surchargé de travail, le boucher avait dû se décommander, et le cochon était resté en vie. Je m'en étais fait un présage en me disant : si le cochon survit à Cologne et à Breslau, tu verras la fin de la guerre et celle de tes bouchers. À présent, la bonne viande bouillie était un peu gâtée à mon goût car Cologne et Breslau tenaient encore.

À midi, le lendemain, alors que nous mangions à nouveau de la charcuterie, le maire entra : on venait juste de recevoir l'ordre d'évacuer tous les étrangers des lieux avant le soir, car le lendemain déjà des troupes de combat seraient logées ici ; à cinq heures, un fourgon nous emmènerait à Kamenz d'où un transport de réfugiés partait pour la région de Bayreuth. À l'époque, sous une pluie de neige fondue, dans un fourgon à ridelles sans capote, debout et serrés entre des hommes, des femmes et des enfants, je nous croyais déjà dans une situation complètement désespérée ; mais ce n'est que trois semaines plus tard qu'elle le fut vraiment. Car, à Kamenz, nous pouvions encore déclarer au guichet : « Sinistrés des bombardements, en partance pour Falkenstein, hébergement privé », il y avait encore réellement quelqu'un en qui nous pouvions espérer ; le « poste d'accueil », ce concept pitoyable et néanmoins rassurant, forgé par le Troisième Reich agonisant, était encore valable pour nous aussi. Mais quand nous dûmes quitter aussi Falkenstein – Hans avait été contraint de prendre deux pharmaciennes originaires de Dresde, qui avaient fait leurs études là-bas et auraient très bien pu me connaître ; le risque d'être découvert était bien trop grand et la fin de la guerre n'était toujours pas là –, où y avait-il un poste d'accueil sûr ? Partout nous courions le risque d'être découverts.

Les douze jours de fuite qui suivirent furent remplis de fatigue, de faim, de nuits passées sur la pierre nue du sol d'un hall de gare, de bombes sur le train en marche, sur la salle d'attente dans laquelle il aurait dû y avoir enfin de la nourriture, de marches nocturnes le long de la voie ferrée détruite, de pataugeage dans les ruisseaux à côté de ponts fracassés, de séjours accroupis dans des bunkers, de transpiration, de froid et de tremblements dans des chaussures imbibées d'eau, du crépitement des gerbes de balles tirées par des avions qui faisaient du rase-mottes – mais pire que tout cela, impitoyablement et sans relâche, c'était la peur des contrôles, de l'arrestation, qui nous torturait. Hans nous avait donné suffisamment d'argent et de moyens matériels, mais le poison que je lui avais demandé de manière si pressante au cas où nous en serions réduits à la dernière extrémité – « Ne nous laisse pas tomber aux mains de nos ennemis, ils sont cent fois plus cruels que n'importe quelle mort ! » – ce poison, il nous l'avait refusé.

Nous étions enfin si éloignés de notre Dresde, la paralysie et le déchirement de l'Allemagne étaient enfin si avancés, la fin définitive du Troisième Reich était enfin si imminente, que la peur d'être découvert s'apaisa un peu. Dans le village de Unterbernbach près d'Aichach, où l'on nous avait envoyés en tant que réfugiés et où, curieusement, aucun autre Saxon – seulement des Silésiens et des Berlinois – n'était hébergé, nous n'avions plus à craindre, comme tous les autres habitants, que les continuels vols en rase-mottes ainsi que le jour où, marchant sur Augsbourg, les Américains nous « submergeraient ». Je crois que « submerger » [*überrollen*] est le dernier néologisme de la langue militaire qu'il m'a été donné d'entendre. Sans doute est-il lié à la suprématie des troupes motorisées.

En août 1939, à Dresde, nous avions été témoins de la manière indigne et clandestine dont on était venu chercher les hommes pour constituer l'armée ; à présent, nous voyions celle-ci se défaire, indignement et clandestinement. Du front en décomposition se détachaient des petits groupes et des individus qui arrivaient des forêts en se faufilant, qui se faufilaient à travers le village, cherchaient de la nourriture, cherchaient des vêtements civils, cherchaient du repos pour une nuit. Pourtant, certains d'entre eux croyaient encore à la victoire. D'autres étaient absolument convaincus que, partout, cela touchait à sa fin, mais des fragments de la langue du vainqueur d'autrefois se mêlaient à leurs propos.

Cependant, parmi les réfugiés qui étaient logés ici et parmi les résidents, il n'y avait plus personne pour croire un seul instant à la victoire ou à la persistance du règne de Hitler. Dans leur condamnation absolue et pleine d'amertume du nazisme, les paysans de Unterbernbach ressemblaient très exactement à ceux de Piskowitz. À ceci près que les Sorabes avaient manifesté cette hostilité dès l'origine alors que les Bavarois ne juraient au début que par leur Führer. Il leur avait dès le départ promis tant de choses, il avait même tenu quelques-unes de ses promesses. Mais maintenant cela faisait déjà si longtemps qu'il ne pleuvait plus que des déceptions, et rien que des déceptions. Les habitants de Unterbernbach auraient pu venir dans la chambre des fileuses sorabes, ceux de Piskowitz à Unterbernbach, on ne se serait pas compris, à cause de l'accent, même si tous les habitants de Piskowitz avaient parlé allemand (ce que, entre eux, ils ne faisaient jamais), pourtant, sur les idées, on serait très vite tombé d'accord : tous rejetaient le Troisième Reich.

Parmi les paysans de Unterbernbach, je trouvai de grandes différences morales et notai, le repentir au cœur : « Ne dis plus jamais : “ le paysan ” ou “ le paysan bavarois ”, n'oublie jamais qu'on a dit : “ le Polonais ”, “ le Juif ” ! » Le chef local des paysans, qui était depuis longtemps revenu de son amour pour le Parti mais n'avait pu quitter son poste, ressemblait très exactement, dans sa serviabilité et sa bienfaisance perpétuelles envers chaque réfugié, qu'il fût en civil ou en uniforme, à un modèle de bonté tel que le curé l'avait dépeint dans son sermon dominical. (Note concernant le sermon du 22 avril : *Stet Crux dum volvitur orbis*. C'est intemporel et donc tout à fait inattaquable, et pourtant, quel règlement de compte avec les nazis ! Devoir spécial : le sermon sous le Troisième Reich, l'euphémisme et le franc-parler, la parenté avec le style de l'*Encyclopédie*.) Et, de l'autre côté, il y avait le type chez lequel nous avions été placés pour la première nuit et qui nous refusa l'eau pour nous laver ; il nous dit que la pompe de l'étable était cassée (ce qui se révéla un mensonge par la suite), et que nous devions faire en sorte de nous « tirer » rapidement. Et entre ces deux extrêmes, tant de nuances ; nos logeurs, par exemple, plus proches du mauvais que du bon.

Mais, dans l'emploi de la LTI, c'était pour tout le monde pareil : tous pestaient contre le nazisme et le faisaient dans sa rhétorique. Pleins d'espoir ou désespérés, sérieux ou railleurs, tous parlaient du « tournant », chacun soutenait « fanatiquement » quelque chose, etc. Et, naturellement, tous discutaient le dernier appel du Führer au front de l'Est et citaient les « innombrables unités nouvelles » et les bolcheviks qui « ont assassiné vos vieillards et vos enfants, ont rabaissé vos femmes et vos filles au rang de putains de caserne – le reste est en marche pour la Sibérie ».

Non, bien que j'aie vécu, en ces derniers jours de guerre (et par la suite lors du retour au pays), de multiples expériences – vécu vraiment et pas seulement dans l'acception mensongère du régime hitlérien – pour la LTI, je ne trouvai plus rien à ajouter et nulle part rien qui s'écartât de ce que, dans l'espace étroit de notre calvaire, j'en avais si longtemps étudié. Elle a réellement été totale ; elle a, dans une parfaite uniformité, englobé et contaminé toute sa Grande-Allemagne.

Seuls deux symboles visibles de la fin de son règne doivent encore être consignés ici.

Le 28 avril circulèrent toute la journée des rumeurs sauvages sur l'imminence de l'arrivée des Américains ; le soir venu, toutes les unités de troupe qui restaient encore dans le village et ses environs, surtout des membres des Jeunesses hitlériennes, des garçons indisciplinés plutôt que des soldats, ainsi qu'un état-major supérieur qui avait occupé la belle et moderne demeure de fonction à l'entrée sud du village, levaient le camp et le pied. Dans la nuit il y eut, une heure durant, un lourd feu d'artillerie, les obus gémissaient en passant au-dessus du village. Le lendemain matin gisait sur les cabinets, déchiré en deux morceaux, un document recouvert avec art d'inscriptions rouges et noires, qui resta là plusieurs heures car il était trop épais pour sa nouvelle destination. C'était l'attestation de serment appartenant à notre logeur. Elle témoignait de ce que « sur la place royale à Munich, devant Rudolf Hess, adjoint du Führer, Tyroller Michel » avait juré « obéissance inconditionnelle au Führer Adolf Hitler et aux chefs désignés par lui. Fait à Munich dans le haut lieu du Parti [*Traditionsgau*], le 26 avril 1936 ».

Vinrent encore quelques heures d'angoisse autour de midi. De temps en temps retentissait une détonation à l'orée du bois, parfois on entendait le sifflement des balles proches : on devait encore se livrer à des escarmouches quelque part. Puis on vit sur une route nationale qui passait par notre localité une très longue colonne de chars et d'automobiles – nous étions submergés.

Le lendemain, le bon Flamensbeck, à qui nous confiions une fois de plus nos malheurs en fait de logement et de nourriture, nous conseilla d'aller nous installer dans la demeure de fonction qui venait de se libérer. Il y avait, dans la plupart des chambres, un poêle en fonte sur lequel on pouvait préparer le petit déjeuner. Nous trouverions dans la forêt des pommes de pin pour chauffer, et il y aurait chez lui suffisamment à manger pour nous à midi. L'après-midi même, nous fêtions notre emménagement dans notre nouveau logis. Il nous réservait entre autres agréments une joie tout à fait spéciale. Durant une semaine pleine, nous n'eûmes pas besoin de nous soucier de l'approvisionnement en pommes de pin et en petit bois, nous possédions un bien meilleur combustible. Dans cette maison, en effet, avaient habité, en des temps meilleurs pour les nazis, des membres des Jeunesses hitlériennes et autres gens du même acabit, et toutes les pièces avaient été bourrées de portraits de Hitler bien encadrés, de tableaux sur lesquels étaient inscrites des sentences du Mouvement, de drapeaux, de croix gammées en bois. Tout cela, de même que la grande croix gammée au-dessus de la porte d'entrée et le lourd panneau d'affichage du *Stürmer* dans le vestibule, avait été enlevé et déposé sur le sol où cela formait un gigantesque bric-à-brac. À côté du grenier se trouvait la mansarde claire que nous nous étions choisie et dans laquelle nous passâmes encore quelque temps. Pendant toute la première semaine, ici, j'ai fait du feu avec des portraits de Hitler, avec des cadres de Hitler, des croix gammées, des drapeaux à croix gammée et encore avec des portraits de Hitler; c'était pour moi, à chaque fois, un grand bonheur.

Lorsque le dernier portrait fut brûlé, le panneau d'affichage du *Stürmer* aurait dû y passer. Mais il était fait de planches lourdes et épaisses, à coups de pied et à la force du poignet je n'en venais pas à bout. Je trouvai dans la maison une hachette et une petite scie égoïne. J'essayai avec la hache, j'essayai avec la scie. Mais le cadre résistait. Le bois en était bien trop massif et bien trop dur, et, après tout ce qui avait précédé, mon cœur ne supportait plus de gros efforts. « « Allons plutôt ramasser des aiguilles dans la forêt, dit mon épouse. C'est plus amusant et plus sain. » Alors nous passâmes à l'autre combustible et le panneau du *Stürmer* resta intact. Parfois, quand aujourd'hui je reçois des lettres de Bavière, je ne puis m'empêcher d'y repenser...

« POUR DES MOTS »
Un épilogue

Maintenant que la pression qui avait pesé sur nous s'était relâchée et que, ce n'était plus qu'une question de temps, j'allais pouvoir retourner à mon travail, la question de savoir à quel chantier je devrais me consacrer en premier commença de me préoccuper. À l'époque, ils m'avaient privé de mon *XVIIIe siècle*. Mais ce livre ainsi que mon journal, ma femme les avait mis en sécurité à Pirna, chez notre amie ; peut-être cette amie et les manuscrits avaient-ils survécu – il y avait même quelque espoir en faveur de cette hypothèse car une clinique est tout de même épargnée autant que possible, et l'on n'avait pas entendu parler de très grandes destructions causées par des bombardements à Pirna. Mais où allais-je trouver la bibliothèque nécessaire pour pouvoir continuer à travailler sur mes Français ? Et puis j'étais si plein de l'époque hitlérienne qui, à bien des égards, m'avait transformé. Peut-être avais-je autrefois pensé moi aussi trop souvent « l'Allemand » et « le Français » au lieu de penser à la diversité des Allemands et des Français ? S'absorber exclusivement dans la science et éviter cette satanée politique relevaient-ils du luxe et de l'égoïsme ? Mon journal comportait plus d'un point d'interrogation, plus d'une observation, plus d'une expérience vécue dont on pouvait tirer tel ou tel enseignement. Peut-être devais-je d'abord m'occuper de ce que j'avais accumulé pendant les années de calvaire ? Ou était-ce un projet vain et prétentieux ? Chaque fois que j'y réfléchissais, en ramassant les pommes de pin, en me reposant sur le sac à dos rempli, surgissaient toujours dans mon souvenir deux personnes qui me tiraillaient entre diverses décisions.

D'abord, il y avait le personnage tragi-comique de Käthchen Sara, personnage tout à fait comique au début et qui, même à la fin, alors que son destin avait basculé dans le tragique, était encore enveloppé d'un léger comique. Elle s'appelait vraiment Käthchen, c'était son nom tel qu'il figurait dans le registre d'état civil et sur son extrait de baptême auquel elle gardait, par une petite croix suspendue à la chaîne qu'elle portait constamment autour du cou, une fidélité ostentatoire, face à l'étoile juive et au prénom Sara imposés. Et ce doux prénom d'enfant n'était même pas déplacé chez cette sexagénaire au cœur trop tendre, car elle passait vite du rire aux larmes, comme un enfant dont la mémoire ressemble à une ardoise qu'on peut facilement effacer. Pendant deux années noires, nous avons été contraints de partager l'appartement avec Käthchen Sara. Au moins une fois par jour, elle déboulait sans frapper dans notre chambre ; certains dimanches matin, elle était déjà assise sur notre lit à notre réveil et toujours elle disait : « Notez cela – il faut que vous notiez cela ! » Suivaient, racontés avec la même passion, la dernière perquisition, le dernier suicide, la dernière suppression d'une ration alimentaire. Elle croyait en ma fonction de chroniqueur, et on eût dit que son esprit enfantin s'imaginait qu'aucun autre chroniqueur de cette époque ne se relèverait de ce désastre, à part moi, qu'elle voyait si souvent en train d'écrire.

Mais tout de suite après la voix de Käthchen qui s'emballait comme celle d'une enfant, j'entendais celle, mi-compatissante, mi-railleuse, du brave Stühler qui, par un nouveau regroupement, avait été placé avec nous. Cela arriva beaucoup plus tard, alors que Käthchen Sara avait depuis longtemps disparu en Pologne. Stühler non plus n'a pas vécu jusqu'à la délivrance. Certes, il a pu rester dans le pays et mourir d'une maladie naturelle dans laquelle la Gestapo n'était pour rien, mais il est lui aussi une victime du Troisième Reich car, sans la misère, cet homme encore jeune aurait eu plus de résistance. Et il a davantage souffert que la pauvre Käthchen parce que son âme n'était pas une ardoise et que le souci qu'il se faisait pour sa femme et son fils, ce surdoué privé par la législation nazie de toute formation scolaire, le ravageait. « Arrêtez donc de gribouiller et dormez plutôt une heure de plus », disait-il toujours quand il remarquait que je m'étais levé très tôt. « Vous ne faites que vous mettre en danger avec ces écrits. Et croyez-vous donc que vous vivez une chose si particulière ? Ne savez-vous pas que des dizaines de milliers d'autres personnes subissent des choses mille fois pires ? Et ne croyez-vous pas qu'on trouvera des historiens à la pelle pour raconter tout ceci ? Des gens disposant de meilleurs matériaux et d'une meilleure vue d'ensemble que vous ? Que voyez-vous donc, que remarquez-vous ici, dans l'étroitesse de votre chambre ? Aller à l'usine, c'est le lot de chacun, être roué de coups, cela arrive à beaucoup, et quand on nous crache dessus, on n'en fait plus toute une affaire... » Et il poursuivait longtemps sur ce ton quand, pendant notre temps libre, nous étions dans la cuisine en train d'aider nos épouses à essuyer la vaisselle ou à éplucher les légumes.

À l'époque, je ne me laissais pas déconcerter, je me levais chaque matin à trois heures et demie et, quand commençait le travail à l'usine, j'avais noté les événements du jour précédent. Je me disais : tu écoutes avec tes oreilles et tu écoutes ce qui se passe au quotidien, juste au quotidien, l'ordinaire et la moyenne, l'anti-héroïque sans éclat... Et puis : je tenais bien sûr mon balancier, et il me tenait...

Mais à présent que le danger était passé et qu'une nouvelle vie s'ouvrait à moi, je me demandais quand même par quoi je devais commencer à la remplir et si ce ne serait pas vanité et perte de temps que de me plonger dans mon volumineux journal. Et Käthchen et Stühler de se disputer à mon sujet.

Jusqu'à ce qu'un mot me décidât.

Parmi les réfugiés, dans le village, se trouvait une ouvrière berlinoise avec ses deux petites filles. Sans que je sache comment, avant même l'arrivée des Américains, nous avons lié conversation. Soit dit en passant, pendant quelques jours, ce fut un plaisir pour moi de l'entendre parler un berlinois si authentique en pleine campagne de Haute-Bavière. Elle était très affable et perçut tout de suite en nous la parenté de convictions politiques. Elle nous raconta bientôt qu'en tant que communiste son mari avait longtemps fait de la prison et qu'à présent il était dans un bataillon punitif, Dieu sait où, si seulement il était encore en vie. Et elle-même, raconta-t-elle avec fierté, avait aussi passé un an à l'ombre et serait encore en taule aujourd'hui si les prisons n'avaient pas été surchargées et si l'on n'avait pas eu besoin d'elle comme ouvrière.

« Pourquoi étiez-vous donc en taule ? demandai-je.
– Ben, j'ai dit des mots qui ont pas plu. » (Elle avait offensé le Führer, les symboles et les institutions du Troisième Reich.) Ce fut l'illumination pour moi. En entendant sa réponse, je vis clair. « Pour des mots », j'entreprendrais le travail sur mon journal. Je voulais détacher le balancier de la masse de toutes mes notes et esquisser seulement, en même temps, les mains qui le tenaient. C'est ainsi qu'est né ce livre, moins par vanité, je l'espère, que « pour des mots ».

Postface

RÉSISTANCE DANS LA LANGUE

Modestement désigné par son auteur comme le « carnet de notes d'un philologue », *LTI* est, dans le sens le plus éminent du terme, un *manuel de résistance*. Que reste-t-il à l'individu solitaire, séparé de tous les autres par le règlement maniaque de la discrimination raciale, marqué, harcelé, criblé d'interdictions, accablé de misère ? Que reste-t-il à cet abandonné en proie à la peur constante de la déportation, mais aussi des bombardements lorsqu'il a été dépouillé de ce qui, dans une société civilisée, *constitue un homme* ?

La réponse, toute stoïcienne, mise à l'épreuve de douze années de nazisme par Victor Klemperer (et sa femme Eva qui, non juive, demeura envers et contre toutes les persécutions à son côté, lui évitant ainsi la déportation) est : la liberté intérieure, cette forme de résistance sans panache exhibé qui prend consistance dans l'obstination, envers et contre tout, de la vigilance intellectuelle du témoin du désastre. « Observe, étudie, grave dans ta mémoire ce qui arrive » – tels sont l'auto-exhortation et le commandement qui, dès le premier jour de la catastrophe, vont régler la conduite du professeur d'université réduit à la condition de paria [1].

La résistance qui se déploie ici ne prend pas la forme du coup d'éclat, de l'action guerrière, elle donne corps à une stratégie de l'endurance, de la persévérance, face à l'adversité la plus extrême et en dépit du danger de tous les instants. Le résistant muet, en apparence soumis et

1. *LTI*, p. 34.

apraxique qu'est Klemperer, lance le défi le plus insensé qui soit : celui de maintenir et d'incarner la continuité de la raison, de la pensée critique, de l'identité civilisée lorsque tout se défait, lorsque tout « nage dans la même sauce brune [1] ». Il est celui qui mise, au péril de sa vie (découvertes, ses notes le condamneraient à coup sûr au camp, voire à la chambre à gaz), sur l'ininterruption du travail d'élucidation dévolu à l'intellectuel – lors même que le poison des mots et des opinions distordus s'infiltre partout et que l' « épidémie » n'épargne rien ni personne.

L'élément dans lequel s'inscrit ce défi que l'on pourrait dire donquichottesque, tant il met aux prises des forces disproportionnées, est la durée. L'héroïsme paradoxal incarné par Eva et Victor Klemperer est tout entier tendu vers cet avenir improbable, vers ce chas de l'aiguille par lequel passent les rescapés des chambres à gaz et des bombes au phosphore au début de l'année 1945. Durer, envers et contre toute probabilité, plus longtemps que la machine de mort nazie, survivre à son usure et à sa destruction apocalyptique – pari « fou » du réprouvé, sans force ni pouvoir, pari tenu...

Dans une des études les plus remarquables de ce volume, Klemperer analyse la distorsion de sens que le nazisme fait subir au mot « fanatisme ». En parodiant la LTI, on pourrait dire que ce livre est tout entier animé par un double « fanatisme » – celui de la raison et de l'espérance, conditions à leur tour de la *résistance* de son auteur.

Cette pratique silencieuse de la résistance dans une situation de *désolation* (Hannah Arendt), Klemperer la compare à l'art périlleux du funambule qui progresse au-dessus du vide « accroché » à son balancier. Chaque jour gagné sur la terreur par le persécuté à l'étoile jaune est un pas franchi sur la corde – mais douze ans de nazisme, ce sont plus de quatre mille jours sur le fil...

La stratégie de l'endurance mise en œuvre par Klemperer rappelle celle de l'homme simple et pauvre que met en scène l'apologue de Brecht : un messager lui parvient, qui lui dit : « Mon Maître tout-puissant te fait demander si tu veux être son sujet ? » L'homme ne répond pas, mais prie le messager de s'asseoir, il le nourrit, prend soin de lui, des années durant. Un jour, le mes-

1. *Ibid.*, p. 36.

sager devenu vieux meurt. L'homme pauvre prononce alors ce simple mot : « Non. »

Ce type de résistance suppose une ascèse particulièrement difficile : elle se déploie contre la peur qui jamais ne quitte le condamné en sursis. Elle requiert maîtrise de soi et sang-froid constants, là où le « quotidien sale » porte, dans chaque détail, à l'abandon et au ressentiment. Elle exige la mobilisation de toutes les facultés intellectuelles, là où le courant général porte à l'exténuation de l'intelligence et à la capitulation devant la stupeur torpide ambiante.

Une typologie des vertus et courages résistants exposerait dans la lumière la plus intense deux postures symétriques : d'un côté, la bravoure sans espoir de victoire qu'incarne pour nous, par exemple, la poignée juvénile d' « immigrés clandestins » de la MOI qui, au tréfonds de la plus sombre des occupations, ranime l'ardeur des vaincus en retournant la terreur contre le vainqueur. Et de l'autre, celle de l'universitaire déjà vieillissant, dégradé en quasi-esclave et qui, lui aussi, renverse la dialectique de la terreur : en transformant la brute terroriste (l'État nazi et ses sbires) de sujet-persécuteur tout-puissant en matériau d'observation, en objet de la plus dense des réflexions sur la part totalitaire de l'histoire du XXe siècle. Les héros et les justes de « L'affiche rouge » incarnent pour la postérité ce « reste » de colère, de dignité que ne parvient à réduire aucune terreur et qui se reforme en contre-violence libératrice. Dans le même sens, les « notes » de Klemperer sont là pour attester l'endurance de la raison et de la culture face à toute entreprise de déshumanisation et de décivilisation. Des personnages comme le philologue armé de sa seule plume contre la catastrophe, mais aussi bien les gamins de la MOI avec leurs bombes artisanales nous sont infiniment précieux car ils comptent parmi les rares héros et justes de notre temps auxquels nous puissions nous référer et nous identifier sans réserve aucune. Sans doute n'est-ce pas tout à fait par hasard qu'ils furent des persécutés, des faibles, des « étrangers » plutôt que des importants ou des chefs de guerre patentés...

Les « notes » que Klemperer dispose comme des digues face à la catastrophe s'apparentent à ce titre aux « relevés » graphiques effectués pour mémoire par Zoran Music dans les camps de concentration, ou bien encore au *Journal de Bergen-Belsen* de Hanna Lévy-Hass [1]. Elles constituent notre « trésor [2] » en ce sens, bien sûr, qu'elles sont une sorte de sténogramme du désastre et se dressent entre nous-mêmes et tout désir d'oublier ou toute « distraction » face au passé. Mais elles sont notre « bien » le plus précieux dans un sens plus radical encore : elles attestent la persistance de l'éclat d'humanité face à l'extrême, lorsque l'intellectuel, l'artiste, ou le simple sujet humain consigne, comme Goya, ce qu'il a vu d'un attentat contre la civilisation, et atteste : *Yo lo vi*, j'étais là, je l'ai vu – et en conserve la trace pour vous qui venez après [3].

Par profession, Klemperer se définissait comme philologue, un métier en voie d'extinction comme celui de sabotier ou de chasseur de loups. Quoi qu'il en soit, installé au carrefour de l'étude de la langue dans son histoire ou sa morphologie et de la littérature comme véhicule de la culture, le philologue est projeté au cœur même du désastre nazi. La langue, son bien le plus précieux, et dont il est l'observateur professionnel, est le témoin de tous les effondrements. Elle est cette plaque sensible sur laquelle se fixent impitoyablement tous les crimes et toutes les horreurs, lors même que les coupables pensent pouvoir camoufler, dénier, escamoter. En installant son observatoire de survie du côté de la langue maltraitée, embrigadée par les hitlériens – c'est-à-dire de la vie quotidienne –, Klemperer saisit *l'intime* du nazisme, de la terreur et du décervelage, tel qu'il passe entre les mailles d'une analytique historique événementielle ou systémique. Il recueille la sève empoisonnée de la langue distordue qui « poétise et pense » dans

1. Voir à ce propos Zoran Music, *Catalogue de l'exposition du Grand Palais, avril-juillet 1995*, Réunion des musées nationaux, 1995. Voir également Hanna Lévy-Hass, *Journal de Bergen-Belsen, 1944-1945*, Seuil, 1989.

2. « L'on demande souvent à Music si le fait de peindre de telles œuvres est une catharsis – s'il se purge ou se libère ainsi – " en secouant le cauchemar qu'il a vécu ". À cela, il répond, de sa voix calme et sans emphase, que c'est une chose dont on ne souhaiterait en aucun cas se libérer : c'est un trésor qu'il garde avec le plus grand soin et que jamais il ne voudrait perdre » (Michael Gibson, *Tua res agitur, in* Zoran Music, *op. cit.*). Voir aussi à ce propos Hannah Arendt, « La brèche entre le passé et le futur », *in La Crise de la culture*, Folio essais, Gallimard, 1989.

3. J'emprunte la référence à Goya au texte de Michael Gibson cité *supra*.

le dos des sujets défaits, les investit subrepticement et les enrage à leur corps défendant. Ce n'est pas tant l' « inconscient » du nazisme que Klemperer saisit dans la LTI telle que la véhiculent les sujets anesthésiés ou possédés du Troisième Reich, que sa texture même, le tissu vivant du monstre.

Ici, le travail ascétique du philologue se déploie à un double niveau : d'une part, il lui faut se conduire en *vrai savant*, placé dans des conditions extrêmes. Il lui faut surmonter l'horreur spontanée que lui inspire la corruption de la langue et la pensée dévorée par la LTI pour écouter et lire sans défaillance, ramasser dans le caniveau des jours les fleurs puantes de cette rhétorique, sans relâche, en résistant au premier mouvement qui porte à se boucher les yeux et les oreilles. Cependant, s'instituer conservateur de ce musée de l'immonde ne suffit pas. Il faut aussi *continuer de penser*, contre la rafale ininterrompue de la langue empestée. Ici, le philologue rejoint à nouveau Bertolt Brecht qui notait : « Dans les époques exigeant la tromperie et favorisant l'erreur, le penseur s'efforce de rectifier ce qu'il lit et entend. Il répète doucement ce qu'il entend et lit, pour rectifier au fur et à mesure. Phrase après phrase, il substitue la vérité à la contre-vérité [...]. Le penseur avance de phrase en phrase, de façon à corriger lentement, mais complètement ce qu'il a lu et entendu, en suivant l'enchaînement. Ainsi, il n'oublie rien [1]. »

L'observatoire de la langue permet au philologue de détecter avec une acuité particulière ce qui distingue le Troisième Reich d'une tyrannie classique ou d'une dictature brutale. Il perçoit sans délai la « différence totalitaire » du régime nazi lorsqu'il s'avère que celui-ci dispose de la faculté non seulement de maltraiter et d'abattre ses ennemis (réels ou imaginaires), mais aussi d'embourber la parole et la pensée de ses victimes dans la fange de son jargon et de sa propagande. Observateur tout à la fois horrifié et impitoyable, Klemperer évoque fréquemment ces Juifs traqués qui ne cessent de se couler dans la langue du persécuteur, ces braves gens dont les manifestations de compassion véhiculent le venin de l'idéologie et font saigner le cœur de ceux auxquels elles s'adressent non moins que les violences et les insultes des

1. Bertolt Brecht, « Sur le rétablissement de la vérité », *in Écrits sur la politique et la société*, L'Arche, 1970.

brutes de la Gestapo. Le langage est cette position stratégique où le philologue assiste à la dissolution des repères qui, dans les figures traditionnelles de l'hostilité ou la guerre, permettent d'opérer le partage entre l'ami et l'ennemi, le bien et le mal, l'action vertueuse et le crime, la civilisation et la barbarie. Lorsque des mots comme « fanatique », « aveuglément » se trouvent reconditionnés pour être résolument affectés d'un signe positif ; lorsque la mécanisation de l'existence humaine fait l'objet d'un éloge sans retenue au point qu'un fonctionnaire activiste puisse se voir qualifié de « moteur qui tourne à plein régime » ; lorsque les chats appartenant à des Juifs sont mis au ban de la société féline comme *artvergessen*, « oubliés » et bannis de l'espèce ; lorsque la mention « caractériellement bon » en vient à signifier impeccablement nazi et donc prêt à tous les forfaits – alors se dévoile pleinement, sur le champ de bataille désolé de la langue, l'ampleur du désastre sans précédent. La langue allemande « LTIsée », « réquisitionnée » et contaminée par l'arsenic de l'idéologie devient alors, sous l'œil averti du philologue, le *dépôt de la catastrophe*, son lieu de concentration le plus constant. Peut-on, d'ailleurs, imaginer signe plus probant, plus déprimant de cette chute inexorable que celui-ci : n'est-ce pas l'auteur de *LTI* lui-même, le héros vigilant de la langue, qui, dans ses notes, désigne parfois son épouse Eva comme aryenne – sans guillemets... ?

Klemperer fait preuve d'un humble et magnifique acharnement à tenir son pari jusqu'au bout en se levant chaque matin dès avant l'aube et le départ à l'usine pour consigner les barbarismes de la *lingua horribilis* entendus et lus la veille. C'est qu'il n'ignore rien du caractère volatil de cette « musique » délétère : le souvenir des crimes et des grands criminels nazis demeurera, mais aucun tribunal de Nuremberg ne viendra statuer sur l'affaissement et le déni d'humanité qui se produisirent au cœur de la langue, dans l'épaisseur des mots qui « pensent » ou plutôt dé-pensent tout seuls et pourrissent les cerveaux. La fausse monnaie des vocables empoisonnés continue d'ailleurs de circuler après la disparition des bourreaux, comme leur legs pervers à la postérité. Le philologue se tient donc là, en situation de sentinelle chargée de veiller au sommeil des victimes violentées *dans la langue aussi* (exterminées, par exemple, comme *Untermenschen*) et de réveiller les vivants assoupis lorsque la LTI vient infecter à nouveau leurs énoncés, longtemps après la chute de l'empire des lémures.

L'acuité particulière du regard de Klemperer sur la société nazie tient à ce qu'il y occupe, en tant que juif, la place du paria, tout en bas. Ses notations rencontrent les réflexions d'Hannah Arendt qui définit la société nazie comme un ensemble de cercles concentriques de la terreur, agencés autour du noyau formé par le système concentrationnaire avec, en son cœur, les centres d'extermination où est perpétrée la Solution finale. Sous le regard de Klemperer, la société nazie apparaît bien comme une société concentrationnaire en ce sens qu'elle est tout entière tournée vers les camps et l'extermination et que ses caractéristiques terroristes trouvent leur plus haut degré de condensation dans ceux-ci. L'épreuve traversée par l'auteur de *LTI* est celle d'un persécuté qui, plus d'une décennie durant, demeure suspendu – avec son « balancier » philologique et sa conscience stoïcienne – au bord de l'abîme qui conduit au camp et, à partir de 1941, à la chambre à gaz. Sa condition est faite d'une somme hallucinante d'interdictions, de privations, de dégradations et d'humiliations : ex-titulaire d'une chaire à l'université de Dresde, il n'a plus le droit de lire (emprunter, détenir...) que des livres « juifs » [*sic*]. Pour se rendre à l'usine, il doit se tenir, dans le tramway, sur une plate-forme qui le sépare des voyageurs « aryens ». Sur son lieu de travail, il doit, autant que faire se peut, se tenir à l'écart de ses collègues aryens, y compris pour manger, se changer ou se laver. Pour ses sorties hors de son domicile, il est astreint à des horaires particuliers – une sorte de couvre-feu spécifique. Il n'a pas droit aux cartes de ravitaillement et d'habillement dont bénéficient, si l'on peut dire, les Allemands « de souche ». Il est astreint, à partir du 19 septembre 1941, au port de l'étoile (le jour le plus sombre de toutes ces années, note-t-il), il est à la merci du premier dénonciateur ou sbire de la Gestapo venu. Au moindre manquement à cet ensemble de « règles » et d'interdictions, il risque d'être envoyé en camp, à la mort par « insuffisance respiratoire »...

Et pourtant : en dépit du caractère insupportable de ce déclassement, de cette séparation et de la hiérarchisation maniaque des victimes, enregistrés par la LTI dans des néologismes sidérants (*Fahrjuden* par opposition à *Laufjuden, Waschjuden* opposés à *Saujuden*[1]...), les relevés de l'horreur effectués par Klemperer rendent constamment visible la distinction entre le monde empoisonné-terrorisé de la société nazie et le paysage des camps et de l'extermination. Au bout du gouffre, l'intellectuel persécuté et réduit à la condition la plus méprisée préserve en dépit de tout et jusqu'au bout sa liberté intérieure et sa faculté de juger. Lorsque les sbires de la Gestapo l'invectivent et le battent, il subit en silence et consigne la scène dans ses notes. Lorsque ses proches, ses anciens collègues, ses compagnons de misère juifs sont à leur tour atteints par l' « épidémie », adoptent le parler brun et son prêt-à-penser, il se désole et s'indigne mais serre les dents et, infatigable, dresse le procès-verbal du désastre que sa femme s'en va ensuite, feuille après feuille, cacher en lieu sûr... Cet affrontement avec l'adversité, si usant soit-il, demeure une expérience du négatif, un combat. Klemperer peut attribuer un sens à son obstination à survivre : dans des conditions extrêmes, son travail d'intellectuel critique se poursuit.

La condition des détenus des camps nazis demeure, pour l'immense majorité d'entre eux, radicalement différente. Le « cauchemar » du nazisme ne prend pas pour eux la forme d'une expérience mais celle d'une pure épreuve sans compensation – celle de leur brutale animalisation. Ceux-là mêmes qui survivent, qui résistent en participant à des regroupements clandestins ou à des révoltes, demeurent, après le camp – Primo Levi l'a montré avec une force inégalée –, des naufragés d'une « espèce » toute particulière : marqués à tout jamais non seulement par l' « enfer » du camp, les souffrances endurées et les atrocités vécues, mais surtout par l'expulsion hors de l'humaine condition dont ils ont fait l'objet au camp ; stigmatisés par leur transformation en matériau d'expérimentation dans ce laboratoire qu'est le camp, où les bureaucrates du crime testent la viabilité de ce qu'Hannah Arendt appelle une société humaine sans hommes.

Le rescapé des camps, note Primo Levi, est assurément une victime mais, quels qu'aient été le motif et les circonstances de sa déportation, il ne sera plus jamais un

1. *Saujuden* : Juifs n'ayant pas le droit de se laver à l'usine, par opposition aux *Waschjuden* ; *Laufjuden* : Juifs n'ayant pas le droit de prendre les transports en commun, par opposition aux *Fahrjuden*...

« innocent » : inlassablement tenaillé par la question « pourquoi moi ? » (pourquoi est-ce moi qui ai survécu plutôt qu'un autre ?), travaillé par un paradoxal sentiment de culpabilité, il demeure sous l'emprise de la malédiction du camp. La condition de Klemperer, si terribles qu'aient été les outrages et les cruautés qu'il lui fallut subir, est différente : il dut se soumettre, se taire, accepter les coups et les humiliations, souffrir la faim et le regard méprisant ou apitoyé des autres – mais sa survie n'eut pas pour conditions la mort des autres, de l'ami, du voisin, du parent pris « à sa place » dans une *sélection*. Après la guerre, Klemperer peut revenir parmi les humains en ce sens que sa survie est l'effet d'un pur *miracle* : le 13 février au matin, il est regroupé avec les derniers Juifs de Dresde en vue de leur déportation et de leur extermination, et, le soir même, il est sauvé, alors que leur convoi a déjà quitté la ville, par le bombardement allié qui anéantit Dresde et sa population et désorganise la machine de mort nazie. Jamais, sauf peut-être dans la vie et l'œuvre de Walter Benjamin, la catastrophe (le feu de l'apocalypse tombant sur Dresde) et le miracle (le salut du juste et du héros endurant) n'ont entretenu d'aussi étroites affinités. Les conditions dans lesquelles Klemperer rendit, douze années durant, sa survie productive et éclairée, prolongées par celles de son sauvetage à l'heure du dénouement, font de lui un miraculé, un innocent, dans le sens le plu fort de ces termes. Une sorte de grâce singulière s'étend, à ce titre, sur les feuillets sauvés du désastre qui forment ce livre au titre sarcastique – *LTI*.

Les lecteurs immergés dans cette sorte de pensée réglementaire qui dispose que le Crime sans précédent ni équivalent commis par les Allemands à l'endroit des Juifs trouve sa naturelle réparation dans la création de ce *Judenstaat* qu'appelait Herzl de ses vœux auront assurément été piqués au vif par les développements, récurrents, où Klemperer met en rapport l'émergence du sionisme et la naissance de l'idée fixe de Hitler, et insiste sur les parentés de l'enragement du nationalisme allemand pré-nazi et de l' « excentricité » sioniste. Mais ce rapprochement n'est pas seulement dicté, comme chez bien d'autres auteurs, par l'évidence d'une contiguïté culturelle et d'une parenté morphologique, dans la Vienne et la Double Monarchie austro-hongroise, à la fin du siècle dernier [1]. Il repose aussi, chez celui qui subit le joug du nazisme triomphant, sur la connaissance intime du fait que toutes les « solutions » historiques victorieuses ne deviennent pas irrévocablement « vraies », justes et nécessaires du simple fait qu'elles se sont imposées. Pour Klemperer, comme pour la majorité des intellectuels juifs d'Europe moyenne et occidentale de l'entre-deux-guerres, le sionisme et la perspective d'une résolution de la prétendue question juive via l'étatisation et la nationalisation des Juifs se présente comme une lubie essentiellement portée par cette sorte d' « obscurcissement » abattu sur le monde qui a donné naissance au nazisme. Plaçant son existence sous le signe de la profession de foi universaliste : « J'aimerais bien me fondre dans le général et suivre le grand courant de la vie [2] ! », il note dans son journal, dès 1933 : « La chose la plus lamentable entre toutes, c'est que je sois obligé de m'occuper constamment de cette folie qu'est la différence de race entre Aryens et Sémites, que je sois toujours obligé de considérer tout cet épouvantable obscurcissement et asservissement de l'Allemagne du seul point de vue de ce qui est juif. Cela m'apparaît comme une victoire que l'hitlérisme aurait remportée sur moi personnellement. Je ne veux pas la lui concéder [3]. »

Ce n'est pas la moindre des actualités du livre de Klemperer qui vient poindre dans cette remarque : il s'y présente, certes, comme celui qui « a raison » contre le Troisième Reich qui l'opprime parce qu'il incarne la ténacité de la raison contre la cristallisation de la déraison en puissance tyrannique. Mais il y apparaît aussi par avance comme la conscience critique d'un monde d'après Auschwitz établi dans le confort sournois d'une « réparation » de l'outrage fait aux Juifs en forme d'institution d'un bloc de puissance juive installé comme un vigile de l'Occident au cœur du monde arabe.

Klemperer nous exhorte à ne pas plier devant l'injonction à voir le principe rationnel de l'histoire à l'œuvre dans le déploiement de la puissance réelle et à redresser

1. Voir par exemple à ce propos Carl E. Schorske, *Vienne fin de siècle*, Seuil, 1983.

2. Klemperer se réfère à cette phrase, extraite du drame de Karl Gutzkow *Uriel Acosta* (1847), *LTI*, p. 222.

3. *LTI*, p. 58.

sans relâche les énoncés lancinants qui se rattachent à cette situation. Comme *manuel de survie intellectuelle* contre la tyrannie, *LTI* est une méditation sur l'illusion d'éternité dont se bercent les oppresseurs, les imposteurs et les importants qui leur font cortège. En cela, loin d'être seulement un irremplaçable « document » sur le nazisme, il nous parvient aussi comme un mode d'emploi critique de notre présent.

Alain BROSSAT

Table

Imprimé en France par CPI
en novembre 2016

POCKET - 12, avenue d'Italie - 75627 Paris Cedex 13

N° d'impression : 2026387
Dépôt légal : juin 2002
Suite du premier tirage : novembre 2016
S13546/11

